고등학교 문학교육의 형성과 흐름

고등학교 문학교육의 형성과 흐름

교수요목에서 제7차 교육과정까지의
문학 영역 및 문학 과목의 내용 변모를 중심으로

최창헌

역락

머리글

일반적으로 우리나라 대학교의 전공과정은 2학년 때부터 시작하게 된다. 필자가 사범대학 국어교육과 2학년 전공과목을 수강하면서, 왜 고전과 현대문학을 가르치는 교수님이 다른가? 고등학교까지는 국어 선생님이 고전과 현대문학을 모두 가르쳤는데, 왜 그럴까라는 의혹을 품은 적이 있었다. "대학 공부라서…?" 의혹을 풀기 위해 쉬는 시간에 교수님께 여쭤봤다. 세상 물정을 모르는 질문이어서 그런지, 명쾌한 답을 듣지는 못한 것으로 기억된다. 이 질문에 대한 이해는 학부를 졸업하고 대학원 과정에서 얻었다. 범박하게 대강을 말하면 학문하는 자세의 변화가 주된 이유인 듯싶다. 다시 말해서 동아시아의 학문 전통에서는 문文·사史·철哲을 구분하지 않았는데, 서양 교육과정의 영향으로 학문이 세분화 되면서 배타적인 영역이 형성된 것으로 보인다.

이 한 번의 질문에 대한 대답이自問自答 이 책이라면, 너무 과장된 것일까? 어쨌든 순진한 의구심과 질문이 무의식 속에서 충동질을 했는지, 결과적으로 필자의 석·박사 논문 주제가 모두 고전과 현대문학을 아우르게 되었다.

이 책은 교수요목에서 제7차 교육과정까지 국어 과목의 문학 영역과 문학 과목의 내용 변모를 구체적 자료인 교육과정과 교과서를 통해서, 고등학교 문학 교육의 형성과 흐름을 고찰한 것이다. 교육은 환경 변화에 따른, 그 시대의 새로운 요구들을 적절히 수용하면서 실행되어 왔다. 교육의 가치체계는 구체적 형태를 갖추게 되는 역사 단계에서 형성된 교육과정으로 실현되며, 기본적으로 그것에 의해 교육의 범위가 제한된다. 현재의 국어 교육, 특히 문학 교육을 이해하기 위해서는 그것의 역사적인 변모 양상을 이해하는 것이 무엇보다 중요하다. 왜냐하면 모든 학문이 그러하듯, 그 학문 뒤에는 역사 과정 속의 사건들에 영향을 받아 변천되기 때문이다. 문학 교육도 여기서 예외일 수는 없다. 결국 현재의 문학 교육은 과거의 문학 교육이 집적되어 현실화된 것이다. 지나온 역사를 반성적으로 성찰한 토대 위에서 새로운 역사를 창출할 수 있듯이, 문학 교육 역시 문학교육사史에 대한 탐구 속에서 미래 지향적인 발전 방향이 모색될 수 있을 것이다.

지금까지 선학들에 의해 국어교육에 관련된 많은 연구가 이루어져 왔고, 그 연구 성과물들은 학문적으로 깊고 광범위하다. 이 책의 좌표점은 국어교육의 여러 영역 중에서 문학교육사史에 위치position하고 있다. 고등학교 문학교육사 측면에서는 가장 많은 자료와 60여년이라는 문학교육의 변화 과정을 연구 대상으로 하고 있다. 그리고 실증적 자료를 바탕으로 한 문학 교육사 기술에서 고전과 현대문학을 모두 포함한 연구로는 처음이 아닌가 싶다. 특히 연구 자료로 사용된 제2·3·4차 고전(문학) 교과서를 연구해서 발표한 논문은 아직 없는 것으로 알고 있다. 현재 문학교육사 연구의 실상은 제2·3·4차에 발간된 고전(문학) 교과서가 정확히 몇 종인지 확인조차 어려운 실정이다. 이러한 점을 고려하여 본 연구에서 확인한 제7차 교육과정까지 발간된 국어·(고전)문학 교과서에 수록된 작품 목록을 부록에 실었다.

이 책은 필자의 박사논문을 단행본으로 엮은 것이다. 따라서 글이 완성되기까지 많은 도움을 주신 분들을 잊을 수가 없다. 이 글을 쓰는 과정에서 지도교수인 서준섭 교수님은 막히면 새로운 아이디어로 풀어주고, 내용의 깊이를 위해 반복적으로 설명하여 명석하지 못한 제자를 미로에서 출구까지 이끌어주셨다. 그리고 김풍기 교수님, 오현아 교수님, 김영란 교수님, 이성영 교수님께도 고개 숙여 감사의 말을 전하고 싶다. 특히 심사 위원장을 맡아주신 오현아 교수님은 논문의 완성도를 높이기 위해서 끝까지 수고로움을 마다하지 않았다. 이 책은 자료와의 싸움이었다. 이 책의 연구 자료를 확인하는데 많은 도움을 주신 이민희 교수님의 도움이 없었다면 여러 가지로 부족한 연구가 되었을 것이다. 당시 외국에 계셨던 관계로 제대로 된 인사조차 드리지 못 했는데, 이 지면을 통해 감사 인사를 드린다.

지도교수님의 독려가 없었다면 박사논문을 단행본으로 출간할 엄두는 내지 못했을 것이다. 필자의 조심스러운 마음을 역락 출판사 박태훈 영업이사님은 흔쾌히 받아주시고, 이태곤 편집이사님은 출판 과정을 성실하게 이끌어 주셨다. 그리고 편집과 디자인을 맡아주신 권분옥, 홍혜정, 박윤정, 문선희 선생님과 안혜진, 최기윤, 홍성권 선생님을 비롯한 역락 출판사 관계자분들께도 감사 인사를 드린다.

마지막으로 사랑하는 어머님과 아내인 난연蘭然 김민정, 무슨 말이 필요하겠는가? 긴 기다림의 시간을 "미안하다."는 말로 대신할 수 있다면, 그 감정을 조금이나마 지우고 싶다.

2017. 10. 23.
최창헌

차례

III

고등학교 국어 과목
문학 영역의 형성과 흐름

Ⅳ

고등학교 문학 과목의
형성과 흐름

V
—
종합적 논의
: 보충과 확대

VI
—
역사 속의 문학교육

I

—

왜 문학교육의
형성과 흐름에 대한
연구인가

1. 문학교육의 형성과 흐름에 대한 연구의 필요성과 의의

이 책은 교수요목에서 제7차 교육과정까지의 고등학교 국어 과목의 문학 영역[01] 및 문학 과목 내용을 바탕으로 문학교육의 형성과 흐름을 드러내기 위한 일련의 과정이다. 오늘날 고등학교 문학교육의 내용은 역사적으로 구성된 것이지, 처음부터 어떤 실체가 있었던 것은 아니다. 고등학교 문학 교육의 내용이 어떻게 역사적으로 구성되어 왔는가라는 문제를 고찰하기 위해, 이 책은 해방 직후 교수요목기에서 제7차 교육과정기에 이르는 약 60년간의 고등학교 문학교육 내용의 형성 과정을 역사적으로 추적하여 이를 재구성하고자 한다. 논의의 주안점을 국어 교과서의 문학 영역과 문학 과목에 수록된 읽기 제재 내용과 단원 구성의 변모과정에 둔 것은, 고등학교 문학 교육 내용의 변화 과정을 파악하는데 가장 핵심적인 부분이라고 보았기 때문이다. 각 시기의 교육과정과 교과서에 이르는 방대한 실증적 자료를 각 시기의 사회·역사적 맥락에서 재구성하고자 한다는 점에서 고등학교 문학 교육의 역사적인 연구historical study의 성격을 띠고 있지만, 이 책의 궁극적인 목적은 오늘날의 고등학교 문학 교육의 현실을 제대로 파악하기 위한 것이다.

고등학교 국어 교육과 문학 교육의 역사적인 형성과 흐름을 고찰하기 위해서는 먼저 학교 교육과정부터 살펴봐야 할 것이다. 왜냐하면 고등학교 문학교육은 국가 수준의 교육과정과 이에 의한 교과서에 의해 이루어지고, 교과서를 전제로 한 교수-학습 활동이 이루어지기 때문이다.

---

[01] 고등학교 문학 교육은 국어 과목의 문학 영역과 심화 과정인 문학 과목 체제로 구성되었다. 국어 과목은 말하기·듣기·읽기·쓰기·언어·문학 영역으로 구성되었는데, 국어 과목의 문학 영역은 이웃 영역과의 동등한 범위임을 나타낸다. 그리고 본고의 내용에서는 국어 과목의 문학 영역을 '문학 영역'으로, 심화 과정인 문학 과목과 구분하여 쓴다.

교육과정curriculum은 라틴어로 '뛴다'라는 뜻의 동사인 쿠레레currere에서 연유한 것으로, 경주하는 말이 달리는 코스course를 의미한다. 이것이 교육에 적용되어 일정한 순서로 배열된 학습 코스와 더불어 학습이나 경험 내용을 의미하게 되었다. 그러나 오늘날의 교육과정 개념은 이 같은 협의의 개념보다 훨씬 다양하고 넓은 의미로 사용되어 왔다. 교육과정을 넓게 생각하느냐 좁게 생각하느냐에 따라 그 의미가 달라질 수 있고, 기준을 어디에 두느냐에 따라서도 달라질 수 있으며, 누가 어느 수준에서 어떠한 준거와 방법으로 결정하는가에 따라서도 달라질 수 있다. 즉 교육과정은 내용으로서의 교육과정, 경험으로서의 교육과정, 계획으로서의 교육과정, 결과로서의 교육과정으로 나누어 생각할 수 있고, 의도된 교육과정, 전개된 교육과정으로도 구분할 수 있다. 또한 국가 수준의 교육과정, 지역 수준의 교육과정, 학교 수준의 교육과정으로도 나누어 생각할 수 있다. 이러한 다양한 의미를 포함하는 교육과정 개념이 교육학 용어 사전에는 일정한 교육 기관에서 교육의 모든 과정을 마칠 때까지 요구되는 교육 목표와 내용, 그리고 그 내용을 학습하기에 필요한 연한과 연한 내에 있어서의 학습 시간 배당을 포함한 교육의 전체 계획이다. 바꾸어 말하면 학교의 교육 목적을 달성하기 위하여 선택한 문화 또는 생활경험을 교육적인 관점에서 편성하고 그들 학습 활동이 언제, 어디서, 어떻게 행해질 것인가를 종합적으로 묶은 교육의 전체 계획[02]이라고 정의되어 있다.

교육과정은 주체와 기준, 범위 등에 따라서 다양하게 정의되어 모호하게 사용되었다. 결과적으로 교육과정은 아무런 의미도 없이, 교육부가 고시하는 선언적인 문서로 국한되어 지극히 좁은 의미로 한정되고 말았다.

---

02 박영호(1994), 『교육학용어사전』, 도서출판 하우, 100-101쪽.

1992년 제6차 교육과정에서는 이러한 문제 인식을 갖고, 각종 관련 법규[03]를 바탕으로 공교육에서 사용되는 국가 수준의 교육과정 개념을 재정의 했다. 즉 국가 수준의 교육과정은 교육부 장관이 교육법에 의거하여 고시한 초·중등학교의 교육 내용에 관한 전국 공통적인 일반적인 기준을 말하며, 이 기준에는 초·중등학교의 교육목표, 내용, 방법, 평가, 운영 등에 관한 기준 및 지침이 제시되어[04] 있는 것을 말한다. 교육부에서 재정의한 교육과정 개념으로 그동안 모호하고 추상적이어서 다양한 의미로 사용되던 개념을 분명히 하였다. 그리고 교육과정 개정이 선언적 행위로만 이해되던 것을 교육과정의 수준과 범위, 내용을 규정함으로써 모호한 개념에서 오는 혼란을 정리했다는 의의를 갖는다.

　　한국의 교육과정은 1946년 9월에 미군정하의 교수요목이 나오고,[05]

03　국가 수준의 기준인 고등학교 교육과정은 대한민국 헌법, 교육법, 교육법 시행령, 지방교육 자치에 관한 법률, 교육과정 심의회 규정, 교과용 도서에 관한 규정, 국민학교·중학교·고등학교 생활 기록부 취급 요령, 제5차 고등학교 교육과정 등을 근거로 삼았다. 본고에서의 각 교육과정과 해설서 참고 내용은 국가교육과정정보센터(http://ncic.go.kr)에서 인용한 것이다.

04　제6차 교육과정 총론에서 교육부가 교육법에 의거하여 문서로 고시한 교육과정의 나머지 의미를 보면 다음과 같다. ○국가 수준의 교육과정에 근거하여 편성, 운영하는 각종 학교의 교육과정은 단순히 교육 목표와 내용만을 의미하는 것이 아니라, 학습자의 '교육 경험의 질'을 관리하는 구체적인 교육 프로그램의 계획을 의미한다. ○교육 프로그램은 교육 목표, 내용, 방법, 평가, 운영 방식 등이 핵심으로 구성되며, 이들 요인에게 영향을 주는 교육 구조적 요인에 대한 배려까지도 포함한다. ○교육의 내용은 지식과 그것을 조직하는 사고의 양식, 생활 경험, 공동체 경험을 포함하며, 방법은 구체적인 교수·학습 과정을 의미하므로, 교육과정의 교육 내용을 둘러싸고 있는 제반 관련 요인들과의 상호 유기적 관계를 중시하는 개념으로 본다. ○이번에 개정된 교육과정의 이론 모형은 우리나라 교육 실천과 미래에 적합한 현실적 접근을 위해 교육과정 탐구의 현실적, 상항적 패러다임을 택하여 제반 이론의 절충적, 종합적 입장에서 접근하였다. 본고에서의 교육과정 개념은 제6차 교육과정 해설서에서 제시한 국가 수준의 교육과정을 가리킨다.

05　교수요목이 발표되기 전에도 교육과 관련된 당국(미군정)의 발표가 있었다. 1945년 9월 18일에 "일반명령 제4호 '신조선인의 조선인을 위한 교육'", 1945년 9월 29일에 "군정청법령 제6호 '교육의 조치'", 1945년 9월 22일에 "군정청 학무국. 당면한 교육방침 결정", 1945년 9월 30일에 "중등학교 교과과정 결정", 그리고 1945년 10월 21일에 "학무통첩 제352호 학교에 대한 설명과 지시"가 그것이다.

1955년 제1차 교육과정이 고시된 이래로, 현행 2009개정 교육과정까지 아홉 번의 개정이 있었다. 교육과정의 개편은 시기마다 교육 철학의 이념과 지향점, 교육 사조의 변화, 국가의 교육 정책, 당대의 사회·문화적인 요구, 정치 이데올로기와 같은 사회 변혁에 영향을 받았다.

교육과정은 당대의 정치·경제·사회·문화의 측면들이 복합적으로 작용하여 개편되었다. 이러한 교육과정의 개편에 따라 교과용 도서가 만들어지고, 교과용 도서를 활용하여 교수-학습 활동이 이루어진다. 여기서 교과용 도서라 함은 교과서 및 지도서를 말한다. 그리고 교과서는 학교에서 학생들의 교육을 위하여 사용되는 학생용의 서책·음반·영상 및 전자 서적물을 포함한다.[06]

현재의 국어 교육, 특히 문학 교육을 이해하기 위해서는 그것의 역사적인 변모 양상을 이해하는 것이 무엇보다 중요하다. 왜냐하면 모든 학문이 그러하듯, 그 학문 뒤에는 역사 과정 속의 사건들에 영향을 받아 변천되기 때문이다. 그리고 문학 교육(문학 교과서)도 여기서 예외일 수는 없다. 결국 현재의 문학 교육은 과거의 문학 교육이 집적되어 현실화된 것이다. 지나온 역사를 반성적으로 성찰한 토대 위에서 새로운 역사를 창출할 수 있듯이, 문학 교육 역시 문학교육사史에 대한 탐구 속에서 미래 지향적인 발전 방향이 모색될 수 있을 것이다.

---

06 그리고 지도서라 함은 학교에서 학생들의 교육을 위하여 사용되는 교사용의 서책·음반·영상 및 전자저작물을 말한다. 본고에서 교과서 및 지도서의 개념은 '교과용도서에관한규정개정령(2002년 6월)'에 제시된 정의를 따른다.(대통령령 제17634호 교과용도서에관한규정개정령)

2. 문학교육의 연구 경향과 한계

최근 국어교육의 변천에 관한 연구 성과물이 축적되면서 많은 논의가 있었다. 이러한 계기가 마련된 것은 1980년대 중반 이후 서울대학교와 한국교원대학교에 국어교육 전공 박사과정이 설치되고, 각 대학교의 교육대학원에 국어교육 전공이 개설되면서 학위 논문 제도가 활성화되었던 사실과 무관하지 않다. 국어교육 연구 분야는 국어교육사 연구, 이론 연구, 교재 연구, 현장 연구 등으로 대별해 볼 수 있는데, 문학 교육 연구도 크게 보면 국어 교육 연구의 한 영역으로 간주되고 있다. 국어 교육 전공 안에 국어교육(언어 교육), 문학교육, 문법 교육 등 세부 전공이 있으며, 국어 교육 연구의 전체 모습은 세분화된 각 연구 분야의 총합으로 드러날 수 있다.

국어교육사 연구는 박붕배[07]의 한국국어교육사, 이응백[08]의 국어교육사 연구, 정준섭[09]의 국어과 교육과정의 역사적 전개에 관한 연구 등이 이 분야의 선구적 업적이다. 이들은 모두 교육과정 개정 작업에 국어과 분과 위원회 및 심의 위원으로 참여한 이력을 가지고 있으며, 이들의 연구는 개정 당시의 풍부한 자료와 경험이 투영되어 있다는 점에서 그 의의가 있다. 조문제[10]는 개화기 국어과 교육에서 각급학교의 교육과정과 교재를 분석하였다. 그리고 노인화[11]는 대한제국 시기 초·중등 관립학교 교육을 통해, 지

---

07 박붕배(1997), 『한국국어교육전사 上·中·下』, 대한교과서주식회사.

08 이응백(1991)의 『국어교육사연구』(신구문화사)는 한문교육의 기초과정에서 쓰인 교재를 검토한 것이고, 『續 국어교육사연구』(신구문화사, 1989)는 갑오경장 전후부터 광복 후 40년에 해당하는 국어교육에 관한 내용이 기술되었다.

09 정준섭(1994), 『국어과 교육과정의 역사적 전개에 관한 연구』(경원대학교 박사논문)는 1996년에 〈국어과 교육과정의 변천〉(대한교과서주식회사)이란 책으로 출판되었다.

10 조문제(1984), 『개화기 국어과 교육의 연구』, 한양대학교 박사논문.

11 노인화(1989), 『대한제국 시기 관립학교 교육의 성격 연구』, 이화여자대학교 박사논문.

배충의 교육 근대화 작업의 성격에 대해 연구하였다. 그동안의 국어교육사 연구 경향은 주로 특정 시기에 집중하여 연구되었다. 그런데 2006[12]년과 2007[13]년에 걸쳐 서울대학교 국어교육연구소에서 한국학술진흥재단의 기초 학문 사업지원으로 국어교육 100년의 역사를 종합적으로 체계화한 연구 성과물이 출판되었다. 이 책에는 근대계몽기부터 제7차 교육과정까지 교육정책과 교육과정, 해당 시기의 교재, 한국어교육, 북한의 국어교육까지 망라되어 있다. 이 연구는 폭넓은 시기 설정뿐만 아니라, 광범위한 교재를 수집·분석·정리하여 국어교육의 역사적인 흐름을 관통했다는 점에서 의의가 크다. 그러나 국어 교과서에 수록된 제재의 작가가 부분적으로 잘못 기재되거나, 각 시기의 교과서에 대한 세밀한 분석에는 이르지 못했다. 특히 문학사 측면에서 국어 문학 영역의 심화 과목인 문학 교과서에 대한 분석이 누락되었다는 점은 한계로 지적될 만하다.

문학교육 연구는 문학교육론, 문학교육사, 문학교육의 제도화 연구 등이 있다. 문학교육 연구(방법론)는 각 학교의 교육대학원에서 현장 교육과 연계된 석사학위 논문으로 발표되었다. 대부분의 교육대학원 석사학위 논문은 해당 교육과정을 바탕으로 교과서에 수록된 문학 텍스트를 어떻게 적용할 것인가의 문제에 관심을 두고 있다. 박사학위 논문으로는 서명희[14]의 시교詩敎 전통의 문학교육적 의의, 권혁준[15]의 문학비평이론의 시교육적

---

12 윤여탁 외(2006), 『국어교육 100년사 Ⅰ·Ⅱ』 서울대학교출판부.
13 민현식 외(2007), 『미래를 여는 국어교육사 Ⅰ·Ⅱ』 서울대학교출판부.
14 서명희(2013), 『시교(詩敎) 전통의 문학교육적 의의 연구 - '도산십이곡'과 '고산구곡가'의 창작과 영향을 중심으로』 서울대학교 박사논문.
15 권혁준(1997), 『문학비평이론의 시교육적 적용에 관한 연구-신비평과 독자반응이론을 중심으로』 한국교원대학교 박사논문.

적용, 서민정[16]의 가치 수용적 심미 체험을 위한 문학 교육, 김영아[17]의 문학 기반 융복합 교육, 김진완[18]의 학습자 중심 문학교육 방법 연구 등이 문학 교육론 범주에 해당하는 연구물들이다. 이들 연구는 논문 주제에 관한 교수·학습 적용의 문제까지 다루고 있어 문학교육학 측면에서 의의가 있다. 또한 국제화·다문화 사회의 영향으로 문학 텍스트를 활용한 교육 방안 연구[19]가 있고, 북한 문학교육[20]에 대한 박사학위 논문이 발표되었다.

우한용은 2009년도에 『한국 근대문학교육사 연구』를 출판하였다.[21] 이 연구는 제1차 교육과정부터 제7차 교육과정까지의 현대 문학 교육 담론과 문학교육의 특징들을 포착하였는데, 2006년 『국어교육 100년사』와 2007년 『미래를 여는 국어교육사』의 미비점을 보완한 측면이 있다. 그러나 『한국 근대문학교육사 연구』는 연구 대상에서 고전 문학과 문학 영역의 심화 과목인 문학 교과서가 제외되었다는 한계점을 갖는다.

문학교육은 문학 텍스트를 매개로, 학습자로 하여금 문학적인 체험을 할 수 있도록 교수·학습이 이루어지는 일련의 과정이라고 할 수 있다. 문학 교육은 국어교육의 다른 영역과는 다르게 공교육으로 진입하는 과정에서 정치·사회·문화 이데올로기에 영향을 받는다. 다시 말해 교과서에 수록되는 문학 텍스트는 당대의 정치·사회·문화적인 이데올로기에 의해 선택과 배제의 논리가 작용된다. 이러한 관점에서 문학 교육은 사회·문화적인 영

16 서민정(2011), 『가치 수용적 심미 체험을 위한 문학 교육 연구』, 한국교원대학교 박사논문.

17 김영아(2015), 『문학 기반 융복합 교육 방안 연구-초등교육을 중심으로』, 한양대학교 박사논문.

18 김진완(2001), 『학습자 중심 문학교육 방법 연구-'동백꽃'과 '메밀꽃 필 무렵'을 중심으로』, 조선대학교 박사논문.

19 문지영(2012), 『문학 텍스트를 활용한 아랍어 교육 방안 연구』, 한국외국어대학교 박사논문.

20 홍지선(2013), 『북한 문학 교육 연구-'국어문학'과 '문학' 교과서 비교 고찰』, 인하대학교 박사논문.

21 우한용(2009), 『한국 근대문학교육사 연구』, 서울대학교출판부.

향관계를 고려해야 하는데, 정재찬[22]이 문학교육의 제도화 과정을 사회학적으로 접근한 것이 선행 연구이고 김창원[23]의 문학교육의 제도화와 탈제도화가 뒤를 이었다. 이러한 연구는 한국의 문학교육을 입체적으로 이해하기 위해서 고려해야 할 성과물이다.

3. 연구 범위와 방법

종래의 국가 수준 교육과정은 개정 방식 측면에서 크게 두 시기로 나뉜다. 1946년 교수요목을 포함한 1997년 제7차 교육과정까지를 일시·전면 개정 시기로, 2007개정 교육과정이후를 수시 개정 시기로 나눌 수 있다. 2007개정 교육과정을 기점으로, 한국의 교육과정은 새로운 수시 개정 방식을 취하여 일대 전환을 맞게 된다. 이러한 개정 방식의 변화 이유를, 2007개정 교육과정 해설에 의하면, 일시·전면적 교육과정 개정 방식의 비효율성을 없애고, 사회의 다원화 및 급격한 변화에 대응하여 교육 내용을 지속적으로 개선하며, 국민 각계각층의 교육과정 개정 요구를 탄력적이고 체계적으로 반영하기 위한 목적[24]이라고 설명하고 있다. 일시·전면 개정에

---

22 정재찬은 역락 출판사에서 2003년에 『문학교육의 사회학을 위하여』와 2004년에 『문학교육의 현상과 인식』을 출판하였다.

23 김창원(2011), 『문학교육론-제도화와 탈제도화』, 한국문화사.

24 2005년 2월 25일에 발표한 '교육과정 수시 개정 체제 운영 활성화 방안'에 따라 교육인적자원부가 밝힌 수시 개정 방식을 채택하게 된 이유에 대해, 급격한 사회 환경 변화에 따른 교육 내용의 지속적 개선, 국민 각계각층의 교육과정 개정 요구를 탄력적이고 체계적으로 반영, 현장 적합성 높은 교육정책 구현 및 교육 수요자 만족감 재고, 질 높은 교육과정의 산출로 말미암은 교육의 질 제고를 들고 있다. 또한 교육부에서는 2003년 10월부터 교육과정 수시 개정 체제를 도입하여 운영하

서 수시 개정 체제로의 변화는 사회·문화 등의 급격한 환경 변화의 내용을 교육과정에 담아, 사회가 요구하는 적합한 인재를 육성하려는 의도이다.

본고의 연구 시기는 교수요목부터(1946~) 제7차 고등학교 교육과정 (~2007)으로 한정한다. 현행 2009개정 교육과정까지를 포함해야 마땅하나, 2007개정 교육과정이후부터는 교육과정 개정 방식이 일시·전면적 개정에서 수시 개정으로 변화되어, 교육과정 변천사에서 다른 면모를 보이기 때문이다.

국어과 교육과정의 시대 구분은 교육사조, 국어과 교육의 내용 영역의 변천과 구성 체제의 변화를 중심으로 구분되었다.[25] 사史적 연구에서 문학 교육은 국어 교육의 일부 영역으로 묶이거나 시대 구분 없이 국어과 교육과정이 개정되는 시기에 따라 연구되었다. 이러한 연구 경향은 문학 교육사 연구에서 고전과 현대 문학을 분리해서 접근한 결과이다. 그러나 고등학교 문학 교육 형성 과정의 사史적인 흐름에서는 국어과 교육과정의 시대 구분과는 다른 양상을 보인다.

고 있으며, 2004년(2004.11.26)에는 특목고 교육과정 정상 운영을 위한 교육과정 편성·운영 지침 개정(교육인적자원부고시 제2004-85호)을, 2005년(2005.12.28)에는 공고 2·1 체제 교육과정과 국사 교과 교육과정의 개정(교육인적자원부고시 제2005-10호)을, 또한 2006년(2006.8.29)에는 수학·영어과 수준별 교육과정을 개정(교육인적자원부고시 제2006-75호)하는 등 3차례에 걸친 수시 개정이 이루어졌다.(교육과학기술부(2008), 『고등학교 교육과정 해설』, 한국보훈복지공단 신생인쇄조합, 116쪽.)

25 교육사조에 따른 국어과 교육과정의 시대 구분(이광섭, 1990)은 교수요목과 제1·2차 교육과정을 경험중심 교육과정기로, 제3차 교육과정을 학문중심, 제4·5차 교육과정을 諸 理論의 공유기로 구분하였고, 국어과 교육의 내용 영역의 변천과 그 구성 체제의 변화를 중심(정준섭, 1996)으로는 태동기(교수요목기), 신생기(제1·2·3차), 발전기(제4·5차), 성숙기(제6차)로 나누고 있다. 문학 교육과정의 시대 구분(정재찬 외, 2014)은 교수요목기~제3차, 제4차, 제5~7차, 2007~2012개정 국어과 교육과정으로 나누었다. 그런데 정재찬 외에서는 제1~3차를 경험중심, 제4차를 학문중심제5차를 기능중심으로 시기 구분의 기준을 삼았다. 그런데 다른 시기 구분에 대한 명확한 기준은 제시되어 있지 않고, 문학 교육과정의 내용 영역의 변천에 대해서만 설명하고 있다.

따라서 문학 교육 구성에 관한 사적인 논의는 문학 영역과 심화 과정인 문학 과목으로 구분해서 살펴봐야 한다. 왜냐하면 문학 영역과 문학 과목의 구성과 목표가 다르기 때문이다. 국어 과목 속의 문학 영역은 이웃 영역인 말하기·듣기·읽기·쓰기·언어 영역과의 연관성을 고려한 구성으로, 문학 영역의 교육도 다른 영역과 마찬가지로 국어의 발전과 민족의 언어문화 창달에 이바지할 수 있는 능력의 신장이라는 거시적 목표에 귀속된다.[26] 그러나 문학 과목은 개별 문학 작품의 이해와 감상을 통한 문학적 소양을 겸비한 교양인, 성찰하는 주체를 양성하기 위한 목표로 삼았기 때문에 다른 면모를 보인다.

이러한 문학 영역과 문학 과목의 구성과 목표의 다름으로, 문학 교육 형성 과정에서 연속성과 불연속성이 공존한다. 문학 교육은 같은 시기에 일관된 문학교육이 이루어지기도 했지만 문학 이론, 교육과정 체제, 교수-학습 방법, 교과서 단원 구성, 교과서에 수록된 문학 작품 등에서 차이를 보인다. 이에 대한 논의는 제III장(문학 영역)과 제IV장(문학 과목)에서 자세히 다루고, 제V장에서 종합하겠다.

연구 대상은 국가 수준의 고등학교 국어과 교육과정 원문과 고등학교 국어·고전·고전문학·현대문학·문학 교과서를 주된 분석 자료로, 교육과정 해설과 교사용 지도서는 참고 자료로 활용한다. 국어·고전·고전문학·현대문학·문학 교과서는 국정·검정[27] 교과서를 주된 연구 대상 자료로 삼는다. 제2·3차 교육과정에서 국어와 고전 교과서는 인문계와 실업계로 분리되어

---

26 문학 영역의 거시적 목표가 국어의 발전과 민족의 언어문화 창달에 이바지할 수 있는 능력의 신장이라도, 국어 교과서에서 실현된 문학 영역의 실제적인 교육 내용은 문학 과목 목표와 크게 다르지 않다.

27 국정도서라 함은 교육인적자원부가 저작권을 가진 교과용 도서를 말하고, 검정도서라 함은 교육인적자원부장관의 검정을 받은 교과용 도서를 말한다.(대통령령 제17634호 교과용도서에관한규정개정령)

출간되었다. 그러나 본고에서는 인문계열의 교과서만을 연구 대상으로 한다. 왜냐하면 실업계 교과서는 인문계 교과서에 수록된 본문 읽기 제재가 축소되었을 뿐이지, 단원 설정과 내용면에서 큰 차이가 없기 때문이다.[28]

분석 자료로 사용할 제7차 교육과정까지의 고등학교 국정·검정 교과서를 표로 제시하면 다음과 같다.

[표 I -1] 교육과정별 고등학교 국정·검정 교과서 목록(단위: 권)

구분	국어	고전	고전문학	현대문학	문학	계
교수요목	31					31
제1차	3					3
제2차	3	9				12
제3차	3	5				8
제4차	3		5	5		13
제5차	2				8	10
제6차	2				36	38
제7차	2				36	38
계	49	14	5	5	80	153

분석 대상인 교과서는 국어 49권[29], 고전 14권, 고전문학 5권, 현대문학 5권, 문학 80권[30]이다. 본고에서 분석 자료로 삼을 국정·검정 교과서를 모두 더하면 153권이다. 여기에 교수요목부터 제7차 교육과정까지의 교육과정 원문이 포함된다.

특히 제2·3·4차 교육과정에서 문학 영역의 심화 과정인 고전과 현대문학 교과서에 관한 연구는 전무한 상태이다. 이러한 연구 실태는 50여년

---

28 예를 들면, 제3차 고등학교 1학년 국어 교과서의 전체 분량은 인문계 302쪽, 실업계 260쪽이다.

29 전시(戰時)에 발간된 중등국어 2-II와 고등국어 3-I은 확인하지 못함.

30 제6·7차의 문학 교과서는 상·하권으로 18종이 출간되었는데, 문학 교과서 80권에는 상·하권이 모두 합산된 숫자이다.

의 시간 경과로 해당 시기의 교과서가 몇 종이 출간되었는지 확인조차 할수 없는 상황이다. 본고에서는 제2차 검정 고전 교과서 9종, 제3차 5종, 제4차의 고전과 현대 문학 교과서 각각 5종을 확인하였다.[31] 본고에서 확인한 고전과 현대 문학 교과서로도 당대의 문학 교육의 양상은 드러날 것으로 기대된다.

교과서 분석 방법은 각 교육과정 시기별로 출간된 교과서에 수록된 본문 읽기 제재를 갈래로 나누어 1차 분석 자료로 사용한다. 이 분석 자료를 바탕으로 각 교육과정과 교과서에 나타난 문학 교육의 특징을 파악하고자 한다. 다만 교수요목기의 국정 중등 국어 교과서는 갈래로 분류하지 않고, 문학과 비문학으로 나누어 분석한다. 왜냐하면 이 시기의 국정 중등 국어 교과서에는 동일 작품이 반복해서 수록되고, 특히 전시戰時에 발간된 교과서는 같은 내용이 그대로 학년-학기만 다르게 출간되었기 때문이다.

교과서에 수록된 작품들을 갈래로 나누어 분석하면, 교과서 변천 과정에서 수록 작품의 변화 양상을 파악할 수 있다. 또한 검정 문학 교과서는 여러 종이 출간되었는데, 갈래로 분석함으로써 모든 문학 교과서를 본고의 내용 안으로 끌어들이는 효과가 있을 것이다.

먼저 갈래의 개념에 대한 고찰이 필요한데, 국어과 교육과정의 변천에서도 문학 작품 분류에 대한 용어가 장르·형식·양식·유형·문종·작품·갈래 등으로 통일되어 있지 않기 때문이다. 어쨌든 개별 문학 작품이 분류되어 호칭할 수 있는 용어를 선택하기 위해서는, 다시 교육과정으로 돌아올 수밖에 없다. 왜냐하면 본고가 문학 영역과 문학 과목에 나타난 문학 교육의

---

31 제3·4차 고전과 현대문학 교과서 표지에는 검정 일과 검정 일련번호가 있다. 본고의 분석대상인 제3차 고전 교과서는 1978년 8월 22일 3131부터 3135까지 일련번호가 있다. 그리고 제4차 고전 문학 교과서는 1983년 7월 29일 84-4021부터 84-4025까지, 현대문학은 1983년 7월 29일 84-4011부터 84-4015까지 일련번호가 매겨져있다.

변천에 관한 연구이기 때문이다. 교육과정이 개정되면서 문학 작품을 호칭하는 변화를 살펴보면 다음과 같다. 제1차에서는 장르, 제2차에서는 작품, 제3차에서는 형식, 제4차에서는 양식, 제5차에서는 유형, 제6·7차에서는 갈래를 주로 사용하였다. 그러나 같은 교육과정 안에서도 한 가지로 통일되지 않고 혼용해서 사용되었다.[32]

위와 같이 문학 작품에 대한 다양한 호칭을 본고에서는 갈래로 통일하고, 교과서에 수록된 작품들의 주요 속성내지 경향을 드러내기 위해서 하위 갈래는 다음과 같이 분류한다. 고전 문학 작품 갈래는 고대가요, 설화(신화·전설·민담), 고시조[33], 향가, 고려속요, 경기체가, 가사(개화가사·창

---

32 제6차의 문학 영역에서는 유형을, 문학 과목에서는 갈래를 사용하였다. 제7차 문학 교육과정에서는 갈래를 서정, 서사, 극, 교술 갈래의 구분을 기초로 하여, 다시 구연(口演)과 기술(記述), 국문(國文)과 한문(漢文), 정형(定型)과 자율(自律) 등의 특성에 따라 하위 갈래로 구분하였다.(교육부 고시 1997-15호,『고등학교 교육과정 해설』, 307쪽.) 김흥규는 갈래란 일정 범위의 작품들을 완전무결하게 귀일시키는 특성·원리의 조직체라기보다, '친족적 유사성'을 지닌 다수의 작품에서 추출되는 범례적(範例的) 일반형으로 정의하였다. 즉, 갈래란 일정한 군집의 작품들이 공유하는 문학적 관습의 체계이며, 개별 작품의 존재를 초개인적 준거 모형이라는 성격을 갖는다. 이러한 성격을 갖는 갈래를 4분법인 서정, 서사, 희곡, 교술적 갈래로 구분하였다. 그러나 4분법의 갈래는 폐쇄적 범주가 아니라, 다만 설명의 편의를 위해 대다수의 역사적 갈래들을 그 주요 속성 내지 경향에 따라 구분하고 있음을 밝히고 있다. 때문에 이러한 편의적인 구분조차도 용이하지 않은 중간적·혼합적 갈래들의 경우에는 새로운 범주로 설정하고 있다. 한국문학의 갈래들을 주요 속성 혹은 지배적 경향에 따른 큰 갈래 구분을 정리해 보면 다음과 같다. ⅰ)서정적 갈래들: 고대가요, 향가, 고려속요, 시조, 사설시조, 잡가, 서정민요, 대다수의 한시, 신체시, 대부분의 현대시. ⅱ)서사적 갈래들: 신화, 서사시, 전설, 민담, 서사민요, 서사무가, 판소리, 고전소설, 신소설, 현대소설. ⅲ)희곡적 갈래들: 탈춤, 꼭두각시놀음, 창극, 신파극, 현대극. ⅳ)교술적 갈래들: 악장, 창가, 수필, 서간, 일기, 기행, 한문 문학의 文類(序·記·跋·論·策·銘·行狀······). ⅴ)중간·혼합적 갈래들: 경기체가, 가사, 가전, 몽유록, 야담. (김흥규(1999),『한국문학의 이해』, 민음사, 31-35쪽.)

33 고시조에는 사설시조가 포함된다. 그리고 연시조에서 제목이 따로 붙은 것은 개별 작품으로 취급하였다. 예를 들면 윤선도의 '어부사시사'는 춘·하·추·동이 모두 실린 교과서와 일부만 수록된 문학 교과서가 있다. 이러한 이유로 윤선도의 '어부사시사'는 1편이 아니라, 교과서에 수록된 '춘'·'하'·'추'·'동'을 개별 작품으로 분석한다. 이와 같은 분석 태도는 악장, 언해 작품에도 적용된다.

가 포함)[34], 악장, 한시(한국·중국 포함), 판소리[35], 민속극, 민요, 고전소설, 고대수필, 신체시, 신소설 등으로 구분한다. 그리고 현대 문학 작품 갈래는 시, 현대시조, 소설, 수필(전기·기행문 포함), 희곡, 시나리오, 만화, 그림, 문학사, 문학개론, 비평(평론)[36] 등으로 나눈다. 그리고 국어 과목의 비문학 제재에 설명문과 논설문이 포함된다.[37]

---

34 개화기의 시가는 전통적인 시가 형식을 이어받으면서도 외래 문학의 영향을 받았다. 이 시기의 시가 양식으로는 개화 가사, 창가, 신체시를 들 수 있다. 초기의 창가는 전통 가사의 기본 율격인 4·4조가 주류를 이루고, 최남선의 '경부철도가' 이후에 7·5조, 8·5조, 8·6조 등으로 변모되어 신체시 등장의 징검다리가 되었다. 본고에서는 이러한 시가 문학의 일반적인 견해에 따라서 개화가사와 창가를 가사 갈래에 포함하여 분석한다. 그러나 신체시는 창가의 영향이 남아 있어 자유시라고 할 수는 없지만, 그 가능성을 제시한 역사적 가치가 있다는 점을 고려하여 별도의 갈래로 분석한다.(이기문(1979), 『고전』, 한국능력개발사, 205-208쪽.)

35 국어·고전·문학 교과서의 차례에서 '춘향전'·'심청전'·'흥부전' 등이 판소리로 분류되었더라도, 판소리 형식을 갖추지 않은 작품은 고전소설로 분석하였다. 따라서 갈래 분석에서 판소리에는 판소리 형식이 본문에 나타난 것만 해당된다.

36 문학 작품 갈래에 만화, 그림, 문학사, 문학개론, 비평은 포함되지 않는다. 그러나 교과서 단원 구성과 수록 양상의 변화를 온전히 드러내기 위해서 분석 대상으로 삼는다. 문학 작품도 넓은 범위에서 예술 작품이므로 만화와 그림 등을 매체 변화에 따른 문학 교육 범위에 포함된다. 문학 영역과 문학 과목에 만화와 그림 등이 교과서에 수록된 것은 문학 교육 변천사에서 획기적인 변화 요인 중에 하나이다. 그리고 문학사, 문학개론, 비평 등은 문학 작품과 더불어 문학 교육의 한 축을 구성하므로 무시할 수 없는 영역이다. 또한 백운소설, 파한집, 보한집이 현대에 고전 문학 작품으로 인식되듯이 문학사, 문학개론, 비평도 문학 교육 영역에 포함될 수 있다.

37 국어 교과서에 수록된 설명문과 논설문은 국어 교과서에서 문학 영역이 차지하는 위치(position)를 드러내기 위해서 분석한다.

II

—

문학교육의
사회·역사적 맥락

앞 장에서 연구의 자료와 방법에 대하여 언급했지만, 본론에 들어가기에 앞서 고등학교 문학 교육 내용의 역사적 형성과정에 약간의 이론적 고찰이 필요하다. 고등학교 문학 교육은 어떤 고정된 실체가 있는 것이 아니라, 각 시기의 사회·역사적 맥락 속에서 점진적으로 형성되고 구성된 것이다. 이 구성된 문학 교육의 개념은 여러 가지 차원에서 논의될 수 있겠으나, 여기서는 두 가지 차원에서 논의해보고자 한다. 그것은 우선 해방 후 본격화된 국어 교육 즉, '언어-문화-국민(국가)'의 회로 속에서 점진적으로 구성되어 왔다. 다음으로 문학 교육은 교육사조의 변화와 문학이론의 변화에 따라 사회·역사적으로 구성되어 왔다. 이 장(제Ⅱ장)은 문학 영역과 문학 과목이 사회·역사적 맥락에서 구성되어 왔다는 테제에 대한, 두 가지 사실의 이론적 고찰을 위해 마련되었다. 이 논의를 바탕으로 이후의 고등학교 국어 과목 문학 영역의 형성과정(제Ⅲ장)과 문학 과목의 형성과정(제Ⅳ장)을 고찰할 수 있는 하나의 관점을 마련해볼 수 있으리라 기대한다.

한국의 국어 교육은 국가의 교육 정책, 정치 이데올로기, 당대의 사회·문화적인 요구, 교육철학의 이념과 지향점, 교육 사조의 변화 등의 여러 가지 복합적인 요인의 영향으로 변화를 거듭 해왔다. 이러한 거시적 동향에 의해 국어·문학 교육은 언어 교육, 교수-학습 방법, 교과서 단원 구성, 교과서 수록 작품, 문학 영역과 문학 과목의 정체성 변화에 영향을 끼쳤다. 특히 언어 교육은 국가사업의 근간으로서 국어·문학 교육에 직결된다. 국어 교과 속의 문학 교육은 궁극적으로 개별 문학 작품의 이해와 감상을 통한 문학적 교양 함양과 문학적 능력의 제고에 의한 인간과 세계에 대한 총체적인 이해를 목표로 한다.

1. '언어-문화-국민(국가)' 회로 속의 언어교육

국가란 하나의 인격체로서 다수의 상호 약속에 의해 스스로 그 인격체가 하는 행위의 본인本人이 되며, 그 목적은 공동의 평화와 방어가 필요하다고 생각할 때 다수의 모든 힘과 수단을 이용할 수 있도록 하는 데 있다.[01] 홉스의 정치 철학의 핵심은 국가의 탄생과 통치적 권위의 정당성 확보를 통해 통치권자와 국민 사이에 세워져야 할 권리와 의무 관계의 이론화이다. 홉스는 국가가 만들어 지기 전의 상황을 자연 상태 혹은 존재적 상황이라고 보았다. 존재적 상황은 권력에 대한 무한한 욕망, 헛된 야망을 좇는 인간의 이기심 그리고 끝없는 죽기 살기 경쟁은 통제되지 않는 인간의 정념들이 낳은 어려운 상황들이다. 자연 상태에 놓인 모든 인간은 자기를 보호하고 안전을 확보하고자 한다. 이러한 욕구가 사회계약을 통해 공동의 권력, 즉 통치권자를 세워서 자기 보호의 안전망을 확보하는 일이다. 이러한 다수의 목소리는 한 사람 혹은 하나의 합의체에 그들의 모든 권리를 양도한다. 모든 국민들이 양도한 권리를 바탕으로 국가가 탄생하였다.[02]

한국에서 1945년부터 1954년까지의 시기는, 광복과 한국전쟁의 극심한 후유증으로 인한 정치·사회·가치관 등의 혼돈과 혼란이 가중되어, 홉스가 말한 '자연 상태의 존재적 상황'과 다름이 없었다. 한국은 신생 독립국으로서 새로운 '나라 만들기'가 당대 최고의 화두가 되었다. 더욱이 한국전

---

01 김용환(2005), 『리바이던』, 살림출판사, 223쪽.

02 홉스는 국가 또는 통치자를 상징적 표현으로 리바이던(Leviathan)이라고 하였다. 이 용어의 출처는 구약성서이다. 욥기 41장에서 묘사되고 있는 리바이던은 무적의 힘을 가진 바다 동물의 이름이다. 성서에서 이 동물은 혼돈과 무질서를 상징하며, 하느님의 적대자이며, 모든 교만한 자들의 왕으로 그려지고 있다. 그러나 홉스는 성서에서 말하고 있는 것과 반대의 뜻으로 리바이던을 차용하고 있다. 통치와 질서를 보장할 수 있는 막강한 힘의 소유자며, 하느님의 대리자로서 인간의 교만함을 억누르고 그들을 복종하게 할 수 있는 존재이다.(김용환, 앞의 책, 96-98쪽.)

쟁으로 인한 국가의 토대가 와해된 상태에서 각 분야의 제도 정비는 무엇보다 시급했다. 제도는 주체의 상상적 기능을 활성화함으로써 지배적인 담론을 정당화하고 재구성하는 과정을 의미[03]한다. 그 중에서도 교육 분야의 제도 정비는 촌각을 다투어 해결해야 할 문제였다. 교육 제도는 역사의 연속성을 위한 근본적인 도구로서 문화적 자의성을 시간의 흐름 속에서 재생산해 내는 과정[04]이기 때문이다.

신생 독립국에서의 자국어 교육은 읽고 쓰기 위주의 문식성 교육을 통한 국민 만들기가 강조된다. 다시 말해서 국가가 국민을 구성하는 것이 아니라, 언어에 의해 국가가 구성된다는 것이다.[05] 새로운 나라 만들기에서의 국어교육은 '언어-문화-국민(국가)'의 관계망 속에서 국민을 재생산하여 국가에 편입시키는 기능을 한다.

새로운 나라 만들기에서 가장 시급하게 해결해야 할 과제가 일제강점기에 상실된 우리말 회복과 보급이었다. 왜냐하면 국민 교육의 기본적인 바탕은 언어 교육으로, 자국어 교육을 통해 만들어진 국민은 같은 소속감(문화)을 형성하기 때문이다. 광복 직후 남한 지역의 문맹률은 12살 이상 전체 인구(10,253,138명)의 약 78%(7,980,922명)로 매우 높은 수준이었다.[06] 미 군정청은 문맹 문제를 관장할 '성인교육위원회'를 조직하고, '국

---

03 박형준(2012), 『한국 문학교육의 제도화 과정 연구』, 부산대학교 박사학위 논문, 2쪽.

04 피에르 부르디외(2003), 『재생산』, 이상호 옮김, 동문선, 56쪽.

05 공용어(langue officielle)는 기원과 사회적 사용에서 국가와 연결되어 있다. 국가의 성립과정에서 표준어가 지배하는 통합된 언어시장이 성립하기 위한 조건들이 만들어진다. 공식적인 자리나 공무를 담당하는 장소(학교, 관공서 등)에서 의무적으로 사용되는 이 국가언어는 모든 언어 실천을 객관적으로 평가하는 이론적 규범으로 나타난다. 언어 규칙은 그 자체의 법률가와 문법학자, 감찰관과 교사들이 갖고 있는데, 이들은 말하는 주체들의 언어수행을 시험과 학위수여에 보편적으로 종속시키는 권력을 부여받았다.(피에르 부르디외(2014), 『언어와 상징권력』, 김현경 옮김, 나남, 41쪽.)

06 문교부에서 제출한 국무회의 안건에는 문교부, 공보부, 내무부가 공동으로 추진하는 제2차 문맹퇴치 운동의 내용을 담고 있다. 문맹퇴치는 민주 발전과 대중문화 향상을 위해 필수적이라는 취지, 제2차 문

문 강습소'를 설치 운영하였다. 또한 공민학교를 설치하여, 학령기를 초과하여 초등교육의 기회를 받지 못한 아동·청소년 및 성인들을 위한 교육정책을 펼쳤다. 정부 수립 이후 교육의 1차적 과제로 초등의무교육의 정착과 더불어 문맹 퇴치를 통한 국민 계몽에 두었다. 그러나 한국전쟁으로 이러한 계획은 실효를 거두지 못하였다. 휴전협정 이후 정부는 '의무교육완성 6개년 계획'(1954~1959)과 '문맹퇴치 5개년 계획'(1954~1958)을 수립하였는데, 이런 일련의 문맹퇴치 계획은 모두 언어 교육을 통한 국가의 기틀을 마련하고자 한 것이다.

초기의 국어·문학 교육은 국가주의와 언어 민족주의를 강하게 포함하였으나, 점차로 국제화·세계화의 기류 속에서 약화되었다. 1945~1954년까지의 교육 이념과 지향점은 미 군정청의 '일반명령 제4호'[07]와 '교수요목'[08]에서 찾아볼 수 있는데, 일제 잔재의 불식과 홍익인간의 정신에 입각한 애국 애족의 교육이었다. 이러한 점은 한글 전용, 우리말 도로 찾기 및 우리말 용어 제정 등으로 나타난다. 일제 강점과 동족상잔의 비극적인 경험으로 인한 국가주의, 언어민족주의가 교수요목에 그대로 습합習合되었다. 국민국가주의와 언어 민족주의 담론은 국가 수준의 교육과정 변천사에 그대로 계승되었다.

맹퇴치 운동의 일정과 대상 등이 언급되고 있다. 일정은 1954년 12월 1일부터 1955년 1월 29일까지 60일 동안이고, 대상자는 만 12세 이상자 전원(문맹자수 1,173,144명)으로 하였다.(제2차 전국문맹퇴치교육실시계획안, 국가기록원 홈페이지 http://www.archives.go.kr.)

07 미 군정청은 오천석을 비롯한 교육계의 지도자 7인(후에 3인 추가)으로 '한국교육위원회(The Korean Committee on Education)'를 조직하고, 1945년 9월 17일에 일반명령 제4호 '신조선인의 조선인을 위한 교육'을 공포하였다.

08 '교수요목 제정 위원회'는 1946년 2월 21일에 발족하여 교수요목과 교과서를 제작하는 일에 착수하였다. 학교 교육의 지침을 위한 교수요목은 제1차 교육과정이 공포되기 전까지, 우리 교육 사상 최초의 성문화된 교육과정이라고 할 수 있다.

베네딕트 앤더슨은 민족이 18세기 말경에 발명된 것으로서, 그 자신이 주권을 가진 것으로 상상되는 정치 공동체로 정의하였다. 민족은 개인에게 기원을 알 수 없는 고대의 조상으로 연결해 줄 뿐만 아니라, 그가 죽은후에도 영원불멸할 것으로 생각된다. 민족은 언제나 기억할 수 없는 과거에서부터 나타나고, 끝없는 미래로 미끄러져 들어간다는 것이다. 또한 민족은 자본주의와 인쇄술의 발달(신문과 소설)로 동시성이라는 의미를 갖는다.[09] 따라서 민족은 모방과 적응의 역사적 변천 과정에서 통시성과 동시적인 의미를 획득하게 된다.

1900년대를 전후하여 우리에게 도래한 민족[10]은 교육과정 형성에 커다란 영향을 끼친 담론 중에 하나이다. 우리의 근현대사를 가로지르며 가장 보편적으로 정통성을 인정받는 가치가 민족과 관련된 사유이기 때문이다. 국어기본법[11]의 기본 이념은 '국가와 국민은 국어가 민족 제일의 문화유산이며 문화 창조의 원동력을 깊이 인식하여 국어 발전에 적극적으로 힘씀으로써 민족 문화의 정체성을 확립하고 국어를 잘 보전하여 후손에게 계승할 수 있도록 하여야 한다.'고 밝히고 있다. 민족 제일의 문화유산인 국어의 사용이 민족 문화 창조의 토대가 된다는 것을 의미한다. 민족주의에서 언어는 민족을 연결해 주는 매개체[12]이다. 교육과정상에서 학습자의 신념과 가치관 형성에 관련된 자료로서 '독특한 언어와 문화를 가진 대한민국 국민

---

09 B. Aderson(2007), 『상상의 공동체』, 윤형숙 역, 나남, 25·32·48·65·248·275쪽.

10 권보드래는 우리나라에서 민족이라는 단어가 처음 나타나는 것은 1897년 '대조선유학생친목회보'로(권보드래(2007), 「근대초기 '민족' 개념의 변화」, 『민족문학사연구』 Vol.-No.33, 190-191쪽), 백동현은 1900년 "황성신문"의 '奇書'로 보고 있다.(백동현(2008), 「대한제국기 한국민족주의의 형성과 그 특성」, 『한국민족운동사연구』 Vol.55, 50쪽.)

11 2005년 1월 27일 법률 제7368호로 제정되었으며, 모두 5장 27조 부칙으로 이루어져 있다.

12 베네딕트 앤더슨, 앞의 책, 273쪽.

으로서 자아 인식과 민족적 자부심'[13]이 포함되도록 하였다. 이는 우리의 언어문화를 통해 인종, 심성, 성격, 기질 등의 근본과 결부[14]시켜서 민족이 혈통이 아니라 언어에 의해 상상되었고, 상상의 공동체에 초대될 수 있음을 보여준다. 우리의 역사에서 일제 강점기의 경험은 언어에 대한 애착으로 이어지게 되고, 국어과 교육에 민족주의가 내면화 되면서 민족 문화 창조와 직결된다.

'언어-문화-국가'의 회로 속에서 민족 문화를 말할 때, 그 민족 문화는 어떤 집단이나 계층의 전유물이 될 수 없다. 그것은 문화가 공동체 속에서 공동 기억으로 작동하듯이, 민족 문화도 공동체의 기억과 일상생활 속에 존재하게 된다.[15] 문학을 향유하는 일은 수용과 창작, 주체들이 수용자이면서 생산자로 양쪽에 걸쳐 이루어진다. 이러한 문학 현상 속에서 문학이 문화에 포함된다. 문학을 문화의 개념으로 상정하게 되면, 문학 교육은 문화 교육으로 자리를 잡게 된다. 문학은 당시의 역사를 반영하며 민족의 정서를 반영한다. 문학은 어떤 면에서 역사보다도 더 구체적으로 당대의 사회를 생생하게 형상화하여 증언하기도 한다. 따라서 우리의 교육과정 변천사에서 문학 교육은 민족 문화 교육의 성격을 강하게 내포한다.

그러나 제6차 교육과정부터 정부 당국은 대외적으로 세계화 정책을 추진하였다. 제2차 세계대전이후로 시작된 냉전시대(1945~1989)가 종식되어, 국내정세는 세계화·개방화로 급전되었다. 전 세계를 하나의 공동사

---

13   제5차 국어 교육과정의 '다'항, 지도 및 평가상의 유의점

14   Edward W. Said(2006), 『오리엔탈리즘』, 박홍규 역, 교보문고, 271쪽.

15   민족 문화 창조론은 교육과정기 이전의 독본류에서 일찍이 나타난다. 자세한 내용은 서준섭(2009)의 논문 「한국 정부 수립 후 고등학교 국어 교재에 나타난 국가주의와 민족문화 창조론-1951년 학제 개편 후의 고등국어(1953) 독본을 중심으로」, 『국어교육』128, 한국어교육학회)을 참조.

회 또는 지역사회로 보는 세계 공동체 의식은 외국어 교육, 특히 영어 교육이 강조되었다. 영어 교육의 강화는 다른 의미로 국어 교육의 약화를 의미한다.[16] 그동안 자국어 교육이 누렸던 지위와 위력은 세계화·개방화로 변방의 지역어로 밀리게 될 형국이다. 세계화의 체질 개선 과정에서 국민국가주의와 민족주의는 걸림돌이 될 수밖에 없다. 이러한 추세에 문학 교육의 위치는 세계 문학 속의 민족 문학으로 좌표점이 이동되었다. 제6차 교육과정의 문학 교과서에 세계 문학 작품이 본격적으로 수록되기 시작한 것이, 이에 대한 방증이 될 것이다.

2. 사회·역사 속에서 구성되는 문학 교육

문학 교육은 사회·역사적 맥락 속에서 구성된다. 한국의 교육과정은 미군정기의 교수요목(1946)으로부터 1954년 제1차 교육과정이 공포된 이

---

16 영어 공용화는 1998년 소설가이자 경제평론가인 복거일의 '국제어 시대의 민족어'라는 저서에서 주장하면서 논쟁이 시작되었다. 그는 장차 지구 제국에서 중심부로 진출하려면 영어를 모국어로 삼아야 하며, 그 전단계로 영어를 한국어와 함께 공용어로 쓰자고 제안했다. 이에 대한 비판으로 조동일은 '문화적 관점에서 본 영어 공용어화'에서 "초강대국 미국 중심의 세계화를 언어 사용에서까지 받아들이라는 압력이 거세게 밀어닥쳐 민족문화의 위기를 조성하고 있는 것이 이 사태의 본질"이라고 설명했다. 그리고 김영명은 '영어 공용어론의 정치적 의미'에서 "영어는 영국과 미국이 세계를 지배하고, 한국의 지배층이 그 지배를 더 공고히 하기 위한 도구"라며 "영어 공용론자들은 안에서는 패권주의자이고 밖에서는 사대주의자들"이라고 비난했다.(한국일보, "영어 공용화 주장은 망상…", 2002.01.15.) 영어공용화의 논쟁을 거론하지 않더라도, 영어가 한국어와 일상생활에서 부분적으로 공용어 구실을 하거나 빠른 속도로 진척되고 있다. 제도권 교육에서의 영어 교육의 변화(원어민 교사, 영어 전용 구역 설치), 대학에서 영어 강의의 의무화, 지방자치단체의 후원으로 만든 영어 마을, 제주특별자치도의 제주영어 교육도시 등은 국어 교육이 점차로 약화되어 가는 징후로 볼 수 있을 것이다.

래로, 앞선 교육과정을 역사화 시키면서 보완·확장되었다. 교육에 대한 국가의 통제는 교육법, 교육 정책, 교육과정 등의 다양한 경로를 통해 구체화된다. 그 중에서도 교육과정은 가장 강력한 통제 수단으로, 교육과정 자체가 이데올로기의 선택 과정이며 가치 판단 과정이다.[17] 국어·문학 교육은 사회·역사적 맥락 속에서 구성되는 데, 시기마다 교육철학의 이념과 지향점, 교육 사조의 변화, 교육과정 체제상의 변화, 교과서 단원 구성의 변화, 교과서 수록 작품의 변화, 문학 이론과 교수-학습 방법의 변화 등의 영향으로 재구성된다.

국어 교육은 교육 사조의 변화에 영향을 받는데, 대표적으로 John Dewey의 경험주의와 Jerome S. Bruner의 지식의 구조를 들 수 있다. 듀이의 교육은 생활 사태에서 발생하는 즉각적인 문제를 해결하도록 도와주는 과정(생활적응교육), 아동의 발달·흥미 등의 심리적 조건은 교육의 내용과 방법을 결정하는 유일 절대의 기준이 된다는 사고방식(아동중심교육)이다. 제1·2차 교육과정은 미국에서 듀이를 공부한 유학파들에 의해 영향을 받았다.[18] 제1차 교육과정에는 학습자의 경험, 생활 중심으로 실생활에 필요한 지식·기능·태도·습관 등을 담은 것이 특색이다. 그리고 제2차 교육과정은 생활 중심, 경험 중심의 진보주의 교육 사조의 영향을 실천면에서 수용하여 적용하려 하였는데, 국어과의 내용은 제1차 교육과정과 대동소이

---

17 김창원(2011), 앞의 책, 89쪽.
18 한국인에 의한 듀이 연구는 1920년대에 네브라스카대학교에서 공자와 듀이의 교육 철학을 비교 연구한 노천길이 처음이었다. 그 후 한국인의 듀이 연구는 콜럼비아대학교에서 유학한 학생들을 중심으로 전개되었는데, 1927년경에 장이욱과 김흥제, 그리고 2년 후에 오천석이 그 대학교에서 교육학을 전공하면서 듀이의 강의를 직접 수강했다. 특히 오천석은 1945년 해방이 되고 미군정의 교육부장관이 되어 듀이의 교육철학을 '새교육'이라는 이름으로 한국화하고 실천하는 데 선구적 역할을 담당하였다. 듀이 연구는 1950년대 중반부터 1960년대 중반에 걸쳐 활성화 되었다. 해방 직후 미국 콜럼비아대학교에서 듀이의 교육철학을 연구한 임한영과 철학을 연구한 김준섭이 귀국한 것이 계기가 되었다.(노진호(1996), 『존 듀이의 교육이론: 반성적 사고의 교육』, 문음사, 144-146쪽.)

하다.[19]

　브루너의 지식의 구조는 제3차 교육과정에 영향을 끼쳤는데, 각 교과가 토대로 하는 학문에서 다루는 기본적인 개념을 구조화하여 지도하도록 하여 학문 중심 교육과정이라 한다. 이 시기의 교육과정 구성의 특징은 교육과정이 매우 체계적으로 이론화되어 있다는 것이다. 국어과 교육과정 개정의 방향은 언어 사용 기능 신장과 가치관 교육의 조화, 언어 사용 기능 신장 지도 사항의 정선과 체계화, 가치관 교육 함양을 위한 제재 선정의 기준 설정, 저학년에서의 문형 교육과 언어 용법 교육의 강화, 인격과 문화 발전을 위한 의도적인 언어 교육 중시 등이다.[20] 이상을 종합해 보면, 제3차 교육과정은 언어 사용 기능을 중심으로 체계화하고, 이를 가치관 교육과 연관 지어 효율성을 높이기 위한 교육과정이라고 할 수 있다.

　문학 교육은 교육과정 체제상의 변화에 따라, 문학 영역과 문학 과목에서 다른 모습을 보인다. 문학 영역은 문학사 중심의 교수요목, 문학과 고전 영역이 성립된 제1·2·3차 교육과정, 고전과 현대문학 영역이 문학으로 독자적인 영역을 확보한 제4차 교육과정 이후의 시기로 변화되었다. 그리고 문학 영역의 심화 과정인 문학 과목은 고전문학 과목이 성립된 제2·3차 교육과정, 고전·현대문학 과목으로 분리된 제4차 교육과정, 고전·현대문학 과목이 통합된 제5차 교육과정 이후의 시기로 구분될 수 있다.

　교육과정 내용을 구체화한 교과서는 교사와 학습자를 매개하는 교수-학습 자료인데, 교과서 안에 교사가 가르치고 학습자가 배울 내용이 제시되어 있다. 문학 교과서에 수록되는 작품의 선정은 사회·역사적인 맥락 속에서 변화되는 교육과정에 따른 것으로, 문학 교육 내용은 교과서에 수

19　윤여탁 외(2006), 『국어교육 100년사 II』, 서울대학교출판부, 323쪽.
20　윤여탁 외(2006), 앞의 책, 323쪽.

록된 문학 작품이 중심이 된다. 일제로부터의 해방과 한국전쟁을 겪으면서 교과서에 수록된 문학 작품은 역사적인 상흔의 치유와 희망에 관한 작품이 수록된 반면에 카프 계열과 월북·납북된 작가들의 작품은 교과서 수록 작품에서 제외되었다. 제6차 교육과정부터 세계화·개방화가 전면화 되면서 세계 문학 작품이 교과서에 본격적으로 수록되기 시작하였다. 이는 한국 문학에서의 민족 문학적 특질보다 문학 일반의 보편성에 주목하게 되었다는 것을 의미한다. 그리고 제7차 교육과정에서 문학적 관심은 문화론 중심의 문학교육으로, 문학 활동이 문화의 한 양상으로 인식되었다. 그리하여 교과서에 비전문가의 글이 수록되고, 만화, 대중가요 가사, 그림, 판타지 소설, 뮤지컬 대본 등의 다양한 읽기 제재가 수록되었다.

　　교육과정의 개편 과정에 따라 문학 작품의 이해·감상 방법이 새롭게 구성되었다. 초기의 문학 교육은 역사 비평 방법으로 문학 작품을 감상하였다. 역사 비평 방법은 문학이 역사적인 산물이라는 전제 아래 역사성, 과거에 대한 감각, 역사적 맥락에 대한 관심 등에 근거한다. 이러한 역사 비평 방법은 제1·2차 교육과정의 문학 교육에서 지배적이었다. 이 시기의 문학 교육은 고전 문학 중심으로, 고전문학 작품 감상을 통해서 국문학의 변천이나 선인들의 삶을 이해하는 것을 목표로 삼았다.

　　1950년대에 유입된 미국의 신비평은 제3차 교육과정부터 학교 문학 교육 방법론으로 자리를 잡기 시작하여, 제5차 교육과정까지 문학교육에 크게 영향을 끼쳤다. 신비평은 문학의 역사적 맥락보다는 문학 작품 자체에 자기 목적성을 부여하였다. 그들은 문학 작품이 언어적 구성물로 보고, 작가나 독자에 의존하지 않고 홀로 설 수 있는 것으로 간주하였다. 따라서 문학 작품 자체의 이미지나 상징, 모티프 등을 중시하였다. 제3차부터 학교 문학 교육에 도입된 신비평은 제4차 교육과정에서 더욱 강조되어, 신비평에 의한 문학 교육 시기라고 할 수 있다. 문학교육은 문학(시) 언어에 대한 반복·적용을 통한 문학 언어의 문식성literacy을 습득하는 것을 목표로 하였다.

역사주의 관점과 신비평에 의한 문학 작품의 이해와 감상은 제6·7차부터 학습자 중심의 수용과 창작 위주의 수용론적 관점으로 변화되었다. 학습자 중심의 수용과 창작이 중요시되면서, 표현론·구조론·반영론·효용론 등의 복수적 시각이 필요한 문학 교육으로 확충되면서 구성되었다.

앞에서 언급한 교육 사조, 교육과정 체제, 교과서 단원 구성, 교과서 수록 작품, 문학 이론과 교수-학습 방법의 변화 등에 영향을 받는 문학 교육은 문학적 체험을 통해 '성찰하는 주체', 문학적 소양을 겸비한 교양인을 양성하는 과정이다.

문학이 교육되어야 한다는 논리는 문학 작품을 읽고 가르침으로써 무엇인가를 얻을 수 있다는 전제에서 비롯된다.[21] 문학 교육과정을 관통하는 교육 내용은 문학 일반의 지식, 문학사, 문학 작품의 이해와 감상으로, 최종 도달점은 인간과 세계에 대한 총체적인 이해이다. 교사와 학생, 우리가 신神이 아닌 이상 인간과 세계를 총체적으로 이해한다는 것은 어불성설語不成說이다. 문학 교육의 목표인 인간과 세계에 대한 총체성의 이해라는 말에는 우리가 경험하는 삶의 총체성이 깨졌다는 전제가 깔려 있다. 이는 우리 삶을 지탱하는 현대 사회·문화에서 통용되는 본질적 가치가 훼손되었다는 것을 의미한다. 삶의 총체성의 상실은 감수성과 논리의 분열[22]로 나타나게 되는데, 문학 교육은 지배적인 교환 가치로 인한 인간성의 상실·소외와 파편

---

21 Raymond J. Rodrigues는 문학을 가르치는 이유에 대해서 학습자들로 하여금 문화유산의 이해, 수사학의 모델링이나 언어 발달, 학습자의 생각 자극, 가치관 형성, 그리고 학습자에게 간접 경험을 제공하는 것으로 정리했다.(Raymond J. Rodrigues·Dennis Badaczewski(2007), 『문학작품을 어떻게 가르칠 것인가』, 박인기·최병우·김창원 공역, 박이정, 23-25쪽.)

22 교육부 고시 제1992-19호(92.10.30.) 고등학교 교육과정 해설, 205쪽.

화된 우리 삶에 대해 통합적인 사고를 지향한다. 인간과 세계에 대한 총체적 이해는 결과적으로 감수성이 풍부한 인간, 인간다운 가치를 두루 갖춘 인간과 같은 의미로 이해된다. 따라서 문학적 소양을 겸비한 교양인은 감수성이 풍부한 인간 혹은 인간다운 인간과 상통되는 의미로 받아들여질 수 있다.

문학적인 소양을 겸비한 교양인을 양성하기 위해, 분열된 감수성과 논리의 통합적인 문학 교육이 이루어져야 한다. 이 지점에 문학 작품의 이해와 감상(수용)[23] 능력, 문식성literacy 능력이 필요하다. 문학 감상력은 읽기 능력이다.[24] 단순한 문자 읽기의 기초 기능이 아니라, 내용 자체의 이해나 표현을 초월하는 일종의 앎의 양식mode of knowing으로 지식의 단순 수용이나 단순 생산을 초월하여 지적 성장을 유발하고 조성[25]하는 고등 기능이다.

문학 작품은 형상화된 인식의 결과물인데, 문학 감상 능력은 인지와 정의적 영역이 통합(조화)되어 계발된다. 문학에서 사용되는 일반적 지식과 주요 개념은 실제 작품을 읽고 이해하는 과정에서 습득하도록 하며, 일단 습득된 개념들은 다른 작품을 이해·분석·평가하는데 활용[26]하도록 한 것도 같은 맥락으로 이해된다.

문학 교육은 작품에 대한 비평 교육이라고 할 수 있는데, 문학 작품

---

23 제7차 교육과정에서는 '감상' 대신 '수용'을 사용하였는데, 이는 인지와 정의적 영역을 구분하지 않고 통합하는 동시에 수용 주체의 능동성을 강조하기 위해서이다.

24 이성영은 읽기·해독·독해·독서의 의미역을 구분하였다. 해독은 한글을 갓 습득한 아이들이 문자를 음성화하는 것으로, 독해는 글의 의미 내지는 정보의 정확하고 완벽한 수용에 초점을 두어 고증적으로 읽는 읽기로, 독서는 주로 교양 획득이나 인격 함양을 위한 읽기·정서적인 즐거움을 위한 읽기를 지칭한다. 그리고 읽기는 일반어로 앞의 의미역을 포괄하는 의미로 사용하였다.(이성영(2008), 「읽기의 개념과 성격, 그리고 양상」, 『문식성 교육 연구』, 한국문화사, 300-302쪽.)

25 노명완·이차숙(2006), 『문식성 연구』, 박이정, 157쪽.

26 제5차 고등학교 문학 교육과정 지도상의 유의점 2항.

의 비평적 읽기는 동화와 작품과의 거리두기의 변증법적 과정으로 이해된다.[27] 동화란 독자와 작품과의 거리를 없애는 과정이다. 동화는 작품 속 인물에 주체의 감정을 개입시키는 감정이입empathy 과정이다. 감정이입의 대상은 일차적으로 시의 경우는 화자, 소설이나 희곡의 경우는 인물과 행동이 되지만 해당 작품의 작가도 그 대상이 된다. 문학적 체험은 감정이입에 의해 독자의 의식 속에서 재현되고, 작품 속에 몰입할 수 있다. 이때 독자와 서정적 화자, 서사적 주인공, 시인, 작가 사이에 간격이 없어지면서 동일시 현상이 나타난다. 동일시는 독자와 작품 속 인물·상황 사이의 폭넓은 심리적 메커니즘mechanism이다. 이 동일시에 의해 비로소 간접 체험이 가능해진다.

그런데 보고 느끼는 간접 체험은 정서적 차원에서뿐만 아니라 인지적 차원에서도 이루어진다. 다시 말해서 우리는 경험하면서 식별하고 판단하는데, 책 읽기의 과정은 동화와 끝없는 식별과 판단의 개입과정이라 할 수 있다. 이러한 맥락에서 거리두기란 독자의 인지적 영역이 작동하기 위한 동화의 일시적 정지라고 설명될 수 있다. 독자는 작품과의 거리두기를 통해 주인공의 행동·가치 등을 판단하면서, 자신의 삶과도 비교할 수 있다. 인지와 정의적 영역, 동화와 거리두기의 순환과정에서 성찰하는 주체로서 인지와 정서가 넓어지거나 깊어지게 된다.

고등학교 문학 교육이 문학적 소양을 겸비한 성찰하는 주체를 양성한다는 논의를 구체적인 작품 '심청전'을 통해 살펴보자. 독자는 이야기 속의 주인공 심청에게 동화되어 주체의 감정을 이입하면서 동일시가 이루어진다. 아버지 심봉사에 대한 극진한 효도로 공양미 삼백 석에 팔려 인당수의 제물이 되는 상황에서, 독자는 심청의 효에 감동을 받을 수도 있지만 의

---

27 서준섭(1991), 「문학교육과 문학비평-문학교육의 정서적 목적과 인지적 목적의 조화를 위한 試論」, 『교육연구정보』 제6호, 58-60쪽.

구심을 가질 수도 있다. 심청과의 거리두기를 통해 효의 의미에 대해 생각할 수도 있고, "나라면 심청이 같이 할 수 있을까?"라는 질문을 던질 수도 있다. 독자는 작품에서 한 발짝 떨어져 부모님과 나 사이의 관계를 살피고 반성할 수도 있을 것이다. 따라서 성찰하는 주체는 문학적 체험, 간접 체험을 통해 자신의 삶과 세계를 반성적으로 사유할 수 있는 능력을 가진 개별자를 의미한다. 성찰하는 주체인 독자는 시대 변화에 따른 사회·문화적인 맥락에서 보편적 가치인 효의 개념을 재정립할 수도 있을 것이다. 이러한 일련의 문학 작품에 대한 읽기 과정을 거쳐, 문학적 소양을 겸비한 교양인이 양성된다.

지금까지의 논의를 통해 문학 교육이 사회·역사 속에서 점진적으로 구성된 것이라는 사실이 분명해졌다. 고등학교 문학 교육의 정체성이란 미리 주어진 어떤 것이 아니다. 그것은 여러 가지 복합적인 요인에 의해 부단히 구성되고 갱신되고 확장되어 온 것이다. 고등학교 문학 교육의 내용은 그 안에 수많은 변화를 간직하면서 구성된 것이다. 따라서 고등학교 문학 교육의 내용 변화에 대한 역사적 고찰은 그 시간성 즉, 사회 역사적 맥락을 적극적으로 고려하는 가운데 이루어져야 한다.

Ⅲ

—

고등학교 국어 과목
문학 영역의 형성과 흐름

본 장에서는 고등학교 문학 영역 교육의 역사적인 전개 과정을 살펴보고자 한다. 국어과 교육과정 변천 과정에서 국어 과목 안의 문학 영역의 내용은 시기 마다 다른 모습을 보인다.

① 교수요목 시기의 문학 교육은 문학사 중심이었다. ② 제1·2·3차 교육과정에서 문학 영역에 문학과 고전 영역이 성립되었다. ③ 제4차 교육과정에서 고전과 현대 문학 영역이 문학 영역으로 통합되었다. ④ 제5·6·7차 교육과정의 통합된 문학 영역은 독자 중심의 교수·학습 방법 및 평가, 문학 작품의 이해·감상 등에서 질적인 성장을 보인다.

본 장은 네 개의 절로 구성되어 있으며, 서술 순서는 문학 교육의 태동기, 문학과 고전 영역의 성립기, 문학 영역의 통합기, 독자 중심의 문학 교육기 등의 순으로 되어 있다.

1. 문학교육의 태동기
교수요목(1946~1954)

국가 수준의 교육과정이 출범하기 전에 미군정청 편수국은 교수요목을 공포하였다. 교수요목은 오늘날의 교육과정에 해당하는 것으로 해방 직후의 교육을 주도했고, 이후에 공포되는 교육과정의 기본 틀을 제공했다는 점에서 역사적인 의의를 갖는다. 본 절(節)에서는 제1차 교육과정이 공고되기 전까지의 시기를 문학 교육의 태동기로 명명하고, 교수요목과 국정 중등 국어 교과서를 분석한다. 국정 중등 국어 교과서는 모두 다섯 차례 발간되었다. 본 절에서는 국정 중등 국어 교과서의 본문 읽기 제재를 갈래로 분류하지 않고, 크게 문학과 비문학으로 나누어 분석한다. 왜냐하면 국정 중등 국어 교과서에 수록된 읽기 제재는 같은 작품이 반복해서 실렸거나, 전戰시기에 발간된 국어 교과서는 같은 내용이 학년·학기만 다르게 출간되었기 때문이다. 이상의 분석 내용을 바탕으로 태동기의 문학 교육의 내용을 정리한다.

1) 교수요목

한국은 교수요목이 공포되기 전까지 형식과 체제 면에서 다소라도 완비된 교육과정을 갖지 못하였다. 미군정기(1945~1948)인 1946년 9월 1일, 미군정청 편수국에서 교수요목을 공포하였다. 이 요목은 오늘날의 교육과정에 해당하는 것으로, 전체구조는 '(一)교수 요지/(二)교수 방침/(三)교수 사항/(四)교수의 주의/각 학년 교수 시간 배당 표준'으로 짜여 있다. 고등학교의 교수요목은 별도로 제시 되어 있지 않고, 중학교의 '각 학년 교수 시간 배정 표준'에 초급(一·二·三 학년)과 고급(一·二·三 학년)으로 구분되어 있다.

교수요목기의 문학교육은 교수요목의 이해를 바탕으로 살펴볼 수 있다. 문학 영역이 독립적인 위치를 점하지 못한 시기에 교수요목은 국어과 내에서 문학 영역의 교육적 의도를 반영하고 있기 때문이다.

교수요목은 이름 그대로 과목별로 간단한 요목과 교수 시간 배당 표준을 제시하고 있다. 교수요목 내용 중에 문학 교육과 관련된 내용은 교수 요지, 교수방침, 교수사항에서 추출해 볼 수 있다. 먼저 교수요지를 보면 다음과 같다.

국어를 잘 알고 잘 쓰게 하며, 우리의 문화를 이어 확충 창조하게 하고, 겸하여 지덕智德을 열어 건전한 국민정신을 기르기로 요지를 삼음.

교수요지는 세 가지 항목으로 이루어져 있는데, 국어사용 기능의 신장과 문화 창조, 그리고 국민정신의 함양으로 구별해 볼 수 있다. 교수요지의 문학 교육 내용은 너무 포괄적이어서, 문학 교육 고유의 목표라기보다는 교육 전반의 목표에 해당된다고 볼 수 있다. 국어과에 보다 밀접한 목표 진술은 교수방침에서 살펴볼 수 있다.

> (ㄴ) 국어 국문의 전통과 그 표현을 이해하게 하고, 국어 국문의 사적史的 발달을 구명하여, 종래의 사상 문화의 연원과 발달을 자세히 알려, 국민정신을 기르고, 우리 문화를 창조 확충하게 하는 신념을 배양함.

교수방침에서는 국어국문을 동시에 거론함으로써 문학교육을 별도의 항목으로 설정하고 있지 않다. 이는 당시의 국어과 교육이 국어국문 교육으로 이해되고 있었다는 사실을 암시하는 것으로, 이후의 문학교육이 국어과에 포함되는 계기를 만들었다. 또한 국어국문의 사적 발달을 구명하는 것은 문학 교육도 포함될 것인데, 이는 문학 교육을 문학사 중심의 교육을 상정하고 있다. 이는 이어지는 교수사항에서 국어과의 영역을 읽기·말하기·짓기·쓰기·문법·국문학사의 여섯으로 나누면서 문학이 아니라 국문학사 영역을 둔 데에서도 알 수 있다. 고전문학 중심의 문화전달주의 문학교육관은 제2차 교육과정의 국어Ⅱ에 〈고전〉과목을 두는 주요 원인이 되었다.

문학교육의 궁극적 목표를 "국민정신을 기르고, 우리 문화를 창조 확충ㅎ게 하는 신념을 배양"하는 데 둠으로써 문학교육에서 가치 교육을 강조하고 있다. 효용론적 입장의 가치 지향적 문학교육관은 이후의 교육과정에서도 꾸준하게 채택되어, 문학교육이 지배 이데올로기의 주입 수단으로

작용하여 교육의 보수적 색채를 띠게 된다.[01]

교수요목의 '교수 사항'은 각 영역별 교수학습의 일반적인 내용과 구체적인 목표를 담고 있다. 그 중에서 국문학사 영역의 교수사항은 다음과 같다.

> 6. 국문학사 : 국문학의 사적 발달의 대요를 가르쳐, 국민의 특성
> 과, 고유문화의 유래를 밝혀, 문화사상에의 우리 고
> 전古典의 지위와 가치를 알림.

국문학사 영역의 목표를 문화 사상에서 우리 고전의 지위와 가치를 알리는 데 두고 있다. 이 목표를 달성하기 위해 국문학의 사적 발달을 통한 국민의 특성과 고유문화의 유래를 밝히는 것을 교수-학습의 내용으로 삼고 있다. 이는 당시의 문학 교육이 문학사 중심의 교육을 상정하고 있음을 알 수 있다.

교수사항의 국문학사 영역은 문화 전달주의를 바탕으로 한, 가치지향적인 문학교육관을 읽어낼 수 있다. 이러한 문학관은 교수요목 이후의 교육과정 시기의 문학관에 고스란히 이행된다.

이상에서 볼 때, 교수요목은 해방 직후의 교육을 주도했음은 물론 이후의 교육과정의 기본 틀을 마련했다는 점에서 중요한 의의를 지니고 있다. 그 점은 ①교육과정 전체의 체제, ②국어과에 문학교육을 포함시킨 점, ③지배 이데올로기 중심의 문화전달주의를 바탕으로 한, 가치지향적인 문학관으로 나타난다.[02]

01　김창원(1991), 「문학교육 목표의 변천 연구(Ⅰ)」, 『국어교육』 Vol.-No.73, 57쪽.
02　김창원(1991), 앞의 논문, 58쪽.

2) 태동기의 국정 중등 국어 교과서

광복 이후 미군정기로부터 전후까지 국정 국어 교과서는 모두 다섯 차례 발간되었다. 가장 먼저 발간된 것이 조선어학회에서 지은 〈중등국어교본 (상)·(중)·(하)〉이다. 그 이후 군정청 문교부에서는 〈중등국어교본〉을 바탕으로 〈중등국어 1·2·3〉을 발간하였다. 정부 수립이후에는 〈중등국어 ①~⑥〉을 발간하였으며, 1951년 학제가 6-3-3-4제의 기간 학제로 확립되면서 전戰시기의 〈중등국어〉와 〈고등국어〉가 학년-학기별로 한 권씩 발간되었다. 전후에는 〈중학국어〉와 〈고등국어〉가 발간되었다. 이러한 내용을 발간 시기별로 국정 중등 국어 교과서를 표로 제시하면 다음과 같다.

[표Ⅲ-1] 태동기의 국정 중등 국어 교과서 발간 현황[03]

발간시기	국정 중등 국어 교과서	발행처	비고
군정기	중등국어교본(상), (중), (하)	조선어학회	
정부수립기	중등국어1, 2, 3	문교부	
	중등국어①②③④⑤⑥	문교부	
전시기	중등국어1-Ⅰ, 1-Ⅱ, 2-Ⅰ, 2-Ⅱ, 3-Ⅰ, 3-Ⅱ	문교부	2-Ⅱ (미확인)
	고등국어1-Ⅰ, 1-Ⅱ, Ⅱ, 3-Ⅰ, 3-Ⅱ	문교부	Ⅱ(2-Ⅰ과2-Ⅱ 합본) 3-Ⅰ (미확인)
전후시기	중학국어1-Ⅰ, 1-Ⅱ, 2-Ⅰ, 2-Ⅱ, 3-Ⅰ, 3-Ⅱ	문교부	
	고등국어Ⅰ, Ⅱ, Ⅲ	문교부	

가장 먼저 발간된 것은 조선어학회에서 지은 〈중등국어교본〉이다. 이 교재는 1946년 1월 26일 군정청 학무국에서 발간한 것으로, 학무국이 문교

---

03 [표 Ⅲ-1]은 역락 출판사에서 영인본으로 출간된 건국 과도기의 국정 중등 교과서를 정리한 것임.

부로 바뀌면서[04] 군정청 문교부 발행으로 바뀌었다.[05] 교재 개발은 조선어학회가 중심이 되었으며, 초등 국어교본과 함께 국정 중등 국어 교과서의 출발점이 되었다. 이 교재는 소단원제를 채택하고 있다. 소단원제는 1단원 1제재가 기준이라고 할 수 있으나, 소단원 속에도 몇 가지 제재가 들어 있어 대단원의 모습을 보이고 있는 것도 있다. 각 단원의 본문이 시작되기 전에 지은이를 적고, 각 과가 끝날 때마다 익힘 문제가 달려 있다.[06]

그 이후 군정청 문교부에서는 〈중등국어교본〉을 바탕으로 〈중등국어 1·2·3〉을 발간하였다. 이 교재는 정부 수립 직전부터 정부 수립 이후까지 발행되었다. 〈중등국어교본〉과 마찬가지로 과별 편제를 하고 있으며, 〈중등국어교본〉에서의 목차 대신 속판을 두어 차례를 정하였다. 각 과의 본문 끝에 지은이를 적고, 익힘 문제가 실려 있다. 과도기에 간행된 국어 교과서 중에 〈중등국어교본〉과 〈중등국어〉에 익힘 문제가 유일하게 실려 있다.[07]

〈중등국어 ①~⑥〉은 정부 수립 이후, 1949년 8월부터 1950년까지 발간된 교과서이다. 이 교재는 겉표지에는 원으로 학년을 표시하고, 속표지에는 로마자로 학년을 표시하였다. 정부 수립 이후의 중등 국어는 학년 당

---

04 1946년 3월 29일 학무국이 문교부로 승격됨(군정법령 제64호)

05 과도기의 교과서 개발권자는 '군정청 학무국→군정청 문교부→정부 수립 이후 문교부'로 바뀌었다.

06 〈중등국어교본 (상)〉은 53과로 구성되어있고, 모두 70편의 읽기 자료가 수록되었다. 과별 편제를 보이므로 필자는 70명, 교재의 전체 분량은 169쪽이다. 〈중등국어교본 (중)〉은 40과로 구성되었고, 45편의 읽기 자료와 필자, 교재의 전체 분량은 199쪽이다. 〈중등국어교본 (하)〉는 28과로 구성되었고, 35편의 읽기 자료와 33명의 필자(고시조 중에 김종서의 작품이 둘, 조윤제의 '국문학의 고전'이 (1)과 (2)로 나뉘어 있어 읽기 자료와 필자의 숫자에 차이가 있다.), 교재 전체 분량은 174쪽으로 이루어진 과별 편제를 보인다.

07 〈중등국어 1〉은 50과로 구성 되었고, 60편의 읽기 자료와 필자, 교재의 전체 분량은 199쪽이다. 〈중등국어 2〉는 39과로 구성되었고, 41편의 읽기 자료와 필자, 교재의 전체 분량은 168쪽이다. 〈중등국어 3〉은 35과로 구성되었고, 43편의 읽기 자료와 41명의 필자(수록된 작품 중에 조은과 이병기의 시조가 각각 두 편씩 실려 있다.), 교재 전체 분량은 144쪽이다.

한 권씩 개발되었다. 이 교재도 과별 편제를 따르고 있으며, 차례에 각 과 제목과 지은이를 밝히고, 각 과의 본문 끝에 지은이의 간단한 약력을 소개[08]하고 있다.[09] 〈중등국어 ①·②·③〉의 특이점은 권말에 맞춤법과 띄어쓰기에 대한 '일러두기'를 두었다.

1951년 학제가 개편되면서 전戰시기의 〈중등국어〉와 〈고등국어〉가 학년-학기별로 한 권씩 개발되었다. 전시기 교과서는 '국제 연합 한국 재건 위원단'(운크라)에서 종이를 지원받아 발간하였다.[10] 이 교재도 과별 편제를 따르며, 전시 상황이라서 교육 여건이나 교재 개발 등이 좋지 않았기 때문에 교과서 분량 면에서 축소되었다.[11] 그리고 작가의 소개가 없거나 본문 안에 사진이나 그림 자료 등이 보이지 않는다. 〈중등국어1-Ⅱ〉는 〈중등국

---

08 〈중등국어 ④·⑤·⑥〉에는 각 과의 본문 앞·뒤에 지은이를 밝힘.

09 〈중등국어 ①〉은 35과로 구성되었으며, 38편의 읽기 자료와 필자, 교재의 전체 분량은 144쪽이다. 〈중등국어 ②〉는 35과로 구성되었으며, 35편의 읽기 자료와 필자, 교재의 전체 분량은 154쪽이다. 〈중등국어 ③〉은 29과로 구성되었으며, 30편의 읽기 자료와 필자, 교재의 전체 분량은 155쪽이다. 〈중등국어 ④〉는 29과로 구성되었으며, 29편의 읽기 자료와 필자, 교재의 전체 분량은 120쪽이다. 〈중등국어 ⑤〉는 28과로 구성되었으며, 32편의 읽기 자료와 필자, 교재의 전체 분량은 133쪽이다. 〈중등국어 ⑥〉은 24과로 구성되었으며, 24편의 읽기 자료와 필자, 교재의 전체 분량은 166쪽이다.

10 중등국어 1-Ⅱ부터 영문과 한글로 '국제 연합 한국 재건 위원단'에서 지원 받은 사실을 교과서 앞 혹은 뒤에 적시하고 있다. 그 내용은 "국제 연합 한국 재건 위원단(운끄라)은 한국의 교육을 위하여 4285년도의 국정 교과서 인쇄용지 1,540톤을 문교부에 기증하였다. 이 책은 그 종이로 박은 것이다. 우리는 이 고마운 원조에 감사하는 마음으로, 한층 더 공부를 열심히 하여, 한국을 재건하는 훌륭한 일군이 되자. 대한민국 문교부 장관 백낙준"으로 되어 있다.

11 〈중등국어 1-Ⅰ〉은 8과 8편의 읽기 자료와 필자, 교재의 전체 분량은 61쪽이다. 〈중등국어 1-Ⅱ〉는 19과 19편의 읽기 자료와 필자(본 차례와 보충교재 合), 교재의 전체 분량은 113쪽(본 차례 58쪽, 보충교재 55쪽)이다. 〈중등국어 2-Ⅰ〉은 18과 26편의 읽기 자료와 필자, 126쪽이다. 〈중등국어 3-Ⅰ〉은 18과 27편의 읽기 자료와 필자, 122쪽이다. 〈중등국어 3-Ⅱ〉는 7과 7편의 읽기 자료와 필자, 60쪽이다. 〈고등국어 1-Ⅰ〉은 10과 14편의 읽기 자료와 필자, 128쪽(본 차례 55쪽, 보충교재 73쪽)이다. 〈고등국어 1-Ⅱ〉은 21과 26편의 읽기 자료와 22명의 필자, 119쪽이다. 〈고등국어 2-Ⅰ〉은 12과 17편의 읽기 자료와 필자, 61쪽이다. 〈고등국어 2-Ⅱ〉는 17과 19편의 읽기 자료와 18명의 필자, 120쪽이다. 〈고등국어 3-Ⅱ〉는 14과 14편의 읽기 자료와 필자, 138쪽이다.

어1-I〉과 본문 읽기 자료가 겹친다. 〈중등국어 1-II〉에서 특기할 만한 것은 본 차례 뒤에 '보충 교재'를 11과·11편의 읽기자료와 필자를 두었다. 〈중등국어 2-I〉의 권말에 "책을 아껴씁시다"[12]라는 계몽적인 글이 실려 있다.[13] 〈고등국어 1-I〉은 〈중등국어 1-II〉와 마찬가지로 본 차례 뒤에 '보충 교재'를 7과·7편의 읽기자료와 필자를 두었다. 〈고등국어 1-II〉에는 교과서 앞에 지원받은 사실을 영문으로, 뒤에 영문을 번역한 글이 실려 있다. 전시기에 지원받은 사실을 다른 교과서에서는 국제 연합 한국 재건 위원단으로 표시했는데, 이 교과서에서는 미국으로 되어 있다.

전후에는 중학교용 〈중학국어〉와 고등학교용 〈고등국어〉가 개발되었다. 중학 국어는 학년-학기별로 한 권씩 발행되었고, 고등 국어는 학년별로 한 권씩 발행되었다. 그리고 판형은 전시 이전의 교과서 판형(국판)으로 확대되었으며, 1951년 학제 개편 이후 중등국어가 중학국어로 변경되었다. 〈중학국어〉는 학기만 나누어져 있고 단원은 로마자로 연결되어있다. (예를 들면 〈중학국어 1-I〉은 I~V, 〈중학국어 1-II〉는 VI~X) 그리고 교과서 쪽수는 학기 구분 없이 이어서 매겨져있다. 그러나 중학국어의 가장 큰 특징이자 의의는 단원별 편제를 보인다는 것이다. 기존의 몇 과를 대단원으로 묶고 단원의 길잡이를 두었다. 교과서 개발의 변천사에서 진전된 교과서 모습을 보인다. 이 교과서의 발행에도 운크라의 지원이 있었다.[14]

---

12 이 책은 다 배운 다음에 아우들에게 물려줄 책입니다. 깨끗하게 아껴써서 물려받은 아우들의 마음을 즐겁게 합시다. 물건을 아껴쓰는 것도 간첩(?)에 이기는 생활의 하나입니다.

13 내용은 "이 교과서의 종이는 미국 사람들이 자유 아시아 위원회를 거쳐 대한민국 학교 어린이들에게 보낸 선물이다. 미국 사람은, 사람의 자유와 나라의 독립을 굳게 믿는다. 이런 굳은 신념을 가졌으므로, 그들은, 한국의 어린이들이 자유롭게 공부를 계속할 수 있게 하기 위하여, 이 책과 또 수백만 책의 교과서를 찍어낼 종이를 대한민국 문교부에 부쳐 준 것이다. 대한민국 문교부 장관 백낙준"으로 되어있다.

14 〈중학국어 1-I〉은 5단원 20과, 20편의 읽기 자료와 필자, 교재의 전체 분량은 103쪽이다. 〈중학국어

〈고등국어〉는 〈중학국어〉와는 달리 과별 편제(I-30과, II-27과, III-24과)를 유지하고 있으며, 교과서 체제 면에서 전시기와 전후 중학국어의 학년-학기별로 개발된 교과서를 한 권으로 묶은 교과서이다.[15]

국정 중등 국어 교과서에 수록된 작품의 일부를 문학(시·소설·수필)과 비문학(설명문·논설문) 계열로 나누어 제시하면 다음과 같다. (제시 방법은 작가의 가. 나. 다 순順 과 교과서 발간 순)

문학(시, 소설, 수필)

김기림의 '청량리'(〈중등국어1〉)·'못'(〈중등국어3〉), **김동인**의 '두문동'(〈중등국어2〉·〈중등국어②〉)·'선인장'(〈중학국어1- I 〉), **김상옥**의 '어린이와 꽃'(〈중등국어1〉)·'봉숭아'(〈중학국어1- I 〉)·'멧새 알'(〈중등국어3- I 〉·〈중학국어3- I 〉), **박종화**의 '탱자'·'삼방산골'(〈중등국어2〉·〈중등국어②〉·〈중등국어2- I 〉)·'파초'(〈중등국어③〉·〈중등국어3- I 〉)·'청자부'(〈중등국어⑤〉·〈고등국어II〉), **박태원**의 '아름다운 풍경'(원제: 천변풍경, 〈중등국어교본(중)〉)·'첫여름'(〈중등국어1〉), **백낙준**의 '가장 한국을 사랑한 원한경 박사'(〈중등국어2- I 〉) **서정주**의 '시의 운율'(〈중등국어③〉)·'국화 옆에서'(〈중등국어④〉)·'청산리의 싸움'(〈중학국어1-II〉)·'시작 과정'(〈고등국어1-I〉·〈고등국어 I 〉), **설의식**의 '팔월 십오일'(〈중등

1-II〉는 5단원 16과, 18편의 읽기 자료와 17명의 필자(이은상의 '조국에 바치는 노래'와 '화랑 소년 관창'의 두 편이 실렸다.), 〈중학국어 2-I〉은 5단원 15과, 19편의 읽기 자료와 필자, 115쪽이다. 〈중학국어 2-II〉는 5단원 17과, 17편의 읽기 자료와 15명의 필자(이효석의 '산'과 '낙엽을 태우면서', 안호상의 '앎'과 '일(勤勞)'이 두 편씩 실렸다.), 224쪽이다. 〈중학국어 3-I〉은 5단원 16과, 19편의 읽기 자료와 필자, 224쪽이다. 〈중학국어 3-II〉는 6단원 13과, 19편의 읽기 자료와 필자, 231쪽이다.

15 〈고등국어 I 〉은 30과, 34편의 읽기 자료와 33명의 필자(김소월의 '금잔디'·'엄마야 누나야'·'산유화'·'산'과 이효석의 '청포도의 사랑'·'화초'가 실렸다.), 교재의 전체 분량은 155쪽이다. 〈고등국어 II 〉는 27과, 34편의 읽기 자료와 33명의 필자(편지글에 이씨의 글이 두 편 실렸다.), 138쪽이다. 〈고등국어III〉은 24과, 24편의 읽기 자료와 필자, 174쪽이다.

국어1〉), 오영수의 '윤이와 소'(〈중학국어1-I〉), **안재홍**의 '목련화 그늘에서'(〈중등국어교본(하)〉·〈중등국어④〉)·'봄바람에 천리를 가다'(〈중등국어2〉·〈중등국어②〉·〈중등국어2-I〉·〈중학국어2-I〉), 유치진의 '월술랑'(〈중등국어3-Ⅱ〉·〈중학국어3-Ⅱ〉), **이기영**의 '원터'(원제: 고향, 〈중등국어교본(상)〉·〈중등국어1〉), **이무영**의 '단발령을 넘으며'(〈중등국어③〉)·'청개구리'(〈중등국어3-I〉·〈중학국어3-I〉), **이범석**의 '청산리 싸움'(〈중등국어②〉·〈중등국어1-Ⅱ〉)·'나의 혁명 시절의 일기'(〈중등국어3-Ⅱ〉) **이병기**의 '건란'(〈중등국어교본(중)〉)·'베짱이'(〈중등국어1〉)·'수선화'(〈중등국어3〉)·'부여를 찾는 길에'(〈중등국어교본(중)〉·〈중등국어2〉·〈중등국어2-I〉·〈중학국어2-I〉), **이상**의 '개'(〈중등국어1〉·〈중등국어①〉)·'권태'(〈중등국어⑤〉·〈고등국어2-Ⅱ〉·〈고등국어Ⅱ〉), **이태준**의 '물'(〈중등국어교본(중)〉)·'해촌일지'(〈중등국어1〉), **이효석**의 '사온일'(〈중등국어교본(중)〉·〈중등국어2〉·〈중등국어②〉)·'낙엽을 태우면서'(〈중등국어3〉·〈중등국어1-I〉·〈중등국어1-Ⅱ〉·〈중등국어2-Ⅱ〉)·'화초'(〈중등국어④〉·〈고등국어1-Ⅱ〉·〈고등국어Ⅰ〉)·'산'(〈중등국어1-Ⅱ〉·〈중학국어2-Ⅱ〉)·'청포도의 사랑'(〈고등국어1-I〉·〈고등국어Ⅰ〉), **이희승**의 '시조 감상 일수'(〈중등국어⑥〉)·'청추 수제淸秋數題'(〈중등국어교본(중)〉·〈중등국어2〉·〈중등국어②〉·〈중학국어2-Ⅱ〉), **정인보**의 '가신임'(〈중등국어교본(하)〉)·'매화사'(〈중등국어④〉·〈고등국어1-Ⅱ〉·〈고등국어Ⅰ〉), **정지용**의 '녹음 애송 시'(〈중등국어교본(중)〉·〈중등국어3〉)·'그대들 돌아오시니'(〈중등국어교본(하)〉)·'춘설'(〈중등국어2〉), **채만식**의 '금강'(원제: 탁류, 〈중등국어1〉·〈중등국어①〉), **최현배**의 '두부 장수'(〈중등국어1-Ⅱ〉·〈중학국어1-I〉)

비문학(설명문·논설문)

　　문일평의 '예술의 성직'(〈중등국어④〉·〈고등국어1-Ⅱ〉·〈고등국어Ⅱ〉), **백낙준**의 '삼일 정신론'(〈고등국어Ⅱ〉), **설의식**의 '우리의 자랑'(〈중등국어2〉·〈중등국어1-Ⅱ〉·〈중학국어1-Ⅰ〉)·'순국 소녀 유관순 추념사'(〈중학국어3-Ⅱ〉), **손진태**의 '일민주의'(〈중학국어1-Ⅱ〉)·'고구려의 민족 사상'(〈중등국어⑤〉·〈고등국어2-Ⅰ〉·〈고등국어Ⅱ〉), **신익희**의 '유·엔 헌장과 한국'(〈중학국어3-Ⅲ〉), **오천석**의 '새 나라 건설의 교육'(〈중등국어⑤〉·〈고등국어2-Ⅱ〉·〈고등국어Ⅱ〉), **안재홍**의 '독서 개진 논'(〈중등국어교본(하)〉)·'민족 문화의 진로'(〈중등국어⑤〉·〈중등국어⑥〉)·'장엄한 백두'(〈고등국어2-Ⅰ〉), **안창호**의 '인격 완성과 단결 훈련'(〈중등국어교본(하)〉·〈중등국어2〉·〈중등국어1-Ⅱ〉·〈중학국어1-Ⅱ〉)·'한국 학생의 정신'(〈중등국어2-Ⅰ〉·〈중학국어2-Ⅱ〉) **안호상**의 '학생과 사상'(〈중등국어③〉)·'삶과 목적'(〈중등국어⑤〉)·'일(勤勞)'(〈중등국어2-Ⅰ〉·〈중학국어2-Ⅱ〉)·'앎'(〈중등국어②〉·〈중학국어2-Ⅱ〉)·'일과 행복'(〈중등국어④〉·〈고등국어1-Ⅱ〉·〈고등국어2-Ⅱ〉·〈중학국어3-Ⅰ〉), **유홍렬**의 '한국 종교사의 특징'(〈중등국어⑥〉·〈고등국어3-Ⅱ〉), **이극로**의 '언어의 기원'(〈중등국어교본(하)〉·〈중등국어3〉), **이범석**의 '청년에게 고함'(〈중등국어⑤〉·〈고등국어2-Ⅰ〉)·'청년의 힘'(〈중등국어④〉·〈고등국어1-Ⅱ〉)·'민족과 국가'(〈중등국어⑥〉·〈고등국어3-Ⅱ〉·〈고등국어Ⅱ〉), **이병도**의 '민족 정기론'(〈고등국어1-Ⅱ〉·〈고등국어Ⅰ〉)·'한국 수전의 기원'(〈중등국어⑤〉·〈고등국어2-Ⅱ〉·〈고등국어Ⅱ〉), **이희승**의 '문자에 대하여'(〈중등국어교본(하)〉·〈중등국어3〉·〈중등국어③〉·〈중등국어3-Ⅰ〉·〈중학국어3-Ⅱ〉)·'언어·문화·민족'(〈고등국어1-Ⅰ〉·〈고등국어Ⅰ〉)·'국어의 어감'(〈중등국어⑤〉·〈고등국어2-Ⅱ〉·〈고등국어Ⅱ〉), **정인보**의 '순국선열 추념문'(〈중등국어⑤〉·〈고등국어2-Ⅱ〉·〈고등국어Ⅱ〉) '정송강과 국문학'(〈중등국어⑥〉·〈고등국어Ⅲ〉), **조만식**의 '청

년이여 앞길을 바라보며'(〈중등국어교본(상)〉·〈중등국어1〉)·'죽지 않는
진리'(〈고등국어1-Ⅱ〉·〈고등국어Ⅰ〉), **조연현**의 '소설의 첫 걸음'(〈중등
국어④〉·〈고등국어1-Ⅰ〉·〈고등국어Ⅰ〉), **조윤제**의 '국어와 국문학'(〈중등
국어교본(중)〉)·'국문학의 고전(1)·(2)'(〈중등국어교본(하)〉)·'국어의 생
활'(〈중등국어④〉·〈고등국어Ⅰ〉)·'가사 문학론'(〈중등국어⑥〉·〈고등국
어3-Ⅱ〉·〈고등국어Ⅲ〉) '은근과 끈기'(〈중등국어⑥〉·〈고등국어3-Ⅱ〉·〈고
등국어Ⅲ〉), **최현배**의 '한자 폐지와 고학 진흥'(〈중등국어2〉)·'한글의 가
로쓰기'(〈중등국어3〉)·'문자와 문화'(〈중학국어1-Ⅰ〉)·'헌법과 한글'(〈중
등국어②〉·〈중학국어2-Ⅱ〉)·'말을 깨끗이 하자'(〈중등국어1〉·〈중등국
어3-Ⅰ〉·〈중학국어3-Ⅱ〉)·'민족 문화의 창조'(〈중등국어⑤〉·〈고등국어
2-Ⅱ〉·〈고등국어Ⅱ〉)

국정 중등 교과서에 수록된 필자를 문학 계열과 비문학 계열로 나누
어 성향을 파악하면 다음과 같다. 문학 계열의 작가들은 다독과 다작을 목
적으로 1933년에 조직된 구인회[16], 1946년에 조직된 '조선문학가동맹'(김
기림, 이기영, 이태준, 임화 등), '전조선문필가협회'(김광섭, 김동인, 김진
섭, 박종화, 설의식, 안호상, 정인보 등), '조선청년문학가협회'(김상옥, 오
영수, 서정주, 조연현 등) 회원의 글들이 교과서에 수록되었다. 특히 '전조
선문필가협회'와 '조선청년문학가협회'는 해방 정국에서 '조선문학가동맹'
과는 사상적으로 대립관계에 있었다. 그럼에도 불구하고 '조선문학가동맹'
회원의 작품들이 교과서에 수록된 것은 특징적이라 할 수 있다.

비문학 계열의 필자들은 해방 직후부터 국어 교육과 국어 교재 편찬

---

16 구인회가 조직된 것은 1933년 8월 15일이다. 창립 당시 회원은 고보 동창 또는 평소의 친분관계로
모인 이태준·정지용·이종명·이효석·유치진·이무영·김유영·조용만·김기림 등 9명이었고, 박태원·박
팔양·이상 등은 뒤에 회원이 된다.(서준섭(2000), 『한국 모더니즘 문학 연구』, 일지사, 38쪽.

에 깊이 관여해온 '조선어학회'(이극로, 이병기, 이희승, 최현배 등), '진단학회'(문일평, 백낙준, 손진태, 이병도, 이희승, 조윤제, 최현배 등), '민주교육연구회'(안재홍, 손진태, 최현배 등) 회원 들이 주축이 되었다. 그밖에 명망 있는 학자(오천석), 정치가 및 독립운동가(신익희, 이범석, 안창호, 조만식) 등의 글이 수록되었다. 이들은 대체적으로 민족주의적이고 보수적인 성향을 띠는 인사들이다. 이들의 글과 담론은 그대로 독본 교재의 성격과 분위기를 결정하고 있다. 이들은 교재를 통해 언어, 문화, 역사, 문학 등에 걸친 다양한 분야의 담론을 펼치고 있다.[17]

3) 태동기에 나타난 문학교육의 특성

국정 중등 국어 교과서에 나타난 문학교육의 특징은 발간 시기나 학년-학기를 구분하지 않고 전체 교과서를 대상으로 한다.

첫째, 국정 중등 국어 교과서의 본문 읽기 제재는 발간 시기와 무관하게 반복해서 수록되었다. 특히 전戰시기에 발간된 교과서에는 같은 내용이 그대로 학년-학기만 다르게 출간되었다. 대표적인 예를 들면 다음과 같다.

'기미 독립 선언문', '민족과 국가'(이범석), '한국 종교사의 특징'(유홍렬), '페이타이의 산문'(이양하), '정송강과 국문학'(정인보), '관동별곡'(정철), '가사문학론'(조윤제), '상춘곡'(정극인), '태평사'(박인로), '왕랑반혼전', '춘향전에서', '조침문', '유산가', '은근과 끈기'(조윤제)

17 서준섭(2009), 앞의 논문, 210쪽.

위 작품들은 수록 순서도 변하지 않고, 전戰시기에 발간된 〈중등국어 ⑥〉과 〈고등국어 3-Ⅱ〉에 그대로 실렸다. 그리고 전후시기에 발간된 〈고등국어 Ⅲ〉에도 '민족과 국가'를 제외하고 나머지는 같다. 그리고 전시기의 〈중등국어 1-Ⅰ〉과 〈중등국어 1-Ⅱ〉에 수록된 작품이 동일하다.

둘째, 일제의 압제로부터 해방된 공간, 한국전쟁과 전후의 사회 상황을 배경으로 한 작품들이 교과서에 수록되었다. 먼저 일제 강점으로부터 해방된 시대 상황을 노래한 〈중등국어교본 (하)〉에 실린 정지용의 '그대들 돌아오시니(재외 혁명 동지에게)'로 예를 들어보자.

그대들 돌아오시니
(재외 혁명 동지에게)

정지용鄭芝溶

백성과 나라가

이적夷狄에 팔리고,

국사國祠에 사신邪神이

오연傲然히 앉은지,

죽음보다 어두운

오호嗚呼 삼십 육 년…

    그대들 돌아오시니

    피 흘리신 보람 찬란燦爛히 돌아오시니…

허울 벗기우고

외오 돌아섰던

산하山河……이제 바로 돌아지라.

자휘 잃었던 물

옛 자리로 새 소리 흘리어라.

어제 하늘이 아니어니

새론 해가 오르라

    그대들 돌아오시니

    피 흘리신 보람 찬란히 돌아오시니…

밭 이랑 무느이고

곡식 앗아 가고

이바지하올 가음마저 없어

금의錦衣는 커니와

전진戰塵 떨리지 않은

융의戎衣 그대로 뵈일밖에…

    그대들 돌아오시니

    피 흘리신 보람 찬란히 돌아오시니…

사오나운 말굽에

일가 친척 흩어지고

늙으신 어버이 어린 오누이,

낯선 흙에 이름 없이 구르는 백골白骨…

상긔 불현듯 기달리는 마을마다,

그대 어이 꽃을 밟으시리,

가시 덤불, 눈물로 헤치시라.

    그대들 돌아오시니

    피 흘리신 보람 찬란히 돌아오시니……

일제의 압제로부터 해방되자 상해 임시 정부, 미국 등지에서 독립 운동을 했던 인사들이 국내로 돌아오게 된다. 정지용은 일제 36년을 죽음보다 어두운 시기였음을, 그리고 일제의 압제로부터 벗어난 나라에는 일가친척들은 흩어지거나 죽었고 먹을 음식은 없는 상황임을 한탄한다. 그러나 해방을 맞은 산하에는 새소리가 흐르고, 새로운 하늘에는 희망의 해가 다시 오른다고 노래한다. 나라의 독립을 위해, 나라밖에서 피 흘리며 독립운동을 한 동포를 찬양하는 시이다. 이와 같이 해방 공간을 다룬 작품은 이원조의 '팔월 십 오일'(수필, 〈중등국어교본 (상)〉), 양주동의 '선구자'(시, 〈중등국어교본 (중)〉·〈중등국어 2〉), 현진건의 '서울의 봄'(수필, 〈중등국어1〉), 설의식의 '팔월 십 오일'(수필, 〈중등국어 1〉)·'헐려 짓는 광화문'(시, 〈중학국어1- I〉), 김광섭의 '민족의 축전'(시, 〈중등국어 ②〉)·'해방의 노래'(시, 〈중등국어 ④〉·〈고등국어 I〉), 정인보의 '순국 선렬 추도문'(수필, 〈중등국어⑤〉), 안석영의 '서울의 지붕 밑'(시나리오, 〈고등국어 I〉) 등이 있다.

다음으로 한국전쟁과 전후의 사회 상황을 배경으로 한 작품으로 〈중등국어 1-I·1-Ⅱ〉와 〈중학국어1-Ⅱ〉에 수록된 이은상의 '조국에 바치는 노래'로 예를 들어보자.

조국에 바치는 노래

바라보라 저 산과 바다,
저 하늘과 벌판,
내 역사와 전설이 피었고,
대대로 이 겨레 누려 온 곳.
　조국아, 내 불타는 사랑
　오직 너 밖에 또 뉘게 주랴?

네게서 내 뼈와 살 받고,

그리고 내 생명 길러,

내 누구 위해

이 살과 뼈 던져 바치리?

　　조국아, 내 불타는 사랑

　　오직 너 밖에 또 뉘게 주랴?

악마의 발 아래

너는 지금 짓밟히는데,

버리고 어이 가랴?

같이 안고 내 목숨 바치리라.

　　조국아, 내 불타는 사랑

　　오직 너 밖에 또 뉘게 주랴?

(…4·5·6·7·8·9연은 생략…)

쓸개보다 더 쓴 간 물고,

참으라, 거듭 참으라,

바로 우리 눈 앞에 닥아 온 새 날을

너와 함께 맞으련다.

　　조국아, 내 불타는 사랑

　　오직 너 밖에 또 뉘게 주랴?

-이은상李殷相-

시적 자아의 현실인식은 대대로 이어져 내려온 산하가 악마의 발아래 짓밟히고 있다는 것이다. 이러한 시대 상황에 우리가 해야 할 일이 무엇인가 묻는다. 조국에게서 받은 생명을 조국에 바치고, 참혹한 현실은 새로운 날을 위해 참아야 함을 시로 역설하고 있다. 이와 같이 한국전쟁의 비극적 현실을 담아내거나 통일을 지향하는 작품에는 정비석의 '애국가의 힘'(수필, 〈중등국어 1-I·1-Ⅱ〉, 〈중학국어1-Ⅱ〉), 유치환의 '원수의 피로 썻은 지역地域'(시, 〈중등국어 2-Ⅱ〉, 〈중학국어2-I〉), 모윤숙의 '국군은 죽어서 말한다'(시, 〈중등국어 3-Ⅱ〉, 〈중학국어 3-I〉), '일선―線에 있는 아들에게'(편지글, 〈중학국어 2-Ⅱ〉), 홍종인의 '그리운 대동강'(수필, 〈중학국어 3-Ⅱ〉) 등이 있다.

셋째, 해방 공간에서의 카프 계열과 월북·납북된 작가들의 작품이 초기의 중등 국어 교과서에는 수록되었으나, 전戰시기 이후의 교과서에서 이들의 작품이 수록되지 않았다. 이러한 국어 교과서 수록 작품의 변화는 제2차 세계대전 이후 냉전 체제와 남북 분단으로 반공주의가 전면화 되었기 때문이다. 교과서에 수록된 카프 계열 작품들은 다음과 같다. 소설에는 이기영의 '원터'(〈중등국어교본 (상)〉·〈중등국어 1〉), 시에는 임화의 '우리 오빠와 화로'(〈중등국어교본 (상)〉), 김기림의 '못'(〈중등국어 3〉) 수필에는 이태준의 '해촌일지'(〈중등국어교본 (상)〉·〈중등국어 1〉), 홍벽초의 '죽은 사람을 생각하며'(〈중등국어 1〉), 김기림의 '청량리'(〈중등국어1〉) 등이다.

넷째, 위인 전기적인 성격의 글이 수록되었다. 이러한 글은 우리나라의 위인과 외국의 위인으로 나눌 수 있다. 먼저 우리나라의 위인에 관련된 작품은 이순신 장군과 유관순 열사의 작품이 많이 실렸다. 이순신 장군의 전기적 성격의 글은 '이순신과 한산도 대첩'(이선근, 〈중등국어교본 (중)〉·〈중등국어 3〉), '이순신 장군의 최후'(이은상, 〈중등국어 ②〉·〈중학국어 2-Ⅱ〉), '노량 충렬사 비문'(정인보, 〈중등국어 ②〉·〈중학국어 2-Ⅱ〉), '인간

이순신'(이상백, 〈고등국어 1- I 〉·〈고등국어 I 〉), '민충정공'(조용만, 〈고등
국어 I 〉) 등이다. 유관순과 관련된 글은 '순국의 소녀'(박계주, 〈중등국어
1〉), '순국 소녀 유관순'(무명씨, 〈중등국어 3-I〉) 등이다. 그 외의 전기적 성
격의 글은 '주시경'(무명씨, 〈중등국어교본 (상)〉), '이의립'(무명씨, 〈중등국
어 1〉·〈중등국어 ①〉), '안중근'(신동엽, 〈중등국어 1〉), '이준과 안중근'(유
자후, 〈중등국어 ①〉·〈중학국어 1-Ⅱ〉), '화랑 사다함'(무명씨, 〈중등국어
2〉), '정약용'(무명씨, 〈중등국어 3〉), '안창호'(전영택, 〈중등국어 3〉·〈중등
국어 3- I 〉·〈중학국어 2-Ⅱ〉), '화랑 소년 관창'(이은상, 〈중등국어 ①〉·〈중
학국어 1-Ⅱ〉) 등이 실렸다. 외국 위인의 전기적 성격의 글은 '발명가 에디
슨'(무명씨, 〈중등국어교본 (상)〉·〈중등국어교본 (중)〉·〈중등국어 1〉), '알
렉산더의 말'(무명씨, 〈중등국어교본 (중)〉·〈중등국어 2〉), 간디를 그린 '죽
지 않는 진리'(조만식, 〈고등국어 1-Ⅱ〉·〈고등국어 I 〉), '소끄라떼스'(무명
씨, 〈중등국어 3〉), '스티븐슨'(무명씨, 〈중등국어 ①〉), '아브라함 링컨'(빈
센트 베네/오천석 번역, 〈중등국어 ①〉·〈중등국어 2-I〉·〈중학국어 2-I〉),
'벌방크의 노력'(무명씨, 〈중등국어 ①〉), '아이싸크 뉴우튼'(무명씨, 〈중등
국어 ②〉), 로올드 아문젠에 관한 '자취 없던 산길'(무명씨, 〈중등국어교본
(중)〉), 퀴리 부인에 관한 '어두운 시절'(에브·퀴리원작/안응렬 번역, 〈중등
국어 1-I〉·〈중학국어 1-I〉) 등이 있다.

다섯째, 국내외 여행을 하면서 새로운 체험과 견문, 감상 등을 기록
한 기행문이 수록되었다. 교과서에 수록된 기행문은 국내와 국외로 구분해
볼 수 있다. 국내 기행은 '안암사로부터 상원암까지'(무명씨, 〈중등국어교
본 (중)〉·〈중등국어 3〉), '불국사에서'(무명씨, 〈중등국어교본 (중)〉), '석굴
암'(무명씨, 〈중등국어교본 (중)〉), '적벽유'(이은상, 〈중등국어교본 (하)〉·
〈중등국어 3〉·〈중등국어 ③〉·〈중등국어 3-I〉·〈중학국어 3-I〉), '목련화 그
늘에서'(안재홍, 〈중등국어교본 (하)〉), '장엄한 대백두'(안재홍, 〈중등국어

⑤〉·〈고등국어2-I〉), '봄바람에 천리를 가다'(안재홍, 〈중등국어 2〉·〈중등국어 ②〉·〈중등국어 2-I〉·〈중학국어 2-I〉),'비로봉을 오르다'(박노갑, 〈중등국어 1〉·〈중등국어 ①〉), '북악의 하루 밤'(무명씨, 〈중등국어 1〉·〈중등국어 ①〉), '부여를 찾는 길에'(이병기, 〈중등국어 2〉·〈중등국어 2-I〉·〈중학국어 2-Ⅰ〉), '삼방산골'(박종화, 〈중등국어 2〉·〈중등국어 ②〉·〈중등국어 2-Ⅰ〉·〈중학국어2-I〉), '해불암'(무명씨, 〈중등국어3〉), '도강록 뽑이'(박지원, 〈중등국어 3〉·〈중등국어 ③〉·〈중등국어 3-I〉·〈중학국어 3-I〉), '동해안'(노자영, 〈중등국어 ①〉), '산수도'(신석정, 〈중등국어 ①〉), '울릉도 기행'(정인조, 〈중등국어 ①〉·〈중학국어 2-I〉), '신라의 문화'(김성칠, 〈중등국어 ②〉·〈중학국어 2-Ⅰ〉), '흑산도'(김용방, 〈중등국어 ②〉), '단발령을 넘으며'(이무영, 〈중등국어 ③〉), '강서 삼 고분'(현진건, 〈중등국어 ③〉·〈중등국어 3-Ⅰ〉·〈중학국어 3-Ⅰ〉), '향산기행'(노천명, 〈중등국어 ③〉), '토함산 해맞이'(윤희순, 〈중등국어 ④〉·〈고등국어 1-Ⅰ〉·〈고등국어 Ⅰ〉), '산정무한'(정비석, 〈중등국어 ⑥〉) 등이 수록되었다. 해외여행은 '인도양을 지내면서'(무명씨, 〈중등국어 1〉), '마라손 세계 제패'(설의식, 〈중등국어 3〉), '상해 축구 원정'(이용일, 〈중등국어 ①〉), '북경과 인상'(정내동, 〈중등국어 ④〉), '인도기행'(고화경, 〈중등국어 ④〉·〈고등국어 1-Ⅰ〉·〈고등국어 Ⅰ〉), '아메리카 통신'(김재원, 〈중등국어 ⑤〉·〈고등국어 2-Ⅰ〉·〈고등국어 Ⅱ〉) 등이 수록되었다.

여섯째, 편지글이 학년-학기에 빠지지 않고 수록되었다. 전후기의 중학국어 교과서는 단원별 편성 체제를 보이는데, 〈중학국어 2-Ⅱ〉의 '아들에게 주는 편지'(2편 수록)와 〈중학국어 3-Ⅱ〉의 '실용편지'(7편 수록)에서 편지글만을 모은 단원을 마련하여 수록하였다. 편지글의 주인공들은 명망 있는 학자(이숭녕, 황의돈), 시인(김상옥, 김억, 이병기, 정지용), 소설가(김정한, 모윤숙, 현진건, 이효석, 전영택, 최학송), 바이올린 연주자(김재훈) 등이다. 편지글의 내용은 안부 혹은 감사인사, 격려, 아들에게 당부하는 글,

주례 부탁, 시를 지어 보내면서 첨삭을 부탁하는 글, 고인(김유정, 이상)에 대한 조상弔喪에 참여할 것을 부탁하는 글 등으로 다양하다. 교과서에 편지글이 상대적으로 많이 수록된 이유는 편지 쓰는 방법을 가르치기 위한 의도[18]뿐만 아니라, 김재훈이 아들에게 보내는 편지에서 "한국을 떠나기 전에 먼저 한국의 울타리 밑에서 한국의 개나리를 살펴보고, 그 향기를 네 가슴 속에 깊이 품어 간직하고 일어나거라."[19]에서와 같이 민족의 정서를 가르치기 위한 의도도 파악된다.

일곱째, 교과서에 수록된 외국 작품 수는 상대적으로 적지만, 다양한 갈래의 작품들이 수록되었다. 교과서에 수록된 작품들은 시, 소설, 희곡[20], 수필[21], 전기, 비문학[22] 등으로 구분해 볼 수 있다. 시는 '전겁前劫'(프란시스, 콘포오드 〈중등국어 ①〉), '은銀'(월터, 들, 라, 메에어 〈중등국어 ①〉), '씨 뿌리는 사람'(빅돌, 유우고 〈중등국어 ③〉), '내 귀는'(즈앙, 곡도 〈중등국어 3-I〉·〈중학국어 3-I〉), '가을 노래'(보올, 베를레느 〈중등국어 3-I〉·〈중학국어 3-I〉), '석류'(보올, 발레리 〈중등국어 3-I〉·〈중학국어 3-I〉) 등이 수록되었다. 시의 번역은 영문학자인 양주동(시인, 국문학자)과 이하윤(시인) 등이 번역한 시 선집에서 발췌하였다. 태동기의 외국 작품 수록에 대한 인

---

18 〈중등국어교본 (상)〉에 수록된 편지글 '아버님 전상서'의 익힘 문제를 살펴보면 다음과 같다. ㄱ. 이 편지의 첫머리에는 무엇을 말하였으며, 그 다음에는 무엇을 말하였는가? ㄴ. "상서, 사룀, 기체후, 안녕하옵시고"와 같은 말들은 어느 경우에 쓰는 것인가? ㄷ.자기의 남동생이나 여동생에게 하는 편지에는 어떤 말투를 써야 할 것인가? 익힘 문제는 본문 글을 읽은 후에 하는 학습 활동이다. 앞에 제시한 익힘 문제를 살펴볼 때, 학습자들로 하여금 편지글을 쓰는 방법을 가르치기 위한 것이다.

19 김재훈(4286), '아들에게', 〈중학국어 2-Ⅱ〉, 문교부, 185쪽. 이 편지글은 〈중등국어 2-I〉에도 수록되어있다.

20 셰익스피어의 '베니스의 상인'이 〈고등국어 2-Ⅱ〉와 〈고등국어 Ⅱ〉에 수록 되었다.

21 안톤 슈낙의 '우리를 슬프게 하는 것들'이 〈고등국어 2-Ⅱ〉와 〈고등국어 Ⅱ〉에 수록 되었다.

22 〈중등국어 ④〉와 〈고등국어 1-I〉에 '인생의 목적'(톨스토이), 〈중등국어 ⑤〉와 〈고등국어 2-I〉에 '유언'(로댕), 〈고등국어 Ⅲ〉에 '현재의 암흑시대를 극복하려면'(러셀)이 수록되었다.

식은 '단원의 길잡이'에서 유추해 볼 수 있다.

> 이 단원에서는 우리나라의 고유固有한 시형詩形인 시조時調와, 그러
> 한 시 정신을 이어 받은 오늘날의 시인의 시를 모았고, 아울러 널리 외국
> 문학을 이해하는 길잡이로서 역시 몇 편을 골랐습니다.[23]

인용문은 단원별 편제를 보이는 〈중학국어 3-I〉의 II단원 "시를 읽
자"의 단원의 길잡이 내용이다. II단원은 '오우가'(윤선도), '멧새 알'(김상
옥), '국군은 죽어서 말한다'(모윤숙), '역시譯詩 네 편'으로 한국문학과 세계
문학을 한 단원으로 묶었다. 한국문학은 고유의 특수성과 문학 일반적인
보편성을 동시에 갖고 있다. 따라서 한국문학과 세계문학은 서로 영향을
주고받거나 공통의 특성을 지니게 된다. 교과서에 수록된 한국문학과 세계
문학 작품에 대한 인식은 "세계 문학의 구도 속에서 한국 문학을 이해"[24]하
는 것이 아니라, 단지 외국 시 작품을 소개하고 단순한 이해 정도에 머무르
고 있다. 소설은 '마지막 수업'(알폰스, 도오데 〈중학국어 1-I〉·〈중등국어
①〉), '제르뜨뤼드'(원제: 밀 한 알, 앙드레 지이드 〈중등국어 ②〉), '온실'(원
제: 전원교향악, 앙드레 지이드 〈중등국어 ③〉) 등의 단편소설이 수록되었
다. 교과서에 수록된 소설들의 주요한 등장인물은 선생님과 학생이다.[25] 교
수-학습 상황에서 벌어지는 사건[26]을 중심으로, 깨달음을 얻거나 세상을 알
아가는 내용을 담고 있다. 마지막 수업은 제1차 세계대전에서 프랑스가 독

---

23 〈중학국어 3-I〉, 28쪽.

24 교육부 고시 1997-15호, 『고등학교 교육과정 해설』, 315쪽.

25 '마지막 수업'은 아멜과 나(프란츠), '제르뜨뤼드'는 나(목사)와 맹인 고아 소녀인 제르뜨뒤르, '온실'
    에서는 리살과 나(앙드레 지드)이다.

26 교수-학습의 배경은 '마지막 수업'은 교실, '제르뜨뤼드'는 자연, '온실'은 온실이다.

일에게 패해, '아멜' 선생님이 프랑스 말로 마지막 수업을 하는 내용이다. 아멜 선생님은 "저희들 말을 하지도 쓰지도 못하는 게 프랑스 사람이냐?", "노예가 될지라도, 자기 나라의 말만 잘 보존하고만 있다면, 그것은, 감옥의 열쇠를 가지고 있는 거나 마찬가지"라고 마지막 수업에서 민족어에 대한 애정을 학생들에게 가르친다. 중등 국어 교과서에 수록된 외국 소설들은 우리말과 글의 중요성을 가르치기 위한 내용을 포함하고, 교육 현장을 배경으로 한다는 공통점이 있다.

2. 문학과 고전 영역의 성립기
제1·2·3차 교육과정(1954~1981)

앞 절節은 문학 교육의 태동기에서 교수요목과 국정 중등 국어 교과서에 나타난 문학 교육의 특징에 대해서 살펴봤다. 본 절에서는 제1·2·3차 교육과정을 문학 영역의 내용 변모에 따라 문학과 고전 영역의 성립기로 묶었다. 그리고 내용 전개는 각 시기의 교육과정과 국어 교과서에 수록된 읽기 제제를 갈래에 따라 분류해서, 문학 교육의 특징에 대해 살펴보도록 하겠다.

1) 중견 국민 양성을 위한 문학교육: 제1차 교육과정(1954~1963)

(1) 제1차 국어과 교육과정

제1차 교육과정은 1954년 총론으로 국민학교·중학교·고등학교·사범학교 교육과정 시간배당 기준령이 고시된 후, 1955년 8월에 공포되었다.[27] 1954년 4월 20일에 문교부령 제35호로 공포된 총칙은 6개의 조항으로 구성되었는데, 총칙의 목적·교육과정 개념·각 학교의 총 수업시간 수·각 교과목 및 기타 교육활동에 대한 시간 수 배당 등에 대한 내용을 담고 있다.[28] 고등학교 국어는 필수교과로 각급 학년이 140시간(4)[29]이 할애되었다.

국어과 교육과정은 기본적인 언어 습관, 언어 사용 기능의 신장에 역점을 두고 생활 경험을 통한 지도를 강조했다. 제1차 교육과정 체제를 보이면 다음과 같다.

　一. 고등학교 국어(一)의 목적
　　　고등학교 교육 일반의 목적(3개항)

27　제1차 교육과정은 1955년 8월 1일 문교부령 제44호로 국민학교 교육과정, 제45호로 중학교, 제46호 고등학교 교육과정이 제정 공포되었다.

28　'초등학교·중학교·고등학교·사범대학 교육과정시간배당기준령'의 총칙은 다음과 같다. 제1조 본령은 국민학교, 중학교, 고등학교 및 사범학교(이하 각 학교라 한다.)의 교육과정시간배당기준을 정함을 목적으로 한다. 제2조 본령에서 교육과정이라 함은 각 학교의 교과목 및 기타교육활동의 편제를 말한다. 제3조 본령에서 각 학교의 총수업시간수와 각교과목 및 기타교육활동에 대한 시간수배당을 함에 있어서는 년을 단위로 하고 매주 평균수업시간량을 참고로 표시한다. 제4조 각 학교장은 본령에 규정된 시간배당기준에 의하여 각학교의 실정에 부합하는 년간계획, 학기계획, 계절계획, 주간계획 및 일과표를 작성하여야 한다. 제5조 이부수업(二部授業) 또는 사정으로 인하여 본령에 규정된 수업시간수를 확보하기 어려운 경우에는 공사립의 국민학교, 중학교와 고등학교에 있어서는 특별시교육위원회교육감 또는 도지사의 인가를, 사범학교와 기타국립학교에 있어서는 문교부장관의 인가를 받아 그 시간수를 감소할 수 있다. 단, 본령에 규정된 최저 총수업시간수와 삼분의 이를 저하(低下)할 수 없다. 제5조 본령에서 특별활동이라 함은 교육목적 및 교육목표를 달성하기 위하여 필요한 교과이외의 기타교육활동을 말한다. 특별활동은 다음 각?의 -에 해당하는 것이어야 한다. 一, 집회기타민주적조직하에 운영되는 학생활동에 관한 것. 二, 학생의 개인능력에 의한 개별성장에 관한 것. 三, 직업준비 및 이용후생에 관한 것. (ncic 국가교육정보센터) 본고에서는 국가교육정보센터에서 인용한 글은 특별한 경우가 아니면 생략하고, 참고 문헌에 기록한다.

29　괄호내의 숫자는 매주 평균 수업 시간량을 표시한 것이다.

국어교육의 목적(1개항)

고등학교 국어교육의 구체적 목표(12개항)

二. 고등학교 학생의 언어생활

말하기(5개항/말하기의 주요한 경험:11개항)

듣기(6개항/듣기의 주요한 경험:7개항)

쓰기(3개항/쓰기의 주요한 경험:10개항)

읽기(2개항/읽기의 주요한 경험:10개항)

三. 고등학교 국어(一) 지도 내용

말하기(9개항) 듣기(6개항) 쓰기(7개항) 읽기(5개항)

四. 고등학교 국어(一) 지도의 구체적 목표

말하기(기초적인 면: 9개항/응용적인 면: 19개항)

듣기(17개항)

쓰기(16개항)

읽기(제1학년: 7개항, 제2학년: 8개항, 제3학년: 7개항)

五. 단원 예

제1학년(16개) 제2학년(13개) 제3학년(13개)

〈한자 및 한문〉

교육과정 체제에서 고등학교 국어의 목적은 교육법 제105조에 의거한 고등학교 교육의 일반 목적, 그리고 국어과 교육의 목적과 국어과 교육의 구체적 목표로 구성되었다.

고등학교 교육의 일반 목적[30]을 한 문장으로 정리하면, 개성에 맞는

---

30 고등학교 교육의 일반 목적은 다음과 같다. 1.중학교 교육의 성과를 더욱 발전 확대시키어, 중견 국민으로서 필요한 품성과 기능을 기른다. 2.국가 사회에 대한 이해와 건전한 비판력을 기른다. 3.민족의 사명을 자각하고 체위의 향상을 도모하여 개성(個性)에 맞는 장래의 진로를 결정하게 하

장래의 진로를 결정할 수 있는 유능한 중견 국민 육성이라고 할 수 있다. 여기서 개성에 맞는 장래의 진로는 '국가 사회의 발전에 이바지할 수 있는 사람'을 뜻한다. 고등학교 교육 일반의 목적에서 고등 교육은 중학교 교육을 확대 발전시킨 과정으로 연계성과 위계적인 성격이 있음을 밝혔다. 학습의 연계성과 위계적인 성격은 국어과 교육 목적을 풀어 쓴 글에서 드러난다. '중학교에서 이미 여러 가지 언어활동에 대한 기초적인 학습이 되어 있다고 볼 수 있으나, 그것은 어디까지나 기초적인 학습에 지나지 않는 것이므로 고등학교 국어과 학습에서는 그러한 학습의 응용면이 철저히 지도되어야 할 것이다.' 중학교 교육을 기초적인 학습으로, 고등학교 교육을 중학교에서 학습한 내용을 응용하는 것으로 기술되어 있다. 고등학교 교육은 사회와 개인의 관계적 측면에서 언어생활, 의사소통 능력의 향상에 두었음을 알 수 있다. 개인의 의사소통 능력 향상은 사회적인 요구에 적합한 것이어야 하는데, '민주 국가의 공민으로서의 언어생활을 훌륭하게 할 수 있게 되어야 함'을 말한다.

제1차 교육과정은 '고등학교 국어의 목적/고등학교 학생의 언어생활/고등학교 국어 지도 내용/고등학교 국어 지도의 구체적 목표/단원 예'로 구성되었는데, 말하기·듣기·읽기·쓰기의 기초 4영역이 중심이 되었다. 이러한 기초 4영역은 이후의 교육과정이 개정될 때마다 근간을 이루는 중심 영역이 되었다.

교육과정 체제에서 문학 영역은 별도의 항목을 만들지 않고, 읽기와 쓰기 영역의 하위 요소로 분산 편입되었다. 그 내용을 서술하면 다음과 같다. 교육과정 체제에서 '고등학교 학생의 언어생활'의 쓰기 영역 3항은 실용적實用的인 면과 창작적創作的인 면으로 나뉘었다. 그리고 창작적인 면에

며, 일반적 교양을 높이고 전문적 기술을 기른다.

서 창작에 시가詩歌, 수필, 소설, 설화, 희곡 등으로 나열하였다. 읽기 영역
은 '문학의 이해 및 감상'에서 '현대문학의 이해와 감상, 고전古典의 이해와
감상, 세계문학의 이해와 감상, 영화와 연극의 이해와 감상(말하기, 듣기와
연결), 양서良書를 선택할 수 있다. 도서관을 적절하게 이용할 수 있다. 촌가
寸暇를 아끼어 독서를 즐기는 습관을 붙인다.'가 문학교육과 관련된 부분이
다. 그리고 고등학교 학생의 읽기에 대한 일반적인 특징을 10개의 항목으
로 정리하였다.[31] 읽기에 대한 일반적인 특징에는 고등학교 학생의 읽기 경
향과 태도적인 측면을 분석하였다. '고등학교 국어 지도 내용'의 쓰기 영역
의 '시, 수필, 소설 등 여러 가지 형식의 창작을 할 수 있다. 창작에 흥미를
느끼게 하고 창작 의욕을 북돋아 주어, 그 소질을 충분히 발휘할 수 있도록
지도한다.'가 문학 교육과 관련된 내용이다. 읽기 영역은 모두 5항으로 구
성되었는데, 문학 영역과 관련된 내용은 3항과 4항이 해당된다. 그 내용을
보이면 다음과 같다.(밑줄은 필자)

3. 문학 학습의 목표

ㄱ.시, 소설, 수필, 희곡, 전기傳記 등의 문학에 대한 지식과 이해를
가지고 이를 즐겨 읽는다. / ㄴ.인생의 반영反映으로서의 문학 작품을 감
상하는 힘을 기른다. / ㄷ.촌가寸暇를 아끼어 독서를 즐기는 생활을 가지

---

31 고등학교 학생의 읽기의 일반적인 특징. 1)독서 범위가 대단히 넓은 학생과 극단으로 좁은 학생이
있어, 그 차이는 대단히 크다. 2.문학에 대한 취미나 이해 및 감상에 특별한 재능을 가진 학생이 그
소질을 나타내기 시작한다. 3.양서(良書)를 선택하여 읽지 못하고, 그 때 그 때의 기분에 따라 닥치
는 대로 특히 소설류를 가려서 읽는 경향이 있다. 4.꼭 필요한 경우 이외에는 책을 읽으려 하지 않
는 학생이 있다. 5.한자어(漢字語)에 대한 학습이 불충분하다. 6.어휘는 상당히 풍부하여졌으나, 어
감에 둔한 학생이 많다. 7.묵독(默讀)의 속도를 빨리하도록 하는 노력이 필요하다. 8.논리적인 글의
독해력이 불충분하다. 9.도서관의 이용은 수험 준비를 위주로 하는 때 이외에는 별로 없다. 10.여
러 가지 서적을 조사하여 종합적으로 지식을 정리하는 힘이 부족하다.

게 한다. / ㄹ.문학 작품을 읽음으로써 인생에 대한 흥미를 느끼고 언어 생활에 적응適應하는 힘을 기른다. / ㅁ.문학 작품을 읽음으로써 감정을 도야하고 삶의 즐거움을 느낀다. / ㅂ.문학 작품에 나타나는 인물을 판단 하고 비교하는 능력을 기른다. / ㅅ.문학 작품을 읽음으로써 정의正義, 우 정友情, 지성至誠, 헌신獻身, 성聖스러운 것에 대한 존경 등의 관념을 기른 다. / ㅇ.문학 작품을 읽고, 작가의 창작의도創作意圖를 알게 된다. / ㅈ.문 학 작품을 읽고, 작가의 사상 감정과 서로 통한다. / ㅊ.수식적修飾的인 말 을 감상하게 된다. / ㅋ.개성적個性的인 문체文體의 다름을 인식認識하게 된다.

4. 고전古典 학습

중요한 고전에 대한 이해를 가지게 한다. 전 학년을 통하여 고문古 文의 독해讀解, 고전古典의 감상을 지도하고, 2학년에서는 국어학사國語學 史, 3학년에서는 국문학사國文學史의 개략을 아울러 지도한다. 고전 학습 의 내용을 좀 더 구체적으로 들면 다음과 같다.

ㄱ.대표적인 작품을 읽혀 고전을 이해하고 감상하게 한다. / ㄴ.고 전을 읽고, 선인先人의 인생관, 세계관, 자연관 및 그 시대의 풍습, 사회 제도 등을 이해한다. / ㄷ.고전을 내용적內容的으로 검토하여, 사상思想, 정취情趣, 신앙信仰, 기지機智, 해학諧謔 등에 대하여 연구한다. / ㄹ.고전 을 시대적으로 구분하고, 작가별로 연구하여 그 특질을 이해한다. (국문 학사) / ㅁ.현대문학에 계승될 고전문학의 전통을 연구하고 이해한다. / ㅂ.국어학사를 다루어 문자 언어의 변천을 이해한다. / ㅅ.고어문법古語 文法과 현대어 문법을 비교 연구한다. / ㅇ.방언方言, 속담俗談, 민요民謠, 민담民譚, 전설傳說 등을 채집採集하여 연구하게 한다. / ㅈ.한문학漢文學 이 우리 문학에 끼친 영향을 이해하게 한다. (漢文과 연결)

고전은 시대별로 구분하기도 하고, 향가鄕歌, 가요歌謠, 가사歌辭, 시조時調, 설화說話, 소설, 수필 등 장르별別로 나누기도 하나, 교재 단원으로는 '자연과 문학', '시대와 문학', '고전과 현대', '전통과 문학' 등과 같은 관점으로 나누는 것이 좋을 것이다.

제1차 교육과정의 문학 교육과 관련된 내용을 통해 몇 가지 특징을 유추할 수 있다. 첫째, 문학 제재는 주로 읽기 영역의 제재로 활용되어 민주 국가의 공민으로서의 언어생활, 즉 의사소통 능력을 향상시키는 방편으로 사용되었다. 이러한 인식은 제3차 교육과정까지 유지되는데, 제4차 교육과정에서 문학 영역이 읽기와 쓰기 영역에서 독립하게 된다. '고등학교 학생의 언어생활'에서 읽기 영역은 '독서 기술', '문학의 이해 및 감상'과 '읽기의 주요한 경험'으로 구성되었다. '독서 기술'은 독서 기술의 향상을 위한 내용으로, '문학의 이해 및 감상'은 문학 영역과 읽기에 대한 일반적인 태도 측면을 기술하였다. 그리고 '읽기의 주요한 경험'은 읽기 영역의 교수-학습 과정에서 학습자에게 제시할 읽기 제재를 밝힌 것이다. 읽기 제재는 신문, 잡지, 지식이나 정보를 얻기 위한 책, 즐기기 위한 책, 게시揭示나 광고, 편지, 서류書類, 사전辭典, 참고서 등을 열거하였다. 여기서 문학 제재와 관련된 것은 즐기기 위한 책이나 서류 정도일 것이다. 이것으로 봐서, 문학 제재는 읽기를 위한 제재로 활용되었음을 알 수 있다.

둘째, 문학과 현대문학, 고전문학 영역의 경계가 명확하게 구분되지 않았다. '고등학교 학생의 언어생활'의 쓰기 영역에서 문학을 현대문학과 고전문학으로 구분하였다. 그러나 '고등학교 국어 지도 내용'의 읽기 영역에서는 3항의 '문학 학습의 목표'와 4항의 '고전 학습'으로 구분하여 기술하였다. 구체적으로 3항의 세부 내용 중에 'ㄱ항'의 문학에 시, 소설, 수필, 희곡, 전기를 나열하고, 4항에 고전을 따로 두어 고전이 문학과는 별개의 영역으로 인식할 수 있는 여지를 남겼다. 교육과정상의 문학 용어와 범주에 대한 혼동은 제4차 교육과정 〈국어Ⅰ〉에서 고전과 현대 문학 영역이 문학 영역으로 통합되면서 해소된다. 이에 자세한 내용은 제2~4차 교육과정에 대한 논의가 진행되면서 밝혀질 것이다.

셋째, 고전 영역에 국어학 내용이 삽입되었다. '고등학교 국어 지도 내용'의 4항의 '고전 연습' ㅂ. ㅅ. ㅇ항의 방언은 고전 영역이라기보다는 국어학 영역으로 봐야 할 것이다.

넷째, 부분적으로 연계학습을 시도했다. '고등학교 학생의 언어생활'의 읽기 영역 '문학의 이해 및 감상'의 ㄹ항 '영화와 연극의 이해와 감상(말하기, 듣기와 연결)', '고등학교 국어 지도 내용'의 '고전 학습'의 ㅈ항 '한문학이 우리 문학에 끼친 영향을 이해하게 한다.(한문과 연결)가 그 예이다. 그러나 읽기와 말하기·듣기, 고전과 한문의 연결 학습에 대한 구체적인 내용이 결여되어 있다.

다섯째, 고전 학습에 관한 교재 단원명을 교육과정에서 권장하고 있다. '고등학교 국어 지도 내용'의 읽기 영역 4항의 '고전 학습'에서 교재 단원으로는 '자연과 문학', '시대와 문학', '고전과 현대', '전통과 문학'으로 정하고, '五. 단원 예'에서 예시되었다. 그러나 제1차 교육과정기에 발간된 〈고등 국어 Ⅰ·Ⅱ·Ⅲ〉에는 반영되지 않았다.

지금까지 제1차 교육과정 속에서의 문학교육 내용을 살펴봤는데, 문학 교육은 기초 4영역 중의 쓰기와 읽기에 산재되어 있다. 그리고 고등학교 국어 교육의 구체적 목표[32]를 통해, 말하기·듣기·쓰기·읽기는 의사소통

---

32 고등학교 국어 교육의 구체적 목표 12개항은 다음과 같다. 1.남의 생각을 빠르게 받아들이고 그것을 정확하게 판단한다. 2.자기의 생각을 남이 쉽게 이해할 수 있도록 분명히 그리고 능란하게 발표한다. 3.언어에 대한 개념을 명확히 하여 매일 매일의 생활에 당면하는 여러 가지 문제를 효과적으로 성의껏 해결할 수 있도록 한다. 4.주의 깊게 관찰하고, 정확하게 해석하여, 자기의 의견을 결정

능력을 향상시키기 위한 교수-학습 내용임을 알 수 있다.

결국 국어과 교육의 목적이 모든 언어활동에 정확하고 세련되게 구사할 수 있는 교양을 갖춘 중견 국민을 기르는 것인데, 이것은 교육 일반의 목적인 '중견 국민으로서의 필요한 품성과 기능'이라는 일자―䬐로 회귀하게 된다. 이러한 과정에서 문학교육은 국어과 교육과정상에서 영역을 확보하지 못하고, 주로 쓰기와 읽기 능력을 향상시키기 위한 제재로서의 역할을 하게 된다. 전체적으로 제1차 국어과 교육과정은 교육과정상에서의 진술 방식과 쓰인 용어의 개념이 불분명하고, 목표와 내용과 방법, 그것을 담아 낼 체제가 체계적이지 못하다는 평가를 받는다. 그럼에도 불구하고 제1차 국어과 교육과정은 국어과 교육의 문제점을 잘 지적하고 나아갈 방향을 제시하고 있다[33]는 점에서 역사적 의의를 지닌다.

(2) 제1차 교육과정의 국어 교과서

교재란 교육과정의 구성 요소로서 학습되어야 할 모든 기초 자료, 의도적이며 체계적으로 정리하여 학습하기에 알맞도록 체계화한 것이다. 대표적인 것이 국어 교과서로, 국어과 교육과정의 목표를 달성하기 위하여

하는 버릇을 가지게 한다. 5.방송, 영화, 연극, 소설 등을 바르게 평가하고, 그릇된 것을 알아 낼 수 있는 식견(識見)을 가지게 한다. 6.여러 가지 독서 기술을 체득하고 독서의 즐거움을 안다. 7.의사 표시의 사회적인 방편으로서의 문학 작품을 감상하고 창작하는 힘을 기른다. 8.학생들이 장래에 사회에 나가 언어생활 면에서 직업인으로서의 기능을 충분히 발휘할 수 있도록 지도한다. 9.학생들의 개별적인 소질과 능력의 차이를 중시한다. 10.국민적인 사상 감정을 도야(陶冶)한다. 11.우리의 언어문화에 대한 바른 이해를 가지게 한다. 12.국어에 대한 이상을 높이고, 국어국자(國語國字) 문제에 대한 관심을 가지게 한다.

33 손영애(2005), 「국어교육과정 변천사」, 『국어교육론1』, 한국문화사, 107쪽.

구성하고, 학년의 수준과 지도시기에 적절하도록 배열한 것이다.[34]

제1차 교육과정의 고등학교 국어 교과서 〈고등국어〉는 학년별로 1권씩(3권) 발행되었는데, 〈고등국어Ⅰ〉(1학년)·〈고등국어Ⅱ〉(2학년)·〈고등국어Ⅲ〉(3학년)으로 발간되었다. 〈고등국어Ⅰ·Ⅱ·Ⅲ〉의 단원 체제는 '대단원-소단원-익힘 문제'로 구성되었다. 〈고등국어〉는 각 학년별로 7개의 대단원으로 구성되었다. 그리고 소단원은 〈고등국어Ⅰ〉이 29개·〈고등국어Ⅱ〉가 28개·〈고등국어Ⅲ〉은 23개로, 〈고등국어〉의 소단원은 모두 80개이다.

제1차 교육과정기의 〈고등국어〉에 나타난 특징을 단원 구성과 교과서 내용(수록된 작가와 작품, 학습 활동)을 통해 살펴보자. 우선, 〈고등국어Ⅰ·Ⅱ·Ⅲ〉의 단원 구성과 수록된 작품(작가)을 보이면 다음과 같다.

〈고등 국어Ⅰ〉Ⅰ.국어 생활의 이모저모-1.고운 음성과 바른 말(박창배),2.방송 용어의 특이성(이희승),3.메모광(이하윤) / Ⅱ.문장도-1.문장도(이은상),2.어린이 예찬(방정환),3.청춘 예찬(민태원),4.나무 국토 대자연南無國土大自然(이은상),5.예술의 성직(문일평), 6.석굴암(현진건) / Ⅲ.현대 시조-1.현대 시조선,2.시조를 묻는 편지와 답장(김상옥·이병기) / Ⅳ.고전의 세계-1.고전 문학에 대하여(조윤제),2.동명 일기(연안 김씨),3.토끼 화상,4.고시조 / Ⅴ.국어에 대한 이해-1.국어의 개념(이희승),2.국어의 특질(이희승),3.바른 언어생활(김윤경) / Ⅵ.계절의 감각-1.들국화(정비석),2.낙엽을 태우면서(이효석),3.백설부白雪賦(김진섭),4.겨울 밤(노천명),5.금잔디(김소월),6.오랑캐꽃(이원수),7.신록 예찬(이양하),8.청포도(이육사) / Ⅶ.장편 소설-1.소설의 첫걸음(조연현),2.소설의 핀트(유진오),3.뽕나무와 아이들(심훈)

34 강경호(1988), 앞의 논문, 65쪽.

〈**고등 국어 Ⅱ**〉Ⅰ. 말하기와 쓰기-1. 말의 속도와 강약(정태시), 2. 축사(왕동원), 3. 편지(김영랑 외 5인), 4. 일기(이광수·이병기) / Ⅱ. 수필·기행문-1. 수필 문학 소고(김광섭), 2. 생활인의 철학(김진섭), 3. 우리를 슬프게 하는 것들(안톤 슈낙), 4. 산정무한(정비석), 5. 그랜드 캐넌(천관우) / Ⅲ. 근대시-1. 시의 운율(서정주), 2. 시적 변용에 대하여(박용철), 3. 근대시 初近代詩抄, 4. 시인의 사명(이헌구) / Ⅳ. 영화와 연극-1. 영화 예술의 근대적 성격(오영진), 2. 최후의 한 잎(시나리오)(오 헨리), 3. 희곡론(유치진) / Ⅴ. 독서-1. 면학의 서書(양주동), 2. 다독과 정독(유진오), 3. 페이터의 산문(이양하) / Ⅵ. 국어·국자의 변천-1. 우리말이 걸어온 길(김형규), 2. 음운의 변천(이숭녕), 3. 문자의 변천(정인승) / Ⅶ. 고전-1. 집 떠나는 홍길동(허균), 2. 조침문(유씨 부인), 3. 가효당佳孝堂의 설움(혜경궁 홍씨), 4. 어부사시사(윤선도), 5. 사미인곡(정철), 6. 사모곡

〈**고등 국어 Ⅲ**〉Ⅰ. 현대 생활과 국어-1. 토의를 원만하게 진행시키려면(올리버), 2. 현대 생활과 신문(곽복산), 3. 기미독립선언문 / Ⅱ. 단편 소설-1. 단편 소설의 특질(최인욱), 2. 별(알퐁스 도오데) / Ⅲ. 문학과 인생-1. 문학과 인생(최재서), 2. 문학과 예술(최재서), 3. 문학의 이해와 감상(백철) / Ⅳ. 우리말과 글의 옛 모습-1. 훈민정음, 2. 용비어천가에서, 3. 두시언해에서, 4. 소학언해에서 / Ⅴ. 국어의 장래-1. 국어의 장래(최현배), 2. 외래어 표기에 대하여(김선기) / Ⅵ. 우리의 고전 문학-1. 춘향전에서, 2. 태평사(박인로), 3. 관동별곡(정철), 4. 상춘곡(정극인), 5. 정과정(정서) / Ⅶ. 국문학의 전통-1. 시조 감상 한 수(이희승), 2. 정송강과 국문학(정인보), 3. 가시리 평설(양주동), 4. 은근과 끈기(조윤제)

대단원의 제목은 소단원에 수록된 읽기 제재의 제목을 그대로 쓰거나, 소단원의 읽기 제재 내용을 포괄할 수 있게 하였다. 단원 구성 방식은 한 단

원을 구성하는 요소들이 어떤 기제에 의해 묶여져 있는지, 또 각각의 단원이 어떤 관계로 배열되어 있는지와 관련된다. 하나의 단원을 하나의 통일된 단원으로 묶는 방식, 그리고 이들 단원과 단원이 배열되는 방식이 바로 단원 구성 방식이다. 국어 교과서의 단원 구성 방식에는 전통적으로 갈래 중심, 주제 중심, 목표 중심[35], 시대별 중심의 구성 방식이 있다. 제1차 교육과정에서 국어 교과서의 대단원은 주로 목표 중심으로 구성되었고, 소단원 구성은 2~8단원으로 짜여있다. 2개의 소단원으로 구성된 대단원은 〈고등국어Ⅰ〉의 Ⅲ단원, 〈고등국어Ⅲ〉의 Ⅱ단원이다. 〈고등국어Ⅰ〉의 대단원 "현대 시조"의 경우, 현대 시조 작품들의 읽기 분량이 상대적으로 적음에도 불구하고 2개의 소단원으로 구성되었다. 이것은 한 작가의 여러 작품이 수록되어 학습자의 읽기 분량이 많아졌기 때문이다. '현대 시조선'에 수록된 작가는 5명인데, 최남선·정인보·이병기·이은상·김상옥이 그들이다. 최남선의 작품은 '혼자 앉아서', '깨진 벼루의 명銘'(연시조)이 수록되었다.[36]

〈고등국어Ⅰ·Ⅱ·Ⅲ〉에서 소단원 수가 가장 많은 대단원은 〈고등국어

---

35 단원을 구성하는 모든 요소들이 동일한 갈래에 의해 응집성 있게 묶여 있고, 한 단원과 다른 단원을 구별하는 기준이 상이한 갈래일 때 갈래 중심 단원 구성 방식이라고 말할 수 있다. 마찬가지 논리로 주제와 목표도 단원을 응집성 있게 만드는 기제이면서 단원과 단원을 구별하는 기준이 된다. 정혜승은 단원 구성 방식을 갈래 중심, 주제 중심, 목표 중심으로 분류하였다.(최미숙 외(2012), 『국어 교육의 이해』, 사회평론, 66-69쪽.) 본 책에서는 정혜승의 단원 구성 분류 방식을 따르고, 여기에 시대별 중심을 덧붙인다. 특히 시대별 단원 구성은 주로 고전 문학 교과서에서 나타난다. 그러나 단원 구성 방식으로 교과서를 분석할 때 주의할 점은 한 시기의 교과서 단원 구성이 모두 갈래, 주제, 목표, 시대별 중심으로 일관되어 있지 않다는 점이다. 다시 말해서 하나의 기준에 의해 단원이 구성되기도 하지만 혼합된 단원 구성 체제를 보이는 경우가 더 많다는 것이다. 이러한 인식에도 불구하고 본 책에서는 국어·문학 교과서 변천 분석에서 각 시기별로 두드러진 단원 구성 방식을 제시한다.

36 '현대 시조선'에 수록된 다른 작가와 작품을 보면 다음과 같다. 정인보('이른 봄'), 이병기('아차산', '젖', '비'), 이은상('이 마음', '단풍 한 잎', '고지가 바로 저긴데'), 김상옥('옥저', '십일면관음', '백자부')

Ⅰ〉의 "계절의 감각"[37]으로 여덟 개의 소단원으로 구성되었다. 수록된 작품의 갈래는 6개의 수필과 2개의 현대시가 실렸다. "계절의 감각"에 수록된 작가와 갈래는 정비석의 '들국화'(수필), 이효석의 '낙엽을 태우면서'(수필), 김진섭의 '백설부白雪賦'(수필), 노천명의 '겨울밤'(수필), 김소월의 '금잔디'(현대시), 이원수의 '오랑캐꽃'(수필), 이양하의 '신록 예찬新綠禮讚'(수필), 이육사의 '청포도'(현대시)로 구성되었다. 〈고등국어Ⅰ〉의 전체 분량(207쪽) 면에서도 "계절의 감각"이 차지하는 분량(34쪽)이 "문장도"(39쪽)와 "장편 소설"(36쪽) 다음으로 많다.[38] 교과서 〈고등국어Ⅰ·Ⅱ·Ⅲ〉의 전체 분량에 대한 각 대단원의 분량을 고려했을 때, 대체적으로 수필, 소설(고전과 현대) 제재가 포함된 대단원의 분량이 많음을 알 수 있다.

고등국어에 수록된 작품은 〈고등국어Ⅰ〉에 61편[39], 〈고등국어Ⅱ〉에 46편, 〈고등국어Ⅲ〉에 47편으로 모두 154편에 이른다. 작가 수는 교과서에 수록된 작품 수와 동일하나, 중복된 작가 21명[40]을 제외하면 133명(작자

---

37 〈고등국어Ⅰ〉의 대단원명인 "계절의 감각"은 주제 중심이다. "계절의 감각"은 소단원으로 제시된 읽기 제재(수필과 현대시)에 공통된 주제를 나타낸다.(각주 48번 참조)

38 〈고등 국어Ⅰ〉의 전체 분량(207쪽)에 대한 각 대단원의 분량은 Ⅰ단원 26쪽, Ⅱ단원 39쪽, Ⅲ단원 12쪽, Ⅳ단원 31쪽, Ⅴ단원 29쪽, Ⅵ단원 34쪽, Ⅶ단원 36쪽이다. 〈고등 국어Ⅱ〉의 전체 분량(214쪽)에 대한 각 대단원의 분량은 Ⅰ단원 25쪽, Ⅱ단원 43쪽, Ⅲ단원 28쪽, Ⅳ단원 35쪽, Ⅴ단원 25쪽, Ⅵ단원 29쪽, Ⅶ단원 29쪽이다. 〈고등 국어Ⅲ〉의 전체 분량(206쪽)에 대한 각 대단원의 분량은 Ⅰ단원 24쪽, Ⅱ단원 24쪽, Ⅲ단원 31쪽, Ⅳ단원 28쪽, Ⅴ단원 19쪽, Ⅵ단원 40쪽, Ⅶ단원 40쪽이다.

39 〈고등 국어Ⅰ〉의 작품 수에는 'Ⅳ. 고전의 세계', '4. 고시조' 속의 개별 작품을 모두 포함하였다. 소단원 '고시조' 단원에 포함된 작품 수는 모두 22편이다. 1학년 교과서에 수록된 작품이 2·3학년 교과서에 수록된 작품 수보다 많은 이유가 여기에 있다.

40 〈고등국어〉 교과서에 한 작가의 작품이 두 편 이상 수록된 내용은 다음과 같다. 제시 방법은 학년 구분 없이 이름의 가, 나, 다 순으로 열거한다. 김광섭('수필 문학 소고'·'마음'), 김상옥(현대시조 3편·편지 1편), 김소월('금잔디'·'진달래꽃'), 김영랑(일기 1편·'모란이 피기까지는'), 박인로(고시조 1편·'태평사'), 양주동('가시리 평설'·'면학의 서'), 이병기(일기 1편·편지 1편·현대시조 3편), 이양하('신록예찬'·'페이터의 산문'), 이육사('광야'·'청포도'), 이은상('문장도'·'나무 국토 대자연'·현대시조 3편),

미상 포함)이다.

교수-학습 과정에서 소단원의 읽기 제재를 학습한 후에 학습자의 활동 영역에 해당하는 익힘 문제는 소단원이 끝나는 곳에 2~7문제가 출제되었으나, 대부분 3~5문제가 주를 이룬다. 익힘 문제의 내용은 본문 읽기 제재의 이해, 교육과정상의 4개 영역(말하기·듣기·쓰기·읽기)에 대한 활동 문제로 구성되었다. 또한 소단원의 읽기 제재의 성격에 따라서 같은 학년 내, 혹은 학년을 달리해서 익힘 문제를 통한 학습의 연계를 짓는 문제가 출제되었다. 예를 들면 〈고등국어 I 〉의 VI단원의 '금잔디'(김소월)에 대한 익힘 문제가 없으나, '청포도'(이육사)의 익힘 문제에 김소월의 '금잔디'와 연계하여 출제하였다.[41] 그리고 〈고등국어Ⅲ〉의 VI단원, '관동별곡'의 익힘 문제에서는 아직 학습하지 않은 VII단원에 수록된 정인보의 '정송강과 국문학'과 〈고등국어Ⅱ〉의 VII단원에서 이미 학습한 '사미인곡'을 비교 학습하도록 유도하고 있다.[42]

제1차 교육과정의 교과서 〈고등국어〉에서는 읽기 제재의 내용에 따라서, 익힘 문제 뒤에 '주註'를 두었다. 주의 내용은 본문 제재에서 쓰인 한자와 외래어 풀이, 제재 속의 인물과 지명에 대한 소개가 포함되었다. 그러나 본문 읽기 제재를 쓴 작가에 관한 소개는 없다.

이희승('방송 용어의 특이성'·'국어의 개념'·'국어의 특질'·'시조 감상 한 수'), 정비석('들국화'·'산정무한'), 정인보('정송강과 국문학'·현대시조1편), 정철(고시조1편·'사미인곡'·'관동별곡'), 조윤제('은근과 끈기'·'고전문학에 대하여'), 최재서('문학과 인생'·'문학과 예술') 등이다.

41　〈고등 국어 I 〉의 VI단원, 이육사의 '8. 청포도'의 익힘 문제 중에서 '5. 금잔디'와 연계된 문제는 다음과 같다. 4. 이 시와 "5. 금잔디"와를 비교하여 보고, "금잔디"가 소리 내어 읽기에 적당한 것은 무슨 까닭인가 생각하여 보라. 5. "5. 금잔디"를 다시 읽고, 그 시에 같은 말을 되풀이한 표현 효과에 대하여 생각하여 보라.

42　〈고등국어 Ⅲ〉 VI단원에 수록된 정철의 '3. 관동별곡'의 익힘 문제에서, 다른 단원과 연계를 지어 학습 활동할 문제는 다음과 같다. 3. 사미인곡(思美人曲)과 이 글의 짜임새와 필치(筆致)를 비교하여 보라. 4. 다음 단원의 "정송강과 국문학"을 읽은 다음, 다시 이 글을 읽어 보라.

지금까지 기술한 내용을 〈고등국어Ⅱ〉의 대단원 "Ⅱ. 수필·기행문"에서, 소단원 '산정무한山情無限'(정비석)을 예로 들어 국어과 교육과정과 연계해서 설명하면 다음과 같다.

[표Ⅲ-2] 정비석의 '산정무한' 단원 체재

대단원명	소단원명	익힘 문제	교육과정 영역
			지도 내용
수필 · 기행문	산정무한	1. 금강산 지도를 펴 놓고, 지은이가 지나간 발자취를 더듬어 가며, 전문을 묵독(默讀)하여 보라.	읽기
			눈의 폭과 눈의 운동과 리듬을 증진시킨다. 일별로 문장 속의 낱말을 몇을 보았는가를 알아보아 읽기의 속도를 빨리 한다.
		2. 묘사(描寫)가 뛰어난 곳을 찾아서 노트에 옮겨 적고 다시 읽어 보라.	쓰기·읽기
			노트나 메모를 요령 있게 적을 수 있도록 한다.
		3. 이 글에 나타난 지은이의 회고(懷古)의 정이 이 글 전체의 표현과 어떻게 조화가 되는가를 생각하여 보라.	읽기
			수식적인 말을 감상하게 된다.
		4. 이 글을 읽고 기행문을 쓸 때에 주의할 점을 조목 별로 적어 보라.	쓰기·읽기
			노트나 메모를 요령 있게 적을 수 있도록 한다.
		5. 휴가 중의 산악 기행(山岳紀行)을 제재(題材)로 하여 기행문을 써 보라.	쓰기
			시, 수필, 소설 등 여러 가지 형식의 창작을 할 수 있다.

[표 Ⅲ-2]에서 소단원 '산정무한'에 관한 익힘 문제는 5개가 출제되었다. 익힘 문제의 내용은 본문 읽기 제재의 이해 문제와 활동으로 구성되었다. 그리고 제1차 교육과정의 문학 영역은 쓰기·읽기 영역과 관련되어 있음을 알 수 있다.

익힘 문제 1번은 보조 자료인 금강산 지도를 이용하여읽기 제재인 '산정무한'을 이해하는 문제이다. 교육과정의 읽기 영역과 관련되어 있는데,

구체적으로 '三. 고등학교 국어 지도 내용'의 읽기 영역 '1.독서에 관한 여러 가지 기술을 체험한다.'의 'ㅎ.항'에 관련된 문제이다. 익힘 문제 2번은 교육과정의 쓰기와 읽기 영역이 결합된 문제이다. '三. 고등학교 국어 지도 내용'의 쓰기 영역, '3.항'에 관련된 문제이다. 익힘 문제 3번은 '三. 고등학교 국어 지도 내용'의 읽기 영역 '3. 문학 학습의 목표'의 'ㅊ.항'과 관련된 문제이다. 익힘 문제 4번은 5번의 창작 활동을 위한 선행 문제이다. 익힘 문제 4번은 2번과 같은 교육과정을 담고 있다. 노트나 메모를 할 때, 조목별로 쓰거나 표를 작성하는 데 익숙해지기 위한 문제이다. 5번 문제는 '三. 고등학교 국어 지도 내용'의 쓰기 영역 '6.항'과 관련된 문제이다. 창작에 흥미를 느끼게 하고 창작 의욕을 북돋아 주어, 그 소질을 충분히 발휘할 수 있도록 지도한다.

(3) 제1차 교육과정에 나타난 문학교육의 특성

제1차 교육과정의 국어 교과서 〈고등국어 Ⅰ·Ⅱ·Ⅲ〉에 수록된 본문 읽기 제재를 갈래에 따라 재분류해서, 국어 교과서 속의 문학 영역의 특징에 대해 살펴보고자 한다. 다음은 제1차 교육과정의 〈고등국어 Ⅰ·Ⅱ·Ⅲ〉에 수록된 본문 읽기 제재를 갈래에 따라 표로 작성한 것이다.

[표Ⅲ-3] 제1차 〈고등국어 Ⅰ·Ⅱ·Ⅲ〉에 수록된 읽기 제재의 갈래와 수(數)

구분	고시조	고려가요	가사	악장	한시	고전소설	고대수필	시	시조	소설	수필	시나리오	문학개론	비평	설명문	논설문	계	
																	갈래	數
Ⅰ	22						1	1	2	12	1	13		2	1	4	2	11	61
Ⅱ	4	1	1				1	2	10			15	1	5		5	1	11	46
Ⅲ		1	3	11	16	1	1				1	2		2	3	3	3	12	47
계	26	2	4	11	16	3	4	12	12	2	30	1	9	4	12	6		154

우선 [표 Ⅲ-3]에서, 고등국어 교과서에 수록된 갈래와 본문 읽기 제재에 대한 일반적인 사항을 제시하면 다음과 같다. 고등국어에 수록된 작품의 갈래는 고시조, 고려가요, 가사, 악장, 한시, 고전소설, 고대수필, 시, 시조, 소설, 수필, 시나리오, 문학개론, 비평(평론), 설명문, 논설문으로 16개의 갈래로 분류하였다. 〈고등국어Ⅰ〉의 고전 작품의 갈래는 3개, 읽기 제재는 24편이다. 현대 작품의 갈래는 8개, 읽기 제재는 37편이다. 〈고등국어Ⅰ〉에는 모두 11개의 갈래와 61편의 읽기 제재가 수록되었다. 〈고등국어Ⅱ〉의 고전 작품의 갈래는 5개, 읽기 제재는 9편이다. 현대 작품의 갈래는 6개, 읽기 제재는 37편이다. 〈고등국어Ⅱ〉에는 모두 11개의 갈래와 46편의 읽기 제재가 수록되었다. 〈고등국어Ⅲ〉의 고전 작품의 갈래는 6개, 읽기 제재는 33편이다. 현대 작품의 갈래는 6개, 읽기 제재는 14편이다. 〈고등국어Ⅲ〉에는 모두 12개의 갈래와 47편의 읽기 제재가 수록되었다.

〈고등국어〉에 수록된 고전 작품의 갈래는 7개, 읽기 제재는 66편이 수록되었다. 현대 작품의 갈래는 9개, 읽기 제재는 88개가 수록되었다. 이를 모두 합산하면, 〈고등국어〉에는 16개의 갈래와 154편의 읽기 제재가 수록되었다.

〈고등국어〉에 수록된 읽기 제재는 고전보다 현대 작품이 많음을 알 수 있다. 〈고등국어Ⅱ〉에 수록된 고전 작품의 읽기 제재가 〈고등 국어Ⅰ〉보다 큰 차이로 작아졌다가, 〈고등 국어Ⅲ〉에서 크게 증가하였다. 현대 작품에서 읽기 제재의 수록 변화를 보면, 〈고등 국어Ⅲ〉에서 〈고등 국어Ⅰ·Ⅱ〉에 비해 큰 폭으로 작아졌다. 읽기 제재의 수는 수필, 고시조, 한시, 시·시조·설명문 순으로 수록되었다.

이상의 분석 내용을 바탕으로, 제1차 고등학교 교육과정과 〈고등국어〉에 나타난 문학 교육의 특징들은 다음과 같다.

첫째, 중견 국민이 갖추어야 할 교양으로서 문학의 이해와 감상이 중시되었다. 그런데 교과서 속의 문학 교육은 개별 작품을 이해하고 감상하는 것이 아니라, 비문학의 읽기 제재를 학습함으로써 습득되는 문학 지식이라는 측면이 있다.[43] 교육과정상에 드러난 문학 교육 내용을 인용하면 다음과 같다.(밑줄은 필자)

> 문학을 바르게 이해하고 감상한다는 것은 그것이 특히 고등학교 국어과 학습에서 중요하게 다루어질 성질의 것이기 때문에, 철저한 지도가 있어야 할 것이다. 학생들 개개인의 소질과 취미에 따라서는 문학을 즐기는 학생과 그렇지 아니한 학생과의 구별이 생길 수 있을 것이나, 문학 및 예술이 인간 생활을 화락하고 명랑하게 하는 것임을 생각할 때, 어느 정도의 기초적인 이해와 감상의 태도 및 능력이 모든 학생들에게 갖추어 져야 할 것이다. <u>문학을 모르는 메마른 심정에서 아름답고 거룩한 인간성을 찾아볼 수 없다고 하면, 중견 국민으로서의 교양을 위한 문학 지도는 상당히 중시되어야 할 것이다.</u>[44]

문학의 기능이 인간 생활을 화락하고 명랑하게 하는 것이므로, 문학을 모르면 아름답고 거룩한 인간성을 배양할 수 없기 때문에 문학의 교수·학습을 강조하였다. 문학을 이해하고 감상하기 위한 교과서 읽기 제재는 조윤제의 '고전 문학에 대하여'·조연현의 '소설의 첫걸음'·유진오의 '소설의 핀트'·김광섭의 '수필 문학 소고'·서정주의 '시의 운율'·박용철의 '시적 변용에 대하여'·오영진의 '영화 예술의 근대적 성격'·유치진의 '희곡론'·이헌구의 '시인의 사명'·최인욱의 '단편 소설의 특질' 등이 해당된다.

---

43 이러한 경향을 두부 자르듯이 명쾌하게 나눌 수는 없지만, 적어도 제5차 교육과정기까지 지속된다고 볼 수 있다. 제6차 교육과정부터 작품의 수용과 창작이 전면에 드러나면서 작품 자체에 대한 이해와 감상이 중요시 되었다.

44 문교부령 제46호(1955. 8. 1. 제정 공포), 고등학교 교육과정, 고등학교 국어(一)의 목적 중에서.

둘째, 고전 작품에서 학년이 올라갈수록 갈래 수의 증가에 따라 학습의 위계성을 고려하였다. 〈고등국어Ⅰ〉의 고전 읽기 제재 수는 24편, 갈래는 고시조, 고전소설, 고대수필뿐이다. 〈고등국어Ⅱ〉의 고전 읽기 제재 수가 9편으로 줄었지만 갈래는 고려가요, 가사가 추가 수록되어 5개로 오히려 늘었다. 〈고등국어Ⅲ〉의 고전 읽기 제재는 33편과 6개의 갈래로 동시에 증가하였다. 〈고등국어Ⅰ·Ⅱ〉에 수록되었던 고시조가 사라지고 악장, 한시(두시언해)가 새롭게 수록되었다. 이것은 악장·한시·훈민정음[45] 등이 고시조·고전수필보다 고어古語나 한자에서 학습자의 능력이 더 많이 요구된다고 보았기 때문이다. 결과적으로 이러한 경향은 교과서에 수록된 읽기 제재의 내용적인 측면에서 학습자의 학습 능력 수준을 고려한 것이다.

셋째, 교과서에 수록된 현대 작품 읽기 제재는 내용적인 측면에서 학년이 올라갈수록 보다 전문적인 글들이 수록되었다. 1학년 교과서에 수록된 박창배의 '고운 음성과 바른 말'·조연현의 '소설의 첫걸음'보다 2학년 교과서에 수록된 정태시의 '말의 속도와 강약'·서정주의 '시의 운율'·유치진의 '희곡론'이 내용적인 측면에서 보다 전문적이라고 할 수 있다. 그리고 3학년 교과서에 수록된 이희승의 '시조 감상 한 수'·정인보의 '정송강과 국문학'·양주동의 '가시리 평설'등은 비평(평론)에 해당하는 글로서, 1·2학년 국어 교과서에 수록된 글들과 차이를 보인다.

넷째, 제1차 교육과정의 국어 교과서에는 '카프KAPF'에 소속되었던 작가와 친일 문학 단체인 '조선문인협회'에 적극적으로 가담하였던 작가의 작품이 수록되었다. 이러한 작품으로는 백철의 '문학의 이해와 감상'과 최재서의 '문학과 인생'·'문학과 예술'을 예로 들 수 있다.

---

45 훈민정음은 〈고등국어Ⅲ〉에 처음 수록되었는데, 본고에서는 훈민정음의 갈래를 고대수필에 포함시켰다.

2) 경험 중심과 순수 지향의 문학 교육: 제2차 교육과정(1963~1973)

(1) 제2차 국어과 교육과정

제2차 교육과정은 4.19혁명과 5.16군사정변의 사회 변혁과 제1차 교육과정에서 표방한 경험주의와는 관련성이 거의 없다는 교육 개혁의 목소리가 높았기 때문에 개정되었다. 제2차 교육과정은 5.16군사정변으로 출범된 제3공화국의 교육정책이 반영되어, 제1차 교육과정이 시작된 지 8년 정도의 시간이 경과한 1963년 2월 15일에 문교부령 제121호로 제정·공포되었다.

제2차 교육과정은 생활과 경험 중심의 교육 사조에 영향을 받아, 이를 실천면에서 수용 적용하려 하였다. 이 교육과정은 제1차 교육과정의 기본 철학인 실용주의를 계승하고, 전후의 황폐화된 현실에 대해 경험을 통해 극복하려는 의지를 보인 것이다. 교육과정의 구성 방향은 제1차와 크게 달라지지 않았지만, 국어과의 일반목표와 구체적 목표가 일목요연하게 제시되었다. 제2차 고등학교 국어과 교육과정 체제를 보이면 다음과 같다.(밑줄은 필자)

Ⅰ.목표
　1.교육의 목표와 국어 교육(3개항)
　2.국어과의 목표: 일반목표(5개항)+구체적 목표(12개항)
Ⅱ.국어 I
　1.지도목표
　　말하기(15개항),
　　듣기(12개항)
　　읽기(ㄱ.독서에 관한 기술: 18개항, ㄴ.문학학습의 목표: 24개항,

ㄷ.고전학습: 10개항, ㄹ.국어문제: 9개항),

　　쓰기(3개항)

　2.지도내용

　　말하기(5개항/말하기의 주요한 경험: 11개항)

　　듣기(6개항/듣기의 주요한 경험: 7개항)

　　읽기(2개항/읽기의 주요한 경험: 10개항)

　　쓰기(3개항/쓰기의 주요한 경험: 10개항)

　3.지도상의 유의점(9개항)

Ⅲ.국어Ⅱ

　1.고전과정

　2.한문과정

　　제1차 교육과정은 목적 항에서 '고등학교 교육 일반의 목적', '국어교육의 목적', '고등학교 국어교육의 구체적 목표'를 나열식으로 제시하였다. 그러나 2차 교육과정에서 목표 항은 '고등학교 교육의 일반의 목적'과 '국어교육의 목적'을 '교육의 목표와 국어교육'으로 단일화하여 일반적 목표로 제시하고, 세부적인 '국어과의 목표'를 일반목표와 구체적 목표로 하위 항목을 설정하여 체계화했다.

　　제2차 교육과정의 목표 항에서 눈에 띄는 것은 교육의 대상인 학습자에 대한 인식의 변화를 들 수 있다. 제2차 교육과정의 '교육의 목표와 국어교육'에서 개인적인 언어생활이 강조되었다. 제1차 교육과정에서 고등학교 교육 일반의 목적과 국어교육의 목적에서의 개인은 국가·민족·사회를 전제로 한 괄호 속의 중견 국민을 지칭했다. 그러나 제2차 교육과정에서 '교육의 목표와 국어 교육'에서 개인적인 언어생활의 기능이 강조됨으로써, 제1차 교육과정 속에서 괄호에 묶였던 개인이 괄호 밖으로 풀렸다는 점에서 개인적인 언어생활이 강조되었다. 그리고 제1차 교육과정의 '고등학교 학생의 언어생활'과 '고등학교 국어 지도 내용'이, 제2차 교육과정에서 국어 I 의 지도 목표와 지도 내용으로 체계화되었다.

제2차 교육과정상의 가장 큰 변화는 제1차 교육과정에 없던 '지도상의 유의점'[46]이 새롭게 신설되었다는 점이다. 이는 국어 교육의 성격과 목표를 소화시켜 실제 학습 지도에 길잡이 역할을 했다. 제1차 교육과정이 목표와 내용 위주였다면, 제2차에서 지도상의 유의점을 두어 교수-학습 방법에 대한 초기 모습을 보인다는 측면에서 의의가 있다.

제2차 교육과정의 국어과 기초 4영역의 배열순서가 변화되었다. 제1차 교육과정에서 말하기-듣기-쓰기-읽기 순으로 배열되었던 것이, 2차 교육과정에서는 말하기-듣기-읽기-쓰기 순으로 재배치되었다. 이러한 배치의 변화는 읽기 영역을 강조한 것으로 풀이된다. 이는 국어 교과서의 읽기 제재가 증가한 것과 관련된다. 국어 I 을 심화 확충한 국어 II 에 고전 과정을 두어, 읽기 영역의 중요성이 부각 되었다고 볼 수 있다.

문학 교육과 관련해서 제2차 교육과정의 문서상 체제에서 가장 큰 특징은 국어 과목이 국어 I 과 국어 II 로 분리된 점이다. 국어 I 은 말하기·듣

---

46 3.지도상의 유의점 (1)학습 지도는 교과서 및 기타 자료를 충분히 이용하여, 국어과의 내용을 종합적으로 지도하는 것을 원칙으로 삼을 것. (2)국어과의 지도는, 국어 시간 및 기타 모든 교과 활동과 교과 외의 활동에서 지도하여, 국어 I 이 목표하는 기초적 실효를 거두도록 한다. (3)단원 학습의 본질을 살려, 문제 해결에 필요한 자료의 선정을 적절히 하고, 특히 창작력을 신장하도록 힘쓸 것. (4)학습 지도는 남녀의 심리적 특성, 표현의 특이성을 고려하여, 세련된 언어생활을 실천하도록 힘쓸 것. (5)문법 지도는 언어의 운용을 중심으로 하는 범위 안에서, 현대 국어의 체계의 개요를 알리도록 할 것. (6)국어 국문학의 발달은 고전 학습 자료와 유기적 관련을 지어, 현대 언어나 문학을 이해하는 바탕으로 삼도록 할 것. (7)학교에서 교육 과정을 구성할 때에는 각 지방의 실정과 언어의 실태를 참작하여, 국어과의 목표를 균형 있게 달성하도록 노력할 것. (8)단위제를 실시하여 학습 지도를 할 때에는 국어 I , II 의 연관성을 긴밀히 하고, 계통적인 발전을 고려하여 운영의 적절을 기할 것. (9)학생들의 창의적인 학습 활동을 장려하여, 국어의 순화 및 국어 문화 창건의 바탕을 마련하도록 할 것.

기·읽기·쓰기 영역으로 짜여졌고, 국어 II는 심화 확충 과정으로 고전과 한문 과정으로 분리되었다. 문서상으로 국어 II는 현대문·고전(국어·국문학)·문법·작문·한문 과정을 포함하였다. 그러나 국어 II는 국어 I 에 비해 그 정도의 차이가 뚜렷한 고전과 한문 과정만을 설정하고, 그 외는 국어 I 에 준하도록 하였다. 제2차 교육과정기에 비로소 독립 과목으로 고전이 설정되어, 문학 교육이 강조되기 시작하였다.

교육과정 체제에서 문학 영역은 1차 교육과정과 마찬가지로 별도의 항목을 만들지 않고, 읽기와 쓰기 영역의 하위 요소로 분산 편입되었다. 국어 I 의 문학 영역과 관련된 구체적 내용을 보이면 다음과 같다.(밑줄은 필자)

ㄴ. 문학 학습의 목표

(1)한국 문학의 발전의 대강과 저명한 작가 및 작품에 대하여 알도록 한다. / (2)한국 문학의 여러 가지 형식과 그 특색에 대하여 알도록 한다. / (3)한국 문학 발전에 영향을 준, 온갖 요인(사회적, 경제적, 문화적, 문화사적)에 대하여 알도록 한다. / (4)동양 및 서양 작가의 뛰어난 작품에 대하여 대강 알도록 한다. / (5)한국 문학과 외국 문학과의 특징을 대강 알도록 한다. / (6)문장을 읽어, 주제와 요지를 파악하고, 또 인생과 사회 문제에 대하여 생각을 깊이 할 수 있도록 한다. / (7)여러 가지 문제를 알고, 각각 그 표현의 특색을 이해 감상할 수 있도록 한다. / (8)뛰어난 문장을 읽어 음미함으로써 언어에 대한 멋을 알고, 언어생활에 적응시킬 수 있도록 한다. / (9)작품 속 인물의 성격, 심리, 사상 또는 작자의 상상력 및 관찰력, 감상력, 사고력 등을 알고, 그것에 대하여 의견을 가질 수 있도록 한다. / (10)작품을 읽음으로써 인생에 대한 흥미를 느낄 수 있도록 한다. / (11)문학 작품을 읽음으로써 감정을 도야하고 삶의 즐거움을 느낄 수 있도록 한다. / (12)개성적인 문체의 다름을 인식할 수 있도록 한다. / (13)좋

은 작품과 그렇지 못한 작품을 구별할 수 있도록 한다. / (14)주인공의 온갖 성격을 해석하고 분석할 수 있도록 한다. / (15)문학 작품을 통해 받은 자극으로 하여금, 바람직한 공상을 할 수 있도록 한다. / (16)문학에 대한 필요한 견문과 지식을 도서관이나 참고서, 사전 등에서 찾아 낼 수 있도록 한다. / (17)현대 작가를 평가할 수 있도록 한다. / (18)인생의 반영으로서의 문학 작품을 감상하는 힘을 기를 수 있도록 한다. / (19)작품을 통하여 온갖 가치 있는 경험과 뛰어난 개성에 접할 수 있도록 한다. / (20)작품을 통하여 인간성과 미에 대한 감수성을 높이게 한다. / (21)온갖 형식의 작품을 그 특색에 따라 이해하고, 감상하고, 비평하도록 한다. / (22)좋은 작품을 실은 잡지를 자발적으로 읽도록 한다. / (23)많은 작자의 사고 방법과 사상에 접하여 스스로 사고하는 습관을 지니도록 한다. / (24)정서를 풍부히 하고, 높이기 위하여 뛰어난 작품을 읽도록 한다.

ㄷ. 고전학습

(1)고문 독해에 도움이 되는 문법, 국어의 특징, 변천, 문학사의 개략을 읽도록 한다. / (2)한문학이 우리 문학에 끼친 영향을 알도록 한다. / (3) 현대 문학에 계승된 고전 문학의 전통을 연구하고, 이해할 수 있도록 한다. / (4)고문의 중요한 어귀의 뜻과 용법에 대하여 알도록 한다. / (5)문맥 단락을 생각하여 주제, 요지, 대의를 바르게 파악할 수 있도록 한다. / (6)기초적이고 대표적인 근세 이후의 작품을 중심으로 하여, 고전의 이해와 감상에 힘쓰도록 한다. / (7)고문 독해에 필요한 사전, 참고서, 도표 등 각종 참고서를 이용할 수 있도록 한다. / (8)고문을 읽고 선인의 사상 감정을 이해하고, 사물에 대하여 보는 힘, 느끼는 힘, 생각하는 힘을 높일 수 있도록 한다. / (9)방언, 속담, 민요, 민담, 전설 등을 채집하여 연구하도록 한다. / (10)고문을 좋아하고, 국어에 대한 애정을 기르고, 언어 감각을 닦도록 한다.

국어 I 의 읽기 영역에 포함된 문학 영역은 다음과 같은 특징을 갖는다. 첫째, 고전은 문학의 타자他者로서 배치되었다. 문학 학습의 목표 24개 항목 속에 고전과 관련된 내용은 없다. 여기서 문학은 현대문학을 일컫는 것으로 보이며, 문학으로서의 고전은 배제되었다. 둘째, 고전의 범주가 분명하지 않다. 고전 학습 (1)·(4)·(9)·(10)항은 국어학사에도 포함될 수 있는 내용이다. 셋째, 고전 학습의 의의를 현대 언어와 문학과의 연계 속에서 확보하고 있다. 이에 대한 내용은 고전 학습 (3)·(10)항과 관련되고, 특히 '지도상의 유의점'의 문학 교육과 관련된 항목에서 '고전 학습 자료와 유기적 관련을 지어, 현대 언어나 문학을 이해하는 바탕'에서 현대 문학을 이해하도록 하였다.[47]

(2) 제2차 교육과정의 국어 교과서

제2차 교육과정의 고등학교 국어 교과서는 인문계와 실업계로 나누어 학년별로 각각 1권씩 발행되었는데, 〈국어 I 〉(1학년)·〈국어 II 〉(2학년)·〈국어 III〉(3학년)으로 발간되었다. 그리고 제2차 교육과정부터 고등학교 국어 교과서가 〈국어〉로 명명되기 시작하였다.[48] 〈국어 I · II · III〉의 단원 체제는 제1차 〈고등국어〉와 마찬가지로, '대단원-소단원-익힘 문제'로 구성되었다. 그러나 제2차 〈국어〉 교과서에는 제1차 〈고등 국어〉와는 달리, 대단원이 시작되기 전에 오늘날의 '단원의 길잡이'와 같은 '안내 글'이 있다. 그리고 '국민 교육 헌장'이 국어 교과서 차례 앞에 있고, 권말 부록으로 '참고 자료'를 덧붙였다. 이 중에서 제2차 〈국어〉 교과서의 단원 구성 변화에

---

47 졸고(2013), 「고등학교 '문학' 과목 성립에 대한 역사적 연구」, 『어문론총』59호, 426쪽.

48 고등학교 국정 국어 교과서 이름의 변천은 다음과 같다. [군정]중등국어교본(상)·(중)·(하)—〉 [정부수립]중등국어1·2·3—〉 중등국어①·②·③·④·⑤·⑥—〉 [전시]고등국어1- I · I - II · II -3- I ·3- II —〉 [전후]고등국어 I · II · III—〉 [제1차 교육과정]고등국어 I · II · III—〉 [제2차 교육과정]국어 I · II · III

서 대단원별로 안내 글을 두었다는 점에 주목할 필요가 있다. 왜냐하면, 비교적 간단하게 소개된 '안내 글'이, 이후의 교과서 변천에서 '단원의 길잡이'로 발전되었다고 볼 수 있기 때문이다. 다음은 〈국어 Ⅰ〉의 Ⅰ단원, '현대 문학의 감상'에 제시된 안내 글의 전문이다.

문학이란 무엇이며 인생과 문학과는 어떤 관계가 있는 것일까? 또, 문학은 어떤 감정을 어떤 그릇에 어떻게 담아 놓은 것이며, 이들은 각각 무슨 형식의 문학이라고 하는가? 문학은 각기 그 장르에 따라, 맛과 멋과 빛깔과 모양이 달라진다. 우리는 일기와 편지에서, 현대시조와 소설에서, 그리고 수필 감상에서 그 차이를 알아, 우리의 정서 생활을 더욱 윤기 있게 하고 더욱 값지게 할 수 있도록 하자.

인용문은 학습 방향과 내용, 태도의 세 부분으로 나누어 볼 수 있다. 발문을 통해 문학의 정의·문학과 삶의 관계·문학의 형식에 대한 단원의 학습 방향을 제시하고 있다. 그리고 구체적으로 일기와 편지, 현대시조와 소설, 수필 감상 등의 문학 갈래의 차이에 대한 학습 내용을 담고 있다. 또한 단원 학습 결과로 '우리의 정서 생활을 더욱 윤기 있게 하고 더욱 값지게 할 수 있'는 태도적인 측면을 강조하고 있다. 특히 태도적인 측면은 교육과정 상의 '중견 국민으로서의 교양'을 갖춘 학습자를 양성하기 위해 문학 교육이 수행해야 할 역할인 셈이다.

　　제2차 교육과정의 〈국어〉 교과서에 나타난 특징을 단원 구성과 교과서 내용(수록된 작가와 작품)을 통해 살펴보자. 먼저 〈국어 Ⅰ·Ⅱ·Ⅲ〉의 단원 구성과 수록된 작품(작가)을 보이면 다음과 같다.

〈국어 I 〉 I . 현대문학의 감상-1. 일기와 편지(박두진),2. 현대시조 (최남선 외),3. 뽕나무와 아이들(심훈),4. 청춘 예찬(민태원) / II . 우리의 국어생활-1. 독서생활(윤영준),2. 학교 문법의 성격(이희승),3. 한자·한문의 상식(한상갑) / III . 민족과 사상-1. 사상과 생활(박종홍),2. 우리 민족의 풍습(임동권),3. 민족의 진로(김기석) / IV . 수필과 기행-1. 신록예찬(이양하),2. 수필을 쓰려면(조연현),3. 피어린 육백리(이은상),4. 기행문을 쓰려면(박종화) / V . 국어의 이해-1. 국어의 개념(이희승),2. 국어의 특질(강윤호),3. 국어의 장래(최현배) / VI . 계절의 향기-1. 금잔디(김소월),2. 오랑캐꽃(이원수),3. 청포도(이육사),4. 들국화(정비석)5. 낙엽을 태우면서(이효석),6. 백설부(김진섭) / VII . 문장을 쓰려면-1. 문장을 쓰려면(박목월),2. 바르게 듣고 빨리쓰기(한갑수),3. 소설의 첫걸음(김동리), 4. 실용문의 여러 가지 / VIII . 고전문학의 이해-1. 고전 문학의 흐름(박성의),2. 동명일기(연안 김씨),3. 토끼화상,4. 고시조 / IX . 우리의 언어생활-1. 바른 언어생활(김윤경),2. 회화와 독화(박창해),3. 토론과 보고(정태시) / X . 예술의 세계-1. 오늘의 한국문학(조연현),2. 시조와 자유시(이은상·구상),3. 미술의 감상(이경성),4. 음악과 인생(박용구) / ■ 참고 자료-1. 정서법,2. 문장 부호 사용법,3. 문법 용어표,4. 원고 용지 사용법,5. 시각과 방위표,6. 동사의 어미 일람표,7. 형용사의 어미 일람표

〈국어 II 〉 I . 시의 세계-1. 근대시(한용운 외 12인),2. 시를 쓰려면 (김용호),3. 시의 변용에 대하여(박용철),4. 시인의 사명(이헌구) / II . 국어의 이해-1. 국어의 구조(허웅),2. 우리말이 걸어온 길(김형규),3. 음운의 변천(이숭녕),4. 우리말의 어원(남광우) / III . 여정의 표현-1. 산정무한(정비석),2. 그랜드 캐넌(천관우) / IV . 고대산문의 음미-1. 집 떠나는 홍길동(허균),2. 조침문(유씨부인),3. 고대소설 평설(손낙범) / V . 문학과 비평-1. 수필(피천득),2. 현대소설의 특질(백철),3. 영화 감상(이진섭) / VI . 고대시가

〈국어〉는 각 학년별로 10개(7개)[49]의 대단원으로 구성되었다. 그리고 소단원은 〈국어Ⅰ〉이 38개(29개)·〈국어Ⅱ〉가 32개(28개)·〈국어Ⅲ〉은 33개(23개)로, 〈국어〉의 소단원은 모두 103개(80개)이다. 제1차 〈고등 국어〉와 비교했을 때, 〈국어〉의 대단원은 3개, 소단원은 23개가 증가하였다.

학년별 교과서의 분량도 제1차 〈고등 국어〉보다 큰 폭으로 증가하였는데, 〈국어Ⅰ〉이 263쪽(207쪽)[50], 〈국어Ⅱ〉는 265쪽(214쪽), 〈국어Ⅲ〉은 280쪽(206쪽)이다.[51] 제2차 〈국어〉 교과서의 전체 분량은 808쪽(627쪽)에 이른다. 제2차 〈국어〉의 전체 분량이 제1차 〈국어〉보다 큰 폭으로 증가했음을 알 수 있다. 제2차 〈국어〉 교과서의 전체 분량이 제1차 〈고등 국어〉보다 크게 늘어난 이유는 대단원과 소단원의 증가, 참고 자료가 덧붙여졌기 때문이다.

대단원의 제목은 주로 주제 중심으로, 단원에 포함된 글 제재의 공통된 주제를 나타낸다. '독서 생활'·'학교 문법의 성격'·'한자·한문의 상식'은 "우리의 국어생활"이라는 주제에, '국어의 구조'·'우리말이 걸어온 길'·'음운의 변천'·'우리말의 어원'은 "국어의 이해"라는 주제에 포함된다. 〈국어〉의 대단원은 읽기 제재로 2~6개 소단원으로 짜여있으나, 주로 3~4개의 소단

---

49 괄호( )안의 숫자는 제1차 〈고등 국어〉의 대단원과 소단원 개수를 나타낸 것이다.

50 괄호( )안의 숫자는 제1차 〈고등 국어〉의 전체 분량을 나타낸 것이다.

51 〈국어〉의 분량(대단원/참고 자료)은 다음과 같다. 〈국어Ⅰ〉의 전체 분량(246/263)에 대한 각 대단원의 분량은 Ⅰ단원 6쪽, Ⅱ단원 7쪽, Ⅲ단원 18쪽, Ⅳ단원 24쪽, Ⅴ단원 26쪽, Ⅵ단원 20쪽, Ⅶ단원 30쪽, Ⅷ단원 20쪽, Ⅸ단원 26쪽, Ⅹ단원 34쪽, 참고자료 17쪽이다. 〈국어Ⅱ〉의 전체 분량 (254/265)에 대한 각 대단원의 분량은 Ⅰ단원 36쪽, Ⅱ단원 34쪽, Ⅲ단원 22쪽, Ⅳ단원 22쪽, Ⅴ단원 18쪽, Ⅵ단원 12쪽, Ⅶ단원 18쪽, Ⅷ단원 44쪽, Ⅸ단원 32쪽, Ⅹ단원 16쪽, 참조자료 11쪽이다. 〈국어Ⅲ〉의 전체 분량(268/280)에 대한 각 대단원의 분량은 Ⅰ단원 24쪽, Ⅱ단원 26쪽, Ⅲ단원 38쪽, Ⅳ단원 28쪽, Ⅴ단원 34쪽, Ⅵ단원 48쪽, Ⅶ단원 22쪽, Ⅷ단원 18쪽, Ⅸ단원 14쪽, Ⅹ단원 16쪽, 참고자료 12쪽이다.

원이 하나의 대단원을 구성하였다.[52]

제1차 〈고등 국어〉에서 '주註'는 익힘 문제 뒤에 두었는데, 제2차 〈국어〉에서 [주]는 각주로 달았다. 내용은 본문에 등장하는 인물·지명·낱말 풀이 등을 각주로 처리하여, 학습자로 하여금 참고하기 쉽게 하였다.

다음으로 〈국어〉에 수록된 작품은 〈국어Ⅰ〉에 75편, 〈국어Ⅱ〉에 48편, 〈국어Ⅲ〉 59편으로 모두 182편이다. 작가는 교과서에 수록된 작품과 동일하나, 중복된 작가[53] 43명을 제외하면 139명(작가미상 포함)이다.

교수-학습 과정에서 소단원의 읽기 제재를 학습한 후, 학습자의 활동 영역에 해당하는 '익힘 문제'는 제1차 〈고등 국어〉와 마찬가지로, 각 소단원 뒤에 두었다. 익힘 문제는 2~7문제가 출제되었으나, 대부분 3~5문제가 주를 이룬다. 익힘 문제의 내용은 본문 읽기 제재의 이해, 교육과정상의 4개 영역(말하기·듣기·읽기·쓰기)에 대한 활동 문제로 구성되었다.

문학 영역에서 익힘 문제는 본문 읽기 제재의 이해뿐만 아니라, 다른 학년과 연계를 짓거나 학습한 내용을 바탕으로 심화된 문제들이 출제되었다. 이러한 익힘 문제 출제 경향은 제1차 〈고등 국어〉와 크게 차이나지 않는다. 그러나 익힘 문제의 내용 측면에서 다른 점을 발견할 수 있다. 교육과정의 변화에도 불구하고 개정된 교과서에 다시 수록된 문학 작품이더라도, 그 위상

---

52 소단원 6개로 대단원을 구성한 것은 〈국어Ⅰ〉의 'Ⅳ. 계절의 향기'가 유일하다.

53 〈국어Ⅰ·Ⅱ·Ⅲ〉 교과서에 한 작가의 작품이 두 편 이상 수록된 내용은 다음과 같다. 제시 방법은 학년 구분 없이 이름의 가, 나, 다 순으로 열거하였다. 김상옥(현대시조 2편), 김소월(금잔디·진달래꽃), 두보(두시언해6편·한시1편), 박두진(일기와 편지·道峯), 박목월(문장을 쓰려면·나그네), 백철(현대소설의 특질·현대문학의 여러 가지 모습), 양주동(면학의 서·가시리 평설), 윤선도(어부사시사 4편) 이숭녕(음운의 변천·언어와 사회), 이양하(신록예찬·페이터의 산문), 이육사(청포도·광야), 이은상(편지1편·현대시조2편·시조와 자유시), 이호우(현대시조 2편), 이희승(학교 문법의 성격·국어의 개념·시조 감상 한 수), 정비석(들국화·산정무한), 정인보(현대시조2편·나라를 사랑하는 마음), 정인지(용비어천가 7편) 정철(고시조2편·사미인곡·관동별곡), 정태시(토론과 보고·말의 속도와 강약), 조연현(수필을 쓰려면·오늘의 한국문학), 주자(소학언해 5편), 최남선(현대시조 2편)

은 다르다. 이러한 경향은 소단원의 익힘 문제를 통해 살펴볼 수 있다. 제2차 교육과정의 교과서에 단원 학습 목표가 구체적으로 제시되지는 않았지만, 익힘 문제를 통해 단원 학습 목표의 달성 여부를 판단할 수 있기 때문이다.

제1차 〈고등 국어〉와 제2차 〈국어〉 교과서 속의 익힘 문제 비교를 통해, 그 차이를 알아보자. 다음은 3학년 교과서에 공통적으로 수록된, 알퐁스 도데의 단편소설 '별'의 익힘 문제를 비교한 것이다.

[표Ⅲ-4] 알퐁스 도데의 단편소설, '별' 단원의 익힘 문제 비교

제1차 〈고등국어Ⅲ〉	제2차 〈국어Ⅲ〉
1. 단편 소설이 십 구 세기에 와서 발달하게 된 원인은 어디 있는가?	1. 이 단편 소설을 소재로 하여, 여러분이 알고 있는 단편 소설의 개념과 특질을 다시 검토해 보라.
2. 근대 소설의 특징은 어떤 점에 있는가 살펴보라.	2. 이 단편이 독자에게 주는 인상이, 그 내용만을 정확히 전하는 보통 이야깃거리를 듣는 인상과 어떻게 다른가?
3. 단편 소설의 특질을 설명하는 일이 간단하지 않다는 이유는 무엇인가?	3. 이 단편의 두드러진 성격(예를 들면, 풍자적, 사상적, 행동적, 목가적, 비극적, 낙천적, …… 등)을 어떻게 보는가?
4. 인상의 통일과 단일한 효과를 거두려면, 그 제재를 어떤 방법으로 다루어야 하겠는가?	4. 밤의 신비로운 세계나, 유성(流星) 또는 성좌에 관한 목동의 이야기가 비과학적이라면, 작자는 어째서 목동으로 하여금 그런 이야기를 하게 하였으며, 그것이 작품 전체에 어떤 영향을 주고 있는가? 나아가서 일반적으로 작가의 의도와 사상을 어떻게 판단하여야 할지, 독자의 작품에 대한 태도를 반성해 보라.
5. 단편의 형식은 장편 소설의 형식에 비해 어떤 점이 다른가?	
6. 단편을 구성하는 요소는 무엇인가? 또한 그 구성 방법을 수학의 공식이나 방정식처럼 제시할 수 없다는 이유는 어떤 점에 선가?	5. 별 이야기가 결국 이 작품의 테마라고 볼 수 있겠는가? 아니면, 그것이 이 작품의 테마와 어떤 관계를 맺고 있을까? 작자의 창작 의욕은 과연 무엇에 치중되어 있다고 보는가?
7. 단편의 문체는 어떠한 특색을 가지고 있는가? 여러 작가들의 작품에서 그것을 연구해 보라.	

일반적으로 교육과정상의 구성과 사상 면에서 제1차와 제2차는 큰 변화가 없는 것으로 논의되어 왔다. 그러나 소단원의 익힘 문제를 살펴보면, 그 차

이를 두 가지 면에서 살펴볼 수 있다. 첫째, 질문 방식의 변화이다. 제1차 교육과정에서의 익힘 문제는 본문 읽기 제재로서 '별'을 읽지 않더라도 접근할 수 있는 문제 유형들이다. 반면에 제2차 교육과정에서의 익힘 문제는 본문의 읽기 제재, '별'이 교수·학습 과정에서 충분이 이루어져야 접근할 수 있는 문제들로 구성되었다. 둘째, 교육과정상에서 문학 교육은 작품을 이해하고 감상하는 능력을 배양하여, 중견 국민의 양성이라는 목표로 설정되었다. 그런데 제1차 교육과정에서의 익힘 문제는 문학 작품의 이해와 감상에 관련된 문제라기보다는, 단편 소설의 역사적인 측면과 갈래의 이해 문제에 치중되었다.

(3) 제2차 교육과정에 나타난 문학교육의 특성

제2차 교육과정의 국어 교과서 〈국어 Ⅰ·Ⅱ·Ⅲ〉에 수록된 본문 읽기 제재를 갈래에 따라 분류해서, 국어 교과서 속의 문학 영역의 특징에 대해 살펴보자. 다음은 앞 장에서 제시한 〈국어〉 교과서에 수록된 작품(작가)을 갈래에 따라 표로 작성한 것이다.

[표Ⅲ-5] 제2차 〈국어 Ⅰ·Ⅱ·Ⅲ〉에 수록된 읽기 제재의 갈래와 수(數)(인문계)

구분	고시조	고려가요	가사	악장	한시	고전소설	고대수필	시	시조	소설	수필	시나리오	문학사	문학개론	비평	설명문	논설문	계 갈래	계 數
Ⅰ	28					1	1	2	12	1	9		2	4		11	4	11	75
Ⅱ	4	1	1			1	1	13			8	1		3	2	10	3	12	48
Ⅲ		1	2	7	19	1	1	6		1	2			4	5	5	5	13	59
계	32	2	3	7	19	3	3	21	12	2	19	1	2	11	7	26	12		182

먼저 [표 Ⅲ-5]에서, 국어 교과서에 수록된 갈래와 본문 읽기 제재에 대한 일반적인 사항을 제시하면 다음과 같다. 제2차 국어 교과서에 수록된 작

품의 갈래 분석에서 문학사가 수록되어, 제1차보다 1개가 늘었다. 〈국어Ⅰ〉의 고전 작품의 갈래는 3개, 읽기 제재는 30편이다. 현대 작품의 갈래는 8개, 읽기 제재는 45편이다. 〈국어Ⅰ〉에는 모두 11개의 갈래와 75편의 읽기 제재가 수록되었다. 〈국어Ⅱ〉의 고전 작품의 갈래는 5개, 읽기 제재는 8편이다. 현대 작품의 갈래는 7개, 읽기 제재는 40편이다. 〈국어Ⅱ〉에는 모두 12개의 갈래와 48편의 읽기 제재가 수록되었다. 〈국어Ⅲ〉의 고전 작품의 갈래는 6개, 읽기 제재는 31편이다. 현대 작품의 갈래는 7개, 읽기 제재는 28편이다. 〈국어Ⅲ〉에는 모두 13개의 갈래와 59편의 읽기 제재가 수록되었다.

제2차 교육과정기의 교과서 수록 고전 작품의 갈래는 7개, 읽기 제재는 69편이다. 현대 작품의 갈래는 10개, 읽기 제재는 113편이다. 이를 모두 합산하면, 〈국어〉에는 17개의 갈래와 182편의 읽기 제재가 수록되었다. 〈국어〉에 수록된 읽기 제재는 갈래와 제재 수에서 고전보다 현대 작품이 많음을 알 수 있다. 특히 읽기 제재의 수에서 그러한 면모가 두드러진다.

〈국어Ⅱ〉에서 수록된 고전 읽기 제재가 〈국어Ⅰ〉보다 큰 차이로 작아졌다가, 〈국어Ⅲ〉에서 증가하였다. 이러한 경향은 제1차 〈고등국어〉에서도 같은 추이(推移)를 보였다. 이러한 이유는 〈국어Ⅰ〉에 고시조가 많이 수록되고, 〈국어Ⅲ〉에 한시·악장·언해 작품이 읽기 제재로 수록되었기 때문이다. 이러한 경향이 전체 읽기 제재 수에도 영향을 미쳤다. 현대 작품의 경우, 〈국어Ⅲ〉에서 읽기 제재가 크게 줄어들었다. 이러한 이유는 〈국어Ⅰ〉에 현대시조가 많이 수록되고, 〈국어Ⅱ〉에서는 현대시가 많이 수록되었기 때문이다. 그리고 상대적으로 설명문의 수록 편수도 줄었다. 〈국어〉 교과서의 읽기 제재는 고시조, 설명문, 현대시, 한시와 수필, 현대시조와 논설문 순으로 수록되었다.

이상의 분석 내용을 바탕으로, 제2차 고등학교 교육과정과 〈국어〉 교과서에 나타난 문학 교육의 특징들은 다음과 같다.

첫째, 국어 I 의 심화 과정으로 국어 II 에 '고전 과정'을 두었다. 그러나 국어 I 의 읽기 영역에 문학과 고전 영역이 분리되고 심화과목에 고전 과정만이 설정됨으로서, 고전이 문학 영역과는 별개의 영역으로 인식될 수 있는 용어상의 문제점이 노출되었다. 용어상의 문제점은 제3차 교육과정까지 지속되는데, 이러한 사태가 벌어지는 근본적인 이유는 시기적으로 누적된 현대 문학 작품이 과목으로 성립하기에는 부족한 문학 시장 현실이 반영되었기 때문일 것이다. 이것은 초창기 교육과정에서의 문학 교육은 고전 문학 중심으로 이루어졌음을 방증하는 것이다. 그럼에도 불구하고 심화 과목에 고전이 설정됨으로서, 문학 과목의 중요성이 강조되기 시작하였다는 역사적 의의를 갖는다.

둘째, 국어과 기초 4영역의 배열순서가 변화되었다. 제1차 교육과정에서는 말하기-듣기-쓰기-읽기 순으로 배열되었던 것이, 제2차 교육과정에서는 말하기-듣기-읽기-쓰기로 조정되었다. '쓰기-읽기'에서 '읽기-쓰기'로의 배열순서 변화는 상대적으로 읽기 영역이 강조되었음을 나타낸다. 문학 영역이 주로 읽기 영역에 포함되었다는 것을 고려하면, 문학 영역이 강조되었다고 볼 수 있다. 이것은 심화 과정인 국어 II 에 고전 과목의 설정으로 교과서에 읽기 제재의 증가와 무관하지 않은 변화이다.

셋째, 상급 학년으로 갈수록 국어 교과서에 수록되는 문학 작품의 갈래 수는 증가하고, 작품 수는 감소하였다. 이러한 변화 추이는 제1차 교육과정기의 〈고등 국어〉에서도 보이는 현상인데, 수록되는 작품에서는 차이를 보인다. 제2차 국어 교과서에는 현대시와 설명문이, 제1차 〈고등 국어〉보다 상대적으로 많이 수록되었다.

넷째, 제2차 교육과정의 국어 교과서는 한국 문학에 대한 세계 문학의 인식을 새롭게 하였다. 제1차 〈고등 국어〉에 외국 문학 작품은 오우 헨리의 '마지막 한 잎'(시나리오, 〈고등 국어 II 〉)과 알퐁스 도데의 '별'(소설, 〈고등 국어Ⅲ〉)만이 수록되었다. 그러나 제2차 국어 교과서에는 오우 헨리의 '마지막 한 잎'(〈국어Ⅱ〉)과 외국 작품 단원(〈국어Ⅲ〉을 설정하였다. 〈국어 Ⅲ〉의 9단원 제목이 "한국문학과 중국문학"인데, 소단원으로 "한국 문학과 중국 문학"(이병기, 설명문)·"한시선"(한국)·"한시선"(중국)을 분리해서 구성하였다. 그리고 같은 교과서 6단원 "현대문학의 감상"에서는 소단원 "외국인의 시정"이라 하여, '추수하는 아가씨'(워어즈워드)·'가지 않은 길'(프로스트)·'비둘기 떼'(고티에)·'가을날'(릴케)·'바닷가에서'(타고르)·'배'(지센) 등의 시 작품을 수록하였다. 그리고 다른 소단원에 알퐁스 도데의 '별'을 수록하였다. 결과적으로 〈국어Ⅲ〉 경우, 외국 문학 작품을 교과서에 수록하여 한국 문학에 대한 세계 문학의 인식을 새롭게 하였다고는 하나, 한국 현대문학 작품이 한 편도 수록되지 않은 교과서가 만들어진 것에 대해서는 균형 차원에서 문제가 있다.

다섯째, 제2차 〈국어〉 교과서에는 제1차 〈고등 국어〉에 실렸던 작가와 작품들이 다시 수록되었다. 고전 작품의 경우, 제1차 〈고등 국어〉에 실렸던 작품들이 그대로 제2차 〈국어〉 교과서에 다시 수록되었다. 다만 '용비어천가'가 11편에서 9편으로, 두시언해가 9편에서 6편으로, 소학언해가 7편에서 5편으로 줄었다. 현대 작품이 다시 수록된 목록은 다음과 같다. 학년은 구분하지 않고, 해당 갈래에서 〈국어Ⅰ〉, 〈국어Ⅱ〉, 〈국어Ⅲ〉 순으로 적는다. 현대시조의 경우, 최남선의 '혼자 앉아서'·정인보의 '이른 봄'·이은상의 '고지가 바로 저긴데'·이병기의 '아차산'과 '비'·김상옥의 '옥저'와 '백자부' 등이다. 시의 경우, 한용운의 '알 수 없어요'·김소월의 '진달래꽃'·김영랑의 '모란이 피기까지는'·김동명의 '파초'·이육사의 '광야'·유치진의 '깃발' 등이다. 소설의 경우, 심훈의 '뽕나무와 아이들'·알퐁스 도데의 '별' 등이다. 수필의 경우, 민태원의 '청춘 예찬'·이양하의 '신록 예찬'·이원수의 '오랑캐꽃'·정비석의 '들국화'·이효석의 '낙엽을 태우면서'·김진섭의 '백설부'·정비석의

'산정무한'·천관우의 '그랜드 캐넌'·양주동의 '면학의 서'·이양하의 '페이터의 산문' 등이다. 시나리오의 경우, 오우 헨리의 '마지막 한 잎'이 수록되었다.

여섯째, 제2차 국어 교과서에 새롭게 수록되는 작품은 현대시와 시조가 중심이 되었다. 제2차 〈국어〉 교과서에 새롭게 수록된 현대 작품들은 다음과 같다. 시의 경우, 노천명의 '사슴'·신석정의 '그 먼 나라를 알으십니까'·서정주의 '국화 옆에서'·박두진의 '도봉道峯'·박목월의 '나그네'·조지훈의 '승무'·윤동주의 '별 헤는 밤'·외국 작품 6편[54] 등이다. 현대 시조의 경우, 최남선의 '봄길'·정인보의 '근화사 삼첩'·이은상의 '심산 풍경'·이호우의 '개화'와 '균열' 등이다.

일곱째, 현대 문학 작품은 주로 자연이나 계절에 대한 미감을 노래한 시, 소설, 수필이 대부분이다. 시 작품으로는 김소월의 '금잔디'와 '진달래꽃'·이육사의 '청포도'·김영랑의 '모란이 피기까지는'·김동명의 '파초', 수필은 민태원의 '청춘예찬'·정비석의 '들국화'와 '산정문한'·이양하의 '신록예찬'·이효석의 '낙엽을 태우면서' 등이 수록되었다. 특히 소설의 경우, 심훈의 '뽕나무와 아이들'(원제: 상록수)과 알퐁스 도데의 '별'이 유일하다. 이는 숭고한 예술은 현실의 갈등에서 벗어난 자연의 미를 표현한 것으로, 현실적 문제를 뛰어넘어 보다 정신적인 가치나 미적 특수성을 강조해야 더 좋은 문학이라는 가치관의 표현이라고 할 수 있다. 예술이 숭고하다는 입장은 문학 작품이 현실과 동떨어진 것이라는 태도를 내면화함으로써 문학의 사회적 기능을 제한[55]한다.

---

54 워어즈워드의 '추수하는 아가씨', 프로스트의 '가지 않은 길', 고티에의 '비둘기 떼', 릴케의 '가을 날', 타고르의 '바닷가에서', 지센의 '배' 등이다.

55 강진호 외(2007), 『국어 교과서와 국가 이데올로기』, 글누림, 63쪽.

3) 학문 중심과 형식주의 문학교육: 제3차 교육과정(1973~1981)

(1) 제3차 국어과 교육과정

제3차 고등학교 국어과 교육과정은 1974년 12월 31일에 문교부령 제350호로 제정 공포되었다.[56] 제3차 교육과정은 1968년 국민교육헌장, 1969년의 3선 개헌, 1971년의 대통령 선거와 비상사태선포, 1972년의 유신헌법 제정의 연속선상에서 진행되었다. 특히 1970년대의 한국사회를 특징짓는 새마을 운동과 관련된 내용이 국어 교과서의 읽기 제재로 수록되었다.

제3차 국어과 교육과정 구성의 기본 방향의 근거는 '국민교육헌장'이다. 국민교육헌장은 우리가 처해 있는 현실의 교육적 요청에 부응하고, 보다 더 견실한 국민을 기르기 위한 지침이 되는 정신을 총체적으로 표현한 것이다. 이와 같은 국민교육헌장의 이념을 기본 방향으로 삼고, '국민적 자질의 함양', '인간 교육의 강화', '지식, 기술 교육의 쇄신'을 기본 방침으로 하였다.[57] 그리고 1970년대 폭발적으로 증가한 지식과 정보의 양에 대응하기 위하여, 기본적인 개념을 구조화하여 지도하는 학문 중심 교육과정을 표방하였다. 고등학교 국어과 교육과정의 체제를 보이면 다음과 같다. (밑줄은 필자)

　Ⅰ. 일반 목표(4개항)

　Ⅱ. 국어 Ⅰ

56　1973년 2월 14일 문교부령 제310호로 국민학교 교육과정이, 같은 해 8월 31일에 문교부령 제325호로 중학교 교육과정이 제정·공포되었다.

57　국민적 자질 함양에는 민족 주체 의식 고양·전통을 바탕으로 한 민족 문화의 창조·개인의 발전과 국가의 융성과의 조화가, 인간 교육의 강화에는 가치관 교육의 강화·비인간화 경향의 극복·근면성과 협동성의 앙양이, 지식 기술 교육의 쇄신에는 기본 능력의 배양·기본 개념의 파악·판단력과 창의력의 함양·산학 협동 교육의 강화가 하위 항으로 설정되었다.

1. 목표(4개항)

2. 내용

　　가. 지도 사항과 주요 형식

　　　　〈말하기〉 (1) 지도 사항(7개항)/(2) 주요 형식(8개항)

　　　　〈듣기〉 (1) 지도 사항(4개항)/(2) 주요 형식(9개항)

　　　　〈읽기〉 (1) 지도 사항(11개항)/(2) 주요 형식(8개항)

　　　　〈쓰기〉 (1) 지도 사항(7개항)/(2) 주요 형식(10개항)

　　나. 제재 선정의 기준

　　　　(1) 일반적인 내용(21개항)/(2) 어학에 관한 내용(7개항)/(3) 문

　　　　학에 관한 내용(3개항)

3. 지도상의 유의점(10개항)

Ⅲ. 국어 Ⅱ

　　〈고전〉, 〈작문〉

제3차 국어과 교육과정이 개정되면서 한문 교과[58]가 국어과에서 분리되어, 국어 Ⅰ의 심화 과목인 국어 Ⅱ에는 〈고전〉과 〈작문〉으로만 구성되었다.

국어과 교육과정상의 일반 목표는 국어 Ⅰ과 Ⅱ의 개별 목표를 합한 목표이다. 여기서 일반 목표는 '수단(과정) --〉 목표(도달점)'의 관계로 서술되어 있는데, '~을 길러서, ~을 하게 한다'의 문장 구조를 가지고 있다. 고등학교 국어과 교육과정의 일반 목표와 분석을 보이면 다음과 같다.

58　한문 영역은 제1차 교육과정에서는 영역 표시 없이 국어과 교육과정에, 제2차 교육과정에서는 국어 Ⅱ에 '한문 과정'으로 제시되었다.

[표Ⅲ-6] 제3차 고등학교 교육과정의 일반 목표

항	일반 목표	수단(과정)	목표(도달점)
1	교양 있는 생활에 필요한 국어사용의 기능과 성실한 태도를 길러서, 효과적이고 품위 있는 언어생활을 영위하게 한다.	교양 있는 생활에 필요한 국어사용의 기능과 성실한 태도 습득	품위 있는 언어생활 영위
2	국어를 통하여 사고력, 판단력 및 창의력을 함양하고, 풍부한 정서와 아름다운 꿈을 길러서, 원만하고 유능한 개인과 건실한 중견 국민으로 자라게 한다.	사고력, 판단력, 창의력의 함양, 풍부한 정서와 아름다운 꿈	유능한 개인과 건실한 중견 국민
3	국어를 통하여 지식과 경험을 더욱 넓히고, 문제를 발견, 해결하는 힘을 길러서, 스스로 자기의 앞길을 개척하고, 사회 발전에 적응하며 나아가 이를 선도하는 데 참여하게 한다.	지식과 경험의 확대, 문제의 발견과 해결력의 양성	자기 전도의 개척, 사회 발전에의 적응과 선도
4	국어와 국어로 표현된 문화를 깊이 사랑하고, 이에 대한 이해를 넓게 하여, 민족 문화 발전에 기여하게 한다.	국어와 국어로 표현된 문화를 사랑하고, 이에 대한 넓은 이해	민족 문화 발전에 기여

국어Ⅰ의 목표도 '수단(과정) --〉 목표(도달점)'의 관계로 서술되었는데, 국어Ⅰ의 목표(도달점)는 일반 목표의 수단(과정)이 된다. 국어Ⅰ의 목표는 '~을 통하여(~을 하게 하여), ~게 한다.'의 문장 구조를 갖고 있다. 국어Ⅰ의 목표와 분석을 보이면 다음과 같다.

[표 Ⅲ-7] 제3차 교육과정 국어Ⅰ의 목표

항	국어Ⅰ의 목표	수단(과정)	목표(도달점)
1	말하기, 듣기, 읽기, 쓰기 등 각 영역의 균형 있는 학습을 통하여 남을 이해하고 자기를 표현하는 기능을 신장시킨다.	각 영역의 균형 있는 학습	이해와 표현의 기능 신장
2	국어로 표현된 논리와 정서 등을 깊이 이해하게 하여, 사고력, 판단력 및 창의력을 기르고 풍부한 정서와 아름다운 꿈을 가지게 한다.	국어로 표현된 논리와 정서의 이해	사고력, 판단력, 창의력의 함양, 풍부한 정서와 아름다운 꿈
3	국어 학습을 통하여, 중견 국민으로서의 생활에 필요한 지식과 경험을 넓히고, 문제를 발견, 해결하는 힘을 가지게 한다.	국어 학습	지식과 경험의 확대, 문제의 발견과 해결력의 양성
4	국어 국문학의 기초적인 이론 및 각종 형식의 문장을 학습하게 하여, 국어와 국어로 표현된 문화를 사랑하고, 이에 대한 넓은 이해를 가지게 한다.	국어 국문학의 기초적인 이론 및 각종 형식의 문장 학습	국어와 국어로 표현된 문화를 사랑하고, 이에 대한 넓은 이해

제3차 국어과 교육과정의 특징은 내용이 삼원체제로 구성되었다는 점이다. 즉 '지도 사항', '주요 형식', '제재 선정의 기준'이 그것이다. 지도 사항은 국어사용의 기능을 신장하기 위한 내용이고, 주요 형식은 지도 사항을 어떤 형식을 통해서 지도하느냐 하는 것을 밝힌 것이다. 제재 선정의 기준은 제재의 내용을 규정한 것이다. 즉, 어떤 내용의 제재로 교육할 것인가의 문제이다.

예를 들면, 읽기 영역의 지도사항이 '읽은 내용에 대한 비판과 감상'이라면, 주요 형식은 지도 사항을 어떤 형식으로 지도할 것인가를 밝힌 것이다. 다시 말해서 '읽은 내용에 대한 비판과 감상'의 기능을 시·소설·설명문·논설문 등을 통해서 신장시킬 수 있다. 이때의 시·소설·설명문·논설문 등이 주요 형식이 된다. 제재 선정의 기준에서 제재의 내용은 '새마을 운동의 전개, 유신 과업의 수행 등 국가 발전을 위한 사업에 적극적으로 참여, 이를 선도하려는 태도를 기름에 도움이 되는 것'과 같은 것이다. 특히 '제재 선정의 기준'은 제3차 교육과정에서 새롭게 만들어진 항목인데, 국민교육헌장의 덕목을 구현하려는 가치관 교육의 의도가 짙게 배어 있다

제3차 교육과정의 내용은 삼원적인 기본 개념으로 이론화하여 구성하였는데, 기초 4영역인 말하기·듣기·읽기·쓰기의 지도 사항과 주요 형식의 세부 내용도 구(句)나 절(節)로 표현되었다. 이러한 기술 태도로 제1·2차 교육과정과 비교해서 상대적으로 분량이 적다. 이것 또한 기본적인 개념을 중심으로 구조화했기 때문이다.

이러한 영향으로 제3차 교육과정의 문학은 읽기·쓰기 영역의 주요 형식에 '여러 가지 형식의 문학 작품'으로 표현되었다. 그리고 문학에 관한 제재 선정의 기준은 국어과 특유의 지식 체계를 지도하기 위한 것으로 '국문학의 여러 형식의 개요 및 주요 작품', '국문학사의 개요', '세계 문학의 개요'를 제시하였다.

(2) 제3차 교육과정의 국어 교과서

제3차 교육과정의 고등학교 국어 교과서는 인문계와 실업계로 나누어 학년별로 각각 1권씩 발행되었는데, 〈국어1〉(1학년)·〈국어2〉(2학년)·〈국어3〉(3학년)으로 발간되었다. 그리고 국어 교과서의 학년 표시는 아라비아 숫자(1·2·3)를 사용하였다.

〈국어1·2·3〉의 단원 체제는 앞선 교육과정의 교과서와 마찬가지로 '대단원-소단원-공부할 문제'로 구성되었다. 제3차 〈국어〉 교과서에서 학습자의 학습 평가 영역인 '익힘 문제'(제2차)가 '공부할 문제'로 표제어가 변경

되었다. 〈국어〉 교과서의 차례 앞에 '국민교육헌장'이 있고, 특히 〈국어2〉
에는 '태극기'와 '국기에 대한 맹세'[59]가 국민교육헌장 앞에 있다. 제3차 국
어 교과서에는 제2차 국어 교과서의 대단원 앞에 있던 '안내 글'과 권말 부
록인 '참고 자료'가 사라졌다.

제3차 교육과정기의 〈국어〉 교과서에 나타난 특징을 단원 구성과 교
과서 내용(수록된 작가와 작품)을 통해 살펴보자. 먼저 〈국어1·2·3〉의 단원
구성과 수록된 작품(작가)을 보이면 다음과 같다. (밑줄은 필자)

〈국어1〉 아름다운 청춘-1. 3월의 고향(박두진 외 3인), 2. 국어 교육
의 목표(이응백), 3. 청춘예찬(민태원), 4. 금당벽화(정한숙) / 국어의 이해
(1)-5. 대가(大家)를 기다리며(최현배), 6. 국어의 개념(이희승), 7. 언어와
사회(이숭녕) / 반성과 감사8. 글을 쓴다는 것(김태길), 9. 신록예찬(이양
하), 10. 깨어진 그릇(이항녕), 11. 감사(임옥인), 12. 한 눈 없는 어머니(이은
상) / 유월의 이야기-13. 꽃넋의 노래(이병기 외 3인), 14. 문학 축전에 붙
임(곽종원), 15. 청춘은 조국과 더불어(유치진) / 고전의 세계-16. 고시조
(이조년 외 13인), 17. 동명일기(연안 김씨), 18. 토끼화상, 19. 시문수제詩文
數題(주문공 외 3인) / 선인들의 지혜-20. 세시풍속의 의미(이두현), 21. 우
리 민족의 풍습(임동권), 22. 백자 2제白瓷二題(김상옥), 23. 선인들의 공예
(유홍렬) / 국문학의 발달(1)-24. 국문학의 발달(조윤제), 25. 옛 노래의 모
습(충담사 외 6인), 26. 호원虎願(일연), 27. 진삼국사표進三國史表(김부식) /
자연과 인생-28. 낙엽과 문학(이무영), 29. 홍도의 자연(최기철), 30. 어떻게
살 것인가(손명현), 31. 나의 기쁨(박경수) / 고향의 음성-32. 한국 연해의

59 국기에 대한 맹세-나는 자랑스런 태극기 앞에 조국과 민족의 무궁한 영광을 위하여 몸과 마음을
바쳐 충성을 다할 것을 굳게 다짐합니다.

해황海況,33.갑사甲寺로 가는 길(이상보),34.나의 고향(전광용),35.겨울의 언어(정훈 외 3인),36.질화로(양주동) / 언어와 사회-37.언어의 차이(박창배),38.말의 힘과 책임(이규호),39.언어의 창조와 정리(김민수),40.토론과 보고(정태시)

〈국어2〉나의 소원-1.나의 소원(김구),2.논설 두 편(신채호),3.조국(유치진) / 국어의 이해(2)-4.국어의 특질(허웅),5.우리말의 어원(남광우),6.우리말이 걸어온 길(김형규) / 사색의 제목들-7.그리운 우리 임(이육사 외 5인),8.일관성에 관하여(김광섭),9.가난한 날의 행복(김소운),10.슬픔에 관하여(유달영) / 고전의 세계-11.조침문(유씨 부인),12.물(박지원),13.집 떠나는 홍길동(허균),14.페이터의 산문(이양하) / 고향-15.고향(박목월 외 4인),16.조국 순례 대행진에 붙임,17.탈고 안 될 전설(유주현),18.새마을 운동에 관하여(박형규) / 면학의 서-19.면학의 서(書)(양주동),20.독서와 인생(이희승),21.등신불(김동리) / 국문학의 발달(2)-22.국문학의 발달(2)(조윤제),23.악장樂章(정도전 외 2인),24.'용재총화慵齋叢話'에서(성현),25.상춘곡(정극인),26.고시조(유응부 외 15인) / 만추의 서정-27.만추晩秋(서정주 외 4인),28.나의 명절(김봉구),29.산정무한(정비석),30.우리를 슬프게 하는 것들(안톤시나크) / 국토의 역사-31.국토예찬(최남선),32.민족 문화의 전통과 계승(이기백),33.마고자(윤오성),34.향약 과 계(손인수) / 문학 이야기-35.문학의 구조(이상섭),36.수필(피천득),37.문예사조에 관하여(조연현)

〈국어3〉자기의 발견-1.기미독립선언문,2.순국선열 추념문(정인보),3.유비무한(박형규) / 동서남북-4.세계의 시정(박남수 외 7인),5.랑드 황원을 지나며(손우성),6.한국의 사상(박종홍) / 국어의 이해(3)-7.훈민정음,8.'용비어천가'에서,9.'두시언해'에서,10.'소학언해'에서,11.개화의 등급(유길준) / 인간과 문화-12.인간과 문화(이광규),13.한국의 미

(김원룡),14.유월의 시(윤동주 외 2인) / 문학과 극-15.한국의 현대시(문덕수),15.단편소설의 특질(최인욱),16.연극과 영화(오영진) / 고전의 세계-18.정과정(정서),19.관동별곡(정철),20.'춘향전'에서,21.학문(베이컨) / 국문학의 발달(3)-22.국문학의 발달(3)(조연현),23.'님의 침묵과 그 해설(송욱),24.빈처(현진건) / 문학과 인생-25.인연(피천득),26.매화찬(김진섭),27.별(도데),28.문학과 인생(최재서) / 창조의 길-29.성취인의 행동 특성(정범모),30.경제 개발 전략의 기조(태완선),31.창조적 지도력의 역할(이한빈) / 온고의 정-32.고인과의 대화(이병주),33.설(전숙희),34.인간의 존엄성과 성실(김태길)

〈국어〉는 각 학년별로 10개의 대단원으로 구성되었다. 그리고 소단원은 〈국어1〉이 40개(38개)[60]·〈국어2〉가 37개(32개)·〈국어3〉은 34개(33개)로, 〈국어〉의 소단원은 모두 111(103개)개이다. 제2차 〈국어〉와 비교했을 때, 대단원 수는 같고 소단원만 8개가 증가하였다.

대단원의 제목은 주제 중심으로, '3월의 고향'·'국어 교육의 목표'·'청춘예찬'·'금당벽화'는 모두 "아름다운 청춘"이라는 주제에 포함된다. 대단원은 3~5개의 소단원을 포함하고 있는데, 주로 3~4개의 소단원이 하나의 대단원을 구성하였다. 제3차 국어 교과서에서 소단원의 수가 2·6·7개로 구성된 대단원은 없는데, 교과서 변천 과정에서 소단원의 수가 점점 줄어드는 변화 추세를 보인다.

제3차 〈국어〉 교과서의 대단원과 소단원 표시 방식이 변화되었다. 대단원의 순서를 나타내는 로마자 혹은 아라비아 숫자가 없고, 소단원은 처음부터 끝까지 일련번호가 매겨져 있다. 특기할 만한 것은 단원 중에 "국어

---

60 괄호( )안의 숫자는 제2차 〈국어〉의 소단원 수를 나타낸 것이다.

의 이해"와 "국문학의 발달" 단원은 각 학년별로 (1), (2), (3)으로 번호가 매겨져 있다는 것이다. 국어의 이해 단원은 학년별 내용의 위계성을 고려하여 구성하였고, 국문학의 발달 단원은 국문학사의 흐름을 시기별[61]로 구분해 놓았다. 이러한 단원 표시는 각급 학년을 나타내기도 하는데, 제3차 국어 교과서에만 있는 독특한 방식이다. "국어의 이해"와 "국문학의 발달" 단원 구성은 교육과정상의 '제재 선정의 기준'에서 어학과 문학에 관한 지침에 따른 것으로, 국어과 특유의 지식 체계를 지도하기 위해서 반드시 선정·지도되어야 할 교육 내용이다. 국어과 교육은 언어 교육이고, 언어에는 내용이 담긴다. 그리고 내용에는 의도된 가치가 얹혀 학습자에게 전달된다. 두 대단원에 수록된 소단원 작품들의 내용까지를 살펴봤을 때, 제재 선정의 기준에서 밝힌 '투철한 국가관과 민족 주체성을 확고히 하고 애국·애민 사상을 기르는 데 도움이 되는' 제재임을 알 수 있다.

그리고 이응백의 '국어 교육의 목표'와 박형규의 '새마을 운동에 대하여'도, 제3차 국어 교과서의 특징을 규정할 만한 수록 제재이다. 이응백의 '국어 교육의 목표'는 제3차 국어과 교육과정의 '일반 목표'를 해설서식으로 설명한 글이다. 일반적으로 교육과정의 목표나 내용은 교과서나 교수-학습 과정에 잠재되어 있다. 그리고 학습 내용을 평가하는 과정에서 학습자에게 내면화되어 전이되는 것이 일반적이다. 교육과정 내용이 직접 교과서 본문 읽기 제재로 사용된 것은, 교과서 변천 과정에서 이례적인 일이다.[62] 또한 '국어 교육의 목표'가 대단원 "아름다운 청춘"의 소단원으로 수록

61　조윤제의 '국문학의 발달(1)'에는 고대 문학 전기(삼국·신라)부터 고대문학 후기(고려)까지, 조윤제의 '국문학의 발달(2)'에는 근세 문학 전기(조선 초~임진왜란)부터 근세 문학 후기(임진왜란~갑오경장)까지, 조연현의 '국문학의 발달(3)'에는 신문학을 5기로 나누어 설명하였다.

62　이응백의 '국어 교육의 목표'는 제4차 교육과정 〈국어1〉 8단원, "국어의 이해"의 소단원으로도 수록되었다.

되었는데, 같은 소단원 수록제재인 '3월의 고향'·'청춘예찬'(민태원)·'금당벽화'(정한숙)와 견주어볼 때 낯선 읽기 제재가 삽입되었다. 박형규의 '새마을 운동에 관하여'는 신문 논설조의 글로, 새마을 운동의 필요성과 청사진을 밝힌 제재이다. 새마을 운동을 광의적인 인간 노력의 방향 전환책으로, 5·16 군사 정변을 민족중흥을 위한 조국 근대화의 전환기[63]로 합리화하기 위한 날것의 읽기 제재이다.

학년별 교과서의 분량은 〈국어1〉이 302쪽(263쪽)[64], 〈국어2〉는 316쪽(265쪽), 〈국어3〉은 327쪽(280쪽)이다.[65] 제3차 〈국어〉교과서의 전체 분량은 945쪽(808쪽)에 이른다. 제3차 〈국어〉의 전체 분량이 제2차 〈국어〉보다 큰 폭으로 증가했음을 알 수 있다.

〈국어〉 교과서에 수록된 작품은 〈국어1〉에 71편, 〈국어2〉에 70편, 〈국어3〉에 63편으로 모두 204편이다. 작가는 중복된 작가[66] 35명을 제외하면, 모두 169명이다.

교수-학습 과정에서 소단원의 읽기 제재를 학습한 후, 학습자의 활동

---

63 문교부(1979), 『인문계 고등학교 국어2』, 대한교과서주식회사, 148쪽.

64 괄호( )안의 숫자는 제2차 〈국어〉의 전체 분량을 나타낸 것이다.

65 제3차 〈국어〉의 분량은 다음과 같다. 교과서에는 대단원 표시가 없지만, 편의상 아라비아 숫자로 대단원을 표시한다. 〈국어1〉의 전체 분량(302쪽)에 대한 각 대단원의 분량은 1단원 30쪽, 2단원 28쪽, 3단원 28쪽, 4단원 34쪽, 5단원 30쪽, 6단원 36쪽, 7단원 30쪽, 8단원 28쪽, 9단원 28쪽, 10단원 30쪽이다. 〈국어2〉의 전체 분량(316쪽)에 대한 각 대단원의 분량은 1단원 28쪽, 2단원 32쪽, 3단원 28쪽, 4단원 36쪽, 5단원 30쪽, 6단원 42쪽, 7단원 32쪽, 8단원 34쪽, 9단원 28쪽, 10단원 26쪽이다. 〈국어3〉의 전체 분량(327쪽)에 대한 각 대단원의 분량은 1단원 28쪽, 2단원 32쪽, 3단원 28쪽, 4단원 28쪽, 5단원 38쪽, 6단원 36쪽. 7단원 44쪽, 8단원 34쪽, 9단원 28쪽, 10단원 31쪽이다.

66 〈국어〉 교과서에 한 작가가 두 편 이상 언급된 목록은 다음과 같다. 차례는 작가 이름의 가. 나. 다. 순이다. 김상옥(백자2제·사향), 두보(가을 산길·두시언해 9편), 윤선도(어부사시사 4편), 이병기(난초·고향으로 돌아가자), 이양하(신록예찬·페이터의 산문), 이희승(국어의 개념·벽공·독서와 인생), 정인지(용비어천가 9편), 주희(권학문·소학언해 5편), 정철(고시조 1편·관동별곡), 조윤제(국문학의 발달(1)·(2)), 피천득(수필·인연), 황진이(고시조 2편) 등이다.

영역인 '공부할 문제'는 소단원 뒤에 각각 4문제씩 출제하였다. 제3차에서 소단원 학습 내용을 평가하는 공부할 문제의 출제 방식이 변화되었는데, 질문의 영역을 명확히 표시하였다. 공부할 문제의 구체적인 평가 구성은 1-1·1-2… 등은 교육과정 내용 중에 '지도 사항과 주요 형식'에 관한 내용을 평가하는 문제이고, 2-1·2-2… 등은 해당 단원의 내용이며, 3-1·3-2… 등은 교육 과정내용 중에 '제재 선정의 기준'에 따른 가치 교육에 관한 평가 문제이다. 그리고 4-1은 한자 학습 능력을 평가하는 문제이다. 앞의 내용을 〈국어1〉 1단원 "아름다운 청춘", '3월의 고향'에 관한 공부할 문제로 예를 들어 보이면 다음과 같다. (밑줄은 필자)

1-1. 글을 읽을 때에는, 바른 자세, 정성스러운 마음 등 읽기의 바른 태도를 가지도록 노력하자. / 2-1. 이 시(시조)들의 주제를 알아보자. / 2-2. 다음이 뜻하는 바를 알아보자. (가) 흰 옷 입은 소녀의 불멸不滅의 순수純粹,(나) 역사歷史의 능선稜線,(다) 임 앞에 타오르는/향연香煙과 같이,(라) 나그네 저무는 날에도 마음 아니 바빠라. / 2-3. 예술의 갈래(장르)를 나누어 보고, 시가 차지하는 위치를 알아보자. / 3-1. 다음에 관하여 생각(사색)해 보자. 생각의 방향은 각자가 정하도록 하자. (가) 순국殉國의 고귀함,(나) 시련과 극복,(다) 우리의 향토정서 / 4-1. 다음 한자를 익히자.

소단원 '3월의 고향'에는 현대시 2편과 현대시조 2편이 읽기 제재로 수록되었다. 현대시는 박두진의 '3월 1일의 하늘'과 이수복의 '봄비', 현대시조는 이은상의 '고지가 바로 저긴데'와 이호우의 '살구꽃 핀 마을'이다. 평가할 문제의 1-1은 교육과정상에서 읽기 영역의 '지도 사항-읽기의 바른 태도'와 '주요 형식'을 평가한 문제이다. 주요 형식은 소단원에 현대시와 현대시조로 구성되었다. 2-1·2-2·2-3은 소단원 읽기 제재의 이해에 관련된 문제이다. 3-1은 교육과정상의 '제재 선정의 기준' (나)·(하)·(더)항[67]을 학습 문제로 구체화 시켜서, 가치 교육을 강화하기 위한 것이다. 4-1은 한자를 평가하는 문제이다.

이와 같은 학습 활동 문제의 조직은 제3차 국어 교과서 체제에서 가장 큰 특징이다. 제3차 교육과정 내용의 구성은 기본 개념을 구조화한 삼원체제로 이론화되었는데, 교육과정 체제가 국어 교과서 공부할 문제에 그대로 적용되었다.

이렇게 체계화된 문학 학습 활동 문제의 면면을 살펴보면, 제3차 교육과정에서 문학 교육 방법론이 변화되었음을 알 수 있다.[68] 학습 활동 문제는 주로 주체 찾기나 상징·비유 문제로 구성되었다. 이러한 문학 교육 방법론은 신비평의 영향에 의한 것으로, 제3차 교육과정부터 전면에 드러난다. 신비평에서는 작품의 내부적인 조건에 의해서만 작품을 보고 판단하는 점이 특징이다.[69] 신비평에 의한 문학 교육 방법론은 문학 본연의 기능이 왜

---

67 (나) 정서를 순화하고 풍부히 함에 도움이 되는 것. (하) 투철한 국가관과 민족 주체성을 확고히 하고 애국, 애민 사상을 기르는 데 도움이 되는 것. (더) 국토의 보존 및 국토방위 의식을 드높이는 데 도움이 되는 것.

68 제2차 교육과정 〈국어2〉의 근대시 단원에는 한용운의 '알 수 없어요', 김소월의 '진달래꽃', 김영랑의 '모란이 피기까지는', 김동명의 '파초', 이육사의 '광야', 유치환의 '깃발', 노천명의 '사슴', 신석정의 '그 먼 나라를 알으십니까', 서정주의 '국화 옆에서', 박두진의 '도봉', 박목월의 '나그네', 조지훈의 '승무', 윤동주의 '별 헤는 밤' 등이 수록되었다. 그리고 익힘 문제는 다음과 같다. 1.여기 모은 시들의 공통된 정서의 특질이 무엇인지를 살펴보라. 2.각 시인의 시의 개성을 비교하여 보라. 3.이 시들에 담긴 내용과 그 형식이 어떻게 조화가 되어 있는지를 살펴보라. 4.이 시들이 지니고 있는 리듬이 시의 의미를 어떻게 돕고 있는지를 살펴보라. 5.이 시들 중에서 가장 좋게 생각되는 시를 골라서 감상한 바를 적어 보라. 6.어떻게 낭독하면 그 시의 맛을 잘 나타낼 수 있는지를 생각하며 거듭 읽어 보라. 7.여기 실려 있는 시인들의 시집을 구해 읽고, 각 시인의 시풍을 연구하여 보라.

69 신비평은 그 전제와 실제에 있어서 분명한 특징을 가진다. 바로-역사적, 전기적, 지적 등의-문맥을 다루지 않는다는 것이다. 또한 신비평은 의도나 영향의 오류에는 관심이 없다. 신비평은 오로지 언어와 조직을 가진 '그 자체로서의 텍스트'만을 다룬다. 신비평은 텍스트의 의미를 찾지 않고, 텍스

곡되어, 문학의 가치가 삶의 가치로 아무 매개 없이 전환되기 쉽다는 비판을 받는다. 다시 말해서 작품의 주체 찾기에 몰두하는 문학 교육은 문학의 형상적 본질과 조화를 이룰 때 비로소 정당한 의미의 문학 교육으로 편입[70]될 수 있기 때문이다. 이러한 신비평 위주의 문학 교육 방법론은 제6차 교육과정에서 학습자 중심의 수용과 창작이 중요시되면서 전환을 맞는다.

(3) 제3차 교육과정에 나타난 문학교육의 특성

제3차 교육과정의 국어 교과서 〈국어1·2·3〉에 수록된 본문 읽기 제재를 갈래에 따라 분류해서, 국어 교과서 속의 문학 영역의 특징에 대해 살펴보자. 다음은 앞 장에서 제시한 교과서 〈국어〉에 수록된 작품을 갈래에 따라 표로 작성한 것이다.

[표Ⅲ-8] 제3차 〈국어1·2·3〉에 수록된 읽기 제재의 갈래와 수(數)(인문계)

갈래＼교과서	국어 1	국어 2	국어 3	계
설화	1			1
고시조	14	19		33
향가	1			1
고려가요	2		1	3
경기체가	1	1		2
가사		1	1	2

트가 '텍스트 자체를 말하는' 방법을 다룬다. 신비평은 텍스트의 부분들이 어떻게 연관되어 있는가, 그 텍스트가 어떻게 질서와 조화를 얻는가, 그 텍스트가 어떻게 아이러니, 패러독스, 긴장, 양가성, 그리고 모호성을 포함하고 해결하는가를 추적하는 데 관심이 있다. 그리고 신비평은 근본적으로 시 자체의 바로 그 '시다움'-형식적인 정수-을 설명하는 것을 다룬다.(라만 셀던 외(2014), 『현대 문학 이론』, 정정호 외 옮김, 경문사, 27쪽.)

70 우한용(2009), 앞의 책, 182-183쪽.

갈래＼교과서	국어 1	국어 2	국어 3	계
악장		2	9	11
한시	7		14	21
고전소설	1	1	1	3
고대수필	2	3	1	6
시	6	13	11	30
시조	6	3		9
소설	1	1	2	4
수필	16	13	8	37
희곡	1	1		2
문학사	1	1	1	3
문학개론		2	1	3
비평			2	2
설명문	9	4	5	18
논설문	2	5	6	13
계 갈래	16	15	14	
數	71	70	63	204

우선 [표 Ⅲ-8]에서, 국어 교과서에 수록된 갈래와 본문 읽기 제재에 대한 일반적인 사항을 제시하면 다음과 같다. 제3차 국어 교과서에 수록된 작품의 갈래 분석에서 설화, 경기체가, 희곡이 수록되어, 제2차보다 3개가 늘었다. 〈국어1〉의 고전 작품의 갈래는 8개, 읽기 제재는 29편이다. 현대 작품의 갈래는 8개, 읽기 제재는 42편이다. 〈국어1〉에는 모두 16개의 갈래와 71편의 읽기 제재가 수록되었다. 〈국어2〉의 고전 작품의 갈래는 6개, 읽기 제재는 27편이다. 현대 작품의 갈래는 9개, 읽기 제재는 43편이다. 〈국어2〉에는 모두 15개의 갈래와 70편의 읽기 제재가 수록되었다. 〈국어3〉의 고전 작품 갈래는 6개, 읽기 제재는 27편이다. 현대 작품의 갈래는 8개, 읽기 제재는 36편이다. 〈국어3〉에는 모두 14개의 갈래와 63편의 읽기 제재가 수록되었다.

제3차 교육과정의 국어 교과서에 수록된 고전 작품의 갈래는 10개, 읽기 제재는 83편이다. 현대 작품의 갈래는 10개, 읽기 제재는 121편이다. 이를 모두 합산하면, 〈국어〉에는 20개의 갈래와 204편의 읽기 제재가 수록되었다. 〈국어〉의 읽기 제재 수는 고시조, 현대시, 수필, 한시, 설명문, 논설문 순으로 수록되었다.

이상의 분석 내용을 바탕으로, 제3차 고등학교 교육과정과 〈국어〉 교과서에 나타난 문학 교육의 특징들은 다음과 같다.

첫째, 1950년대에 유입된 문학 교육 방법론인 신비평이 학교 문학 교육으로 확고하게 자리를 잡기 시작하였다. 신비평에 의한 문학 교육은 주제 찾기나 상징·비유 등을 중심으로 문학 작품을 이해하고 감상하였다. 제3차 교육과정부터 고등학교의 문학 교육 방법론은 거의 신비평에 의존했다고 해도 과언이 아니다.

둘째, 국어과 특유의 지식 체계를 지도하기 위해서 "국어의 이해"와 "국문학의 발달" 단원을 강조하였다. 강조 방법은 다른 단원과의 차별성을 통해 드러냈는데, 두 단원에만 교육 내용의 위계성을 아라비아 숫자로 표시하였다.

셋째, 문학 작품과 설명문인 '국어 교육의 목표', 논설문인 '새마을 운동에 관하여'가 짝을 이루어 각각 대단원 "아름다운 청춘"과 "고향"으로 구성되었다. 문학 작품과 비문학 읽기 제재의 혼합 단원 구성은 당시의 시대상을 고려하면, 새마을 운동과 유신 헌법의 정당성을 드러냄과 동시에 희석시키려는 의도로 보인다.

넷째, 문학 작품을 통해서 가치관 교육을 지향하였다. 이러한 의도는 교육과정상의 '제재 선정의 기준'에서 드러난다. 제3차 국어과 교육과정에서 '제재 선정의 기준'이 처음으로 만들어졌는데, '국민 교육 헌장'의 이념을 바탕으로 제재를 선정하도록 하였다. 교육과정 내용을 구체화 시킨 교재가 국어 교과서이다. 학습자는 국어 교과서 속의 문학 작품을 학습하고 평가하는 과정에서, 교육과정이 의도한 가치관이 내면화되어 전이된다.

현대 소설 작품인 정한숙의 '금당벽화金堂壁畵'의 예를 들어보자. 소설 금당벽화가 교과서의 문학 작품으로 선정된 이유는 교육과정의 '제재 선정의 기준'에서 찾을 수 있다. 제재 선정의 기준 내용에 '투철한 국가관과 민족 주체성을 확고히 하고 애국, 애민 사상을 기르는 데 도움이 되는 것.'과 '국토의 보존 및 국토방위 의식을 드높이는 데 도움이 되는 것.'항에 소설 금당벽화는 적격일 것이다. '금당벽화'의 공부할 문제 3-1.에는 '나라로 향하는 마음'에 관하여 생각해 보자라는 문제가 출제되었다. 제3차 국어 교과서의 공부할 문제에서 3-1·3-2 등은 가치 교육에 관한 문제이다. 소설 '금당벽화'에는 주인공 담징이 풍전등화에 처한 조국(고구려)의 현실을 걱정하는 번민 과정이 핍진하게 그려져 있다. 공부할 문제의 '나라로 향하는 마음'은 담징이 조국(고구려)를 걱정하고 염려하는 마음에 대해 물은 것이다. 교수-학습 과정에서 금당벽화를 학습하고, 공부할 문제에서 학습자로 하여금 주인공 담징의 '나라로 향하는 마음'에 대해 평가한다. 이러한 일련의 과정에서 문학 작품은 국가관, 민족 주체성, 국토의 보존, 국토방위 의식 등이 학습자에게 내면화되는 데 일조一助하게 된다.

다섯째, 단원 구성에서 한국 문학 작품과 외국 작품을 같이 수록하여, 한국 문학을 세계 문학과의 연관성 속에서 파악하려 하였다. 제2차부터 외국 작품이 교과서에 수록되기 시작했는데, 제2차 〈국어Ⅲ〉 교과서에는 한국 작품으로 현대시와 현대 소설이 한 편도 실리지 않았다는 것이다. 대신에 소단원 '외국인의 서정'에 외국시가 6편, 소설로는 알퐁스 도데의 '별'이 수록되었다. 이것이 제2차 국어 교과서의 특징이지만 균형 차원에서는 문제가 있다고 앞에서 지적한 바 있다. 제3차 〈국어3〉 2단원 "동서남북"의 '세계의 시정詩情'에서 한국시와 외국시를 같이 실어, 제2차 교과서의 문제점을 해소하였다. 소단원 세계의 시정에는 박남수의 '아침 이미지', 조병화의 '의자', 워어즈워드의 '추수하는 아가씨', 프로스트의 '가지 않은 길', 고티에의 '비둘기 떼', 릴케의 '가을날', 타고르의 '바닷가에서', 지센의 '배'[71]가 수록되었다.

3. 문학 영역의 통합기
제4차 교육과정(1981~1987)

제2절에서는 제1·2·3차 교육과정을 문학과 고전 영역의 성립기로 명명하고, 각 교육과정과 국어 교과서에 수록된 읽기 제재를 분석한 토대로 문학 영역의 특징을 살펴봤다. 제4차 교육과정에서 고전·현대문학이 문학 영역으로 통합되었다. 본 절에서는 통합된 문학 영역의 교육과정과 문학 교과서에 대한 내용을 분석하여, 제4차 교육과정의 문학 교육의 특징을 서술하겠다.

1) 제4차 국어과 교육과정

제4차 교육과정은 문교부 고시 제442호로, 국민학교·중학교·고등학교의 교육과정이 1981년 12월 31일자로 동시에 공포되었다. 제4차 교육과정의 개정은 제3차 교육과정 말기의 10.26사태(1979), 12.12군산반란(1979), 5.18민주화운동(1980)으로 인한 극심한 정치 사회적 혼란과 맞물

---

71   외국시의 경우에는 제2차 〈국어Ⅲ〉에 수록되었던 작품이, 그대로 제3차 〈국어3〉에 다시 수록되었다.

린다. 제4차 교육과정의 교육정책은 60·70년대의 제도적 통제와 이데올로기적 지배의 반복이라고 할 수 있다. 1980년대의 교육민주화운동은 제5·6 공화국 정권의 정당성이 의심받는 속에서 교육정책의 민주성을 확보한다는 것은 구조적으로 불가능한 일이었다.[72]

제4차 교육과정은 1~3차 편수관 중심의 개발이 아닌, 연구 개발형을 취하고 있다. 문교부로부터 연구 개발을 위탁 받은 한국교육개발원은 기초 연구, 총론 개발, 각론 개발을 하였고, 문교부는 이를 심의·수정 보완하였다. 제4차 고등학교 국어과 교육과정의 체제를 보이면 다음과 같다.(밑줄은 필자)

교과 목표

　전문+세부항목(3개항)

국어 I

　가. 목표(6개항)

　나. 내용

　　1) 표현·이해 -말하기(5개항)/-듣기(4개항)/-읽기(7개항)/-쓰기(8

　　개항)

　　2) 언어(7개항)

　　3) 문학(13개항)

　다. 지도 및 평가상의 유의점

　　1) 지도(7개항)　　2)평가(3개항)

국어 II

　〈현대문학〉, 〈작문〉, 〈고전문학〉, 〈문법〉

72　전국교직원노동조합(1989), 『민주화를 위한 교육백서』, 풀빛, 70쪽.

국어과의 교육은 국어를 언어 행동에 중점을 두고 보는가, 그렇지 않으면 국어 자체의 형식과 내용에 중점을 두고 보는가에 따라서 지도 방향이 다를 수 있다. 제1·2차의 국어과 교육과정은 국어를 언어 행동에 중점을 두고 지도하는 방향으로 편성되었고, 제3차의 국어과 교육과정은 국어를 언어 행동에 중점을 두되, 언어의 형식과 내용도 동시에 고려하였다. 그리하여 언어 사용 기능 신장에 중점을 두면서 말의 쓰임 지도를 그 바탕에 두고 지도하도록 하였다.

제4차 국어과 교육과정은 이전의 국어과 교육과정에서 종합적으로 다루었던 지도 내용들을 세 영역으로 구분하여 지도하도록 편성하였다. 제1·2·3차 국어과 교육과정에서는 말하기·듣기·읽기·쓰기의 기초 4영역을 바탕으로 학습자의 언어 사용 기능 향상에 중점을 두었다. 그리고 언어 지식·문학 등은 기초 4영역 속에 부분적으로 포함시켰다. 그러나 제4차 국어과 교육 과정에서는 앞선 국어과 교육과정과는 달리 표현·이해, 언어, 문학의 세 영역으로 구분하여 제시하였다. 이러한 영역 구분은 문학의 위상이 높아졌다는 것을 의미한다. 교육과정 속에서의 문학은 표현·이해와 언어 영역과 동등한 비중을 차지하게 되었다. 문학 교육 입장에서, 국어교육 영역의 재설정은 말하기·듣기·읽기·쓰기의 기초 4영역에서 문학 영역으로 확장된 것이다.

문학 영역은 형상화된 문학 작품을 통하여 학생들에게 즐거움을 주고, 새로운 세계나 상상적인 세계에 대한 호기심을 가지게 하며, 풍부한 상상력을 발달시켜 주는 데 기여한다. 또한 문학 작품의 감상을 통하여 인간의 다양하고 복잡한 내면세계를 이해하고 공감하게 할 뿐만 아니라, 지은이의 문제의식을 작품을 감상하는 과정에서 소화시켜 간접 체험을 하고, 이를 통하여 성숙하고 건전한 인생관을 형성할 수 있게 해 준다. 그리고 개인의 내면생활을 통찰하고 반성하게 하며, 갖가지 체험들을 질서 있게 통합시켜

주고, 정신적인 건강을 유지하게 해준다. 또, 인간에 대한 관심과 동정을 가지게 하여 이웃과 더불어 사는 아름다운 심성을 길러준다. 한편, 문학 영역은 문학 이론에 바탕을 둔 작품의 감상을 통하여 높은 수준의 지적 능력을 발달시켜 주며, 예술로서의 문학의 아름다움을 느낄 수 있도록 해 준다.

제4차 국어과 교육과정의 체제 변화에서 주목되는 점은, 〈국어Ⅰ〉에 고전문학과 현대문학이 통합된 문학이 독립 영역으로 자리를 잡았다는 것이다. 제1·2·3차 교육과정에서는 문학 내용이 주로 읽기와 쓰기 영역에 산재해 있었다. 뿐만 아니라, 교육과정 속에서 문학·고전(문학)·현대문학의 용어 사용에 있어서 명확하지 못한 점들이 있었다. 제4차 국어과 교육과정에서 고전 문학과 현대 문학을 문학으로 통합하여 용어상의 혼란을 없애고, 영역 구분을 명확히 했다는 의의를 갖는다.

국어과의 교과 목표는 "중학교의 교육성과를 발전시키고, 국어의 발전과 민족문화 창조에 이바지하려는 뜻을 세우게 한다."라는 전문 아래, 하위 목표가 3개 항으로 구성되었다. 교과 목표를 보이면 다음과 같다.

1)말과 글을 통하여 사상과 감정을 창의적으로 표현하고, 비판적으로 이해하며, 합리적인 사고력과 판단력을 기른다. / 2)언어와 국어에 관한 체계적인 지식을 가지게 한다. / 3)문학에 관한 체계적인 지식을 습득시키고, 문학 감상력과 상상력을 기르며, 인간의 내면세계를 이해하게 한다.

교과 목표 3개항은 표현·이해(1항), 언어(2항), 문학(3항)에 관한 목표가 각각 1개항으로 구성되었다. 제4차 교육과정부터 교과 목표 제시 구조가 '전문+하위 목표' 형식을 취하게 된다. 그리고 하위 목표 내용에 국어 교과의 6개 영역 내용을 구체적으로 제시하기 시작하였다. 이러한 교과 목표를 바탕으로 국어Ⅰ의 목표가 아래와 같이 설정되었다.

1)자신의 판단이나 평가를 설득력 있게 효과적으로 말하게 한다. / 2)말하는 이의 판단이나 평가가 공정하고 합리적인지를 판단하며 듣게 한다. / 3)글의 내용을 정확하게 이해하고 평가하며, 독서량을 늘려 가게 한다. / 4)여러 가지 표현법과 구성 원리를 사용하여, 내용을 창의적으로 표현하게 한다. / 5)언어의 본질과 국어의 특질 및 국어사의 개략을 이해하고, 국어의 여러 규칙에 관한 체계적인 지식을 가지게 한다. / 6)문학의 문화유산임을 알고, 문학에 관한 체계적인 지식을 가지고 작품의 가치를 평가하며, 인간의 내면세계를 이해하게 한다.

교과 목표가 3개의 영역(표현·이해, 언어, 문학)을 제시했다면, 국어 I 은 6개 영역(말하기, 듣기, 읽기, 쓰기, 언어, 문학)에 대한 목표를 제시했다. 국어 I 의 목표는 말하기(1항), 듣기(2항), 읽기(3항), 쓰기(4항), 언어(5항), 문학(6항)에 관해서 영역별로 각각 1개항씩 펼쳐놓았다. 교과 목표의 표현·이해 영역 내용이 종합적이고 추상적인 것을, 국어 I 의 목표에서 영역별로 상세화 시켰다.

제4차 국어과 교육과정에서는 지도 사항에 평가상의 유의점'이 새롭게 마련되었다. '지도 및 평가상의 유의점'은 지도 항과 평가 항으로 나뉘는데, 제3차 교육과정의 '지도상의 유의점'에 평가 항이 결합되었다. 이러한 변화는 교수-학습 과정 회로가 보완·확장된 것으로 더욱 정교화 되었다. 또한 앞선 교육과정에서는 일반 교육 목표나 국어과 목표에 가치관 교육에 관한 내용이 제시되었다. 그러나 제4차 교육과정에서는 지도상의 유의점에 가치관의 내면화 교육에 관한 내용이 설정되었다.[73]

---

73 '다.지도 및 평가상의 유의점'의 '1)지도'의 '사)항' 읽기 자료와 문학 작품은 아래의 국민정신 교육에 관련된 요소가 포함된 것을 선택하도록 하되, 학생들이 긍정적으로 해석하고 평가하여, 그들 자신의 신념과 가치관을 형성하는 데 깊은 영향을 주도록 한다. (1)정직, 책임, 근면, 진취, 협동 (2)가

2) 제4차 교육과정의 국어 교과서

　제4차 국어과 교육과정의 국어 교과서는 인문계와 실업계 구분 없이 학년별로 각각 1권씩 발행되었는데, 〈국어1〉(1학년)·〈국어2〉(2학년)·〈국어3〉(3학년)으로 발간되었다. 교과서의 편찬 방향은 국어과 교육과정의 목표를 달성하기 위하여 교육과정 내용을 각 학년 수준에 적절하게 조직화하였는데, 자율 학습 강화에 중점을 두고 교과서를 편찬하였다.

　국어 교과서는 단일 교과서이기 때문에, 독본의 성격을 띠고 있다. 따라서 교과서에 수록된 읽기 제재는 좋은 글이어야 한다는 전제가 충족되어야 한다. 교사용 지도서에서 밝힌 좋은 글은 '형식상의 특징이 분명한 글', '재미있고 감동적인 글', '가치관을 담고 있는 글'이라는 조건을 제시하였다. 형식상의 특징이 분명한 글이어야 한다는 조건은 갈래에 따른 형식상의 특징이 뚜렷해야 한다는 것이다. 시는 시로서, 소설은 소설로서 그 형식상의 특징이 뚜렷해야 한다. 이런 관점에서 글의 갈래에 따른 형식상의 특징이 뚜렷하게 드러나지 않은 글은, 다른 장점이 있을지라도 제재 선정에서 제외되었다. 그리고 학습자에게 읽기 제재는 반드시 재미있고 감동적일 수는 없을 것이다. 그러나 재미와 감동 중에서 한 가지 조건만이라도 갖춘 글을 선정함을 원칙으로 하였다. 가치관을 담고 있는 글이어야 한다는 조건은 교과서에 수록되는 글은 좋은 가치가 내포되어 있어야 한다는 것이다.

　단원 구성의 기본 방향은 표현·이해(언어 사용 기능), 언어(언어 지식), 문학의 세 영역으로 편성하였는데, 국어과 교육 내용을 중점적이고 종

치에 대한 신념, 이상이나 목적을 실현하려는 의지 (3)다른 사람의 인격 존중과 인간에 대한 사랑 (4)질서, 규칙, 법, 사회적 관습의 존중 (5)학교, 사회, 국가의 공적인 이익을 위한 헌신적 봉사 정신 (6)특수한 언어와 문화를 가진 대한민국 국민으로서의 자아 인식과 민족의 자부심 (7)긍정적이고 바람직한 국가관과 세계관

합적으로 지도[74]하여 학습 효과를 높이려고 하였다.

〈국어1·2·3〉의 단원 체제는 '대단원[단원 학습목표-(본문)-학습문제]' 로 구성되었다. 제4차 국어 교과서 단원 체제의 특징은 본문 읽기 제재에 학습문제가 없다는 것이다. 이러한 단원 구성은 제3차의 소단원에서 제5차 대단원 체제로 넘어가는 중간 모습을 보인다. 그리고 소단원 앞에 단원 학습 목표와 단원 안내 글이 있고, 〈국어2〉와 〈국어3〉에는 권말 부록이 덧붙여졌다. '안내 글'은 제2차 교과서와 같은데, 형식과 내용면에서 많이 다듬어졌다. 단원 안내 글은 학습 내용의 명시와 자율학습 강화에 목적이 있다. 그 내용 구성은 국어과 교육과정의 내용 요소와 갈래별 단원 구성에 따르는 보충 요소로 되어 있다. 따라서 단원 안내 글은 교수-학습 과정에서 무엇을 가르칠 것인가에 대한 가이드라인을 제시했다는 점에서 의의가 있다.

제4차 교육과정의 국어 교과서에 나타난 특징을 단원 구성과 교과서 내용(수록된 작가와 작품)을 통해 살펴보자. 먼저 〈국어1·2·3〉의 단원 구성과 수록된 작품(작가)을 보이면 다음과 같다. (밑줄은 필자)

〈국어1〉1.시(1)-(1)3월 1일의 하늘(박두진),(2)빼앗긴 들에도 봄은 오는가(이상화),(3)깃발(유치환),(4)광야(이육사),(5)가을의 기도(김현승),(6)성탄제(김종길) / 2.설명문(1)-(1)인간의 특징(이광규),(2)음성언어(박창해) / 3.수필(1)-(1)가난한 날의 행복(김소운),(2)인연(피천득),(3)

74　교육과정 내용이 중점적이고 종합적으로 지도될 수 있게 제시되었다는 것은 두 가지 측면에서 살펴볼 수 있다. 하나는 표현·이해, 언어, 문학의 국어과 교육 내용이 교차되면서 만나는 지점이 '학습 문제' 부분이다. 교수-학습 상황에서 학습 문제를 통해 교육과정 내용이 중점적이고 종합적으로 지도될 수 있게 제시되었다. 둘째는 단원 구성에서 살펴볼 수 있다. 국어과 교육과정의 내용 요소 중에서 "언어의 본질과 국어의 특질을 안다."든지, "한국 문학의 발달 과정을 안다."는 등의 학습 요소는 그 성격상 별도의 단원으로 집중적으로 제시하였다. 따라서 교과서에서는 일반 단원과는 달리, '국어의 이해'와 '국문학의 이해'라는 단원명으로 두 단원을 설정하였다.

글을 쓴다는 것(김태길) / 4.전기-(1)나라를 사랑하는 마음(정인보),(2)일관성에 관하여(김광섭) / 5.설명문(2)-(1)세시풍속의 의미(이두현),(2)선인들의 공예(유홍렬) / 6.희곡과 시나리오-(1)조국(유치진),(2)마지막 한 잎(오헨리) / 7.논설문(1)-(1)나의 소원(김구),(2)어떻게 살 것인가(손명현),(3)세계로 진출하는 한국(정달영) / 8.국어의 이해-(1)국어의 개념(이희승),(2)언어와 사회(이승녕),(3)국어 교육의 목표(이응백) / 9.시조-(1)고시조(이조년 외 19인),(2)현대시조(이병기 외 3인) / 10.소설-(1)'홍길동전'에서(허균),(2)'상록수'에서(심훈),(3)금당벽화(정한숙) / 11.논설문(2)-(1)새 역사의 창조(박종홍),(2)언어의 창조와 정리(김민수) / 12.수필(2)-(1)낙엽을 태우면서(이효석),(2)거룩한 본능(김규련),(3)설(전숙희) / 13.기행문-(1)동명일기(의유당),(2)피어린 육백 리(이은상),(3)갑사로 가는 길(이상보) / 14.시(2)-(1)공무도하가(백수 광부의 처),(2)찬기파랑가(충담사),(3)청산별곡(작자 미상),(4)사모곡(작자 미상),(5)우중문에게 주는 시(을지 문덕),(6)가을 밤에 비 내릴 때(최치원),(7)임을 보내며(정지상) / 15.국문학의 이해-(1)고전 문학사(1)(조윤제),(2)구비 문학과 기록 문학(장덕순)

〈국어2〉1.시-(1)진달래꽃(김소월),(2)그 먼 나라를 알으십니까(신석정),(3)모란이 피기까지는(김영랑),(4)나그네(박목월),(5)국화 옆에서(서정주),(6)가을에(정한모) / 2.국어의 이해-(1)국어의 특질(허웅),(2)우리말이 걸어온 길(김형규) / 3.소설-(1)'구운몽'에서(김만중),(2)학(황순원),(3)별(도데) / 4.논설문-(1)민족 문화의 전통과 계승(이기백),(2)조국순례 대행진 / 5.시조와 가사-(1)고시조(맹사성 외 14인),(2)현대 시조(이태극 외 2인),(3)상춘곡(정극인) / 6.설명문-(1)연극과 영화(오영진),(2)문학의 구조(이상섭) / 7.기행문-(1)유한라산기遊漢拏山記(최익현),(2)산정 무한(정비석) / 8.국문학의 이해-(1)고전 문학사(2)(조윤제),(2)한국 문학의 사상적 배경(정병욱) / 9.수필-(1)조침문(유씨 부인),(2)나무(이양하),(3)마고자(윤오영) / 부록-(1)독서의 방법과 단계,(2)현대 생활과 토의

〈국어3〉1.논설문-(1)기미독립선언문,(2)민족적 이상을 수립하라(최현배) / 2.시-(1)님의 침묵(한용운),(2)서시(윤동주),(3)승무(조지훈),(4)꽃(김춘수),(5)겨울 바다(김남조) / 3.국어의 이해-(1)'훈민정음'에서,(2)'소학 언해'에서,(3)중세 국어의 이해(남광우) / 4.시가-(1)'용비어천가'에서,(2)'두시 언해'에서,(3)관동별곡(정철) / 5.설명문-(1)한국의 미(김원룡),(2)말과 사람됨(이규호) / 6.소설-(1)'춘향전'에서,(2)등신불(김동리) / 7.국문학의 이해-(1)현대 문학사(신동욱),(2)한국 문학의 연속성(김윤식) / 8.수필-(1)물(박지원),(2)매화찬(김진섭),(3)고인과의 대화(이병주),(4)길(박이문) / 부록-(1)증서,(2)상용문

제4차 국어 교과서의 단원 구성 방식은 갈래 중심이다. 한 단원과 다른 단원이 확연히 구별되는 다른 갈래로 단원을 구성하였다. 이것은 제4차 교육 과정의 교과서 단원 구성 방침인 형식상의 특징이 분명한 글을 교과서에 수록하도록 하였기 때문이다. 따라서 제4차 국어 교과서의 대단원명은 갈래에 따라 제시되고, 같은 종류의 글로 한 단원을 구성하였다. 이는 첫 제재의 글에서 학습한 바를 다음 제재의 글에서 확인, 심화하려는 것이다. 그리고 〈국어1〉의 시·수필·설명문·논설문 단원은 각각 (1)·(2)로 나누었는데, 같은 종류의 글을 집중적으로 학습하게 함으로써 학습 효과를 높이려는 의도이다. 이러한 변화가 제4차 국어 교과서의 단원 구성에서 두드러진 특징이다.

제4차 국어 교과서의 대단원은 〈국어1〉이 14개, 〈국어2〉가 9개, 〈국어3〉이 8개로 구성되었다. 그리고 소단원은 〈국어1〉이 32개, 〈국어2〉가 20개, 〈국어3〉은 19개로, 〈국어〉의 소단원은 모두 71개이다. 앞선 국어 교

과서와 비교했을 때[75], 소단원의 수가 큰 폭으로 줄어들었다. 대단원은 1~4개의 소단원을 포함하고 있는데[76], 주로 2~3개의 소단원이 하나의 대단원을 구성하였다.

학년별 국어 교과서 분량은 〈국어1〉이 315쪽, 〈국어2〉는 218쪽, 〈국어3〉은 218쪽이다.[77] 제4차 국어 교과서의 전체 분량은 751쪽이다. 앞선 국어 교과서 전체분량과 비교했을 때[78], 제3차까지는 꾸준하게 증가하다가 제4차에서 큰 폭으로 감소하였다.

국어 교과서에 수록된 작품은 〈국어1〉에 67편, 〈국어2〉에 44명, 〈국어3〉에 42편으로 모두 153편이다. 작가는 중복된 작가 24명[79]을 제외하면, 모두 129명이다.

교수-학습 과정에서 소단원의 읽기 제재를 학습한 후, 학습자의 활동 및 평가 영역에 해당하는 학습 문제는 대단원별로 제시하였다. 학습 문제 중에서 1-1·1-2 등은 학습 목표로 제시한 내용의 평가 문제이고, 2-1·2-2 등

---

75 제1차 〈고등국어〉의 소단원의 수는 80개, 제2차 〈국어〉의 소단원의 수는 103개, 제3차 〈국어〉의 소단원의 수는 111개이다.

76 소단원 4개가 한 개의 대단원을 이룬 것은 〈국어3〉 8단원이 유일하다.

77 제4차 〈국어〉의 분량은 다음과 같다. 〈국어1〉의 전체 분량(315쪽)에 대한 각 대단원의 분량은 1단원 16쪽, 2단원 14쪽, 3단원 18쪽, 4단원 20쪽, 5단원 22쪽, 6단원 36쪽, 7단원 20쪽, 8단원 28쪽, 9단원 14쪽, 10단원 40쪽, 11단원 16쪽, 12단원 18쪽, 13단원 22쪽, 14단원 10쪽, 15단원 21쪽이다. 〈국어2〉의 전체분량(본문/부록, 200/18)에 대한 각 대단원의 분량은 1단원 14쪽, 2단원 24쪽, 3단원 36쪽, 4단원 16쪽, 5단원 28쪽, 6단원 14쪽, 7단원 28쪽, 8단원 24쪽, 9단원 16쪽, 부록 18쪽이다. 〈국어3〉의 전체분량(본문/부록, 202/16)에 대한 각 대단원의 분량은 1단원 24쪽, 2단원 12쪽, 3단원 20쪽, 4단원 20쪽, 5단원 24쪽, 6단원 48쪽, 7단원 30쪽, 8단원 24쪽, 부록 16쪽이다.

78 제1차 〈고등국어〉의 전체 분량은 627쪽, 제2차 〈국어〉의 전체분량은 808쪽, 제3차 〈국어〉의 전체분량은 945쪽이다.

79 된 작가는 두보(두시언해 6편), 윤선도(어부사시사 4편), 정인지(용비어천가 10편), 정철(고시조 1편·관동별곡), 조윤제(고전문학사(1)·(2)), 주희(소학언해 6편) 등이다.

은 제재의 내용을 파악하기 위한 문제로 구성하였다. 그리고 3-1·3-2 등은 학습한 내용을 바탕으로, 발전된 단계에서 국어로 표현하고 이해하며 생각하는 힘을 기르는 문제이다. 4-1은 어휘 학습의 효과를 높이기 위하여 해당 단원에서 새로 나온 고등학교 한문 교육용 기초 한자를 뽑아 놓은 것이다. 한자는 중·고등학교 한문 교육용 기초 한자, 1800자의 범위 안에서 선택한 것이다. 5-1은 국어과의 세 가지 영역 중에서 언어와 국어에 관한 체계적인 지식을 학습하는 과제가 제시된 부분이다. 위의 내용을 〈국어1〉 시(1) 단원의 학습 문제를 예로 들어 보이면 다음과 같다. '시' 단원의 학습 문제가 많더라도, 교과서 속에서 문학 교육의 실상을 파악하기 위해서 전문을 인용한다. (밑줄은 필자, 한자 생략)

1-1. 시에서 심상과 비유란 무엇인가? / 1-2. 상징의 뜻을 말해 보자. / 2-1.다음은 독자의 어느 감각에 호소하는 심상인가? (1)뜨거운 피무늬, (2)푸른 웃음, (3)백로처럼, (4)매화 향기, (5)굽이치는 바다, (6)어두운 방 안엔/바알간 숯불이 피고 / 2-2. 다음 비유들이 나타내는 바는 무엇인가? (1)조국애의 꽃넋(3월 1일의 하늘), (2)살진 젖가슴과 같은 부드러운 이 흙(빼앗긴 들에도 봄은 오는가), (3)애수는 백로처럼 날개를 펴다(깃발), (4)내 여기 가난한 노래의 씨를 뿌려라. (광야), (5)마른 나뭇가지 위에 다다른 까마귀같이(가을의 기도), (6)나는 한 마리 어린 짐승(성탄제) / 2-3.다음 말들이 상징하는 뜻은 무엇인가? (1)피(3월 1일의 하늘), (2)빼앗긴 들, 봄(빼앗긴 들에도 봄은 오는가), (3)깃발(깃발), (4)매화(광야), (5)백합의 골짜기(가을의 기도), (6)눈, 산수유 열매(성탄제) / 3-1.다음의 방법들을 활용하여 시를 지어 보자. (1)다음 예문에 쓰인 비유를 분석해 보고, 우리도 이런 표현 방법을 활용하자.

(가)가르마 같은 논길을 따라 꿈 속을 가듯 걸어만 간다.

(나)이것은 소리 없는 아우성

(다)입술을 다문 하늘아, 들아,

(2)'성탄제' 첫 연에서와 같이, 대상을 서술하거나 묘사하는 것만으로도 훌륭하게 심상을 제시할 수가 있다. 우리도 비유를 쓰지 않은 담담한 서술이나 묘사만으로 심상을 제시해 보자. (3)우리가 흔히 쓰는 상징적 단어나, 자신이 지어 낸 새로운 상징적 의미를 띤 단어를 시에 사용해보자. (4)어떤 사물을 다른 사물에 비유해서 여러 번 반복하여 사용해 보고, 두 사물의 연결이 익숙해졌을 때, 한 사물(원관념)은 생략해 버리고다른 사물(보조 관념)로 대신해 보자. 그리고 비유와 상징의 관계를 생각해 보자. / 4-1.다음 한자로 이루어진 단어를 익히자.

시(1) 단원에는 박두진의 '3월 1일의 하늘', 이상화의 '빼앗긴 들에도봄은 오는가', 유치진의 '깃발', 이육사의 '광야', 김현승의 '가을의 기도', 김종길의 '성탄제'가 수록되었다.

제4차 교육과정의 문학 교육도 제3차의 연속선상에서, 신비평 이론에 의한 교수-학습 과정이었다. 그러나 학습 문제의 구성에서 보듯이, 제3차와는 문제 유형에서 차이를 드러낸다. 제3차에서는 단순히 주제나 낱말풀이 위주의 학습 활동이라면, 제4차에서는 문학(시) 언어에 대한 반복·적용을 통한 문학 언어의 문식성literacy을 강조한 교육이라고 할 수 있다. 문학을 언어의 구조물로 보는 신비평의 관점이 그대로 적용된 것이다. 여기서학습자의 사회적 조건은 거의 고려되지 않았다. 단지 문학(시)의 특성을 나타내는 구성 요소인 심상·비유·상징에 대한 기능을 반복해서 숙달시키는문학 교육이었다.

3) 제4차 교육과정에 나타난 문학교육의 특성

제4차 교육과정의 국어 교과서 〈국어1·2·3〉에 수록된 본문 읽기 제재를 갈래에 따라 분류해서, 국어 교과서 속의 문학 영역의 특징에 대해 살펴보자. 다음은 앞 장에서 제시한 국어 교과서에 수록된 작품(작가)을 갈래에 따라 표로 작성한 것이다.

[표Ⅲ-9] 제4차 〈국어1·2·3〉에 수록된 읽기 제재의 갈래와 수(數)

갈래＼교과서		국어 1	국어 2	국어 3	계
고대가요		1			1
고시조		20	18		38
향가		1			1
고려가요		2			2
가사			1	1	2
악장				10	10
고대수필		1	2	8	11
시		6	6	5	17
시조		4	3		7
소설		2	2	1	5
수필		10	3	3	16
시나리오		1			1
문학사		2	1	2	5
문학개론			3		3
설명문		7	2	3	12
논설문		5	2	2	9
계	갈래	16	12	11	
	數	67	44	42	153

먼저 [표 Ⅲ-9]에서, 국어 교과서에 수록된 갈래와 본문 읽기 제재에 대한 일반적인 사항을 제시하면 다음과 같다. 제4차 국어 교과서에 수록된 작품의 갈래 분석에서 고대가요와 시나리오가 새롭게 추가되고, 제3차에서의 설화와 경기체가, 비평에 관련된 제재가 수록되지 않았다. 〈국어1〉의

고전 작품의 갈래는 7개, 읽기 제재는 29편이다. 현대 작품의 갈래는 9개, 읽기 제재는 38편이다. 〈국어1〉에는 모두 16개의 갈래와 67편의 읽기 제재가 수록되었다. 〈국어2〉의 고전 작품의 갈래는 4개, 읽기 제재는 22편이다. 현대 작품의 갈래는 8개, 읽기 제재는 22편이다. 〈국어2〉에는 모두 12개의 갈래와 44편의 읽기 제재가 수록되었다. 〈국어3〉의 고전 작품의 갈래는 5개, 읽기 제재는 26편이다. 현대 작품의 갈래는 6개, 읽기 제재는 16편이다. 〈국어3〉에는 모두 11개의 갈래와 42편의 읽기 제재가 수록되었다.

제4차 교육과정기의 국어 교과서에 수록된 고전 작품의 갈래는 9개, 읽기 제재는 77편이다. 현대 작품의 갈래는 10개, 읽기 제재는 76편이다. 이를 모두 합산하면, 국어 교과서에는 19개의 갈래와 153편의 읽기 제재가 수록되었다. 교과서의 읽기 제재 수는 고시조, 시, 수필, 설명문 순으로 수록되었다.

이상의 분석 내용을 바탕으로, 제4차 고등학교 교육과정과 국어 교과서에 나타난 문학 교육의 특징들은 다음과 같다.

첫째, 제4차 교육과정에서 고전과 현대 문학이 문학 영역으로 통합되어, 문학이 독자적인 영역을 확보하였다. 이러한 교육과정 체제의 변화에서 문학을 지칭하는 용어상의 혼란을 정리하고, 문학 영역 구분을 명확히 했다는 점에서 의의를 갖는다. 또한 교육과정의 내용 체계가 표현·이해, 언어, 문학으로 삼분되어 문학 교육이 강조되었다.

둘째, 각급 학년의 국어 교과서 단원이 갈래 중심으로 구성되었다는 점도, 제4차 교육과정의 국어 교과서에 나타난 특징이다. 교과서에 수록되는 읽기 제재를 모두 갈래로 단원을 구성한 것은 고전과 현대 문학이 문학 영역으로 통합되었기에 가능한 일이다. 단원명으로 문학 작품의 갈래인 시, 소설, 수필, 시조와 가사가 사용되었다. 〈국어1〉의 시(1) 단원에는 현대시로 박두진의 '3월 1일의 하늘', 이상화의 '빼앗긴 들에도 봄은 오는가', 유치환의 '깃발', 이육사의 '광야', 김현승의 '가을의 기도', 김종길의 '성탄제'가 실렸다. 그리고 시(2) 단원에서 고전 작품으로 백수 광부의 처의 '공무도하가', 충담사의 '찬기파랑가', '청산별곡'(작자 미상), '사모곡'(작자 미상), 을지문덕의 '우중문에게 주는 시', 최치원의 '가을 밤에 비 내릴 때', 정지상의 '임을 보내며'가 실렸다. 시(1)에는 현대시를, 시(2)에는 고전 작품인 고려가요와 한시를 수록했다. 시조 단원에서는 이조년 외 19인의 고시조와 이병기 외 3인의 현대 시조를 묶어 단원을 구성하였다. 소설 단원에서는 고전 소설인 허균의 '홍길동전에서'가, 현대 소설로는 심훈의 '상록수에서', 정한숙의 '금당벽화'가 수록되었다. 〈국어2〉의 소설 단원에서는 고전 소설인 김만중의 '구운몽에서', 현대 소설인 황순원의 '학'과 도데의 '별'이 수록되었다. 시조와 가사 단원에서는 맹사성 외 14인의 고시조와 이태극 외 2인의 현대 시조, 그리고 가사로 정극인의 '상춘곡'이 수록되었다. 수필 단원에서는 고대 수필인 유씨 부인의 '조침문', 현대 수필로는 이양하의 '나무'와 윤오영의 '마고자'가 수록되었다. 〈국어3〉의 소설 단원에서는 고전 소설인 '춘향전에서'와 현대 소설인 김동리의 '등신불'이 수록되었다. 그리고 수필 단원에서는 고대 수필인 박지원의 '물', 현대 수필로는 김진섭의 '매화찬', 이병주의 '고인과의 대화', 박이문의 '길'이 수록되었다.

셋째, 국어 교과서에 수록된 읽기 제재가 153편으로 두드러지게 감소하였다. 국어 교과서에 수록되는 읽기 제재는 제1차부터 꾸준히 증가하다가 제3차 교육과정에서 정점을 찍고, 제4차 교육과정부터 급격하게 감소한다.[80]

넷째, 문학(시) 언어에 대한 반복·적용을 통한 문학 언어의 문식성literacy 교육을 강조하였다. 이것은 제3차 문학 교육 방법론인 신비평의 연장

---

80 제1차 〈고등국어 Ⅰ·Ⅱ·Ⅲ〉에 수록된 읽기 제재는 154편, 제2차 〈국어 Ⅰ·Ⅱ·Ⅲ〉에 182편, 제3차 〈국어 1·2·3〉에 204편, 제5차 〈국어 (상)·(하)〉에 70편, 제6차 〈국어 (상)·(하)〉에 65편, 제7차 〈국어 (상)·(하)〉에 39편이 수록되었다.

선에 위치한 것이지만, 학습 문제 구성면에서 차이를 드러낸다. 제3차에서 주로 주제 찾기나 낱말 풀이에 집중되었다면, 제4차에서는 문학(시)의 구성 요소인 심상·비유·상징 등에 대한 기능을 숙달시키는 문학 교육이었다. 그러나 신비평을 바탕으로 한 문학 교육은 작품 속의 구성 요소에만 관심을 두어, 수용자의 사회적 조건을 거의 배려하지 않는 한계점을 지닌다.

4. 독자 중심의 문학 교육기
제5·6·7차 교육과정(1987~2007)

문학 영역에서 고전·현대 문학은 제4차에서 통합되고, 제5·6·7차 교육과정을 통과하면서 질적으로 성장하게 된다. 교수-학습 과정의 회로가 방법 및 평가로 확대되어 구체적으로 세분화되거나 교사 중심에서 학습자 중심으로 변화되고, 매체 교육 등이 강조된다. 본 절에서는 제5·6·7차 교육과정에 따른 국어 교과서의 내용을 분석하여 각 교육과정에서 문학 교육의 특징들을 살펴보겠다.

1) 문학 감상 주체의 변화: 제5차 교육과정(1987~1992)

(1) 제5차 국어과 교육과정

제5차 국어과 교육과정은 1987년 6월 30일 문교부 고시 제87-9호로 국민학교, 1987년 3월 31일 문교부 고시 제87호로 중학교, 1988년 3월 31

일 문교부 고시 제88-7호로 고등학교 교육과정이 고시되었다. 제4차 교육과정과 마찬가지로 연구 개발형으로 이루어졌다. 한국교육개발원이 위탁받아 총론 개발, 각론 개발을 수행했고, 문교부에서는 심의와 수정·보완을 거쳐 교육과정을 고시하였다.

　　제5차 고등학교 국어과 교육과정 개정의 기본 방침은 다음과 같은 세 항목으로 집약된다. (1)제4차 고등학교 국어과 교육과정의 기본 방향 존중, (2)교육 내용의 질적 심화 및 향상, (3)수업에서 지식 또는 결과보다 과정을 중시하였다. 이러한 교육과정의 정신이 보다 효율적으로 현장 교육에까지 미칠 수 있도록 교수·학습의 실제성을 중시하고, 교육과정 내용의 진술 속에 구체적인 방법을 제시하고자 하였다. 이 시기에 기능skill, 스키마schema, 문식성literacy 등의 용어가 정착되고, 국어과 교육이 학문으로서 발돋움하였다. 제5차 고등학교 국어과 교육과정 체제를 보이면 다음과 같다.

　　2. 국어과

　　　가. 교과 목표(전문+세부 목표 3개항)

　　2-1. 국어

　　　가. 목표(전문+세부 목표 6개항)

　　　나. 내용 〈말하기〉(8개항)/〈듣기〉(7개항)/〈읽기〉(8개항)/〈쓰기〉(7개항)/〈언어〉(7개항)

　　　　〈문학〉(6개항)

　　　다. 지도 및 평가상의 유의점

　　　　1)지도(9개항)2)평가(7개항)

　　2-2. 문학, 2-3. 작문, 2-4. 문법

　　제5차 교육과정은 제4차 교육과정의 기본 영역 구분 등 그 골격을 최

대한으로 존중하고자하였다. 그러나 세부 사항에 있어서는 제4차 교육과정에 비해 내용이 추가되거나 상세화된 부분이 많다.

제5차 교육과정에서는 고등학교 국어과의 교과목인 국어 I, 국어 II (고전문학, 현대문학, 작문, 문법)를 폐지하고, 새롭게 국어, 문학, 작문, 문법을 편제상의 교과목으로 신설하였다. 문학, 작문, 문법이 종래의 국어 II에 해당하는 교과목으로서 심화 과정에 속한다.

제5차 국어과 교육과정의 교과 목표는 전문과 하위 목표(3개항)로 구성되었는데, 전문과 하위 목표를 보이면 다음과 같다.(밑줄은 필자)

> 국어 생활을 정확하고 효과적으로 하며, 언어와 국어에 관한 체계적인 지식을 갖추고, 문학을 이해하며, 국어의 발전과 민족의 언어문화 창조에 이바지하게 한다.
> 1)말과 글을 통하여 생각과 느낌을 효과적으로 표현하고 이해하며, 언어 사용에 대하여 판단하는 태도를 가지게 한다. / 2)언어와 국어에 관한 체계적인 지식을 익히고, 국어를 바르게 사용하게 한다. / 3)문학 작품을 통하여 문학에 관한 체계적인 지식을 갖추고 창조적인 체험을 함으로써 미적 감수성을 기르며 인간의 삶을 총체적으로 이해하게 한다.

교과 목표의 제시 구조는 제4차 교육과정의 '목표+하위 목표' 구조를 계승하였는데, 전문 내용이 제4차 교육과정보다 구체적으로 진술되었다. 제4차 교육과정의 교과 목표 전문에서는 중학교의 교육성과를 발전시켜 국어 발전과 민족 문화 창조에 이바지하려는 뜻을 세우게 하는 내용만을 담고 있다. 이러한 전문 내용의 진술은 너무 추상적이고 선언적이라고 말할 수 있다. 제5차 교육과정의 전문에서는 하위 목표를 포괄하고, 국어과가 나아갈 방향을 제시하였다는 점에서 구체적이다. 하위 목표의 내용은 국어 교과 6개 영역을 담고 있는데, 제4차 교육과정을 계승하였다. 교과 목표의 하위 목표는 언어 사용 기능의 신장(1항), 언어 지식(2항), 문학(3항)으로 구성되었다.

고등학교 국어 과목의 목표는 전문과 하위 목표로 구성되었는데, 그 내용을 보이면 다음과 같다. (밑줄은 필자)

> 국어 생활을 바르게 하고, 국어와 민족의 언어문화를 계승, 발전시키게 한다.
>
> 1)목적, 대상, 상황에 맞게 내용을 선정, 조직하여 정확하고 효과적으로 말하게 한다. / 2)말의 내용을 바르게 이해하고, 그 내용이 정확하고 효과적으로 표현되었는지 판단하게 한다. / 3)글의 내용과 짜임을 분석, 종합하고, 이해, 비판하며 읽게 한다. / 4)목적, 대상, 상황에 맞게 생각과 느낌을 선정, 조직하여 창의적으로 쓰게 한다. / 5)언어와 국어에 관한 일반적인 지식을 바탕으로 국어를 바르게 이해하게 한다. / 6)문학에 관한 일반적인 지식을 바탕으로 작품을 바르게 이해, 감상하며, 인간의 삶을 총체적으로 이해하게 한다.

제5차 교육과정의 국어 목표 제시 방식은 제4차 교육과정의 국어 I 과 같다. 다만 제5차 교육과정에서는 전문이 삽입되었다. 그리고 제4차의 교과 목표가 3개의 영역(표현·이해, 언어, 문학)을 제시했다면, 제5차에서는 6개 영역(말하기·듣기·읽기·쓰기·언어·문학)에 대한 목표를 제시했다. 국어의 목표는 말하기(1항), 듣기(2항), 읽기(3항), 쓰기(4항), 언어(5항), 문학(6항)에 관해서 영역별로 각각 1개항씩 펼쳐놓았다. 4차 국어과 교육과정에서 언어 사용 기능의 신장을 강조했던 것과 같은 맥락에서, 언어 기능 교육을 강조하면서 이를 과목 목표에 분명하고도 구체적으로 제시하고 있다. 특히, '지도 및 평가상의 유의점'의 '지도'항에서 국어 과목은 말하기·듣기·읽기·쓰기·언어·문학의 여섯 영역의 내용을 통합적으로 지도하되, 국어사용 기능을 지도하는 말하기·듣기·읽기·쓰기 영역에 중점을 둔다고 강조하고 있다. 이는 제5차 국어과 교육과정이 언어 사용 기능의 신장에 있음을 명시적으로 밝힌 것이다.

그럼에도 불구하고 문학 영역은 국어과 교육과정 내에서 기술 방법에서 더욱 구체화시켜 강조하고 있다. 제5차 국어과 교육과정의 교과 목표 전문에 문학에 관한 사항을 추가하였다. 그리고 국어과 교과 목표와 국어 목표에 문학에 관한 사항을 개별 항목으로 기술함으로써, 문학이 국어과 교육에서 독립된 영역으로 안착하였음을 알 수 있다.

그리고 문학 영역의 내용은 제4차 교육과정보다 더욱 정교하게 기술되었다. 제4차 교육과정의 문학 영역 내용[81]은 소설, 희곡과 시나리오, 시, 산문, 고전 및 현대 작품, 한국 문학과 세계 문학을 개별 항목으로 서술하여 중복되면서도 산만하게 기술되었다. 그러나 제5차 교육과정에서의 문학 영역 내용[82]은 문학과 한국 문학, 한국의 고전 및 현대 작품, 여러 유형의 문학 작품으로

---

81   제4차 교육과정 '문학' 영역의 내용은 가)소설 속의 모든 요소들이 주제를 향하여 통일되어 있음을 알고, 거기 동원된 삽화나 사건들이 논리적 일관성을 유지하고 있는지 판단하며, 사건의 필연성과 우연성의 효과를 안다. 나)인물의 성격이 단순한가 복잡한가, 개성적인가 전형적인가, 성격의 변화가 있는가 없는가를 파악한다. 다)소설의 역사적, 사상적 배경을 작품을 통하여 파악한다. 라)싯점에 따라 소설의 진술 방식을 구별한다. 마)공연 예술의 대본으로서의 희곡과, 영상 예술의 대본으로서의 시나리오가 지닌 차이를 안다. 바)어떤 사실이나 생각에 대한 여러 인물들의 의견과 태도가 다름에 따라 어떤 말을 하는지에 흥미를 느낀다. 사)소리의 뜻의 어울림을 파악함으로써 시의 음악성과 암시성을 이해한다. 아)시 작품에서 서정적 목소리의 주인을 파악하여 작품을 감상한다. 자)문학적 산문과 실용적 산문과의 차이를 파악한다. 차)한 인간의 내적 자아와 외적 자아 사이의 갈등 관계를 주제로 한 작품에 흥미를 느낀다. 카)문학 작품에 대한 비평에 흥미를 느낀다. 타)한국의 대표적인 고전 및 현대 작품을 읽고 이해한다. 파)한국 문학의 발달 과정과 세계 문학의 대체적인 흐름을 안다.

82   제5차 교육과정 '문학' 영역의 내용은 1)문학의 본질과 한국 문학의 특질을 파악한다. 2)한국의 고전 및 대표적인 현대 작품을 읽고 감상한다. 3)문학 작품을 이루는 기본 요소들을 고려하면서 작품을 바르게 이해하고 감상한다. 4)여러 유형의 문학 작품의 특성을 이해한다. 5)문학 작품에 대한

나눠 서술하여, 제4차 교육과정에서 빚어진 중복과 산만성에서 탈피하였다.

제5차 교육과정에서의 문학 교육은 교과 목표에 제시되었듯이 지식보다는 창조적인 문학 체험을 강조하고 있다. 그러나 창조적인 문학 체험이 뜻하는 것이 무엇인지, 그리고 '어떻게' 할 것인가에 대한 구체적인 실천 방안에 대해서는 제시되어 있지 않다. 분명해 보이는 것은 창조적인 문학 체험이 창작의 의미로 사용되지 않았다는 것이다. 문학 교육의 창조적인 문학 체험은 지도 항에서 문학 작품의 여러 요소(인물, 구성, 배경, 시점, 주제, 어휘, 운율 등)에 대한 지도는 문학적 체험의 측면에서 이루어져야 한다고 밝히고 있다. 여기서 제5차 문학 교육 방법론이 드러나는데, 여전히 문학 작품을 구성 요소로 쪼개서 감상하는 형식주의 문학 교육을 권장하고 있음을 알 수 있다.

그러나 제5차 국어 목표에서 밝혔듯이, 제4차 문학에 관한 일반적인 지식의 습득을 수용하면서 문학적인 체험을 강조함으로써 문서상에서 진일보한 것으로 보인다.

(2) 제5차 교육과정의 국어 교과서

제5차 국어과 교육과정의 국어 교과서는 〈국어(상)〉·〈국어(하)〉로 발간되었다. 이러한 변화는 보통 교과를 공통 필수와 과정별 선택(인문·사회 과정, 자연 과정, 직업 과정)으로 나누고, 일반계 고등학교는 2학년부터 과정별 선택 과목(문학·작문·문법)을 이수하도록 개정되었기 때문이다.

제5차 국어 교과서 편찬의 기본 방향은 말하기·듣기·읽기·쓰기·언어·문학의 6개 영역으로 나누었는데, 언어 사용의 결과보다 과정을 중시하고 교육과정의 목표와 활동에 적합한 제재를 선정하도록 하였다.

비평을 읽고, 작품 감상력을 기른다. 6)문학과 언어, 인생, 사회, 문화와의 관계를 이해한다.

〈국어(상)·(하)〉의 단원 체제는 '대단원[단원의 길잡이-소단원(본문-학습활동)-단원의 마무리]'를 기본 골격으로 하였다. 제5차 국어 교과서의 단원 구성에서 가장 큰 특징은 단원의 길잡이와 단원의 마무리가 삽입되었다는 점이다. 단원의 길잡이는 해당 단원에 수록된 읽기 제재에 대해 설명한 글이다. 이는 제2차와 제4차에서 보였던 단원 안내 글의 연장선에 있다. 다만 제4차에서는 단원의 학습 목표를 명시적으로 밝힌 것에 비해, 제5차의 단원의 길잡이에는 학습 목표가 생략되었다. 그러나 단원 학습 내용의 성격을 표제어로 제시하여, 단원 체제의 한 구성 요소로 삼았다는 데 의의가 있다. 단원의 마무리는 소단원 학습 활동을 포괄하고, 단원 학습 내용을 바탕으로 확장적인 학습이 가능하도록 문제를 구성하였다.

제5차 국어 교과서의 단원 학습 평가 문제가 '학습 문제'(제4차)에서 '학습 활동'(제5차)으로 표제어가 변경되었다. 이는 교과서 편찬 방향이 결과보다 과정을 중시하는 교육과정 방침에 따른 것으로, 교사 중심에서 학습자 중심으로 옮아가는 과정을 보여주는 단적인 예일 것이다. 그리고 국어 교과서 권말에 부록이 덧붙여졌는데, 〈국어(상)〉은 한글 맞춤법, 〈국어(하)〉에는 표준어 규정이 있다.

다음으로 제5차 교육과정의 국어 교과서에 나타난 특징을 단원 구성과 교과서 내용(수록된 작가와 작품)을 통해 살펴보자. 우선 〈국어(상)·(하)〉의 단원 구성과 수록된 작품(작가)을 보이면 다음과 같다.

국어(상)1.설명-(1)설명의 의의,(2)설명의 방법 / 2.독서의 의의-(1)인생의 지혜로서의 독서(이희승),(2)민족 문화의 전통과 계승(이기백) / 3.언어와 사회-(1)언어의 사회성,(2)문체화 사회,(3)국어의 순화(김석득) / 4.소설과 사회-(1)문학과 현실(윤병로),(2)'삼대'에서(염상섭),(3)허생전(박지원) / 5.쓰기의 기초-(1)좋은 글의 요건(이응백),(2)문장쓰기 / 6.시의 세계-(1)시와 언어(김종길),(2)현대시(김소월 외),(3)고전 시가(정몽주 외) / 7.국어의 이해-(1)우리말의 이모저모,(2)어원 연구에 대하여(이기문),(3)우리말의 옛 모습 / 8.쓰기의 실제-(1)글쓰기의 과정(문덕수),(2)단락쓰기,(3)글의 구성 / 9.설득-(1)설득의 의의,(2)설득의 방법 / 10.독서의 방법-(1)독서의 방법,(2)학문의 목적(박종홍),(3)유한라산기(최익현) / 11.수필 감상-(1)슬견설(이규보),(2)신록예찬(이양하) / 부록-한글 맞춤법

국어(하)1.토의-(1)토의의 의의,(2)토의의 방법 / 2.독서와 지식-(1)독서와 지식,(2)인간의 특징(이광규),(3)기미 독립 선언문 / 3.글의 전개 방식-(1)분석과 묘사,(2)분류와 예시와 정의,(3)비교와 대조와 유추,(4)서사와 과정과 인과 / 4.언어와 문화-(1)민족과 문화와 언어 사회(이숭녕),(2)언어와 민족 문화(강신항) / 5.노래와 삶-(1)제망매가(월명사·김완진 옮김),(2)'청산별곡'에서,(3)'용비어천가'에서,(4)관동별곡(정철),(5)유산가,(6)'춘향전'에서 / 6.토론-(1)토론의 의의,(2)토론의 방법 / 7.글의 구조와 독서-(1)글의 구조와 독서,(2)현대 사회의 과제(김형석),(3)전통과 창조(고병익) / 8.표현하기와 고쳐쓰기-(1)단어와 문장 구조,(2)표현 기법,(3)고쳐쓰기 / 9.국어의 역사-(1)한민족과 국어(최현배),(2)우리말의 의미 변화 / 10.희곡과 무대-(1)희곡의 이해(유민영),(2)'봉산 탈춤'에서 / 부록-표준어 규정

제5차 국어 교과서의 단원 구성 방식은 목표 중심이다. 목표 중심 단원 구성은 목표가 단원을 응집성 있게 만드는 기제가 되고, 한 단원과 다른 단원이 단원명에 의해 구분되는 방식을 의미한다. 〈국어(상)〉의 4단원 '소설과 사회' 단원에서는 소설(문학)과 사회(현실)의 상관성을 학습하는 것이 학습 목표가 된다. 그리고 소단원으로 현대 소설인 염상섭의 '삼대'와 고전 소설인 박지원의 '허생전'이, 그 목표를 성취하기에 적합한 읽기 제재로 수

록되었다. 이러한 목표 중심 단원 구성 방식은 제6·7차 교육과정의 국어 교과서로 계승되었다.

　　제5차 국어 교과서의 대단원은 〈국어(상)〉이 11개와 부록, 〈국어(하)〉가 10개와 부록으로 구성되었다. 그리고 소단원은 〈국어(상)〉이 28개, 〈국어(하)〉가 29개로 국어 교과서의 소단원은 모두 57개이다. 대단원은 2~6개의 소단원을 포함하는데, 주로 2~3개의 소단원이 하나의 대단원을 구성하였다.

　　국어 교과서의 분량(본문/부록)은 〈국어(상)〉이 298쪽(258쪽/40쪽), 〈국어(하)〉가 236쪽(196쪽/40쪽)이다.[83] 제5차 국어 교과서의 본문 읽기 제재의 전체 분량은 454쪽(부록 포함: 534쪽)이다.

　　국어 교과서에 수록된 작품은 〈국어(상)〉에 36편, 〈국어(하)〉에 34편으로, 모두 70편이다. 작가는 〈국어(상)〉에 36명, 〈국어(하)〉에 29명으로 모두 65명이다.[84] 제5차 국어 교과서에서 '용비어천가'를 제외하면, 중복된 작가는 없다.

　　제5차 국어 교과서에 소단원 읽기 제재를 학습한 후, 학습자의 학습 평가 활동에는 학습 활동과 단원의 마무리가 있다. 〈국어(상)〉의 6단원 "시의 세계"에 수록된 김소월의 '길'의 학습 활동과 단원의 마무리를 예로 들어 보이면 다음과 같다. (밑줄은 필자)

83　제5차 〈국어(상)〉의 전체 분량(298쪽)에 대한 각 대단원 분량은 1단원 12쪽, 2단원 22쪽, 3단원 28쪽, 4단원 38쪽, 5단원 20쪽, 6단원 34쪽, 7단원 22쪽, 8단원 22쪽, 9단원 16쪽, 10단원 32쪽, 11단원 12쪽, 부록 40쪽이다. 〈국어(하)〉의 전체 분량(236쪽)에 대한 각 대단원 분량은 1단원 10쪽, 2단원 26쪽, 3단원 16쪽, 4단원 20쪽, 5단원 34쪽, 6단원 10쪽, 7단원 28쪽, 8단원 14쪽, 9단원 20쪽, 10단원 18쪽, 부록 40쪽이다.

84　〈국어(하)〉에서 작가와 읽기 제재 수가 차이나는 것은 '용비어천가' 제1장, 제2장, 제4장, 제48장, 제67장, 제125장을 모두 읽기 제재(6장)로 포함했기 때문이다.

소단원 '길'의 학습 활동

　　1.이 시에 나타난 운율에 대하여 이야기해 보자. / 2."내게 바이 갈 길은 하나 없소."라고 한 까닭은 무엇인가? / 3.이 시에 주로 사용된 수사법과 그 효과에 대하여 이야기 해 보자. / 4.이 시에 나타난 문체의 특성과 그 효과에 대하여 생각해 보자. / 5.이 시의 주제는 무엇인가? / 6.이 시에 나타난 심경과 비슷한 체험이 있는지 말해 보자.

대단원 "시의 세계"의 단원의 마무리

　　1.시의 특징이 무엇인지 말해 보자. / 2.시의 리듬, 이미지, 어조, 상징에 대하여 알아보고, 본문에 실린 작품에서 그 각각을 확인해 보자. / 3.다음 두 작품의 차이점을 삶의 태도와 관련하여 생각해 보자.

　　이 듕에 시름 업스니 어부漁夫의 생애이로다.
　　일엽 편주一葉扁舟를 만경파萬頃波에 띄워 두고
　　인세人世를 다 니젯거니 날 가는 줄롤 안가.

　　　　　　　　　　〈이현보李賢輔: '어부 단가漁夫短歌'에서〉

　　나 두 야 간다.
　　나의 이 젊은 나이를
　　눈물로야 보낼 거냐.
　　나 두 야 가련다.

　　아늑한 이 항군들 손쉽게야 버릴 거냐.
　　안개같이 물어린 눈에도 비최나니
　　골짜기마다 발에 익은 묏부리 모양

주름살도 눈에 익은 아 사랑하는 사람들.

〈박용철朴龍喆: '떠나가는 배'에서〉

"시의 세계", 현대시 단원에는 김소월의 '길', 한용운의 '찬송', 김수영의 '폭포', 이병기의 '오동꽃' 등이 수록되었다. 제5차 문학 영역 평가는 문학에 대한 이해와 작품의 올바른 이해 및 감상에 중점을 두되, 문학 지식에 대한 평가보다는 작품의 해석 및 감상 능력을 향상시키는 데 중점을 두었다.

학습 활동 문제를 분석하기 전에 제5차 국어 교과서의 시 작품 수록 방식에 주의를 요한다. 왜냐하면 작품 수록 방식까지 고려해야 문학 교육 방법에 대한 구체적인 모습이 드러나기 때문이다. 제5차 교과서에 수록된 현대시와 고시조 읽기 제재 앞에, 해당 작품의 해제解題 글이 삽입되었다. 이러한 단원 구성 방식은 제5차 국어 교과서가 보이는 특징 중의 하나이다. 다음은 김소월의 '길'에 관한 해제 전문이다. (밑줄은 필자)

이 시에서 말하는 '길'은, 그 자체가 하나의 상징으로 '의미의 응축제'일 수 있다. '길'은 우리가 평소 걸어 다니는 그런 시골의 오솔길이나 도회지의 보도일 수도 있고, 눈에 보이지 않으나 비유적으로 쓰이는 인생길이나 운명의 갈림길일 수도 있으며, 혹은 인간의 도리나 종교적 진리를 가리키는 추상적이고도 관념적인 길일 수도 있다. 이 시는 어찌 보면 떠돌이[流浪人]의 비애를 노래한 시로 볼 수도 있다. 이 시가 발표되었던 일제 강점기 당시 우리 민중들의 생활상을 떠올리며 이 시를 읽어 보자. 그리고 이 시에 짙게 드리워진 '정한情恨'을 음미해 보자.

인용 글은 작가 이름과 본문 읽기 제재 사이에 삽입된 글이다. 내용은 길의 여러 의미들에 대해서 설명하고 있는데, 이 글의 기능은 학습자가 김소월의 '길'을 이해·감상하는 데 도움을 주기 위한 해제 성격을 갖고 있다.

제5차 문학 교육은 제3·4차와 마찬가지로 신비평의 영향권에 있다. 그러나 단원 구성과 학습 활동 문제에서 문학 교육 방법이 변화되고 있음을 감지할 수 있다. 제1·2차 문학 교육은 주로 역사주의에 입각한 방법론이었다. 즉 문학이란 환경에 의해 형성된 역사적 산물로, 문학 작품을 그것이 쓰인 시대의 역사적 사실의 반영으로 보는 것이다. 제1·2차 문학 교육은 주로 고전 작품 위주로 교수-학습이 이루어졌기 때문에, 역사주의 문학 교육 방법이 중심이 되었다. 인용한 김소월의 '길'에 대한 해제 글에서 길의 여러 의미에 대해 설명하면서도 결국 시대 상황, 일제 강점기를 통해 작품을 이해·감상하도록 유도하고 있다.

제3차부터 신비평이 우리의 문학 교육에 크게 영향을 끼치면서, 제4차에서는 수용자의 사회적 조건을 거의 고려하지 않고 작품 자체만을 해석하는 문학 교육이 이루어졌다. 제5차의 학습 활동도 주제 찾기나 이미지·상징 등에 관한 문제로 구성되었다. 그러나 학습 활동 문제 중에는 수용자를 고려한 것도 눈에 띈다.

이상을 종합하면 제5차 문학 교육은 역사주의 방법, 신비평, 수용자를 고려한 작품의 이해와 감상이 혼재되어 있음을 알 수 있다. 수용자를 강조하기 시작한 제6차 문학 교육으로 넘어가기 전의 모습을 제5차 문학 단원에서 보여주고 있다.

(3) 제5차 교육과정에 나타난 문학교육의 특성

제5차 교육과정의 국어 교과서 〈국어(상)·(하)〉에 수록된 본문 읽기 제재를 갈래에 따라 분류해서, 국어 교과서 속의 문학 영역의 특징에 대해 살펴보자. 다음은 앞 장에서 제시한 국어 교과서에 수록된 작품(작가)를 갈래에 따라 표로 작성한 것이다.

[표Ⅲ-10] 제5차 〈국어(상)·(하)〉에 수록된 읽기 제재의 갈래와 수(數)

구분	고시조	향가	고려가요	가사	악장	민속극	고전소설	고대수필	시	시조	소설	수필	문학개론	설명문	논설문	계	
																갈래	數
상	5			1			1	2	3	1	1	1	2	16	3	11	36
하		1	1	2	6	1	1						1	16	5	9	34
계	5	1	1	3	6	1	2	2	3	1	1	1	3	32	8		70

먼저 [표 Ⅲ-10]에서, 국어 교과서에 수록된 갈래와 본문 읽기 제재에 대한 일반적인 사항을 제시하면 다음과 같다. 제5차 국어 교과서에는 제4차에 수록되었던 고대가요·한시·희곡·시나리오 작품이 수록되지 않았다. 〈국어(상)〉에서 고전 작품의 갈래는 4개, 읽기 제재는 9편이다. 현대 작품의 갈래는 7개, 읽기 제재는 27편이다. 〈국어(상)〉에는 모두 11개의 갈래와 36편의 읽기 제재가 수록되었다. 〈국어(하)〉에서 고전 작품의 갈래는 6개, 읽기 제재는 12편이다. 현대 작품의 갈래는 3개, 읽기 제재는 22편이다. 〈국어(하)〉에는 모두 9개의 갈래와 34편의 읽기 제재가 수록되었다.

제5차 교육과정기의 국어 교과서에 수록된 고전 작품의 갈래는 8개, 읽기 제재는 21편이다. 현대 작품의 갈래는 7개, 읽기 제재는 49편이다. 이를 모두 합산하면, 국어 교과서에는 15개의 작품 갈래와 70편의 읽기 제재가 수록되었다. 제5차 국어 교과서의 읽기 제재 수는 설명문, 논설문, 악장, 고시조, 현대시 순으로 수록되었다.

이상의 분석 내용을 바탕으로, 제5차 고등학교 교육과정과 국어 교과서에 나타난 문학 교육의 특징은 다음과 같다.

첫째, 국어 교과서 발간 체제가 변화되었다. 제4차 교육과정기까지는 각 학년에 1권씩 발간되었는데, 제5차 교육과정부터 〈국어 (상)〉과 〈국어 (하)〉 체제로 변화되었다. 이는 국어 교과가 국어·문학·작문·문법 과목으로 재편되었기 때문이다. 국어 과목은 공통필수이고, 문학·작문·문법 과목은 과정별 선택 과목으로 지정되었다. 일반계 고등학교는 2학년부터 과정별 선택 과목을 이수하므로, 국어 교과서가 3권에서 2권으로 줄었다.

둘째, 비문학에 대한 문학 작품의 수록 편수가 현저하게 줄어들었다. 국어 교과서에 수록된 70편의 읽기 제재 중에서, 30편만이 문학 작품과 문학 개론이다. 더욱이 〈국어(하)〉에는 현대 문학 작품이 한 편도 수록되지 않고, 설명문과 논설문 위주로 교과서가 조직되었다. 〈국어(상)·(하)〉에 수록된 설명문과 논설문의 면면을 살펴보면, 다음과 같다. 〈국어(상)〉에 수록된 설명문은 '설명의 의의', '설명의 방법', '언어의 사회성', '문체와 사회', '문장쓰기', '우리말의 이모저모', '우리말의 옛 모습', '단락쓰기', '글의 구성', '설득의 의의', '설득의 방법', '독서의 방법', 이응백의 '좋은 글의 조건', 이기문의 '어원 연구에 대하여', 문덕수의 '글쓰기의 과정', 박종홍의 '학문의 목적' 등이다. 논설문은 이희승의 '인생의 지혜로서의 독서', 이기백의 '민족 문화의 전통과 계승', 김석득의 '국어의 순화' 등이다. 〈국어(하)〉에 수록된 설명문은 '토의의 의의', '토의의 방법', '분석과 묘사', '분류와 예시와 정의', '비교와 대조와 유추', '서사와 과정과 인과', '토론의 의의', '토론의 방법', '글의 구조와 독서', '단어와 문장 구조', '표현 기법', '고쳐 쓰기', '독서와 지식', '우리말의 의미 변화', 이광규의 '인간의 특징', 최현배의 '한민족과 국어' 등이다. 논설문은 '기미독립선언문', 이숭녕의 '민족과 문화의 언어', 강신항의 '언어와 민족문화', 김형석의 '현대 사회의 과제', 고병익의 '전통과 창조' 등이다.

이상의 내용에서 국어 교과의 학습 목표가 궁극적으로 학습자의 의사소통 능력 신장에 있다고 하더라도, 다양한 제재를 통한 국어 교과의 목표에 도달해야 한다는 측면에서 한쪽으로 치우친 감이 있다. 이러한 교과서 수록 제재의 변화는 제5차 교육과정에서 문학 과목이 과정별 선택과목으로 지정된 것에서 이유를 찾을 수 있다. 왜냐하면 제4차 교육과정기까지의 국어 교과서 수록 제재의 변천에서 문학 제재가 비문학보다 항상 많이 수록되는 경향을 보였기 때문이다. 따라서 제5차 국어 교과서는 학습자의 의사소통 능력 신장을 명시적으로 보여준 교과서로 봐도 무방할 것이다. 또한 〈국어(상)〉에 수록된 16편의 설명문 중에서 12편이, 〈국어(하)〉에 수록된 16편의 설명문 중에 14편이 교과서 편찬진이 직접 집필한 글로서 필자를 밝히지 않았다. 이것도 제5차 국어 교과서에 수록된 비문학의 특징이라면 특징일 것이다.

셋째, 제5차 교육과정기의 문학 교육 방법론은 역사주의 관점, 신비평, 수용자를 고려한 문학 교육이 혼합되었다. 다만, 제3차 때부터 우리 문학 교육에 강력하게 영향을 끼친 신비평이 주된 문학 교육 방법론이라는 전제가 붙는다. 그럼에도 불구하고 '작품-독자', 작품을 이해·감상하는 수준이 작품 자체에 매몰되지 않고, 수용자를 고려한 문학 교육의 싹이 보인다는 견지에서 의의를 찾을 수 있다.

넷째, 국어 교과서에 수록된 고시조의 편수가 제5차에서 현저하게 감소하였다. 국어 교과서의 고시조 수록 변천은 제1차 〈고등국어〉 26편, 제2차 〈국어〉 32편, 제3차 33편, 제4차 38편으로 점차 증가 추세를 보였다. 그런데 제5차 〈국어(상)〉에 정몽주, 송순, 이황, 안민영, 윤선도 등의 고시조 5편만이 읽기 제재로 수록되었다.

2) 활동 중심의 문학교육: 제6차 교육과정(1992~1997)

(1) 제6차 국어과 교육과정

제6차 고등학교 교육과정은 1992년 10월 30일 교육부 제1992-19호로 고시되었고, 1995년 3월 1일 신입생부터 적용되었다.[85] 제5차 교육과정(1987·88~1992)이 고시된 지 대략 5년(고등학교 4년)만의 개정이었다. 교육과정 변천사에서 개정 주기가 횟수를 거듭할수록 가파르게 짧아지고 있다.[86] 이러한 교육과정 개정의 변화 속도가 빨라지는 현상은, 그만큼 국내·외적으로 급변하는 시대 배경과 무관하지 않다는 것을 방증한다. 교육과정의 개발은 새로운 철학이나 관점·국가 차원의 미래를 준비하기 위해, 교육과정의 성격·기초·구성·전개·평가 등의 전반에 걸쳐 새로운 안을 만들어내기 때문이다.

제6차 교육과정은 20세기를 마무리하고 새로운 시대를 준비하는 교육 개혁의 일환으로 개정된 점에서 특별한 시대적 의미를 지니게 되고, 기초·보통 교육의 교육 내용면에 근본적인 개혁을 시도하고 있는 점이 특징이다. 교육부는 1990년 3월부터 6월까지, 21세기를 대비한 초·중등학교 교육과정 개정을 위한 기초 준비 단계에서, 교육과정 실험·연구학교 및 협력학교를 지정하고, 고등학교의 전문 교과 교육과정 개정에 필요한 기초 연

---

85 국민학교 교육과정은 1992년 9월 30일에 교육부 고시 제1992-16호로, 1995년 3월 1일부터 시행되었다. 다만, 국민학교 3·4학년은 1996년 3월 1일, 5·6학년은 1997년 3월 1일부터 시행되었다. 중학교 교육과정은 1992년 6월 30일에 교육부 고시 제1992-11호로, 1995년 3월 1일부터 시행되었다.

86 제1차 교육과정(1954~1963)은 대략 9년, 제2차 교육과정(1963~1973·74)은 10년(고등학교 11년), 제3차 교육과정(1973~1981)은 8년(고등학교 7년), 제4차 교육과정(1981~1987·88)은 6년(고등학교 7년)만에 개정되었다.

구를 한국교육개발원에 위탁하였다.

제6차 고등학교 교육과정은 보통 교과로 공통 필수 과목과 과정별 필수 과목으로 나누었다. 공통 필수 과목에는 국어, 과정별 필수 과목에는 화법·독서·작문·문법·문학으로 체계를 잡았다. 제6차 교육과정에서 화법과 독서가 새롭게 과정별 필수 과목으로 지정되었다. 제6차 국어과 교육과정은 체제면에 있어서 많은 변화를 보여주는데, 그 교육과정 체제를 보이면 다음과 같다. (밑줄은 필자)

2. 국어

　　1. <u>성격</u>　　2. 목표(전문+3개항)

2-1. 국어

　　1. <u>성격</u>　　2. 목표(3개항)

　　3. 내용

　　가. <u>내용 체계</u>

　　　나. 내용

　　　　-말하기-〈말하기의 본질〉(3개항) /〈말하기의 원리와 실제〉(8개항)

　　　　-듣기-〈듣기의 본질〉(3개항) /〈듣기의 원리와 실제〉(8개항)

　　　　-읽기-〈읽기의 본질〉(3개항) /〈읽기의 원리와 실제〉(10개항)

　　　　-쓰기-〈쓰기의 본질〉(3개항) /〈쓰기의 원리와 실제〉(8개항)

　　　　-언어-〈언어의 본질〉(2개항) /〈국어의 이해와 사용의 실제〉(8개항)

　　　　-문학-〈문학의 본질〉(3개항) /〈문학 작품의 이해와 감상의 실제〉(8개항)

　　4. 방법(6개항)　　　5. 평가(7개항)

2-2. 화법, 2-3. 독서, 2-4. 작문, 2-5. 문법, 2-6. 문학

제6차 국어과 교육과정에서는 성격과 내용 항에 내용 체계를 신설하였다. 그리고 내용 체계를 본질·원리·실제로 구분하여, 각 영역의 내용이 보다 체계화되었다. 제5차 교육과정의 '지도 및 평가상의 유의점'이 제6차 교육과정에서는 '방법' 및 '평가'로 분리되어, 각 항목의 내용이 보다 정교하게 기술되었다.

국어과의 성격은 전체 교육의 목표에 국어과가 기여하는 독립 교과로서의 정체성을 밝히고, 하위 영역을 구분하며, 학습 방법을 제시하는 부분이다. 제6차 교육과정에서는 앞선 교육과정의 교과 목표 및 국어 목표에 산재해 있던 내용을 성격 항에 묶어, 국어과의 성격을 뚜렷하게 제시하였다는 의의가 있다. 국어과는 국어의 발전과 민족의 언어문화 창조에 이바지하려는 뜻을 세우고, 올바른 민족의식과 건전한 국민 정서를 함양하는 교과이다. 고등학교 국어과는 언어 사용 기능을 신장시키고, 언어와 국어에 관한 지식, 문학에 관한 이해와 문학 작품 감상 능력을 보다 체계적으로 신장시키기 위한 교과로 성격을 규정하고 있다.

이러한 국어과가 갖는 성격을 실현하기 위해, 제6차 교육과정에서는 국어과의 도구 교과적 성격을 강조하였다.[87] 도구 교과의 의미는 언어와 지식의 연관 관계를 고려하여, 국어 교육이 모든 교과의 도구가 된다는 것이다. 국어가 모든 교과의 도구가 된다는 것은 언어가 사고의 기반이 된다는 것을 전제한 것인데, 언어는 기호이기 때문에 인지의 대상을 기호화한다. 기호화의 과정에서 대상이 분류되고 체계화가 이루어지는데, 이러한 과정 속에서 지식이 분화된다. 따라서 국어과의 도구 교과적 성격은 언어가 사상과 감정을 표현하고 이해하는 기능적 측면과 국어 교육이 수행하는 내용적 측면을 모두 고려한 개념이다.

---

87   교육부 고시 제1992-19호, 고등학교 국어과 교육과정, 27쪽.

제6차 국어 과목의 목표는 제5차 교육과정과 내용면에서 크게 달라진 점은 없다. 그러나 국어 과목의 목표의 진술 방식에서 차이를 보인다. 제6차 교육과정의 국어 과목의 목표는 다음과 같다.

> 가. 말과 글을 통하여 생각과 느낌을 효과적으로 표현하고 이해하며, 언어 사용에 대하여 바르게 판단하는 태도를 가지게 한다. / 나. 언어와 국어에 관한 일반적인 지식을 바탕으로 국어를 바르게 이해하고 사용하게 한다. / 다. 문학에 관한 일반적인 지식을 바탕으로 작품을 바르게 이해, 감상하며, 인간의 삶을 총체적으로 이해하게 한다.

제6차 교육과정의 국어 교과와 국어 과목의 목표 진술이 모두 3개항으로 통일되었다. 제5차 교육과정에서는 교과 목표가 3개항(언어 사용 기능, 언어, 문학)으로, 국어 과목의 목표는 6개항(말하기, 듣기, 읽기, 쓰기, 언어, 문학)으로 펼쳐 놓았다. 그러나 제6차 교육과정의 국어 과목의 목표도 국어 교과의 목표와 같이 언어 사용 기능, 언어, 문학으로 기술하였다.

국어과 교육과정에서 문학 영역의 성격은 문학 작품을 이해할 수 있는 지적 능력을 함양하고, 문학 작품의 감상을 통하여 즐거움을 느끼게 하고, 삶의 다양한 모습에 대하여 관심을 가지고 이해하게 하며, 풍부한 상상력을 길러준다. 이러한 성격을 갖는 문학 영역의 구체적 목표는 문학의 지식을 바탕으로 작품을 바르게 이해·감상하며, 인간의 삶을 총체적으로 이해하게 한다고 밝히고 있다.

제6차 국어과 교육과정에서 문학 영역의 내용 체계는 문학의 본질·문학 작품의 이해·문학 작품의 감상의 실제로 구조화되었다. 내용 체계를 보이면 다음과 같다.

[표Ⅲ-11] 제6차 문학 영역의 내용 체계

영역	내용		
문학	1.문학의 본질 1)문학의 특성 2)문학의 기능 3)한국 문학의 특질	2.문학 작품의 이해 1)작품과의 친화 2)작품 구성 요소의 　기능 및 관계 3)작품의 미적 구조 4)작품 세계의 창조 　적 수용 5)인간과 세계의 이해	3.문학 작품의 감상의 실제 1)시 감상 2)소설 감상 3)희곡 감상 4)수필 감상 5)문학 작품을 효과적으 　로 이해하고 감상하는 　태도 및 습관

　내용 체계의 구조화는 문학 영역의 목표를 성취하기 위한 문학적 수행 과정의 위계성을 보여준다. 내용 체계의 구조화가 위계성을 갖는다는 의미는, 문학 작품의 이해와 감상을 향상시키기 위해서는 문학의 특성·문학의 기능·한국 문학의 특질을 범주화한 문학의 본질에 관한 선행 학습이 필요함을 의미한다. 이러한 의도는 문학 영역의 내용을 기술한 태도에서도 읽을 수 있다. 문학 영역의 내용은 문학의 본질과 문학 작품의 이해와 감상의 실제로 나누어 기술하였다. 제6차 문학 내용 체계에서 감상의 주체, 수용자를 강조하기 시작했다는 점은 눈여겨 볼만하다.

　문학 영역의 평가는 앞선 교육과정의 평가 내용[88]과 비교했을 때, 구체적이면서 상세화 되었다. 문학 교육의 평가와 관련된 내용을 제시하면 다음과 같다.

88　4차 교육과정의 문학 영역 평가 내용은 다)'문학'은 작품의 이해와 감상을 중심으로 하여 평가한다.
　　5차 교육과정의 문학 영역 평가 내용은 (7)'문학'평가는 문학에 대한 이해와 작품의 올바른 이해 및 감상에 중점을 두되, 문학 지식에 대한 평가보다는 작품의 해석 및 감상 능력에 중점을 둔다.

라. '문학' 영역의 평가 목표는 문학 작품 감상 능력을 위주로 설정하되, 문학 작품을 즐겨 읽는 태도 및 습관 등을 포함시키도록 한다. /
마. 항의 (6) '문학' 영역의 평가는 선다형, 단답형, 완성형, 서술형, 논술형 등의 다양한 방법을 적절히 활용하되, 태도 및 습관을 평가하기 위한 설문 문항 형식의 평가 방법도 활용한다.

라. 항은 평가 목표이고, 마. 항은 평가 방법에 해당한다. 앞선 교육과정의 문학 영역 평가 목표(문학 작품의 감상 능력)에 문학 작품을 즐겨 읽는 태도 및 습관을 포함시켜, 정의적 영역(태도, 습관 등)까지 평가 영역이 확장되었다. 또한 문학 영역의 평가 방법 역시 선다형, 단답형, 완성형, 서술형, 논술형, 설문 문항 형식 등의 다양한 평가 방법을 제시하여 확충되었다.

(2) 제6차 교육과정의 국어 교과서

교과서가 교육과정 내용을 바탕으로 만들어진다는 것은 당연하고도 암묵적인 지침이다. 둘 사이의 관계가 말해지거나 문서로 작성되지 않아도 되는 긴밀한 관계인 것이다. 제6차 이전까지는 교과서가 교육과정을 구체화한 현실태라는 것은 교육과정 원문 밖의 정리定理였다. 제6차 국어과 교육과정은 앞선 교육과정과는 달리, 둘 사이의 관계 설정에 대한 내용이 교육과정 원문 문서 속으로 들어왔다. 교육과정상의 '방법' 마. 항에 국어 교과서 편찬에 관한 지침 사항을 명시적으로 제시하였는데, 그 내용은 "국어 교과서는 고등학교 '국어' 과목의 특성을 살려 국어사용 능력을 균형 있게 신장할 수 있도록 '말하기', '듣기', '읽기', '쓰기', '언어', '문학'의 여섯 영역이 조화를 이루도록 편찬한다."고 밝히고 있다. 그리고 각 영역의 교과서 편찬에 관한 지침을 제시하였다.[89] 그 중에 문학 영역을 보면, "문학 영역은 여러 종류의 문학 작품을 즐겨 읽고 감상하는 활동 중심으로 구성한다."고 명문화했다.

제6차 국어과 교육과정에서의 국어 교과서는 〈국어(상)〉·〈국어(하)〉로 발간되었다. 그리고 제6차 국어 교과서부터 판형이 달라졌다.[90] 이전의 국어 교과서는 국판(규격 148×210㎜)이었는데, 제6차 국어 교과서부터 4×6배판(규격 187×257㎜)으로 판형이 더 커졌다.[91]

교과서 편찬 방향은 교육 과정에 바탕을 두고, 자율 학습이 가능한 교과서, 개념과 방법을 익혀 능력을 향상시키도록 편찬하였다. 교과서 편찬

---

89 다른 영역의 교과서 편찬 지침을 보면 다음과 같다. (1)'말하기', '듣기'영역은 말하기 및 듣기의 원리 및 절차에 따라 실제로 말하고 듣는 활동을 중심으로 구성한다. (2)'읽기'영역은 읽기 영역의 '내용'을 체계적으로 학습할 수 있는 읽기 자료를 바탕으로 하여, 읽기 능력을 보다 효과적으로 신장시킬 수 있도록 글을 읽고 이해하는 일련의 과정을 중심으로 구성한다. (3)'쓰기'영역은 쓰기 능력을 체계적으로 신장시킬 수 있도록 쓰기의 원리 및 절차에 따라 실제로 글을 쓰는 활동 중심으로 구성한다. (4) '언어'영역은 구체적인 언어 자료로부터 언어 지식을 도출하는 탐구 과정 중심으로 학습 내용을 구성한다.

90 제1차부터 제5차까지 국어 교과서 판형은 국판이었지만, 교사용 지도서는 처음부터(제3차) 4×6배판으로 출간되었다.

91 교육부는 '교과서의 체재 개선을 위한 인간 공학적 연구'을 통해, 교과서 크기가 달라 들쭉날쭉한 것보다는 현재 가장 큰 판형인 4×6배판으로 통일하는 것이 바람직한 것으로 결과를 얻었다. 현재 중·고교 교과서의 대종을 이루고 있는 국판은 규격이 작아 다양한 레이아웃이 어렵고 여백이 좁아 학습에 불편하며 부피가 두꺼운 게 흠으로 지적되고 있다. 4×6배판은 글자 크기, 행간의 여백 등을 적절하게 조절하여 학생들의 가독성을 높일 수 있는 장점이 있다. 교육부는 제6차 교육과정이 시작되는 1995년부터 개선된 교과서로 학습할 수 있도록 계획 중이다.(기사: "교과서 판형 4×6배판 가장 이상적", 『경향신문』, 1992.6.16.) 그리고 2011학년도부터 교과서의 가격과 판형이 전면 자율화된다. 건국 이래 처음으로 교과서 가격이 전면 자율화된다. 획일적으로 규정돼 있던 교과서 판형과 페이지 수 등도 앞으로 출판사들이 자유롭게 결정할 수 있게 된다. 13일 교육과학기술부에 따르면 이 같은 내용을 골자로 하는 '교과용 도서에 관한 규정 일부 개정령안'을 지난달 17일 재입법 예고했다. 개정령안은 국정도서의 가격은 교과부 장관이 정하도록 했으나 검정·인정도서 가격은 발행자가 결정하도록 했다. 정부 기관의 사정을 받지 않고 교과서 가격이 결정되는 것은 1948년 첫 교과서 '바둑이와 철수'가 나온 이래 처음이다.(기사: "교과서 가격·판형 62년 만에 전면 자율화", 『한국경제』, 2009.7.13)

의 방향을 부연 설명하면 다음과 같다. 제6차 고등학교 교육과정에서는 학습자의 자주적이고 창의적으로 학습에 참여할 것을 강조하고 있다. 이는 자율적인 학습을 통해 적극적이고 능동적인 학습 태도를 형성하고, 창의적으로 사고하며, 나아가서 주체적이고 긍정적인 태도를 길러 바람직한 인간을 형성하기 위한 것이다. 자율 학습이란 학생 스스로 공부해야 할 목표를 찾고, 그 목표에 도달하기 위한 과정을 스스로 해결해 나가며, 자신이 공부한 결과를 주체적으로 판단해 보는 학습 방법을 말한다. 교사는 학생이 자율 학습을 할 수 있도록 여건을 만들어 주고, 학생은 교사의 도움을 받아 자신에게 주어진 과제를 해결해 나가야 한다. 따라서 교수-학습 방법은 교과서에 따라서 자율적이고 자발적인 방식으로 이루어져야 한다. 개념과 방법을 익혀 능력을 향상시킨다는 의미는 교실에서 이루어지는 학습은 지식 그 자체의 암기보다는 활용과 발전을 위한 기본 능력을 함양하는 과정이다. 이에 따라 교과서는 기본적인 개념과 방법을 익히도록 하고, 이를 다시 실제의 국어 활동에 활용하는 과정으로 소단원을 편성하였다. 따라서 소단원은 모범 예문이라기보다 학습할 원리를 실습하는 대상으로 삼아 공부하고, 이 능력을 바탕으로 국어 생활의 능력 향상이 이루어지도록 해야 한다.

〈국어(상)·(하)〉의 대단원 체재는 '대단원[단원의 길잡이-학습 목표-준비 학습-학습할 원리-소단원(본문-학습 활동)-말하기·듣기와 쓰기-단원의 마무리]'를 기본 골격으로 하였다. 단원의 길잡이와 단원의 마무리는 제5차 국어 교과서 방식을 계승하였다. 제6차 국어 교과서의 단원 구성에서 가장 큰 특징은 학습 목표, 준비 학습, 학습할 원리, 각 학습 활동에 관한 도움말, 평가 중점, [말하기·듣기]와 [쓰기] 학습 활동[92] 등이 새롭게 삽입되었

92 제6차 국어 교과서에는 단원의 마무리 앞에 말하기·듣기, 쓰기 영역에 관한 내용을 학습 활동 문제로 삽입하였다. 이러한 구성은 문학 영역 단원에서도 예외가 아닌데, 그 예를 〈국어(상)〉의 7단원 '작자, 작품, 독자'에서 살펴보자. [말하기·듣기] 화자와 청자의 상호 작용, [쓰기] 독자의 분석으로

다는 것이다. 이러한 구성은 교과서 편찬의 방향에서 밝혔듯이, 학습자가 교과서를 자주적이고 능동적으로 자율학습이 가능하기 위한 장치들이다.

제6차 국어 교과서에서 새롭게 등장한 장치들을 대단원과 소단원 구성으로 나누어 살펴보자. 먼저 대단원 차원에서 학습 목표는 교육과정의 목표를 각 대단원의 학습 목표로 상세하고 구체적으로 제시하였다. 학습 목표는 평가 목표로 전환될 수 있는 내용이므로, 학습 목표와 평가는 유기적인 성격을 갖는다. 준비 학습은 각 대단원을 공부하기 위한 바탕 학습에 해당한다. 학습할 원리는 각 대단원의 성격에 맞는 학습할 원리를 제시하고 해설하였다. [말하기·듣기]와 [쓰기]는 이론적인 이해보다는 실제적인 활동이 중시되는 영역이다. 실제 활동이 이루어질 수 있는 문제 형태로 제시되었고, 역시 도움말을 덧붙였다.

다음으로 소단원 구성은 제5차 교과서와 마찬가지로 제6차에서도 소단원별 학습 활동(제재1-학습 활동1-제재2-학습 활동2)이 제시되었다. 그러나 제6차에서는 학습 활동 도움말과 평가 중점을 덧붙였다. 학습 활동 도움말은 학습 활동의 문제 해결 과정을 도와주기 위한 것이다. 그리고 학습 활동 도움말 끝에 평가 중점을 밝혔는데, 이는 학습 목표를 다시 확인함으로써 교수-학습 활동을 완결하고 평가하는 의미를 담고 있다.

제6차 교육과정의 국어 교과서에 나타난 특징을 단원 구성과 교과서 내용(수록 작가와 작품)을 통해 살펴보자. 우선 〈국어(상)·(하)〉의 단원 구성과 수록된 작품(작가)을 보이면 다음과 같다. (밑줄은 필자)

제시하고 각 영역에 대해 학습 활동 문제로 5개를 출제하였다. 7단원에는 광야(이육사), 삼대(염상섭), 춘향전, 관동별곡(정철), 안민가(충담사)가 수록되었다. 이러한 사실로 봐서, 국어 과목의 학습 목표가 학습자의 의사소통 능력의 향상에 있음을 알 수 있다.

국어(상)1.읽기의 본질-(1)독서와 인생(이희승),(2)불국사 기행(현진건)○〈말하기·듣기〉대화로서의 말하기·듣기○〈쓰기〉대화로서의 쓰기 / 2.문학의 즐거움-(1)차마설(이곡),(2)청산별곡,(3)바비도(정한모),(4)뻐꾸기에 부쳐(워즈워스·유종호 옮김)○〈말하기·듣기〉자료의 수집과 평가○〈쓰기〉내용의 선정 / 3.언어와 국어-(1)언어의 본질(김광해),(2)언어의 체계, 구조, 기능(이용주),(3)국어의 특질○〈말하기·듣기〉말의 문장○〈쓰기〉어법에 맞는 글 / 4.읽기와 어휘-(1)현대 과학은 환경 문제를 해결할 수 있는가(윤순창),(2)잊지 못랄 윤동주(정병욱),(3)학문의 목적(박종홍)○〈말하기·듣기〉이해를 돕는 어휘○〈쓰기〉내용에 적절한 단어 / 5.문학의 유형-(1)시조,(2)진달래꽃(김소월),(3)동백꽃(김유정),(4)은전 한 닢(피천득),(5)봉산탈춤○〈말하기·듣기〉설명을 위한 몸짓과 표정○〈쓰기〉중심 문단과 뒷받침 문단 / 7.작자, 작품, 독자-(1)광야(이육사),(2)삼대(염상섭),(3)춘향전,(4)관동별곡(정철),(5)안민가(충담사·양주동 옮김)○〈말하기·듣기〉화자와 청자의 상호 작용○〈쓰기〉독자의 분석 / 8.국어의 구조-(1)국어의 음운 변화,(2)단어와 문장의 구조,(3)문체와 사회(박갑수)○〈말하기·듣기〉탄력성이 있는 말○〈쓰기〉문장 표현의 탄력성 / 9.비판적 이해-(1)신록 예찬(이양하),(2)기예론(정약용),(3)민주주의 한국의 청사진(김태길)○〈말하기·듣기〉문제 분석과 평가○〈쓰기〉내용 생성과 문제 분석 / 10.문학과 현실-(1)성북동 비둘기(김광섭),(2)두시언해(두보),(3)수난이대(하근찬),(4)메밀꽃 필 무렵(이효석), (5)허생전(박지원·이우성 옮김)○〈말하기·듣기〉유추와 비판○〈쓰기〉유추를 통한 내용 생성 / ■부록93

---

93 국어(상)〉부록에는 1.참고 자료, 2.한글 맞춤법이 실렸다. 참고 자료에는 소단원의 학습을 돕기 위한 자료를 중심으로 구성하였다. 이는 학습 내용의 심화를 위한 것으로, 각 소단원의 제재나 내용을 심화 과정 차원에서 참고 자료로 제시하였다.

국어(하)1.독서와 인생-(1)나의 길, 나의 삶(박이문), (2)소설은 왜 읽는가(김현), (3)기미독립선언문○〈말하기·듣기〉혼합을 통한 문제 해결○〈쓰기〉유형화를 통한 문제 해결 / 2.국어와 생활-(1)우리말 가꾸기(고영근), (2)새말의 탄생(남기심), (3)북한의 말과 글(남성우)○〈말하기·듣기〉신뢰감을 주는 태도○〈쓰기〉공감 형성을 위한 태도 / 3.언어와 문화-(1)설일(김남조), (2)선학동 나그네(이청준), (3)흥부가, (4)살아 있는 이중생 각하(오영진), (5)용비어천가○〈말하기·듣기〉함축 효과를 위한 형상화○〈쓰기〉정확성을 위한 기술 / 4.설명과 설득-(1)정보 사회와 인간 생활, (2)사회 변동과 문화 변동, (3)매헌에게 주는 글(홍대용·유승주 옮김)○〈말하기·듣기〉예시를 통한 설득○〈쓰기〉비교, 대조를 통한 설득 / 5.우리말의 역사, (2)우리말의 옛 모습○〈말하기·듣기〉인과 분석을 통한 방안 모색○〈쓰기〉인과 분석의 글쓰기 / 6.문학과 문화-(1)유산가, (2)논개의 애인이 되어서 그의 묘에(한용운), (3)토지(박경리), (4)연행가(홍순학), (5)적벽부(소식·이응백 옮김)○〈말하기·듣기〉유추를 위한 보조 자료○〈쓰기〉시각화를 위한 보조 자료 / ■부록[94]

제6차 국어 교과서의 단원 구성은 목표 중심이다. 〈국어(상)〉의 5단원 "문학의 유형" 단원에서는 여러 문학 작품이 지닌 갈래의 특성과 갈래상의 특성에 따라 작품 이해의 방식을 달리하면서 감상할 수 있는 능력을 기르는 것이 단원 학습 목표가 된다. 그리고 소단원으로 시조, 김소월의 '진달래꽃'(시), 김유정의 '동백꽃'(소설), 피천득의 '은전 한 닢'(수필), '봉산 탈춤'(민속극) 등이, 그 목표를 성취하기에 적합한 읽기 제재로 수록되었다. 이와 같이 제6차 문학 단원은 고전과 현대 문학에 속하는 여러 가지 갈래의

---

94 〈국어(하)〉 부록에는 1.참고 자료, 2.표준어 규정, □ 한글 맞춤법이 실렸다.

작품을 묶어, 한 단원으로 구성되었다는 특징을 갖는다.

제6차 국어 교과서의 대단원은 〈국어(상)〉이 10개와 부록, 〈국어(하)〉가 6개와 부록으로 구성되었다. 그리고 소단원은 〈국어(상)〉이 37개, 〈국어(하)〉가 21개로 국어 교과서의 소단원은 모두 58개이다. 대단원은 2·3·5개의 소단원을 포함하는데, 주로 3개와 5개의 소단원이 하나의 대단원을 구성하였다.

국어 교과서의 분량(본문/부록)은 〈국어(상)〉이 472쪽(376쪽/96쪽), 〈국어(하)〉가 387쪽(280쪽/107쪽)이다.[95] 제6차 국어 교과서의 본문 읽기 제재의 전체 분량은 656쪽(부록 포함: 859쪽)이다.

국어 교과서에 수록된 작품은 〈국어(상)〉에 39편, 〈국어(하)〉에 26편으로 모두 65편이다. 수록된 작가는 〈국어(상)〉에 38명, 〈국어(하)〉에 21명으로 모두 59명[96]이다.

제6차에서 소단원 읽기 제재를 학습한 후, 학습자의 학습 평가 활동은 각 소단원 학습 활동 문제와 [말하기·듣기]·[쓰기] 학습 활동, 단원의 마무리가 있다. 이 중에서 〈국어(상)〉의 7단원 "작가, 작품, 독자"에 수록된 이육사의 '광야'의 학습 활동과 단원의 마무리를 예로 들어 보이면 다음과 같다. 제6차 교육과정기의 문학 교육 실상을 파악하기 위해서 전문을 인용한다.(밑줄은 필자)

---

95 제6차 〈국어(상)〉의 전체 분량(472쪽)에 대한 각 대단원 분량은 1단원 28쪽, 2단원 44쪽, 3단원 34쪽, 4단원 34쪽, 5단원 38쪽, 6단원 32쪽, 7단원 44쪽, 8단원 38쪽, 9단원 30쪽, 10단원 54쪽 부록 96쪽이다. 〈국어(하)〉의 전체 분량(387쪽)에 대한 각 대단원 분량은 1단원 32쪽, 2단원 34쪽, 3단원 76쪽, 4단원 36쪽, 5단원 32쪽, 6단원 70쪽, 부록 107쪽이다.

96 국어(상)에 두시언해(두보) 2편('강촌'·'절구')이, 〈국어(하)〉에 용비어천가(정인지 외) 6장(제1장·제2장·제4장·제48장·제67장·제125장)이 수록되었다.

소단원 '광야'의 학습 활동

1.이 시의 표현을 중심으로 다음을 공부해 보자. (1)첫째 연과 둘째 연이 그리고 있는 광경은 무엇이며, 이에 대한 느낌은 어떠한가?(2)첫째 연에 나오는 '강물'이 상징하는 것은 무엇이겠는가? 그리고 이 경우, 셋째 연은 어떤 뜻으로 해석될 수 있는가?(3)넷째 연에서 '매화 향기'를 조국의 광복에 대한 예감이나 전망으로 해석하게 되면 '아득하다'는 말과 연결시켜 볼 때, "조국의 광복이 아득하다."는 뜻이 되어 이 작품의 앞부분에서 보여 준 역사의식이 희석되어 버리는 느낌이 있다. 이런 점을 감안하면, '홀로 아득하다'는 것은 어떤 뜻을 함축한다고 볼 수 있는가?그 뒤에 나오는 '가난한 노래의 씨'와 다섯째 연에 나오는 '백마 타고 오는 초인'이 상징하는 바와 연결시켜 생각해 보자.(4)앞에서 공부한 것과 관련지어 볼 때, '천고의 뒤'를 생각하는 것은 어떤 의미로 해석될 수 있는가? / 2.이 시의 화자 및 작자와 관련하여 다음을 공부해 보자. (1)이 작품 속의 화자는 지금 어떤 곳에 있겠는가?(2)화자가 서 있는 공간을 역사적 의미로 생각한다면, 어떤 사회상이 연상되는가?(3)작자가 독립 운동가였다는 사실과 관련지어 본다면, 이 시는 무엇을 말하고 있는가?(4)이와 같은 학습 과정을 통해 작자의 전기적 사실이 작품을 이해하는 데 어떤 도움을 준다고 생각하게 되었는지 정리해 보자. / 3.창작 동기를 생각해 볼 때, 이 시는 표현과 전달 중에서 어떤 동기가 더 우세하다고 생각하는가? 그리고 그러한 판단을 하게 된 근거를 제시해 보자. / 4.문학 작품의 핵심 주제를 이루는 한 부분이면서 작품의 중심적인 내용 단위가 되는 것을 모티프라 한다. 작품의 모티프는 창작 당시의 사회나 삶의 조건에서 영향을 받기도 한다. 고전 소설에는 영웅 모티프가 많이 나타나며, 19세기 말~20세기 초의 개항기開港期에는 기차 모티프가, 일제 강점기에서는 속죄양 모티프가 많이 나타났는데, 이는 모두 삶의 조건과 시대성에 관련되어 있

다. 이와 관련하여 다음을 공부해 보자. (1)이 작품도 속죄양 모티프를 지니고 있다고 볼 수 있는지 생각해 보자. (2)이 시인의 작품 중에서 이와 비슷한 모티프를 지닌 시가 더 있는지 알아보자. (3)한 작가의 작품들에서 특정한 모티프가 형성되는 까닭을 생각해 보자. / 5.다음의 단어에 대하여 공부해 보자. ·초인趙人(1)이 단어를 활용하여 짧은 글을 지어 보자. (2)이 한자들이 사용된 다른 단어들을 조사해 보자.

대단원 "작자, 작품, 독자"의 단원의 마무리

1.작자의 창작 동기를 중심으로 다음을 공부해 보자. (1)창작 동기가 다르면 작품이 어떻게 달라지겠는지, 유사한 소재를 가진 두 작품을 들어 생각해 보자. (2)창작 동기와 시대 및 상황은 어떤 관계가 있는가? (3)창작 동기와 독자의 반응은 어떤 관계가 있는가? / 2.작자와 작품의 관계를 중심으로 다음을 공부해 보자. (1)'춘향전'과 앞에서 공부한 '봉산 탈춤'의 작자 사이에는 어떤 공통점이 있는가? 그리고 이 공통점은 작품에 어떤 방식으로 반영되어 있는가? (2)'관동별곡'과 앞에서 공부한 고시조의 작자 사이에는 어떤 공통점이 있는가? 이 공통점에도 불구하고 작품이 크게 차이를 보이는 것은 무엇 때문인가? / 3.작품 창작에 영향을 주는 환경을 중심으로 다음을 공부해 보자. (1)신라 때에는 향가라는 양식으로, 조선조에는 시조라는 양식으로, 개화기에는 창가라는 양식으로, 그리고 현대에는 자유시의 양식으로 시를 짓고 있음에 주목하여, 작품 창작에 미치는 시대적 영향을 생각해 보자. (2)오늘날의 국어 생활에도 이러한 시대적 관습의 영향이 있는가? 있다면 어떤 것인가? / 4.작품과 독자의 관계를 중심으로 다음을 공부해 보자. (1)초등학교 시절에 읽었던 작품 하나를 골라, 그것을 다시 읽어보자. 그 느낌은 어떻게 다른가?(2)작품 감상에 나타나는 이러한 변화가 일상생활에도 나타나는가?(3)문학

작품을 읽음으로써 경험의 폭을 넓힐 수 있다. 각자 이런 경험의 구체적 사례가 있는지 의견을 나누어 보자. (4)작자는 작품을 쓰고, 독자는 그것을 읽되, 그 일이 각각 다른 자리에서 이루어지는 것이 오늘날의 관습이라 할 수 있다. 그러나 본디 문학은 작자의 창작과 독자의 반응이 함께 이루어지는 구비 문학으로 시작되었으며, 그것들 간에는 상호 밀접한 관계가 있었다. 오늘날에도 이러한 상호 작용의 관계가 있다고 할 수 있겠는가? / 5.'베스트셀러에 대한 우리의 태도'라는 주제로 교실에서 발표할 때와 일간 신문에 투고할 때에는 그 내용이 어떻게 달라야 하겠는지 설명해 보자. 그리고 이것을 400자 정도의 글로 써 보자.

제6차 국어 교과서의 학습 활동의 특징은 활동 문제가 많고, 해당 문제에 대한 학습 활동 도움말을 덧붙이고 있다는 점이다. 이러한 구성은 학습자 스스로 자기 주도 학습이 가능하도록 교과서를 편찬했기 때문이다. "작가, 작품, 독자" 단원에는 이육사의 '광야'(시), 염상섭의 '삼대'(소설), '춘향전'(고전 소설), 정철의 '관동별곡'(가사), 충담사의 '안민가'(향가)가 소단원으로 수록되었다. 제6차 문학 영역은 여러 갈래의 문학 작품을 즐겨 읽고 감상하는 활동 중심으로 구성되었기에, 향가·가사·고전 소설·시·소설 작품이 한 단원으로 묶였다.

문학 영역의 학습 활동 평가 문제는 제6차를 기점으로 확연하게 변화되었다. 인용된 학습 활동 문제를 통해서, 작가-작품-독자·시대적 배경을 모두 고려한 문제로 구성되었음을 알 수 있다. 이러한 변화는 생산이론·구조이론·수용이론·반영이론 등의 진전된 문학 이론이 문학 교육에 수용되었기 때문이다. 특히 주목되는 점은 문학 교육 변천사에서, 작품의 이해와 감상 주체가 학습자의 적극적이고 역동적인 역할 중심으로 변화된다는 점이다. 수용이론에 의해 작품 중심에서 인간 중심의 문학관으로 바꾸었다. 수용이론은 작가의 예술적 경험과 수용자 측면의 심미적 경험이 만나는 곳에 문학의 참다운 이해가 이루어진다고 본다. 그러나 작가의 예술적 경험과 수용자의 심미적 경험 사이에는 일정한 거리를 상정하게 되는데, 그것을 심미적 차이 혹은 심미적 거리라고 부른다. 이 심미적 차이가 새로운 작품을 접할 때, 이미 형성되어 있는 수용자의 경험을 부정하거나 의식화함으로써 지평전환이 이루어진다.[97] 만약 초등학교 시절에 읽었던 작품이 수용자의 경험 세계와 전혀 관련이 없을 정도로 기대 지평을 벗어난다면, 그것은 다시 새로운 기대 지평이 유효할 때라야 비로소 수용될 수 있다. 따라서 수용이론은 수용자의 경험의 지속과 변화에 개방적 탄력성을 보이며, 기본적으로 수용자의 경험유대적임을 강조한다. 이와 관련된 단원의 마무리 4번 문제 구성에 주의를 요한다. 4번 문제가 수용 이론을 적극 반영하여, 학습 활동으로 구성된 문제이기 때문이다.

(3) 제6차 교육과정에 나타난 문학교육의 특성

제6차 교육과정의 국어 교과서 〈국어(상)·(하)〉에 수록된 본문 읽기 제재를 갈래에 따라 분류해서, 국어 교과서 속의 문학 영역의 특징에 대해 살펴보자. 다음은 앞 장에서 제시한 국어 교과서에 수록된 작품(작가)을 갈래에 따라 표로 작성한 것이다.

---

97 구인환 외(2004), 『문학교육론』, 삼지원, 179쪽.

[표Ⅲ-12] 제6차 〈국어(상)·(하)〉에 수록된 읽기 제재의 갈래와 수(數)

구분	고시조	향가	고려가요	가사	악장	한시	민속극	고전소설	고대수필	시	시조	소설	수필	희곡	문학개론	비평	설명문	논설문	계	
																			갈래	數
상	2	1	1	1		2	1	3	2	4	1	5	4		1	1	7	3	16	39
하				1	6			1	3	2		2	1	1	1		3	5	11	26
계	2	1	1	2	6	2	1	4	5	6	1	7	5	1	2	1	10	8		65

먼저 [표 Ⅲ-12]에서, 국어 교과서에 수록된 갈래와 본문 읽기 제재에 대한 일반적인 사항을 제시하면 다음과 같다. 〈국어(상)〉에서 고전 작품의 갈래는 8개, 읽기 제재는 13편이다. 현대 작품의 갈래는 8개, 읽기 제재는 26편이다. 〈국어(상)〉에는 모두 16개의 갈래와 39편의 읽기 제재가 수록되었다. 〈국어(하)〉에서 고전 작품의 갈래는 4개, 읽기 제재는 11편이다. 현대 작품의 갈래는 7개, 읽기 제재는 15편이다. 〈국어(하)〉에는 모두 11개의 갈래와 26편의 읽기 제재가 수록되었다.

제6차 교육과정의 국어 교과서에 수록된 고전 작품의 갈래는 9개, 읽기 제재는 24편이다. 현대 작품의 갈래는 9개, 읽기 제재는 41편이다. 이를 모두 합산하면, 국어 교과서에는 18개의 작품 갈래와 65편의 읽기 제재가 수록되었다. 제6차 국어 교과서의 읽기 제재 수는 설명문, 논설문, 소설, 악장과 시, 수필 순으로 수록되었다.

이상의 분석 내용을 바탕으로, 제6차 고등학교 교육과정과 국어 교과서에 나타난 문학 교육의 특징은 다음과 같다.

첫째, 제6차 교육과정의 문학 영역 내용 체계가 문학의 본질·문학 작품의 이해·문학 작품의 감상의 실제로 구조화되었다. 내용 체계의 구조화는 문학 영역의 목표를 성취하기 위한 문학적 수행 과정의 위계성을 가시적으로 보여준다.

둘째, 제6차 교육과정에서 문학 작품의 이해와 감상을 의사소통 과정으로 인식하였다. 앞선 교육과정까지는 주로 문학과 비문학적인 글의 차이를 인식하여, 문학 작품을 이해하고 감상하는 데에 초점을 맞췄다. 그러나 제6차 교육과정에서는 작품-독자의 관계를 화자-청자의 상호 작용으로, 즉 말하기와 듣기 영역과 연결 지었다. 또한 작가-작품의 관계를 쓰기 영역과 연결 지었다. 필자가 글을 쓰는 일은 일방적으로 내용을 전달하는 것이 아니라, 독자와의 의사소통으로 본 것이다.

셋째, 제6차 국어 교과서에 수록된 소설 작품은 다른 문학 갈래보다 많고, 소설 작품의 교과서 수록 변천사에서도 가장 많다. 제6차 국어 교과서에 수록된 소설(고전-4편·현대-7편) 작품은 11편으로 다른 문학 갈래보다 많다. 그리고 국어 교과서에 수록된 소설 작품의 변천사에서도, 제6차 국어 교과서에 가장 많이 수록되었다. 제1차 〈고등국어Ⅰ·Ⅱ·Ⅲ〉에 고전 소설3편·현대 소설 2편, 제2차 〈국어Ⅰ·Ⅱ·Ⅲ〉에 고전 소설 3편·현대 소설 2편, 제3차 〈국어1·2·3〉에 고전 소설 3편·현대 소설 4편, 제4차 〈국어1·2·3〉에 고전 소설 3편·현대 소설 5편, 제5차 〈국어(상)·(하)〉에 고전 소설 2편·현대 소설 1편이 수록되었다.

넷째, 문학 영역 단원에서 작품에 따라 [작품 소개]와 [작품의 줄거리]를 삽입하였다. [작품 소개]는 〈국어(하)〉 6단원의 "문학과 문화"에 수록된 홍순학의 '연행가'에서 볼 수 있다. [작품 소개]에는 '연행가'를 짓게 된 동기, 한양에서 출발해서 청나라 북경까지 그리고 다시 집으로 돌아오는 여정, 홍순학이 연행 과정에서 듣고 본 내용 등에 관해 설명하였다. 가사 작품인 '연행가'는 원문과 현대어 풀이를 병행해서 교과서에 수록하였다. 교과서에는 북경에서 한양으로 돌아오는 여정 중에 압록강 도강부터 시작되는 데, 비교적 읽기 분량이 많다. 그리하여 학습자가 가사 작품인 '연행가'를 이해하고 감상하는 데 어려움이 있다고 여겨, 선행 학습으로 [작품 소개]를 두었다. [작품의 줄거리]는 교육과정에서 교과서에 수록되는 문학 작품이 중편이나 장편일 경우에는 작품의 전체 요약을 제시하도록 하였기 때문이다. [작품의 줄거리가 있는 문학 작품은 〈국어(상)〉에서 김만중의 '구운몽'과 '춘향전', 〈국어(하)〉에서 '흥보가'와 소식의 '적벽부'에서 볼 수 있다. 이상에서 주로 고전 작품들 중심으로 [작품의 줄거리가 있는 데, 현대 작품으로 장편 소설인 염상섭의 '삼대'나 박경리의 '토지' 등에는 없어서 대비된다.

다섯째, 제6차에서의 문학 교육은 작가·작품 위주의 문학관에서 수용자 중심으로 변화되었다. 이러한 변화로 개별 학습자의 본능적 요소, 선험적 요소, 경험적 요소, 의식·무의식적 요소(기대지평) 등에 의한 텍스트에 대한 의미 생성 과정이 중요시 되었다. 수용은 의미론적인 과정이 아니라 상상적인 것이 텍스트 내에서 어떻게 형태화되고 있는가를 경험할 수 있는 과정이다. 이 수용 과정에서 텍스트에 주어진 구조적·기능적 지시를 거쳐 수용자의 의식 내에 텍스트 경험이 이루어지게 되는데, 이것이 수용자의 심미적 경험이 된다.

3) 수준별 교수-학습의 문학교육: 제7차 교육과정(1997~2007)

(1) 제7차 국어과 교육과정

1997년에 개정 고시된 제7차 교육과정은 공급자 위주의 교육에서 수요자를 중시하는 교육으로 전환하고 체계적이고 일관성 있는 교육을 위하여 국민 공통 교육 기간을 설정하고 수준별 교육과정을 도입하였다. 그리고 고등학교 2·3학년에서 선택 중심의 교육과정 도입, 학습의 효율화를 도모하기 위해 학습량 적정화를 꾀하고 있다. 교육과정의 기본 정신을 구현하기 위하여 국민 공통 교육 기간에 적용할 국어과 교육과정은 심화·보충형 수준별 교육과정으로, 고등학교 2·3학년에 적용할 국어 교과 선택 과목은 국민 공통 기본 교과인 국어 과목과의 관계에서 과목 선택형 수준별 교육과정을 도입하였다.

제7차 교육과정은 목표 차원에서 건전한 인성과 창의성을 함양하는 기초·기본 교육의 중심, 내용 차원에서 세계화·정보화에 적용할 수 있는 자기 주도적 능력의 신장, 운영 차원에서 학습자의 능력·적성·진로에 적합한 학습자 중심의 교육 실천, 제도 차원에서 지역 및 학교 교육과정 편성·운영의 자율성 확대 등의 네 가지를 기본 방향으로 설정하였다. 이러한 기본 방향에 따라서 국민 공통 교육 기간(초등학교 1학년부터 고등학교 1학년까지, 10년간)에 적용되는 교육과정으로 재편되었다. 그리고 심화 선택 과목(11·12년)인 〈화법〉·〈독서〉·〈작문〉·〈문법〉·〈문학〉은 큰 틀에서 제6차 교육과정과 같다. 그러나 고등학교 2·3학년에 적용되는 일반 선택 과목으로 〈국어 생활〉이 신설되었고, 내용 체계가 '본질/원리/태도/실제'로 확장되었다. 그리고 학년별 내용에서 수준별 학습 활동의 예(기본과 심화)를 든 것이 제6차와의 큰 차이점이다.

제7차 고등학교 국어과 교육과정 체제를 보이면 다음과 같다.

국어

1. 성격   2. 목표(전문+3개항)

3. 내용

　가. 내용 체계

　나. 학년별 내용

〈10학년〉

-듣기-(5개항/각 항에 '수준별 학습 활동의 예'로 기본·심화) / -말하기-(5개항/각 항에 '수준별 학습 활동의 예'로 기본·심화) / -읽기-(6개항/각 항

에 '수준별 학습 활동의 예'로 기본·심화) / -쓰기-(6개항/각 항에 '수준별 학습 활동의 예'로 기본·심화) / -국어지식-(8개항/각 항에 '수준별 학습 활동의 예'로 기본·심화) / -문학-(7개항/각 항에 '수준별 학습 활동의 예'로 기본·심화)

4. 방법

　가. 교수·학습 계획(2개항) / 나. 교수·학습 방법(3개항) / 다. 교수·학습 자료(3개항)

5. 평가

　가. 평가 계획(5개항) / 나. 평가 목표와 내용(2개항) / 다. 평가 방법(3개항) / 라. 평가 결과의 활용(2개항)

선택과목(11·12학년)

일반 선택 과목: 〈국어 생활〉

심화 선택 과목:〈화법〉, 〈독서〉, 〈작문〉, 〈문법〉, 〈문학〉

　고등학교 국어과 교육과정 체제의 변천은 단순한 것에서 구체적으로 확장되고 상세화되는 변화 과정을 밟았다. 이러한 변천 과정은 그물을 촘촘하게 엮는 과정과도 같다. 교육과정 체제가 확장 되는 것은 앞선 교육과정 체제에 새로운 항목이 삽입되고, 그 항목에 대한 내용이 상세화 되었다. 특히 내용, 방법, 평가 항에서 이러한 경향이 두드러진다. 이것은 교실 상황, 교수-학습이 이루어지는 실제 현장을 자세히 밝혀 문서화하는 과정이기도 하다.

　제7차 국어과 교육과정의 체제가 성격·목표·내용-내용 체계·학년별 내용·방법·평가로 구성되어, 큰 틀에서는 제6차 교육과정과 동일하다. 그러나 각 항에 관한 내용에서는 더욱 세분화되고 구체화되었다. 그리고 중복되는 내용은 정리하여 명료화시켰다.

제6차 교육과정에서의 성격과 목표 기술은 국어 교과와 국어 과목으로 나누어 기술하였다. 국어 교과의 목표 제시 구조는 '전문+하위 목표'인데, 국어 과목은 '목표'만을 제시하였다. 제6차 교육과정에서 성격과 목표의 내용이 중복되고, 목표 제시 구조가 일원화되지 못한 점이 있었다. 이러한 문제점을 보완하여 제7차 교육과정에서는 국어 과목의 성격과 목표만을 제시하여 중복되는 내용을 삭제하여 명료화하였다. 7차 교육과정의 국어과의 전문과 목표[98]를 보이면 다음과 같다.

언어활동과 언어와 문학의 본질을 총체적으로 이해하고, 언어활동의 맥락과 목적과 대상과 내용을 종합적으로 고려하면서 국어를 정확하고 효과적으로 사용하며, 국어 문화를 바르게 이해하고, 국어의 발전과 민족의 언어문화 창달에 이바지할 수 있는 능력과 태도를 기른다.

가. 언어활동과 언어와 문학에 대한 기본적인 지식을 익혀, 이를 다양한 국어사용 상황에서 활용하는 능력을 기른다. / 나. 정확하고 효과적인 국어사용의 원리와 작용 양상을 익혀, 다양한 유형의 국어 자료를 비판적으로 이해하고 사상과 정서를 창의적으로 표현하는 능력을 기른다. / 다. 국어 세계에 흥미를 가지고 언어 현상을 계속적으로 탐구하여, 국어의 발전과 국어 문화 창조에 이바지하려는 태도를 기른다.

---

98 제7차 교육과정에 제시한 국어과 교육 목표는 초·중·고등학교의 국어과 교육 목표를 일원화하여 제시하였다. 따라서 초등학교 1학년에서 도달해야 할 교육 목표는 고등학교 1학년에서 도달해야 할 교육 목표와 동일하다. 다만, 학습자의 학습 능력 수준과 성취 수준에 따라 국어사용 양상이 얼마큼 정확하고, 해석적이며, 비판적이고, 창의적인가에 따라 수준이 달라진다는 점이 학교급별 성취 수준의 차이로 나타난다.

제7차 교육과정의 전문과 하위 목표의 내용은 국어과의 성격에 규정한 사항을 중심으로 구조화하였다. 그리고 전문의 내용은 하위 목표의 인지적 영역과 정의적 영역의 학습을 포괄하여 제시하였다. 국어과의 지향점이 인지적 교육 내용(지식의 습득과 기능의 향상)과 정의적 교육 내용(태도, 가치, 동기, 습관 등)을 균형 있게 학습하여, 지적으로 성숙하고 정서적으로 안정된 한국인을 양성하는 데 있음을 명시하였다.

제6차 교육과정의 국어과 목표는 언어 사용 기능·언어·문학 영역으로 나누어, 각각 한 항목씩 설정하여 제시하였다. 그러나 제7차 교육과정은 학습자의 창의적 국어사용 능력 향상을 국어 교육의 궁극적 목표로 설정하고, 이 목표 성취에 필요한 것으로 지식·기능·태도에 대한 내용을 각각 한 항목씩 설정하여 제시하였다. 이는 인지적 교육 내용에는 지식과 기능 요인이, 정의적 교육 내용에는 태도 요인이 있다고 본 데 따른 것이다. 인지적 교육 내용과 관련하여 지식 교육의 목표(가. 항)와 국어사용 능력 향상 목표(나. 항)를 설정하여 제시하였다. 국어 교육의 내용으로서 인지적 교육 내용과 관련한 목표 설정에서 강조한 것은 두 가지이다. ①국어사용 능력 향상을 위한 지식으로 언어활동·언어·문학에 대한 지식이 있음을 밝히고, 이들 지식 교육 목적이 다양한 국어사용 상황에서 활용할 수 있는 지식 교육이어야 함을 강조하였다. ②다양한 유형의 국어 자료를 비판적으로 이해하는 능력과 사상과 정서를 창의적으로 표현하는 능력의 향상을 강조하였다. 다음으로 정의적 태도 형성에 대한 목표(다. 항)를 설정하여 제시하였는데, 이와 관련해서는 국어 세계에 흥미, 언어 현상의 탐구, 국어의 발전과 국어 문화의 창조로 확장되는 교육 활동을 강조하였다.[99] 국어과 목표 가. 나. 다. 항의 내용은 각각 지식·기능·태도의 범주로 이해할 수 있는데, 내용 체

99   교육부(2001), 고등학교 교육과정 해설, 대한교과서주식회사, 21쪽.

계에서 그대로 범주명이 된다.

제7차 교육과정의 목표에서 학습자의 인지적 측면과 정의적 영역을 상위 개념으로 설정한 것에 주목할 필요가 있다. 문학적 앎과 이해는 인지적 차원과 정서적 차원이 동시에 작동된다. 다시 말해서 작품에 대한 감상은 동화(공감, 감정 이입)와 거리두기의 변증법적 과정이다. 동화란 독자와 작품과의 거리를 없애는 과정이다. 이 동화 과정에 의해 작품에 구현된 정서를 느낄 수 있다. 그리고 거리두기란 작품과의 동화를 중지하고 작품을 객관화 시키는 과정이다. 거리두기를 통해 작품을 분석·해석·평가 하면서 그에 대한 정보를 인지할 수 있다. 문학 교육의 정서적 목적과 인지적 목적의 조화를 위한 작품 읽기는 그대로 문학 교육의 내용을 이룬다.[100] 따라서 교육과정 목표에 문학 영역 항이 따로 설정되지 않은 것은 문학 교육(감상)의 방법에 대한 인식의 전환이 이루어졌음을 의미한다.

제7차 교육과정은 수준별 교육과정을 도입하였는데, 각 영역별 내용에 대한 '수준별 학습 활동의 예'에서 [기본]과 [심화]과정을 두었다. [기본] 학습 활동은 계열성과 통합성을 고려하여 예시하였다. 즉 모든 학습자가 [기본] 학습 활동만 충실히 이수하면 해당 교육 내용과 관련된 목표에 도달할 수 있게 구안하였다. [심화] 학습 활동은 [기본] 학습 활동을 효과적으로 수행한 학습자가 [기본] 학습 활동과 관련된 보다 심화된 학습 활동(폭과 깊이의 심화)을 하는 데 초점을 맞추어 구상하였다. 그리고 하급 학년의 [심화] 학습 활동과 상급 학년의 [기본] 학습 활동이 중복되거나 단순 반복되는 일이 없도록 함으로써, 수준별 교육과정이 지향하는 의미 있는 학습 활동 경험을 제공하는 데 기여하도록 하였다.[101]

---

100 서준섭(1991), 앞의 논문, 58-60쪽.
101 교육부(2001), 앞의 책, 28쪽.

문학 영역의 내용 체계는 본질·문학의 수용과 창작·문학에 대한 태도·작품 수용과 창작의 실제 범주의 교육 내용이 유기적으로 관련되게 구조화하였다. 내용 체계를 보이면 다음과 같다.(밑줄은 필자)

[표Ⅲ-13] 제7차 문학 영역의 내용 체계

영역	내용		
문학	• 문학의 본질 -문학의 특성 -문학의 갈래 -한국 문학의 특질 -한국 문학의 사적 전개	• 문학의 수용과 창작 -작품의 미적 구조 -작품의 창조적 재구성 -작품에 반영된 사회·문화적 양상 -문학의 창작	• 문학에 대한 태도 -동기 -흥미 -습관 -가치
	• 작품의 수용과 창작의 실제 　　-시(동시)　　　　　-소설(동화, 이야기) 　　-희곡(극본)　　　　-수필		

문학 영역의 내용 체계에서 작품의 수용과 창작의 실제 범주와 각 범주 간의 관계를 점선(…)으로 표시한 것은 범주간의 교육 내용이 유기적으로 통합되어야 함을 강조하기 위한 상징적인 표시이다. 이런 관점에서 문학 영역의 학년별 내용은 문학의 본질·문학의 수용과 창작·문학에 대한 태도의 학습이 개별 문학 작품을 읽고 해석하고 평가하는 실제의 문학 활동과 유기적으로 관련되게 제시하였다. 문학적 국어사용 능력은 문학에 대한 지식을 학습한다고 하여 질적으로 향상되지 않는다. 그러므로 문학 영역의 교육 내용인 문학 지식은 문학 능력 향상에 도움을 주는 지식이어야 하고, 그 지식은 학습자가 개별 문학 작품을 읽고 해석하고 평가하는 실제의 문

학 활동을 전개하는 국면에 활용할 수 있는 것이어야 한다.[102]

그리고 제7차 교육과정에서 명문화된 문학의 창작과 관련된 교육 내용은 전문적인 작가를 배출하는 것을 목적으로 하는 것이 아니라, 문학 작품에 대한 능동적 반응·문학적 표현 활동을 강조한 것이다. 교육과정에 창작 활동이 도입된 것은 문학의 적극적 향유를 도모하고 있다는 점에서 의의가 있다. 그리고 학습자의 문학에 대한 태도 측면인 동기·흥미·습관·가치 등의 정의적 영역이 강조되었다.

교육과정 변천 과정에서 방법 및 평가 항의 용어와 내용이 구체화 되었는데, 이것은 새로운 교수-학습 방법과 평가 방법이 구안되어 변화된 것이다. ①교수-학습 방법에 관한 지침이 제시되기 시작된 것은 제3차의 지도상의 유의점부터이다. 제4·5차에서는 '지도 및 평가상의 유의점'의 '지도' 항에, 제6·7차에서 '방법' 항이 별도로 분리 설정하였다. 제7차 교육과정에서 제시한 교수-학습 방법은 직접 교수법(설명, 시범, 질문, 학습자의 독자적인 연습, 점검과 평가), 문제 해결 과정 전략(문제 인식, 문제 이해, 해결 계획 수립, 해결 사항, 반성 등), 강의·토의·토론·현장 학습·협동 학습 등의 학습 내용과 학습 목표에 적합한 수업 모형을 적용하도록 제시하였다. 제7차 교육과정의 방법 항은 교수-학습 계획, 교수-학습 방법, 교수-학습 자료로 범주화하고 각항에 구체적인 지침을 제시하였다. ②평가에 관한 지침은 제4·5차에서 지도 및 평가상의 유의점의 '평가'부터 제시되기 시작하였다. 그리고 재6·7차에서 평가 항이 별도로 분리 설정되었다. 제7차 교육과정에서 제시한 평가 방법은 수행 평가, 관찰에 의한 누가 기록, 지필 검사, 선다형 검사, 빈 칸 메우기 검사, 중요도 평정법, 요약하기, 총체적 평가, 분석적 평가, 프로토콜 분석, 면접법, 조사법, 논술형 등을 제시하였다. 제7차 교육

102 교육부(2001), 앞의 책, 25쪽.

과정의 평가 항은 평가 계획, 평가 목표와 내용, 평가 방법, 평가 결과의 활용으로 범주화고 각항에 구체적인 지침을 제시하였다.

(2) 제7차 교육과정의 국어 교과서

　제7차 교육과정에서 국어 교과서는 〈국어(상)〉·〈국어(하)〉로 발간되었다. 고등학교 국어 교과서 편찬 방향은 교육과정의 정신을 반영하는 교과서, 교육과정 중심의 학교 교육 체제에 적합한 교과서, 학습자 중심의 다양하고 질 높은 국어 교과서로 삼았다. 첫째, 교육과정의 정신을 반영하는 교과서는 교육과정이 추구하는 인간상[103], 교육과정의 목표·내용·방법·평가 기준을 반영하는 교과서, 학습자의 발달 단계를 고려한 위계화된 내용 수준과 학습량의 적정화, 수준별 교육 과정의 정신을 반영한 교과서, 수행 평가에 의거한 자기 학습 능력 신장에 도움이 되는 교과서를 말한다. 둘째, 교육과정 중심의 학교 교육 체제에 적합한 교과서는 국가 수준 교육 과정의 상세화 자료로서의 교과서, 학교 교육과정 편성·운영 자료가 될 수 있는 교과서, 교수-학습 과정 중심의 교과서를 말한다. 셋째, 학습자 중심의 다양하고 질 높은 국어 교과서는 창의력과 사고력·탐구력을 기를 수 있는 내용 구성, 쉽고·재미있고·친절하며·활용하기에 편리한 교과서를 말한다.

　그리고 제7차 국어 교과서에 실릴 제재는 '꼭 읽어야할 것', '읽을 만한 가치가 있는 것', '제7차 교육과정의 정신에 합당하다면, 이전 교과서에 수록된 제재의 재수록', '교육과정 6개 영역의 내용을 통합적으로 재구성'하는

103　제7차 국어과 교육과정에 따르면 국어과는 한국인의 삶이 배어 있는 국어를 창조적으로 사용하는 능력과 태도를 길러, 정보화 사회에서 정확하고 효과적으로 국어 생활을 영위하고, 미래 지향적인 민족의식과 건전한 국민 정서를 함양하며, 국어 발전과 국어 문화 창달에 이바지하려는 뜻을 세우게 하기 위한 교과이다.

것을 제재 선정의 기준으로 삼았다.

　제7차 국어 교과서에는 고전과 현대에서 대체로 모범적인 것으로 널리 평가되고 인정되는 글을 실었다. 그리고 21세기의 학생들의 취향이나 관심사를 고려하여, 준비 학습·보충 학습·심화 학습에서는 글의 가치와는 상관없이 영화 평론, 만화, 방송 뉴스의 대본, 대중가요의 가사, 광고문, 안내문도 수록하였다. 이는 학습자의 학습 동기 유발과 관심을 유도하고, 현실 언어생활의 실제적인 모습을 반영하기 위함이다.

　〈국어(상)·(하)〉의 단원 체재는 '대단원[단원의 길잡이-학습 목표-준비학습-소단원(본문-학습 활동)-단원의 마무리-보충·심화 학습]'을 기본 골격으로 하였다.

　제7차 교육과정의 가장 큰 특징은 수준별 교육과정이다. 국어 교과서의 단원에서 수준별 교육과정이 구체적으로 실현된 부분이 바로 보충·심화 학습이다. 교육과정의 수준별 학습이 가능하기 위해서는 학습자의 단원 학습 수준을 평가하는 기준이 필요하다. 국어 교과서에는 학습자의 보충과 심화 학습의 판별 기준으로 '점검하기'를 보충·심화 학습 앞에 삽입하였다. 점검하기 결과를 근거로, 성취 수준이 낮다고 판단한 학습자는 '보충 학습'을 선택하고, 성취 수준이 높다고 판단한 학습자는 '심화 학습'을 선택하여 학습 활동을 수행하게 하였다. 보충·심화 학습은 학습 목표의 난이도, 학습 활동의 수준, 제재의 난이도, 일상생활과의 관련성 등을 고려하여 제재를 선정하고 학습 활동을 조직하였다.

　제7차 국어 교과서에서 '학습 활동' 문제의 배치가 이전 교과서와 달라졌다. 이전 교과서에서 학습 활동 문제는 각 소단원의 끝날 때마다, 혹은 대단원 말미에 두었다. 그러나 제7차 국어 교과서에서는 학습 활동 문제를 본문 읽기 제재 아래에 배치하였다. 이것은 본문 읽기 제재의 교수-학습 과정에서, 제재의 구체적 국면에서 다양한 학습 활동을 수행함으로써 단원 학습 목표에 도달할 수 있도록 의도된 교과서 단원 구성이다. 또한 '알아 두기' 항목을 제재 아래에 두어, 학습 활동의 수행에 요구되는 개념적·방법적 지식을 습득하도록 하였다.

제7차 교육과정기의 국어 교과서에 나타난 특징을 단원 구성과 교과서 내용(수록된 작품과 작가)을 통해 살펴보자. 우선 〈국어 (상)·(하)〉의 단원 구성과 수록된 작품(작가)을 보이면 다음과 같다.(밑줄은 필자)

국어(상) 1. 읽기의 즐거움과 보람-(1)황소개구리와 우리말(최재천),(2)그 여자네 집(박완서) / 2. 짜임새 있는 말과 글-(1)용소와 며느리바위(김용규 구술·조희웅 채록),(2)나의 소원(김구) / 3. 다양한 표현과 이해-(1)봄·봄(김유정),(2)봉산 탈춤(김진욱, 민천식 구술·이두현 채록) / 4. 바른 말 좋은 글-(1)말다듬기,(2)문장다듬기,(3)글다듬기 / 5. 능동적인 의사 소통-(1)유배지에서 보낸 편지(정약용·박석무 옮김),(2)구운몽(김만중·김병국 주해) / 6. 노래의 아름다움-(1)청산별곡,(2)어부사시사(윤선도),(3)진달래꽃(김소월),(4)유리창(정지용),(5)광야(이육사) / 7. 생각하는 힘-(1)장마(윤흥길),(2)기미 독립 선언문(민족 대표 33인) / 8. 언어와 세계-(1)동국신속삼강행실도,(2)삼대(염상섭) / 부록: 한글 맞춤법, 국어의 로마자 표기법

국어(하) 1. 국어가 걸어온 길-(1)고대 국어,(2)중세 국어,(3)근대 국어 / 2. 정보의 조직과 활용-(1)다매체 시대의 언어활동,(2)허생전(박지원·이우성 옮김) / 3. 함께 하는 언어생활-(1)역사 앞에서(김성칠),(2)어느 날 심장이 말했다(진수완) / 4. 효과적인 표현-(1)민족 문화의 전통과 계승(이기백),(2)눈길(이청준) / 5. 감동을 주는 언어-(1)관동별곡(정철),(2)간디의 물레(김종철) / 6. 표현과 비평-(1)산정 무한(정비석),(2)외국인의 눈에 비친 19세기 말의 한국(이사벨라 버드 비숍·심문수, 신복룡 옮김) / 7. 전통과 창조-(1)춘향전,(2)건축과 동양 정신(김수근) / 부록: 표준어 규정

제7차 국어 교과서의 단원 구성 방식은 목표 중심이다. 〈국어(상)〉의 5단원 "능동적인 의사소통" 단원에서는 작가·작품·독자 사이의 관계를 고려하여, 문학 작품의 의미를 능동적인 의사소통 행위로 이해하는 것이 학습 목표가 된다. 그리고 소단원으로 고대 수필인 정약용의 '유배지에서 보낸 편지'와 고전 소설인 김만중의 '구운몽'이, 그 목표를 성취하기에 적합한 읽기 제재로 수록되었다.

제7차 국어 교과서의 대단원은 〈국어(상)〉에 8개와 부록, 〈국어(하)〉는 7개와 부록으로 구성되었다. 그리고 소단원은 〈국어(상)〉이 20개, 〈국어(하)〉가 15개로, 국어 교과서의 소단원은 모두 35개이다. 대단원은 2·3·5개의 소단원을 포함하는데,[104] 주로 2개의 소단원이 하나의 대단원을 구성하였다.

국어 교과서의 분량(본문/부록)은 〈국어(상)〉이 387쪽(345쪽/42쪽), 〈국어(하)〉가 371쪽(335쪽/36쪽)이다. 제7차 국어 교과서의 본문 읽기 제재의 전체 분량은 680쪽(부록 포함: 758쪽)이다.[105]

국어 교과서에 수록된 작품은 〈국어(상)〉에 22편, 〈국어(하)〉에 17편으로 모두 39편이다. 그리고 수록된 작가는 〈국어(상)〉에 19명, 〈국어(하)〉에 16명으로 모두 35명[106]이다.

제7차 국어 교과서에는 학습 활동 문제가 이전 교과서와는 달리, 본

---

104 소단원 3개가 대단원을 구성한 것은 〈국어(상)〉의 4단원, 〈국어(하)〉의 1단원이다. 그리고 소단원 5개로 대단원을 구성한 것은 〈국어(상)〉의 6단원이 유일하다.

105 제7차 〈국어(상)〉의 전체 분량(387쪽)에 대한 각 대단원 분량은 1단원 63쪽, 2단원 34쪽, 3단원 54쪽, 4단원 38쪽, 5단원 37쪽, 6단원 27쪽, 7단원 56쪽, 8단원 36쪽, 부록 42쪽이다. 〈국어(하)〉의 전체 분량(371쪽)에 대한 각 대단원 분량은 1단원 53쪽, 2단원 48쪽, 3단원 56쪽, 4단원 64쪽, 5단원 32쪽, 6단원 38쪽, 7단원 44쪽, 부록 36쪽이다.

106 〈국어(상)〉에 윤선도의 '어부사시사' 4편(춘사4·하사2·추사1·동사4)이, 〈국어(하)〉에 소학언해 2편이 수록되었다.

문 읽기 제재 아래에 배치한 것이 특징이다. 학습 활동은 문제의 성격에 따라 '혼자 하기'와 '함께 하기'로 나누었다. 그리고 제7차 교육과정의 가장 큰 특징이 수준별 교육과정이라 하였는데, 수준별 교육과정이 국어 교과서에서 구체적으로 어떻게 실현되었는지 '점검하기'와 '보충·심화 학습' 문제를 통해 살펴보자. 보충·심화 학습 문제도 혼자 하기와 함께 하기로 나누었다. 다음은 〈국어(하)〉의 2단원 "정보의 조직과 활용" 단원에 소단원 읽기 제재로, 고전 소설인 박지원의 '허생전'의 학습 활동, 점검하기, 보충·심화 학습 문제를 예로 보인 것이다. (밑줄은 필자)

학습 활동(고전 소설인 박지원의 '허생전')

[혼자하기]1. 허생과 이완 대장 사이의 대화에 주목하여, 허생이 제기한 세 가지 정책을 이완 대장이 받아들이기 어렵다고 한 이유에 대해 말해보자. / [혼자하기]2. 허생이 이완 대장에게 요구한 세 가지 정책을 정리하여 상소문 형식의 글을 쓰려고 한다. 이런 글을 쓰기 위해 필요한 정보를 조사하고 이를 재조직하여 보자. / [함께하기]3. 작품의 배경이 되는 시기와 작품이 쓰여진 시기가 다르다는 점을 고려하여, 100년 전의 상황을 풍자한 이 작품이 박지원이 살았던 당시의 상황과 관점에서는 어떤 의미가 있었을지 이야기 해 보자.

점검하기[107]

• 다양한 매체 언어의 특성을 이해할 수 있다. / • 다양한 매체가 제공하는 정보를 재구성하여 듣고 읽을 수 있다. / • 문학 작품에 드러난

---

107   국어 교과서에서 '점검하기'는 내용에 따라 판별을 '상 · 중 · 하'로 표시하게 되어있다. 인용 글에서는 '점검하기'의 내용만을 적는다.

사회적·문화적 상황을 고려하여 작품을 감상할 수 있다. / • 문학 작품에 드러난 사회적·문화적 상황의 구체적 의미와 보편적 의미를 이해할 수 있다. / • 작가의 상황과 관점을 고려하며 문학 작품을 감상할 수 있다.

보충 학습(읽기 제재: 박이문의 '영상 매체 시대의 책')

　　[혼자하기]1.인쇄 매체와 영상 매체의 정보 전달 방식의 차이점에 대해 말해 보자. / [함께하기]2.이 글에서 알 수 있는, 영상 매체의 정보 전달 방식의 특징을 고려하여 텔레비전 뉴스 보는 방법에 대해 서로 토론해 보자.

심화 학습(읽기 제재: 현대 소설인 최인훈의 '광장')

　　[혼자하기]1.이 소설에서 주인공 명준이 중립국을 선택하게 된 이유를 당시의 시대적 상황을 고려하여 말해 보자. / [함께하기]2.이 소설의 내용과 관련하여 한국 전쟁 중 포로들의 삶이 어떠했는지 사진 자료 및 글을 찾아 재구성해 보자.

　먼저 "정보의 조직과 활용" 단원의 학습 목표는 세 개인데, ①다양한 매체 언어의 특성을 이해한다. ②다양한 매체가 전달하는 정보를 재조직하여 듣고 읽는다. ③문학 작품에 반영된 사회적·문화적 상황을 이해하고 이를 재조직하여 작품 감상하기로 제시되었다.

　학습 활동 문제는 고전 소설인 박지원의 '허생전'에서, 허생과 이완이 주고받는 대화가 나오는 본문 읽기 제재 아래에 있는 문제이다. '점검하기'의 주체는 학습자 자신이다. 학습자가 '알아두기'와 '학습 활동'을 통해서 배운 개념과 원리들을 구체적으로 이용하고 활용할 수 있는지 스스로 점검해야 한다. 학습자는 점검하기에서 각 항의 질문에 따라 상·중·하로 등급 평가를 한다. 교사의 지도가 있겠지만, 학습자의 학업 성취도를 평가하기에는 어딘지 부족한 느낌을 지울 수가 없다. 더욱이 상·중·하의 평가 결과를 바탕으로 보충과 심화로 구분되는데, 보충과 심화로 나누는 구체적인 기준(점수)에 대해서는 교사용 지도서에도 언급되지 않았다. 다만 교사용 지도서에는 교사가 점검 내용을 세분화하여 학습자 스스로 평가할 수 있도록, 세부 내용에 대한 예시를 제시하였다.

보충·심화 학습은 대단원의 학습 목표를 재확인하고 심화 발전시킬 수 있도록 구성하였다. 점검하기의 결과를 바탕으로 성취 수준이 낮다고 판단한 학습자는 보충 학습을, 성취 수준이 높다고 판단한 학습자는 심화 학습을 선택하여 학습 활동을 수행하게 하였다. 보충 학습의 읽기 제재로 논설적 성격이 강한 박이문의 '영상 매체 시대의 책'이, 심화 학습은 현대 소설인 최인훈의 '광장'이 제시되었다. 그런데 인용 글에서 제시된 문제에서 보듯이, 보충과 심화 문제의 난이도 차이는 그리 크지 않다. 학습 문제 활동을 위한 읽기 제재의 갈래의 차이만 있을 뿐이다. 만약 점검하기에서 낮은 점수가 나온 학습자가 논설문보다 소설에 더 친숙하고 잘 감상한다면, 그 학생에게는 보충 학습 문제가 오히려 심화 학습 문제일 것이다.

국어 교과서 단원 구성[108]과 학습 활동 문제를 통해, 제7차 교육과정부터 매체 언어가 국어 교육에 적극적으로 도입되기 시작하였음을 알 수 있다. 이것은 국어 교육이 읽기와 쓰기 위주의 리터러시 교육에서, 텔레비전·영화·비디오·라디오·광고·신문·잡지·인터넷 등의 다양한 의사소통에 관여한 매체 텍스트에 사용되는 언어를 이해하는 미디어 리터러시 교육으로 전환되었을 의미한다. 다시 말해서 국어 교육이 매체 자체를 이해하는 교

---

108 〈국어(하)〉 2단원의 "정보의 조직과 활용" 단원에는 '다매체 시대의 언어활동'과 ,고전 소설인 박지원의 '허생전'이 수록되었다. '다매체 시대의 언어활동' 단원은 갈래로 나눌 수 있는 글이 아니라, 신문 읽기·텔레비전 광고 화면·인터넷 읽기 등의 다양한 매체 자료로 꾸며진 단원이다.

육이 아니라, 매체에 실현된 언어를 교육함으로써 사회·문화에 유통되는 의미의 생산과 수용에 적극적으로 참여할 수 있는 교양인을 육성해야 한다는 문제의식이 반영된 것이다.

문학 교육의 방향도 사회·문화에서의 의사소통 방식의 변화로 갈래 또는 매체 변환에 따른 언어 교육으로 확장되었다. 다시 말해서 고전소설인 '허생전'과 현대소설인 '광장'에 대한 교수-학습이 원전 비평이나 반영론적 관점으로 이해·감상한 것에서, 상소문 혹은 사진 자료라는 다른 형태의 갈래·매체로 전환되는 언어 교육도 포함된 것이다.

(3) 제7차 교육과정에 나타난 문학교육의 특성

제7차 교육과정의 국어 교과서 〈국어 (상)·(하)〉에 수록된 본문 읽기 제재를 갈래에 따라 분류해서, 국어 교과서 속의 문학 영역의 특징에 대해 살펴보자. 다음은 앞 장에서 제시한 국어 교과서에 수록된 작품(작가)를 갈래에 따라 표로 작성한 것이다.

[표Ⅲ-14] 제7차 〈국어 (상)·(하)〉에 수록된 읽기 제재의 갈래와 수(數)

구분	설화	고시조	향가	고려가요	가사	민속극	고전소설	고대수필	시	소설	수필	시나리오	설명문	논설문	계	
															갈래	數
상	1	4		1		1	1	2	3	4	2			3	10	22
하			1		1		2	5		1	4	1	1	1	9	17
계	1	4	1	1	1	1	3	7	3	5	6	1	1	4		39

먼저 [표 Ⅲ-14]에서, 국어 교과서에 수록된 갈래와 본문 읽기 제재에 대한 일반적인 사항을 제시하면 다음과 같다. 제7차 국어 교과서에 수록

된 작품의 갈래 분석에서 먼저 눈에 띄는 것은 종래에 반복적으로 수록되던 악장·한시·현대시조·문학 개론 성격의 글이 한 편도 실리지 않았다는 점이다. 이러한 단원 구성으로 제7차까지의 국어 교과서 변천 과정에서 가장 적은 갈래와 작품이 수록되었다. 〈국어(상)〉에서 고전 작품의 갈래는 6개, 읽기 제재는 10편이다. 현대 작품의 갈래는 4개, 읽기 제재는 12편이다. 〈국어(상)〉에는 모두 10개의 갈래와 22편의 읽기 제재가 수록되었다. 〈국어(하)〉에서 고전 작품의 갈래는 4개, 읽기 제재는 9편이다. 현대 작품의 갈래는 5개, 읽기 제재는 8편이다. 〈국어(하)〉에는 모두 9개의 갈래와 17편의 읽기 제재가 수록되었다.

제7차 교육과정의 국어 교과서에 수록된 고전 작품의 갈래는 8개, 읽기 제재는 19편이다. 현대 작품의 갈래는 6개, 읽기 제재는 20편이다. 이를 모두 합산하면, 국어 교과서에는 14개의 작품 갈래와 39편의 읽기 제재가 수록되었다. 제7차 국어 교과서의 읽기 제재 수는 고대 수필, 현대 수필, 현대 소설, 고시조와 논설문, 고전소설과 현대시 순으로 수록되었다.

이상의 분석 내용을 바탕으로, 제7차 고등학교 교육과정과 국어 교과서에 나타난 문학 교육의 특징은 다음과 같다.

첫째, 문학 영역의 교육과정 내용 체계에서 학습자의 문학 작품에 대한 능동적인 반응과 표현 활동(창작)이 강조되었다. 그리고 문학 영역의 범주가 '본질/이해/실제'(제6차)에서 '문학의 본질/문학의 수용과 창작/문학에 대한 태도/작품의 수용과 창작의 실제'(제7차)로 확장되었다.

둘째, 국어과 목표 제시 방법이 변화되었다. 종래의 국어과 목표 제시는 영역 중심으로 설정되었다. 그러나 제7차에서는 인지적 영역과 정의적 영역을 상위 개념으로 하여, 언어와 문학에 대한 지식·기능 요인과 태도·흥미·감상 요인 중심으로 목표가 제시되었다. 이러한 변화는 인간의 사고를 지배하는 기본 기제들을 이해하려는 인지 심리학이 국어 교육에 도입되었기 때문이다. 문학 교육 측면에서 목표 제시의 변화는 문학 작품의 감상 방법에 대한 인식의 전환을 의미한다. 문학적 앎과 이해·감상이 인지적 측면과 정의적 영역을 같이 고려해야할 요소로 이해한 것이다.

셋째, 국어 교과서에 수록된 읽기 제재의 변화 추이를 보면, 제7차 국어 교과서 읽기 제재의 갈래와 수가 크게 감소하였다. 국어 교과서 변천 과정에서 수록된 읽기 제재의 변화 추이는 다음과 같다. 제1차 〈고등국어〉에는 104편, 제2차 〈국어〉에는 182편, 제3차 〈국어〉에는 204편, 제4차 〈국어〉에는 153편, 제5차 〈국어〉에는 70편, 제6차 〈국어〉에는 65편, 제7차 〈국어〉에는 39편이다. 그럼에도 불구하고 읽기 제재의 감소 수에 비해 교과서의 전체 분량에서 큰 차이를 보이지 않는 것은, 본문 읽기 제재 이외의 학습 활동 문제(보충·심화)가 증가했기 때문이다.

넷째, 제7차 국어과 교육과정부터 매체 언어 교육이 강조되기 시작하였다. 우리의 사회와 문화에서 의사소통 방식이 음성, 문자, 소리, 이미지, 동영상 등이 복합적으로 작용하여 의미를 생성하는 것으로 전환되었다. 다시 말해서 다양한 매체의 등장으로, 매체를 활용한 의사소통 방식으로 전환되었다는 것을 의미한다. 이러한 의사소통 방식의 변화로 학교 교육에서 능동적이고 성찰적인 의미 생산자를 길러내는 미디어 리터러시 교육의 필요성이 대두되었다. 이에 문학 교육이 다루어야 할 영역은 기존의 시·소설 등의 작품에서 매체 전환된 텍스트까지 확장되었다. 결과적으로 학습자는 시화詩畵·영상시·소설을 원작으로 한 영화 등을 적극적으로 감상하고 이해할 수 있는 태도와 자질이 필요하게 되었다.

IV

고등학교 문학 과목의
형성과 흐름

제Ⅲ장에서는 제7차 교육과정까지 고등학교 문학 영역의 형성과 흐름을 살펴봤다. 제Ⅳ장은 문학 영역의 심화 과정인 문학 과목의 형성과 흐름을 내용 변모를 중심으로 고찰하겠다. 문학 과목의 형성과 흐름은 고전문학 중심기(제2·3차 교육과정), 고전·현대문학 과목의 분리기(제4차 교육과정), 문학 과목의 통합기(제5차 교육과정), 독자 중심의 문학 교육기(제6·7차 교육과정)로 나누어 서술한다.

1. 고전문학 과목 중심기
제2·3차 교육과정(1963~1981)

우리의 교육과정에서 처음으로 문학 과목이 심화 과정으로 신설된 것은 제2차 교육과정부터이다. 제2·3차 교육과정상에 심화 과정으로 각각 '고전 과정'과 '고전'이 설정되었다. 이 시기의 문학 교육은 고전 문학 중심으로 현대 문학은 심화 과정에서 제외되었다. 일제 강점기와 한국전쟁, 70년대의 산업화를 통과하며 현대 문학 작품의 생산과 수용 차원에서 과목으로 형성되기에는 여의치 않은 것으로 짐작된다. 따라서 제2·3차 교육과정을 고전문학 과목 중심기로 묶어 분석한다.

1) 고전문학 교육의 형성: 제2차 교육과정

(1) 제2차 고전 교육과정

제1차 고등학교 국어과 교육과정에서 심화 과정으로 문학 과목이 설정되지 않았다. 문학 관련 교육 내용은 국어(一)의 읽기와 쓰기 영역에 포함되어 있었다. 특히 읽기 영역의 하위 항목에 '문학 학습의 목표', '고전 학습'을 설정한 것으로 봐서, 시대적으로 문학 영역에 대한 인식은 있었으나, 문학의 독립 교과로서의 필요성에 대해서는 크게 고려하지 않았던 듯하다. 그러나 문서상의 제1차 교육과정 편재를 보면, 교육과정 변천상의 심화 과목으로서의 국어II에 대한 흔적을 찾아볼 수 있다.[01] 고등학교 국어 교육과정의 표제어를 살펴보면, '고등학교 국어(一)의 목적', '고등학교 국어(一) 지도의 구체적 목표'로 표시되어, '국어(二)'에 대한 고려를 한 것으로 보인다. 1차 교육과정의 문서상에서 국어(二)는 '한자 및 한문'에 관한 내용을 설정하였다.[02] 국어(二)에 설정된 '한자 및 한문'의 성격은 두 가지 관점에서 살펴볼 수 있는데, 국어 교육을 위한 기본 교육과 고전의 심화 과목이라는 관점에서 살펴볼 수 있다.

첫째, 국어(二)의 '한자 및 한문 지도의 의의'에서 한자는 오랫동안 우리의 글에 섞여 쓰여서 우리 문화를 연구함에 있어서 한자에 대한 이해가 기본이 된다고 밝히고 있다. 그래서 우리의 실생활에 가장 밀접한 범위내

---

01   제1차 국어과 교육과정 고등학교 시간 배당 기준표를 보면, 국어(2)에 주당 3시간을 할당하고 있으며, "현대문, 고전, 문법, 문학, 어학사, 문학사, 한문 등"을 선택하여 학습할 수 있도록 되어있다. 선택 과목이라고는 하지만 국어(2)가 필수 과목과 다름이 없었다고 기술하고 있다.(박형준·민병욱(2007), 「1950년대 문학교육의 지형학」, 『한국문학교육학회』, 145쪽.)

02   교육과정에서 한문은 제2차 교육과정까지 국어과에 포함되어 있었으며, 제3차 교육과정부터 독립교과로 신설되었다.

의 한자와 한문을 적은 노력으로 짧은 기간에 습득하려는 의도로 설정하였다. 이러한 내용들을 비추어 봤을 때, 한자 및 한문 교육은 심화 확장 과목이기 보다는 국어 교육을 위한 기본 교육으로 이해될 수 있다. 둘째, 국어(一) 읽기 영역의 고전 학습은 전 학년을 통하여 고문의 독해, 고전의 감상을 지도하고, 2학년에서는 국어학사, 3학년에서는 국문학사의 개략을 아울러 지도하도록 제시하였다. 그리고 구체적인 내용에 고전을 읽어 선인의 인생관, 세계관, 자연관 및 그 시대의 풍습, 사회 제도 등을 이해한다. 고전을 시대적으로 구분하여 작가별로 연구하여 그 특질을 이해한다. 한문학이 우리 문학에 끼친 영향을 이해하면서 한문과 연계하여 지도하도록 명시하였다. 그리고 국어(二)의 '고등학교 한문 과정' 내용은 중학교에서 학습한한자 및 한자어 지식을 기초로, 평이한 산문, 사서, 시가, 경서의 학습을 통해 한학이 우리 문화에 미친 영향과 동양 문화의 연원을 인식하여 진실한인격도야에 이바지하도록 하였다. 한문 지도에 필요한 참고 자료를 두 가지 항으로 제시했는데, ①漢민족의 손으로 된 서적[03]과 ②韓人의 손으로 된서적[04]을 들었다. 이러한 교육과정상의 연계성을 고려하면, 국어(二)의 '한자 및 한문'은 국어(一)의 고전에 대한 심화 선택 과목으로 인식할 수 있다.이렇게 볼 때, 제1차 교육과정에서의 고전 문학이란 한문(한국과 중국)과국문 작품을 아우르는 광의의 개념으로 볼 수 있다.

　　제2차 교육과정의 국어Ⅱ는 심화 확장 과정으로 고전 과정과 한문 과

03　(1)經書-四書 五經 等 (2)史書-二十四史, 資治通鑑, 十八史略, 國策 等 (3)子書-莊子, 荀子, 韓非子, 淮南子, 管子, 說苑 等 (4)名家의 散文-唐宋八大家文, 騈儷文 等 (5)傳奇小說類-傳奇小說, 三國志 等 (6)其他의 散文-蒙求, 小學, 近思錄, 孔子家語 等 (7)古今의 有名한 詩集-唐詩 其他 (8)有名한 文集類 (9)兵書類

04　(1)史書-三國史記, 三國遺事, 東史綱目, 高麗史, 增補文獻備考, 四千年文獻通考, 李朝實錄 等 (2)其他의 散文-海東小學, 童蒙先習, 芝峯類說, 東文選 等 (3)各種文集-鄭圃隱集, 退溪全集, 栗谷全集, 尤庵集, 燕巖集 等 (4)詩-東文詩選 等

정을 설정하였다. 제1차 교육과정 국어(二)의 '한자 및 한문'을 한문 과정, 그리고 고전 과정이 새롭게 설정되었다. 제2차 교육과정상에서의 고전 과정, 고전 문학은 우리 선인들에 의해 쓰인 문학 작품으로 과목의 성격을 규정하였다. 고전 과정의 교육과정 체제를 보이면 다음과 같다.

> 국어Ⅱ
> 1. 고전 과정
>   (1)의의와 목표(전문+8개항) (2)지도 내용(2개항) (3)지도상의 유의점
>   (4개항)
> 2. 한문 과정

국어Ⅱ 고전 과정의 교육과정은 국어Ⅰ의 체제를 따랐다. 고전 과정의 의의와 목표는 8개항으로 이루어졌는데, 7개항이 제1차 교육과정 국어의 읽기 영역과 고전 학습 내용을 계승하였다. 그리고 8)항의 '유교, 불교, 실학 등의 사상이 우리 고대 문학에 끼친 영향을 알도록 한다.'가 새롭게 추가되었다. 고전 과정의 지도 내용에서 고전 학습을 갈래별 영역으로 향가, 가요, 가사, 시조, 설화, 소설, 수필 등으로 제시하였다. 국어Ⅱ 한문 과정의 교육과정 체제는 국어Ⅰ의 체제를 따르고, 내용은 제1차 교육과정의 국어(二) 한자 및 한문을 계승하였다.

(2) 제2차 교육과정의 고전 교과서

제2차 교육과정의 고전 교과서는 인문계와 실업계로 나누어 출간되었는데, 필자는 인문계 고전 교과서 9종을 확인하였다. 고전의 교과서명은 〈고전〉·〈모범 고전〉·〈우리 고전〉 등으로 출간되었다. 제2차 고전 교과서는

1967년에 문교부 인정을 받아서 1978년까지 발간되어 학교 현장에서 사용되었다.

본고에서는 9종 모두를 분석대상으로 하되, 김기동·정주동·정익섭의 고전 교과서의 단원 구성을 본문에 기술한다. 왜냐하면 김기동은 제4차 〈고전 문학〉 교과서 발간에도 참여하였기 때문에, 고전 교과서의 변천 과정을 비교할 수 있기 때문이다.

제2차 고전 교과서는 고등학교 국어과 교육과정에 의거하여 고전의 정독과 국문학사를 종합적으로 학습할 수 있도록 엮었다. 제2차 고전 교과서 9종에 대한 발간 현황은 다음과 같다.

[표Ⅳ-1] 제2차 국어Ⅱ, 고전 교과서 발간 현황(집필자 가. 나. 다. 순)

순번	집필자	출판사	순번	집필자	출판사
1	김기동·정주동·정익섭	교학사	6	이용주·구인환	법문사
2	김성재	일지사	7	이재수·서수생	일한도서출판사
3	김윤경	문호사	8	임헌도	영지문화사
4	박병채	박영사	9	한원영	삼화출판사
5	이숭녕·남광우	동아출판사			

제2차 교육과정의 고전 교과서에 나타난 특징을 단원 구성과 교과서 내용(수록된 작품과 작가)을 통해 살펴보자. 교학사의 〈고전〉 교과서 단원 구성과 수록된 작품을 보이면 다음과 같다.

○ 古典의 學習을 위하여 / 一. 朝鮮朝 후기와 古典(英祖~高宗)-○ 이 單元의 개요, Ⅰ.時調의 열매, Ⅱ.익살의 小說 1.春香傳에서,2.沈淸傳에서,3.春香傳에서, Ⅲ.平民들의 歌辭 1.春眠曲,2.遊山歌,3.誠女詞에서, Ⅳ.女流의 隨筆 1.閑中錄에서〈惠慶宮 洪氏〉,2.意幽堂日記에서〈延安 金氏〉,3.弔針文〈兪 氏〉/ 二. 朝鮮朝 중기의 古典(壬亂後~肅宗)-○이 單元

의 개요, Ⅰ.時調의 꽃송이, Ⅱ.꿈의 소설 1.洪吉童傳에서〈許筠〉,2.壬辰
錄에서,3.九雲夢에서〈金萬重〉, Ⅲ.儒臣들의 歌辭 1.太平詞〈朴仁老〉,2.
雇工歌〈許墺〉,3.自悼詞〈曺友仁〉, Ⅳ.宮女의 隨筆 1.癸丑日記에서,2.山
城日記에서,3.仁顯王后傳에서 / 三.朝鮮朝 전기의 古典(太祖~壬亂前)-
○이 單元의 개요, Ⅰ.時調의 봉오리, Ⅱ.士林들의 歌詞 1.賞春曲〈丁克
仁〉,2.俛仰亭歌〈宋純〉,3.思美人曲〈鄭澈〉, Ⅲ.建國의 樂章 1.龍飛御天歌
에서〈世宗命撰〉,2.月印千江之曲에서〈世宗〉,3.感君恩〈尙震〉, Ⅳ.譯文과
譯詩 釋譜詳節에서〈首陽大君〉,2.杜詩諺解에서〈成宗命譯〉,3.三綱行實
圖에서, / 四.高麗 시대의 古典-○이 單元의 개요, Ⅰ.時調의 싹, Ⅱ.庶民
들의 歌謠 1.相杵歌,2.靑山別曲,3.動動,4.鄭瓜亭曲〈鄭叙〉, Ⅲ.翰林들의
別曲 1.翰林別曲〈翰林諸儒〉,2.竹溪別曲〈安軸〉, Ⅳ.鄕歌의 메아리 1.禮敬
諸佛歌,2.悼二將歌 / 五.新羅 시대의 古典-○이 單元의 개요,1.薯童謠〈武
王〉,2.慕竹旨郎歌〈得烏〉,3.祭亡妹歌〈月明師〉 / 附錄-Ⅰ.古典文法, Ⅱ.古
典文學一覽表

　　제2차 교학사에서 출간된 교과서의 단원 체제는 대단원[단원의 개요-
중단원-소단원(본문-연구문제-참고사항)]'을 기본 골격으로 하였다. 이와 같
은 단원 체재를 보이는 출판사는 일한도서출판사, 삼화출판사이다. 그리고
출판사 문호사, 일지사, 박영사, 동아출판사, 법문사, 영지문화사의 단원 체
제는 '대단원[학습목표-소단원(본문-익힘문제)]'을 기본 골격으로 하였다.
　　교학사에서 출간된 교과서의 대단원은 5개 단원으로 나누어 역逆시대
순으로 설정하고, 그 대단원에 대한 국문학사의 개요를 설명하였다. 이와
같은 대단원의 짜임을 보이는 출판사는 삼화출판사, 박영사, 일지사, 일한
도서출판사, 영지문화사가 해당된다. 반대로 동아출판사, 법문사, 문호사
는 시대 순으로 대단원을 구성하였다. 출판사별 대단원 수는 문호사 6개,

일지사 5개, 박영사 6개, 동아출판사 7개, 법문사 7개, 일한도서출판사 3개, 영지문화사 7개, 삼화출판사 7개이다.

교학사에서 출간된 교과서의 중단원은 작품 갈래에 따라 4개의 단원으로 나누고 소단원에 대한 개요를 설명하고 나서, 그 시대의 대표적인 작품을 수록하였다. 모든 작품은 고전의 참된 모습을 보여주기 위해서 원전 그대로 실었다. 다만 조선 전기의 '용비어천가'에 한해서만 방점을 두고, 다른 작품에서는 생략하였다. 그리고 원전이 국한문으로 되어있는 작품은 교육한자 안에 드는 것은 그대로 두고, 그 밖의 것은 괄호 안에 독음을 병기하였다. 또한 고전 작품에서 어려운 낱말은 각주를 달아 풀이하였다.

각 소단원에는 주로 3편의 작품을 수록하였는데, 작품별로 3~5문제의 학습 문제를 출제하였다. 그리고 학습 문제 뒤에 참고 사항을 설정하여 해당 작품의 작가·작품·출전에 대한 해제를 덧붙였다.

다음으로 출판사 교학사의 고전 교과서 분량(본문/부록)은 248쪽 (215쪽/33쪽)이다.[05] 부록은 9종의 모든 고전 교과서에서 보이는 데, 그 내용은 주로 국어국문학의 연표를 수록하였다.

---

05 출판사 '교학사'의 전체 분량(248쪽)에 대한 각 대단원 분량은 1단원 60쪽, 2단원 62쪽, 3단원 58쪽, 4단원 27쪽, 5단원 8쪽, 부록 33쪽이다. '문호사'의 전체 분량(본문/부록)은 223쪽(209쪽/14쪽), '일지사'의 전체 분량은 234쪽(211쪽/23쪽), '박영사'의 전체 분량은 235쪽(216쪽/19쪽) '동아출판사'의 전체 분량은 248쪽(216쪽/32쪽), '법문사'의 전체 분량은 225쪽(219쪽/6쪽), '일한도서출판사'의 전체 분량은 214쪽(211쪽/3쪽), '영지문화사'의 전체 분량은 236쪽(220쪽/16쪽), '삼화출판사'의 전체 분량은 213쪽(210쪽/3쪽). 출판사별 부록의 내용은 조금씩 차이를 보이는 데, 특히 '일한도서출판사'·'삼화출판사'는 간단한 국문학연대표만이 있어 상대적으로 분량이 적다. 자세한 내용은 부록 참조.

(3) 제2차 교육과정에 나타난 고전교육의 특성

제2차 교육과정의 고전 교과서에 수록된 본문 읽기 제재를 갈래에 따라 분류해서, 고전 교과서에 나타난 고전 교육의 특징에 대해 살펴보자. 다음은 출판사별 고전 교과서에 수록된 작품을 갈래에 따라 표로 작성한 것이다.

[표 IV-2]제2차 고전 교과서에 수록된 읽기 제재의 갈래와 수(數)

갈래＼교과서	교학사	일지사	문호사	박영사	동아	법문사	일한	영지	삼화
고대가요		1	7			4	2		3
설화			6						
고시조	75	37	22	42	44	108	78	67	75
향가	5	2	6	2		3	3	2	2
고려가요	4	5	13	6	6	9	4	6	5
경기체가	2	1	1	1			1		1
가사	9	7	7	6	7	12	8	8	15
악장	30	39	9	15	17	23	8	14	15
한시	6	10	4	5	5	19	9	20	11
민속극				1					
민요			2	2					
고전소설	5	4	5	8	4	8	5	4	5
고대수필	9	21	12	13	17	33		24	16
신체시			1	1		1	1	1	
신소설		1	1	2	1	2	2	1	
문학사		5	1	1		7	7	7	
문학개론	16		7	31	8				18
비평			3	1					
계 갈래	10	12	17	16	9	13	11	11	11
數	161	133	107	137	109	230	127	154	166

먼저 제시된 [표 IV-2]를 통해, 고전 교과서에 수록된 읽기 제재의 갈래와 일반적인 사항은 다음과 같다. 고전 교과서에 수록된 읽기 제재의 갈

래는 18개로 고대가요·설화·고시조·향가·고려가요·가사·악장·한시·민속극·민요·고전소설·고대수필·신체시·문학사·문학개론·비평으로 구분하였다. 교학사에는 10개의 갈래와 161편의 읽기 제재가 수록되었다. 문호사는 12개의 갈래와 133편의 읽기 제재가 수록되었다. 일지사는 17개의 갈래와 107편의 읽기 제재가 수록되었다. 박영사는 16개의 갈래와 137편의 읽기 제재가 수록되었다. 동아출판사는 9개의 갈래와 109편의 읽기 제재가 수록되었다. 법문사는 13개의 갈래와 230편의 읽기 제재가 수록되었다. 일한도서출판사는 11개의 갈래와 127편의 읽기 제재가 수록되었다. 영지문화사는 11개의 갈래와 154편의 읽기 제재가 수록되었다. 삼화출판사는 11개의 갈래와 166편의 읽기 제재가 수록되었다. 고전 교과서 9종중에서 읽기 제재의 갈래는 문호사가 17개로 가장 많고, 동아출판사가 9개로 가장 적다. 그리고 읽기 제재 수는 법문사가 230편으로 가장 많고, 문호사가 107편으로 가장 적다.

이상의 분석 내용을 바탕으로, 제2차 고전 교육과정과 고전 교과서에 나타난 문학 교육의 특징은 다음과 같다.

첫째, 제2차 고전 교육과정의 체제는 국어 I 의 체제를 따랐다. 그리고 고전 과정의 의의와 목표는 제1차 교육과정 국어의 읽기 영역, 고전 학습 내용을 계승하였다.

둘째, 문학 과목의 심화 과정으로 고전만이 설정되었다. 이러한 경향은 제3차 교육과정까지 이어지는데, 이 시기에는 고전 문학 중심으로 문학 교육이 이루어졌다.

셋째, 고전 교과서의 단원 구성 체계가 일정하지 않다. 출판사에 따라서 고전 문학의 범위가 다르고, 대단원의 수가 다르고, 중단원이 없는 교과서와 있는 교과서, 교과서 차례에 수록 작품의 작가를 밝힌 교과서와 그렇지 않은 교과서, 소단원의 수록 작품을 드러낸 교과서와 그렇지 않은 교과서 등이 섞여있다. 이러한 경향은 당시의 교과서 검정 시스템에 따른 것으로 보인다. 9종의 고전 교과서 중에 표지에 문교부 검정 직인이 찍힌 것이 3종이 있는데, 1967년과 1968년도 문교부 검정 날인이 있다. 문교부 검정 직인이 찍혀있지 않지만 1967년에 출간된 고전 교과서가 있는 것으로 봤을 때, 교과서 검인정은 수시로 행해졌던 것으로 보인다.

넷째, 제2차 고전 교과서의 단원 구성 방식을 크게 세 가지로 구분해 볼 수 있다. ①읽기 제재 위주로 구성된 것과 ②해제 중심으로 된 것이다. 그리고 ③읽기 제재와 해제를 상대적으로 균형을 맞춘 교과서로 나누어 볼 수 있다. 이러한 단원 구성에서 법문사와 문호사에서 출간된 고전 교과서가 양 끝에 있다. 법문사에서 출간된 고전 교과서는 읽기 제재 중심이다. 법문사의 교과서는 대단원을 시대별로 나누고, 해당 시대의 작품들이 소단원으로 구성되었다. 그리고 대단원 말미에 문학사에 해당하는 '문학의 흐름'으로 단원을 정리하였다. 문호사에서 출간한 고전 교과서는 해제 중심이다. 문호사의 고전 교과서는 국문학사를 기술하는 형식으로 엮었다. 시대별로 대단원을 나누고, 해당 시대의 문학 경향을 문학 작품을 통해 설명하였다. 나머지 7종의 출판사에서 출간된 고전 교과서는 법문사와 문호사 사이에 펼쳐져 있다. 교과서 단원 구성 방식은 고전 교과서에 수록되는 고전 작품의 수와 상관관계를 갖는다. 읽기 제재 위주로 단원이 구성된 법문사가 가장 많은 수록 제재 수를 보이고, 해제 중심의 문호사가 가장 적은 수를 보인다. 본문 읽기 제재 위주로 된 출판사는 법문사를 비롯하여 삼화출판사, 교학사, 영지문화사가 해당된다. 해제 중심의 고전 교과서는 문호사와 동아출판사가 해당된다. 그리고 박영사, 일지사, 일한도서출판사는 그 정도가 중간 정도에 해당된다.

다섯째, 고전 교과서에 수록된 읽기 제재의 갈래에서 고시조가 다른 갈래보다 상대적으로 많이 수록되었다. 고시조는 적게는 22편(문호사)에서 108편(법문사)으로 큰 편차를 보인다. 그리고 법문사에 수록된 읽기 제재가 230편으로 많은 것도, 고시조 수록 편수가 많기 때문이다.

여섯째, 고전 교과서에는 국어학 내용도 포함이 되었다. 9종의 고전 교과서 중에서 5종에서 보이는데, 출판사로는 박영사, 일지사, 교학사, 삼화출판사가 단원에 고어 문법을 포함시켰다. 그리고 동아출판사는 고어문법을 부록으로 두었다.

일곱째, 고전 문학의 이해와 감상은 역사주의 관점에서 이루어졌다. 이러한 경향은 고전 교과서의 학습 문제를 살펴봄으로써 알 수 있는데, 학습 문제의 구성은 단원에 수록된 해당 작품을 통해서 국문학의 변천이나 선인들의 삶을 이해하는 문제들이 출제되었다. 다음은 교학사에서 발간된 고전 교과서의 제4단원 "고려 시대의 고전" 중에 '서민들의 가요' 단원 학습 문제이다.

> 1.高麗歌謠의 형식을 살펴보고, 그 形成過程을 고구해 보자. / 2.高麗歌謠를 수록해 놓은 문헌을 연구해 보자. / 3.'動動'에 나타나 있는 歲時風俗을 알아보자. / 4.'鄭瓜亭曲'의 창작 동기를 고구해 보자.

제2차 고전 교과서의 학습 문제는 주로 4~5문제가 출제되었는데, 문제 유형은 모두 대동소이하다. 서민들의 가요 단원에는 고려가요인 '상저가', '청산별곡', '동동', '정과정곡'이 수록되었다. 학습 문제 1·2번은 고려가요의 형성 과정을 알기위한 문제이고, 3·4번 문제는 당시의 풍습·사회제도와 선인들의 삶을 통해서 인생관·세계관·자연관 등을 학습하기 위한 평가 문제이다. 고전 문학 교육은 작자나 창작 연대 등의 서지학적 검토나 작품에 나오는 낱말의 뜻을 해석하고 그 의미를 문맥을 통해 파악하는 주석적 방법이 활용되었다. 그리고 작가의 전기적 사실은 시대나 사회 배경의 문제로 확대된다. 따라서 본문 읽기 제재로 주어진 작품에 대한 국문학 갈래의 생성·발달·변천 과정을 통시적으로 이해하거나 선인들의 삶을 이해하는 문제가 주로 출제되었다.

2) 민족 문학으로서의 고전 문학교육: 제3차 교육과정

(1) 제3차 고전 교육과정

제3차 교육과정의 심화 과정인 국어II는 〈고전〉, 〈작문〉이 설정되었다. 국어II 〈고전〉의 교육과정 체제는 국어 I 의 체제를 따랐는데, 체제를 보이면 다음과 같다.

국어II
  1. 목표(2개항)
  2. 내용
    가. 지도 사항 및 주요 형식
    〈고전〉(1) 지도 사항(7개항) / (2) 주요 형식(2개항)
    나. 제재 선정의 기준
    〈고전〉(4개항)
  3. 지도상의 유의점
    〈고전〉(2개항)

국어II 〈고전〉의 지도 사항 7개 항 중에, 국어사와 국문학사를 제외한 5개항이 국어 I 의 읽기 영역 지도 사항을 그대로 계승하였다.

제3차 고전 교육과정 내용에서 주목되는 점은 훈고 주석에 얽매이지 말고, 현대적인 안목으로 고전 문학을 지도하도록 지도상의 유의점에서 밝힌 것이다. 지도상의 유의점은 교수-학습 과정에 관한 내용으로, 이는 고전 문학의 이해와 감상 방법의 변화를 모색했다는 측면에서 의의가 있다.

그리고 고전 문학의 주요 형식은 한문학을 제외한 우리 고전 문학의 여러 형식과 외국 문학으로서 조선 시대에 국역된 전형적인 형식으로 규정하였다. 이것은 고전 문학에서 한문 문학이 명시적으로 제외되어, 고전 문학의 정체성을 명확히 밝힌 것이다. 또한 고전 교과서에 수록될 읽기 제재의 선정은 선인들의 생활·사상·감정 등을 이해하는 데 도움이 되는 것과 민족 문화를 담지하고 있는 고전 문학 작품 중에서 우리의 주체성과 긍지를 높이는 것으로 기준을 삼았다. 결국 고전 문학 교육의 목적은 고전 작품을 매개로 민족 문화의 계승과 발전인데, 우리 민족을 '과거-현재-미래'로 연결시켜주기 위한 민족 문화 교육이라 할 수 있다.

(2) 제3차 교육과정의 고전 교과서

제3차 교육과정의 고전 교과서는 인문계와 실업계로 나누어 출간되었는데, 필자는 고전 교과서 5종을 확인하였다. 고전 과목명은 제2차 때와는 달리, 모두 〈고전〉으로 통일되었다. 제3차 국어Ⅱ의 고전 교과서는 1978년 8월 22일에 문교부 검정을 받고, 1979년 3월 1일부터 학교 현장에서 사용되었다. 국어Ⅱ는 8단위 또는 10단위를 이수하도록 되어 있다. 그러나 국어Ⅱ는 작문이 포함되어 있으므로, 실제적인 고전 이수 단위는 4단위 또는 5단위가 된다.[06]

06 '1단위'라 함은 50분을 1단위 시간으로 하여, 매주 1단위 시간씩 1학기(18주 기준) 동안 이수하는

본고에서는 5종 모두를 분석대상으로 하되, 김동욱·김태준의 〈고전〉의 단원 구성을 본문에 기술한다. 왜냐하면 김동욱·김태준은 제4·5차 〈문학〉 교과서 발간에도 참여하였기 때문에, 고전 교과서의 변천 과정을 비교할 수 있을 것이다. 제3차 고전 교과서 5종에 대한 발간 현황은 다음과 같다.

[표 IV-3] 제3차 국어II, 고전 교과서 발간현황(집필자 가. 나. 다. 순)

순번	집필자	출판사	순번	집필자	출판사
1	김동욱·김태준	민중서관	4	전광용	동화출판공사
2	박성의·송민호	고려서적주식회사	5	정병욱·이응백	신구문화사
3	이기문	한국능력개발사			

제3차 교육과정부터 교사용 지도서가 발간되었는데, 민중서관에서 출간한 교사용 지도서에 고전 작품의 감상 방법을 언급한 흥미로운 내용이 있다. 우리 고전 작품의 이해와 감상 방법을 훈고 주석訓詁註釋에서 엑스플리카숑 드 텍스트explication de texte의 방식으로 전환해야 한다는 것이다. 엑스플리카숑 드 텍스트 방식은 글 속에 숨은 속뜻을 해석할 수 있는 문장 읽는 능력을 말한다. 이러한 능력을 기르기 위해서는 이론보다는 실천적인 교수-학습 방법으로 전환해야 한다는 것이다. 즉 교사는 학습자에게 의문을 상정하게 하고, 간접적인 형태로 해답을 제시한다는 것이다. 훈고 주석을 지양하라는 선언적인 교육과정 지침에 대한 구체적인 고전 작품의 교수-학습 방법을 제안했다는 점에서 흥미롭다.

민중서관에서 출간한 교과서 편찬의 방침은 민족 주체 의식의 고양, 개인의 발전과 국가 융성의 조화, 충효 사상의 강조, 심미적 정서와 창의력을 목표, 민족의 문학사적 측면의 강조, 학생 학습 활동을 강조, 창의적 교

수업량을 말한다.

과 운영을 고려하였다. 교과서 단원 구성의 방침은 크게 언어 체험의 요소와 문화 체험의 요소로 대별된다. 언어 체험 요소에는 고전 작품의 읽기와 낭송, 국어의 이해, 고어와 현대어의 상관에 대한 이해, 고어와 현대어의 표현 기교와 내용의 이해 등이 해당된다. 그리고 문화 체험의 요소에는 작품의 이해 및 감상을 통한 자아의 발전, 문장과 문학을 통한 전통의 확립, 국어·국문학사의 개관, 시대 풍속 및 선인들의 생활 방식의 추체험 등이 포함된다.

제3차 교육과정기의 고전 교과서에 나타난 특징을 단원 구성과 교과서 내용(수록된 작품과 작가)을 통해 살펴보자. 민중서관의 고전 교과서 단원 구성과 수록된 작품을 보이면 다음과 같다.(교과서에는 한자가 병기되어 있으나, 인용에서는 한자를 생략한다.)

이 책을 배우는 분들에게 / 고전을 어떻게 공부할 것인가?(고전 입문)

Ⅰ.설화 속의 가요-상대~통일 신라 시대의 문학-1.신과 더불어 한 평생(상대 문학) (1)영신가(구간),(2)황조가(유리왕),(3)정읍사(어느 행상인의 아내),(4)서동요(서동), 국어·국문학사(1) 2.신불로 향한 생사관(신라 문학) (1)제망매가(월명사),(2)처용가(처용), 국어·국문학사(2) / Ⅱ.민중의 가요-고려 시대의 문학-1.청산과 '임'과 현실(고려 가요) (1)동동,(2)청산별곡,(3)상저가, 국어·국문학사(3) 2.사대부의 기개(단가①), ①우탁,②이조년,③이색,④정몽주,⑤이방원, 국어·국문학사(4) / Ⅲ.난숙기의 시가 문학-조선 전기의 문학-1.우리의 양식을 찾아서(한글과 번역) (1)용비어천가(권제·정인지 등),(2)월인천강지곡(세종),(3)두시언해(유윤겸 등), 국어·국문학사(5), 2.충절의 유장한 가락(단가②) (1)고려 유신들의 충의,①길재,②원천석,(2)나라에 대한 충절,①이직,②황희,③변계량,④김종서,⑤성삼문,⑥박팽년 3.자연과 사랑의 계절(단가③) (1)

무릉을 찾아서,①송순,②조식,③성혼,(2)여성의 애환,①황진이,②계랑, ③홍장,④홍랑,⑤솔이, 국어·국문학사(6) 4.강호와 인륜 사이에서(연형 단가),①맹사성('강호사시가'에서),②이황('도산십이곡'에서),③정철('훈민가'에서), 국어·국문학사(7) 5.다하지 못한 마음의 깊이(가사) (1)면앙정가(송순),(2)성산별곡(정철),(3)규원가(허난설헌), 국어·국문학사(8) / Ⅳ.산문의 발흥-조선 후기의 문학①-1.전쟁의 아픔(임·병 양란의 문학) (1)단가①이순신,②김상헌,③이정환,④봉림대군,(2)선상탄(박인로),(3)고공가(허전),(4)어우야담(유몽인),①논개,②아들을 낳거든,(5)산성일기, 국어·국문학사(9) 2.귀족층의 삶의 방식(양반 문학) (1)윤고산의 단가(윤선도),①만흥에서,②오우가에서,(2)요로원야화기(박두세),(3)한중록(혜경궁 홍씨),(4)내간,①선조의 편지,②이봉환의 편지,(5)구운몽(김만중), 국어·국문학사(10) 3.여로에 붓을 들고(일기·기행) (1)북관노정록(유의양),(2)일동장유가(김인겸),(3)무오연행록(서유문), 국어·국문학사(11) / Ⅴ.서민 문학의 정착-조선 후기의 문학② 1.백성들의 삶의 방식(민요),(1)매화가,(2)농가월령가(정학유),(3)사설시조,(4)민요,①강강수월래,②시집살이, 국어·국문학사(12) 2.노래로 메아리치는 사연(판소리계 소설),(1)춘향가(신재효 정리),(2)박타령(신재효 정리), 국어·국문학사(13) / Ⅵ.근대 문학에로의 발돋움-근대의 문학-1.서양이 던져 준 파문(서양 소개서),(1)천주실의,(2)독립신문 논설, 2.개화로의 바쁜 마음(개화 가사)①애국하는 노래,②권학가, 국어·국문학사(14) / 맺는 말, 국문학 전개표, 찾아보기

제3차 민중서관 출판사의 단원 체제는 '대단원[단원의 개요-소단원(본문-학습 문제)]'을 기본 골격으로 하였다. 이와 같은 단원 체제는 제3차 교육과정기의 모든 교과서에서 통일되었는데, 소단원의 본문 읽기 제재로

당대의 대표적인 고전 작품들을 제시하였다. 또한 제2차 교육과정기와 달리, 제3차 고전 교과서의 단원 구성 형식은 시대 순으로 배열한 것에서도 차이를 보인다. 시대 순으로 단원을 구성하는 것은, 이후의 고전 교과서 변천 과정에서 그대로 계승되었다.

그러나 제3차 고전 교과서의 소단원 구성에서, 고전 교육과정의 지도 내용인 국어(사)와 국문학사에 대한 배치에서 차이를 보인다. 출판사별 소단원 구성에서 세 가지 형태를 보이는데, ①민중서관과 신구문화사에서 출간한 고전 교과서는 각 대단원의 부록 형식으로 국어·국문학사를 첨부하였다. ②동화출판공사는 각 대단원에 당대 문학의 흐름을 개관하고, 소단원을 두었다. ③고려서적주식회사와 한국능력개발사는 국어와 국문학사가 각각의 소단원으로, 그 뒤에 당대의 대표적인 고전 작품들을 소단원으로 구성하였다.

민중서관에서 출간한 고전 교과서의 대단원은 6개 단원으로 나누어, 시대 순으로 설정하였다. 시대 구분은 1단원은 상대부터 통일신라까지, 2단원은 고려 시대의 문학, 3단원은 조선 전기의 문학, 4단원은 조선 후기의 문학①, 5단원은 조선 후기의 문학②, 6단원은 근대의 문학으로 단원을 나누었다. 제3차 고전 교과서의 대단원 배열이 시대 순으로 통일되었으나, 출판사별 대단원의 수와 시대 구분에서 차이를 보인다. 고려서적주식회사 대단원은 6개인데, 상고 문학·중고 문학·근고 문학·중세 문학·근세 문학· 신문학으로 나누었다. 한국능력개발사는 대단원은 5개인데, 고대의 문학·고려의 문학·조선 전기의 문학·조선 후기의 문학·개화기의 문학으로 나누었다. 동화출판공사의 대단원은 7개인데, 고전을 대하는 자세·통일 신라 시대까지의 문학·고려 시대의 문학·조선 시대 전기의 문학·조선 시대 후기의 문학(1)·조선 시대 후기의 문학(2)·개화기의 문학으로 나누었다. 신구문화사의 대단원은 4개인데, 고려 이전의 문학·조선 전기의 문학·조선 후기의 문학·과도기의 문학으로 나누었다.

이상을 종합하면, 출판사별 시대 구분은 크게 신라이전·고려·조선·개화기의 문학으로 나누었다. 그러나 집필자의 문학관에 따라서 신라의 삼국통일부터 멸망까지를 중고 문학으로 설정하거나, 조선 후기 문학을 둘로 세분화하는 차이가 있다.

각 소단원은 해당 작품 해설이 본문 앞에 있고, 본문 뒤에 작품의 작자와 출전 등의 설명이 있다. 그리고 각 소단원에 학습 문제를 두었는데, 주로 3~5문제가 출제되었다. 독특하게 신구문화사에서 발간된 고전 교과서의 학습 문제는 각 소단원별로 연구 문제와 연습 문제로 구성되었다. 연구 문제는 본문 읽기 제재와 관련된 선인들의 생활·사상·감정 등을 묻는 문제이고, 연습 문제는 본문에 소개된 읽기 제재를 이해하고 감상하기 위한 문제로 출제되었다.

민중서관에서 출간된 고전 교과서의 분량(본문/부록)은 254쪽(246쪽/8쪽)이다.[07] 부록은 5종의 모든 교과서에서 보이는 데, 그 내용은 주로 국어·국문학의 연표를 수록하였다.

---

07 출판사 '민중서관'의 전체 분량(254쪽)에 대한 각 대단원의 분량은 1단원 44쪽, 2단원 31쪽, 3단원 66쪽, 4단원 56쪽, 5단원 32쪽, 6단원 17쪽, 부록 8쪽이다. '고려서적주식회사'의 전체 분량(본문/부록)은 244쪽(226쪽/18쪽)이다. '한국능력개발사'의 전체 분량은 244쪽(227쪽/17쪽)이다. '동화출판공사'의 전체 분량은 246쪽(232쪽/14쪽)이다. '신구문화사'의 전체 분량은 252쪽(222쪽/30쪽)이다. 신구문화사의 부록 분량이 많은데, 국문학 연표를 상세하게 기록하였다. 다른 출판사의 국문학 연표에는 '연대·작품·작자'를 시대 순으로 기록하였다. 신구문화사는 위의 사항에 간단한 작품 내용과 세계문학까지 포함시켰다.

(3) 제3차 교육과정에 나타난 고전교육의 특성

제3차 교육과정의 고전 교과서에 수록된 본문 읽기 제재를 갈래에 따라 분류해서, 교과서에 나타난 고전 교육의 특징에 대해 살펴보자. 다음은 출판사별 고전 교과서에 수록된 작품을 갈래에 따라 표로 작성한 것이다.

[표IV-4] 제3차 고전 교과서에 수록된 읽기 제재의 갈래와 수(數)

구분	고대가요	설화	고시조	향가	고려가요	경기체가	가사	악장	한시	민속극	민요	고전소설	고대수필	신체시	신소설	문학사	문학개론	계 갈래	계 數
민중	3		46	3	3		9	12	5		3	4	9			14	6	12	117
고려	5	5	38	4	5	1	11	13	7		2	6	20	1	2	7	7	16 (18)	134 (138)
한국	3		46	5	4	1	6	8	3			2	14	2	1	5		13	100
동화	3	2	66	4	5	1	12	5	4			9	8	1	2	10	20	15	152
신구	4	2	76	3	4	1	11	4	2	1		5	22	1	1	2	18	16	157

먼저 [표 IV-4]에서, 고전 교과서에 수록된 읽기 제재의 갈래와 일반적인 사항을 제시하면 다음과 같다. 민중서관에는 12개의 갈래와 117편의 읽기 제재가 수록되었다. 고려서적주식회사에는 16개(18개)[08]의 갈래와 134편(138편)의 읽기 제재가 수록되었다. 한국능력개발사에는 13개의 갈래와 100편의 읽기 제재가 수록되었다. 동화출판공사에는 15개의 갈래와 152편의 읽기 제재가 수록되었다. 신구문화사에는 16개의 갈래와 157편의 읽기 제재가 수록되었다. 고전 교과서 5종 중에서 읽기 제재의 갈래는 고려

---

08 '고려서적주식회사'에서 발간된 고전 교과서에는 일반적으로 현대 문학 영역에 포함되는 작품이 수록되었다. 소설에는 이광수의 '무정', 수필로 이상의 '권태', 현대시로 이육사의 '절정'과 윤동주의 '서시'가 그것이다. 괄호안의 숫자는 이들의 작품이 포함된 분석 자료이다.

서적주식회사가 가장 많고, 민중서관이 가장 적다. 그리고 읽기 제재수로는 신구문화사가 가장 많고, 한국능력개발사가 가장 적다. 제2차 고전 교과서에 수록된 작품과 비교할 때, 제3차 고전 교과서는 고시조·악장·한시·고대수필에서 수록 편수가 크게 감소하였다. 특히 고시조에서 두드러진 감소세를 보인다.

이러한 분석 내용을 바탕으로, 제3차 고전 교육과정과 고전 교과서에 나타난 문학 교육의 특징들은 다음과 같다.

첫째, 제3차 교육과정상의 국어Ⅱ에서 〈한문〉이 다른 교과로 분리되었다. 이러한 변화로 고전과 한문 문학 영역의 경계가 문서상으로는 명확하게 구분되었다. 제3차에서 고전 문학은 한문학을 제외한 우리 고전 문학의 여러 형식과 외국 문학으로서 조선 시대에 국역된 전형적인 형식으로 규정하였다.

둘째, 제3차 교육과정기의 고전 교과서 구성 체제가 각 출판사별로 공통된 틀을 유지하였다. 특히 단원 구성을 시대 순으로 배열하였다. 각 출판사의 고전 교과서를 검정한 날짜가 1978년 8월 22일자로 모두 같다. 고전 교과서 표지에는 문교부 검정 란에 검정 날짜와 일련번호가 있는데, 일련번호는 각 교과서별로 3131부터 3135까지 있다. 이러한 이유로 제3차 교육과정부터 교과서 검정 시스템이 정비되기 시작한 것으로 보인다.

셋째, 제3차 교육과정부터 교사용-지도서가 발간되었다. 교사용 지도서의 편찬 의도는 고전 교과서를 해설하여, 고전 교육의 목표가 가장 잘 달성될 수 있는 방안을 예시하려고 하였다. 그리고 교사용 지도서는 일선 교사들의 교수-학습 지도에 편의를 위한 교육 방안이기도 하다.

넷째, 각 출판사별 고시조 수록 편수가 줄고, 작가를 알 수 없는 사설시조 이외에는 실명의 작품이 수록되었다. 제2차 9종과 제3차 5종의 고전 교과서를 직접적으로 비교하는 것에는 문제가 있겠으나, 교과서에 수록할 작품의 선정에 대한 집필자들의 태도는 알 수 있을 것이다. 제2차 9종에서 교과서에 수록된 고시조는 548편인데, 64편이 작자 미상이다. 그리고 제3차 5종에서 교과서에 수록된 고시조는 272편인데, 22편이 작자 미상이다. 비율로 환산하면 제2차에서 작자 미상인 고시조는 12%, 제3차는 8%정도가 된다. 더욱이 고시조가 38편이 수록된 고려서적주식회사에서 발간한 고전 교과서에는 작자 미상인 고시조가 한 편도 없다. 이러한 점을 고려했을 때, 제3차 교육과정상의 제재 선정의 기준인 '기본적이고 출전이 확실한 것'을 수록하도록 한 지침에, 제3차 고전 교과서가 제2차보다 더 충실히 따랐다고 볼 수 있다.

다섯째, 고전 교과서에 현대 작품이 수록된 교과서가 있다. 제3차 고전 교과서의 단원 구성은 시기와 작품에서 고대부터 개화기까지 포함되었다. 개화기의 작품도 창가나 신체시, 신소설이 포함되었다. 이것은 표기나 형식면에서 현대 작품과 구별되었기 때문에 고전 작품에 포함된 것으로 보인다. 그러나 고려서적주식회사에서 발간한 고전 교과서에는 "신문학" 단원에 현대수필로 분류될 수 있는 이상의 '권태', 현대시로 이육사의 '절정'과 윤동주의 '서시'가 포함되었다.

여섯째, 고전 교과서의 학습 문제는 제2차와 마찬가지로, 해당 작품을 통해서 국문학의 변천이나 선인들의 삶을 이해하는 문제들이 출제되었다. 그러나 제3차에서는 소단원별로 학습 문제를 출제하였다. 민중서관에서 출간된 고전 교과서의 학습 문제를 예로 들어 살펴보자. 다음은 1단원 "설화 속의 가요" 중에 '신불神佛로 향한 생사관生死觀(신라문학)'에 향가작품으로 수록된 '처용가'의 학습 문제이다.

(1)'처용'을 '제용'이라 본다면, 이 노래는 민족적으로 어떤 신앙과 관계 지을 수 있겠는가? / (2)역신이 감복하여 본체를 드러낸 것은 처용의 어떤 점에서였는가? / (3)이 노래는 어떤 형태로 고려와 조선 시대까

지 계속 전승하였는가? / (4)이 노래가 전래 민요의 정착이라고 볼 수 있는 근거는 그 형식의 어떤 점에서인가?

"신불로 향한 생사관" 단원에는 '처용가'외에 월명사의 '제망매가'가 수록되었다. 학습 문제 1·3·4번은 향가의 생성·발달·변천 과정을 통시적 관점에서 이해하기 위한 문제이다. 그리고 학습 문제 2번은 수록된 작품을 이해·감상하는 문제인데, 교과서 집필자(김동욱·김태준, 민중서관)가 교사용 지도서에서 제안한 엑스플리카숑 드 텍스트explication de texte의 방식과는 거리가 있어 보인다. 왜냐하면 엑스플리카숑 드 텍스트 방식은 작품 속에 숨은 속뜻을 해석할 수 있는 문장 읽는 능력을 말하는데, 학습 문제는 작품보다는 '처용가'가 불리게 된 서사 내용에 관한 질문이다. 결과적으로 문장 읽는 능력은 문학 감상 능력을 말하는데, 제3차 교육과정에서의 고전 문학 작품의 이해와 감상 방법은 제2차의 역사주의 관점에서 크게 벗어나지 못했다.

2. 고전·현대문학 과목의 분리기
제4차 교육과정(1981~1987)

제1절에서는 제2·3차 교육과정을 고전문학 과목 중심기로, 각 교육과정과 고전문학 교과서에 나타난 문학 교육의 특징들에 대해 살펴봤다. 본 절에서는 제4차 교육과정을 고전·현대문학 과목의 분리기로 명명하였다. 제4차 교육과정의 심화 과정에 고전·현대문학이 분리되어 과목으로 설정되었다. 본 절의 내용 전개는 고전·현대문학 교육과정을 묶어 서술하고, 각 교과서와 문학 교육의 특징들은 나누어서 분석한다.

1) 제4차 고전·현대문학 교육과정

제4차 교육과정의 심화 과정인 국어Ⅱ에는 〈현대문학〉과 〈문법〉이 추가되어, 〈현대문학〉·〈작문〉·〈고전문학〉·〈문법〉이 설정되었다. 문학 교육의 입장에서 4차 교육과정에 심화 선택 과목으로 〈현대문학〉이 설정되었다는 점에서 의의가 크다. 앞선 문서상의 교육과정에서 일부 현대문이 고전 과정에 포함되어, 고전과 현대 문학의 영역이 명확하지 못한 부분이 있었다. 제4차 교육과정에서는 이러한 고전문학과 현대문학의 영역에 대한 구분을 명확히 했다. 그러나 제4차 교육과정의 국어Ⅰ에 고전과 현대 문학을 아우르는 문학 영역이 성립됐지만, 국어Ⅱ에서 고전문학과 현대문학으로 분리되어 체제의 일관성에 문제점이 노출되었다. 이러한 체제상의 문제점은 제5차 교육과정에서 해결된다. 제4차 교육과정의 국어Ⅱ의 체제를 보이면 다음과 같다.

국어Ⅱ
  가. 목표(4개항)
  나. 내용
    1)현대문학(25개항) 2)작문(11개항) 3)고전문학(26개항)
    4)문법(12개항)
  다. 지도 및 평가상의 유의점
    1)지도(7개항)   2)평가(3개항)

국어Ⅱ에서 각 과목의 목표는 한 개항씩 할애되어 기술되었다. 현대문학의 목표는 '문학 작품을 여러 각도에서 감상하고 예술적 가치를 평가하며, 인간의 보편적 갈등과 정서를 이해하게 한다.'이고, 고전문학의 목표는

'국문학에 대한 이해를 더욱 깊게 하여, 선인의 문학 세계를 바르게 파악하게 한다.'로 나누어 기술하였다. 현대문학은 현대인의 보편적 감정과 정서를, 고전문학은 선인의 문학 세계를 통해 한국 민족의 원초적인 삶의 모습, 한국적 서정 세계의 원형과 전통, 본질 등을 파악하는 것을 목표로 삼았다.

현대문학과 고전문학의 교육 내용 진술은 갈래별로 구체적인 내용을 담았다. 〈현대문학〉의 교육 내용은 현대문학에 관한 일반적인 내용(4개항), 수필(2개항), 소설(7개항), 시(6개항), 희곡(5개항), 시나리오(1개항)로 나누어 기술하였다. 〈고전문학〉의 교육 내용은 〈현대문학〉보다 더욱 세분화하여 기술하였다. 고전문학에 관한 일반적인 내용(5개항), 신화(2개항), 판소리계 국문 소설(1개항), 한국 한문 소설(1개항), 한문 단편 소설(1개항), 고대가요(1개항), 향가(1개항), 고려 속요 및 경기체가(1개항), 악장(1개항), 시조(1개항), 사설시조(1개항), 가사(1개항), 한시(1개항), 고전 산문(2개항), 자서전적(회고록적, 또는 전기적) 국문 고전 작품(1개항), 판소리 및 민속극(1개항), 문학관 및 비평(1개항), 근대 가사(1개항), 국한문 혼용체의 산문(1개항), 개화기의 문학 양식(1개항)으로 나누어 기술하였다.

교육과정 체제상 제3차 교육과정에서는 지도상의 유의점의 하위 항에 〈고전〉과 〈작문〉을 두어, 과목별로 유의점을 기술하였다. 그러나 제4차 교육과정의 '지도 및 평가상의 유의점'에는 '지도'와 '평가'항만을 구별하고, 하위 항에는 네 과목(현대문학·작문·고전문학·문법)의 내용을 나열식으로 기술하였다.

'평가상의 유의점'은 4차 교육과정에서 새롭게 추가된 항목이다. 이것은 교수-학습 과정에서 평가까지를 고려하기 시작했다는 것을 의미한다. 이것은 교수-학습이 가르치는 데 머무르지 않고, 평가까지 포함되어 교수-학습 영역을 넓혔다는 의의가 있다.

국어 II의 심화 선택 과목은 일반계 고등학교의 인문·사회 과정은 〈현대문학〉·〈작문〉·〈고전문학〉·〈문법〉을 이수하고, 자연 과정은 〈현대문학〉과 〈작문〉을 이수하도록 하였다.

2) 제4차 교육과정의 고전·현대문학 교과서

(1) 제4차 교육과정의 고전문학 교과서

제4차 교육과정의 고전 문학은 보통 교과로 일반계 고등학교에서 선택 과목으로 설정되었는데, 필자는 고전 문학 교과서 5종을 확인하였다. 과목명은 〈고전 문학〉으로, '문학'이 과목명으로 사용되었다. 고전古典은 옛 책을 의미하지만, 그것이 현대 속에 살아 있는 것이 아니라면 고전일 수 없다. 고전은, 그 책이 쓰일 당시 사람들에게는 현대 문학이었다. 그것은 당시 사람들의 사상과 감정 등을 풀어낸 삶의 기록인 것이다. 이러한 성격을 갖는 고전이 제4차 교육과정 국어Ⅱ에서 현대 문학을 설정하며 고전 문학으로 명명되었을 것이다.

제4차 국어Ⅱ의 고전 문학 교과서는 1983년 7월 29일 문교부 검정을 받고, 1984년 3월 1일부터 학교 현장에서 사용되었다. 고전 문학 과목의 시간 배당은 3~4단위로서, 총 수업 시간은 51~68 시간이 된다.[09]

본고에서는 고전 문학 5종 모두를 분석대상으로 하되, 김동욱·김태준의 〈고전 문학〉 교과서 단원 구성을 본문에 기술한다. 제4차 고전 문학 교과서 5종에 대한 발간 현황은 다음과 같다.

09 주당 1시간이면 3학기 내지 4학기에 걸쳐 지도하게 될 것이다.(한 학기 17주 기준)

[표 IV-5] 제4차 국어II, 고전 문학 교과서 발간 현황(집필자 가. 나. 다. 순)

순번	집필자	출판사	순번	집필자	출판사
1	김기동·박준규	교학사	4	박갑수·이철수	지학사
2	김동욱·김태준	동아출판사	5	이상익·김진영	동아서적주식회사
3	김성배·진태하	문호사			

동아출판사에서 출간한 교과서의 편찬 방침은 심미적 정서와 창의력의 함양, 개인의 발전과 국가의 융성과의 조화, 민족의 문화사적 측면의 강조, 학생 학습 활동면의 강조, 창의적 교과 운영에 대한 고려를 하였다. 제4차 고전 문학 교과서의 편찬 방침과 단원 구성은 제3차를 그대로 계승하였다.

제4차 교육과정의 고전 문학 교과서에 나타난 특징을 단원 구성과 교과서 내용을 통해 살펴보자. 다음은 동아출판사의 고전 문학 교과서 단원 구성과 작품(작가)을 보인 것이다. (교과서에는 한자가 병기되어 있으나, 인용에서는 한자를 생략한다. 밑줄은 필자)

고전 문학의 이해 / I.상대의 문학-신화와 설화 속의 가요- 1.천손의 혈통, (1)단군신화, (2)동명왕 신화(이규보), 2.설화 속의 가요, (1)구지가(구간), (2)황조가(유리왕), (3)정읍사(어느 행상인의 아내), 3.서라벌의 옛 노래, (1)서동요(맛동), (2)제망매가(월명사) □국어·국문학사 (1) / II.고려 시대의 문학-민중 문학의 형성- 1.고려인의 서정 세계, (1)동동, (2)청산별곡, (3)상저가, (4)한림별곡(한림제유), 2.시조의 성립과 한시, (1)시조(우탁 외 2인), (2)한시(정지상), 3.이야기 문학의 정착, (1)호랑이와 승려, (2)국선생전(이규보) □국어·국문학사(2) / III.조선 전기의 문학-한글 문학의 정착 1.우리의 양식을 찾아, (1)용비어천가(권지 등), (2)월인천강지곡(세종), 2.번역 문학, (1)두시언해, (2)삼강행실도, 3.충절과 사랑의 가락, (1)나라에 대한 충절(원천석 외 3인), (2)자연에 대한 사랑(송순 외 2인), (3)여성들의 사랑 노래(황진이 외 2인), 4.강호와 인륜 사이에서, (1)'강호사시가' 외(맹사성 외 3인), 5.가사의 유장한 가락, (1)면앙정가(송순), (2)규원가(허난설헌), 6.한시문의 맥락, '율곡집'에서(이이), 7.이야기 문학의 전개, 만복사저포놀이(김시습) □국어·국문학사(3) / Ⅳ.조선 후기의 문학①-산문 문학의 발흥- 1.전쟁의 아픔, (1)시조(이순신 외 3인), (2)어우야담(유몽인), (3)산성일기(어느 궁녀), (4)임진록, 2.귀족층의 삶의 세계, (1)고산의 단가(윤선도), (2)한중록(혜경궁홍씨), (3)내간(선조 외 1인), (4)서포만필(김만중), (5)양반전(박지원), 3.여로에 붓을 들고, (1)일동장유가(김인겸), (2)을병연행록(홍대용) □국어·국문학사(4) / Ⅴ.조선 후기의 문학②-국민 문학의 개화- 1.백성들의 삶의 방식, (1)농가월령가(정학유), (2)사설시조, (3)민요, 2.노래로 메아리친 사연, (1)남원고사, (2)박타령(신재효 정리), (3)봉산 탈춤 □국어·국문학사(5) / Ⅵ.근대의 문학-근대 문학의 자각- 1.근대로의 바쁜 마음, 개화기의 가사(이필균 외 1인), 2.개혁의 의지, (1)'서유견문' 서문(유길준), (2)금수회의록(안국선) □국어·국문학사(6) / 부록 1.고전 문학 전개표, 2.교재 관련 도판, 3.찾아보기

제4차 동아출판사의 단원 체제는 '대단원[학습 목표-소단원(학습 목표-본문-학습 문제)]'를 기본 골격으로 하였다. 단원 체제는 출판사별로 차이를 보이는 데, 크게 '대단원-소단원-학습 문제'를 기본 골격으로 하였다. 다만, 학습 목표와 학습 문제 등의 위치와 용어에서 차이를 보인다.

제3차 고전 교과서의 소단원 구성과 마찬가지로, 제4차 고전 문학 교과서에도 출판사별로 국어(사)와 국문학사에 대한 배치에서 차이가 있다. 제4차 교육과정의 국어Ⅱ에 문법 과목이 설정되었음에도 불구하고, 제4차 고전 문학 교과서에는 국어(사)에 대한 내용이 포함되었다. 출판사별 소단

원 구성에서 국어(사)를 다루는 형태는 세 가지인데, ①동아출판사·문호사·지학사에서 출간한 고전 문학 교과서는 각 대단원의 부록 형식으로 국어·국문학사를 첨부하였다. ②동아서적주식회사는 소단원 앞에 선수 학습처럼 각 시대의 배경과 국어를 두었다. ③교학사는 고전 문학 교과서에 국어(사)에 대한 내용을 포함하지 않았다. 이상의 출판사별 국어(사) 내용을 수록하는 형태에서, 제4차 고전 문학 교육과정 지침에 교학사에서 출간한 교과서가 충실했다고 볼 수 있다. 그리고 나머지 출판사에서 출간한 고전 문학 교과서는 제3차 고전 교과서의 관행을 그대로 따랐다.

동아출판사에서 발간한 고전 문학 교과서 대단원은 6개 단원인데, 제3차에서 대단원의 부제가 대단원명으로 사용되었다. 다시 말해서 제3차에서 대단원명이 제4차에서는 부제로, 제3차에서 부제가 제4차에서는 대단원명으로 자리가 바뀌었다. 동아출판사에서 발간한 고전 문학 교과서는 제3차와 비교할 때, 단원 구성과 수록 작품 면에서 동일하다. 다만, 제4차에서 단원 학습 목표를 제시한 것은 달라진 점이다.

고전 문학 교과서는 시대의 흐름으로 대단원을 구분했는데, 대부분 고(상)대·고려·조선 전기·조선 후기·개화기로 나누었다. 이와 같은 시대 구분을 따른 출판사는 문호사·지학사·동아서적주식회사로, 대단원은 모두 5개이다. 동아출판사는 조선 후기의 문학을 ①과 ②로 나누어 대단원은 6개이다. 교학사는 고려 시대 앞에, 상고 시대와 신라 시대의 문학으로 나누어 대단원은 6개이다.

소단원은 해당 작품 해설이 본문 앞에 있고, 본문 뒤에 작자와 출전, 작품 감상(지학사·동아서적주식회사) 등의 설명이 있다. 그리고 각 소단원에 학습 문제를 두었는데, 주로 3~5문제를 출제하였다. 독특하게 동아서적주식회사(이상익·김진영)에서 발간된 고전 문학 교과서의 학습 문제는 연구 과제와 연습 문제로 구성하였다. 연구 문제는 본문 읽기 제재와 관련된 문학의 역사적 전개, 갈래의 유형과 변천 과정·시대상 등을 묻는 문제이다. 그리고 연습 문제는 본문에 소개된 읽기 제재를 이해하고 감상하기 위한 문제로 출제되었다. 이러한 학습 문제 출제 유형은 제3차의 신구문화사(정병욱·이응백)에서 발간된 교과서를 계승하였다.

마지막으로 동아출판사에서 출간된 고전 문학 교과서의 분량(본문/부록)은 216쪽(208쪽/8쪽)이다.[10] 부록은 5종의 모든 고전 문학 교과서에서 보이는데, 그 내용은 국문학사 연표를 수록하였다. 동아출판사에는 고전 문학 전개표와 교재 관련 도판이 있다. 그리고 문호사에는 국문학사 연표가 없고, 고전 관계 도감이 있다. 교재 관련 도판과 고전 관계 도감은 고전 문학 교과서 속의 낱말들에 대한 그림이다. 예를 들면, 곤룡포라는 낱말이 속한 교과서 내의 페이지를 표시하고 해당 그림을 그렸다. 한국인의 주택구조, 중국인의 주택구조, 창덕궁과 창경궁의 조감도 등이 포함되었다. 이러한 고전 관계 도감은 학습 내용의 이해를 돕기 위해서 마련되었다. 학습자의 이해를 돕기 위해서 그림 매체를 제공했다는 점은 제4차 고전 문학 교과서의 특색이라고 할 수 있다.

(2) 제4차 교육과정의 현대문학 교과서

제4차 교육과정의 현대 문학은 보통 교과로 일반계 고등학교에서 선택 과목으로 설정되었는데, 필자는 현대 문학 교과서 5종을 확인하였다. 제4차 교육과정기의 현대 문학은 국어Ⅱ에서 문법 과목과 함께 처음으로

---

10 출판사 '동아출판사'의 전체 분량(216쪽)에 대한 각 대단원의 분량은 1단원 34쪽, 2단원 30쪽, 3단원 54쪽, 4단원 44쪽, 5단원 19쪽, 6단원 27쪽, 부록 8쪽이다. 교학사의 전체 분량(본문/부록)은 220쪽(208쪽/12쪽)이다. 문호사의 전체 분량은 220쪽(211쪽/9쪽)이다. 지학사의 전체 분량은 220쪽(213쪽/7쪽)이다. 동아서적주식회사의 전체 분량은 218쪽(209쪽/9쪽)이다.

선택 과목에 포함되었다.

제4차 국어Ⅱ의 현대 문학 교과서는 1983년 7월 29일에 문교부 검정을 받고, 1984년 3월 1일부터 학교 현장에서 사용되었다. 현대 문학 과목의 시간 배당은 4~5단위로서, 총 수업 시간은 64~80시간이 된다.[11] 그동안 발표된 현대 문학 작품이 교육과 문학사 측면에서 평가될 만한 작품이 누적되어 현대문학 과목이 형성될 수 있었다. 그리고 현대 문학 과목의 시간 배당이 고전 문학보다 1~2단위가 많이 할애되어, 고등학교 문학 교육이 현대 문학 위주로 편성되기 시작하였다.

본고에서는 현대 문학 5종 모두를 분석대상으로 하되, 구인환의 〈현대 문학〉 교과서 단원 구성을 본문에 기술하였다. 왜냐하면 구인환은 제5차 문학 교과서 발간에도 참여하였기 때문에, 문학 교과서 변천 과정을 비교하기가 용이할 것이다. 제4차 현대 문학 교과서 5종에 대한 발간 현황은 다음과 같다.

[표Ⅳ-6] 제4차 국어Ⅱ, 현대 문학 교과서 발간 현황(집필자 가. 나. 다. 순)

순번	집필자	출판사	순번	집필자	출판사
1	김기동·정주동·정익섭	교학사	6	이용주·구인환	법문사
2	김성재	일지사	7	이재수·서수생	일한도서출판사
3	김윤경	문호사	8	임헌도	영지문화사
4	박병채	박영사	9	한원영	삼화출판사
5	이숭녕·남광우	동아출판사			

금성교과서에서 출간한 교과서의 편찬 방향은 건전한 심신의 육성, 지력과 기술의 배양, 도덕적인 인격의 형성, 민족 공동체 의식의 고양으로 삼았다. 그리고 교과서에 수록할 제재 선정의 기준은 개화기 이후의 문학

---

11 주당 2시간이면 2학기에 걸쳐 수업하거나[4단위], 주당 2시간씩 2학기(1년)와 주당 1시간씩 1학기에 걸쳐 수업[5단위]할 수 있다.(한 학기 16주 기준)

작품과 문학사, 문학 작품을 이해하고 감상할 수 있는 이론도 포함시켰다. 그리고 문학 작품은 각 갈래별로 정평 있는 대표적 작품을 선정하되, 한 작가나 경향에 치우치지 않도록 선정되었다.

제4차 교육과정기의 현대 문학 교과서에 나타난 특징을 단원 구성과 교과서 내용을 통해 살펴보자. 다음은 금성교과서의 현대 문학 교과서 단원 구성과 작품(작가)을 보인 것이다.(밑줄은 필자)

■현대 문학에의 길잡이 / Ⅰ.수필 문학의 세계-1.수필 문학의 특성,메모광(이하윤), 2.수필 문학의 다양한 진술 방식,대한의 영웅(심훈), 구두(계용묵),화초(이효석),토속 연구 여행기(손진태) / Ⅱ.소설 문학의 세계-1.소설의 특성과 그 분류,무정(이광수), 2.허구와 사실과 진실,바위(김동리), 3.소설의 다양한 구성,운수 좋은 날(현진건), 4.인간의 성격 유형,바비도(김성한), 5.소설 작품의 배경,동백꽃(김유정), <u>6.서사적 전달 방식의 다양성,독 짓는 늙은이(황순원)</u>, 7.소설의 주제,수난이대(하근찬) / Ⅲ.시문학의 세계-1.시의 역사와 그 특성,봄은 간다(김억),광화문(서정주), 2.시의 다양한 표현 방식,난초 외 1편(이병기),불놀이(주요한),봉황수(조지훈),국경의 밤(김동환), 3.시적 언어의 기능과 표현 기법,해(박두진),외인촌(김광균),거울(이상), 4.우리 시의 음악성,산유화(김소월),님의 침묵(한용운), 5.시의 주제와 그 변천,빼앗긴 들에도 봄은 오는가(이상화),성북동 비둘기(김광섭) / Ⅳ.희곡과 시나리오의 세계-1.희곡의 특성,토막(유치진), 2.희곡의 구성과 유형,원고지(이근삼), 3.시나리오,류관순(윤봉춘) / Ⅴ.한국 현대 문학의 흐름-1.현대 문학의 태동, 2.현대 문학의 정립, 3.현대 문학의 성숙, 4.현대 문학의 정체와 모색, 5.현대 문학의 새로운 국면 / 부록: 현대 문학 연표, 찾아보기

제4차 금성교과서의 단원 체재는 '대단원[학습 목표-소단원(본문-학습 문제)]'를 기본 골격으로 하였다. 단원 체재는 출판사별로 차이를 보이는데, 학습 목표 제시 방법에서 가장 큰 차이를 보인다. 금성교과서와 교학사는 대단원 학습 목표만을 제시하였다. 이우출판사는 대단원 학습 목표가 없는 대신에, 각 소단원에 학습 목표를 제시하였다. 동아출판사는 대단원 학습 목표와 각 소단원 학습 목표를 동시에 제시하였다. 독특하게 학연사는 2장에 중단원을 두고, 대단원과 중단원 학습 목표를 각각 제시하였다.

금성교과서에서 발간한 현대 문학 교과서의 대단원은 5개로 나누었는데, 수필·소설·시·희곡과 시나리오 갈래에 따라 단원을 구분 지었다. 금성교과서와 같은 단원 수와 단원 구성 방법은 동아출판사와 이우출판사가 해당된다. 그런데 금성교과서와 동아출판사가 작품의 갈래로 단원명을 사용하였다면, 이우출판사는 주제 중심의 단원명을 사용하였다. 교학사는 7개의 단원으로 나누었다. 단원의 내용은 갈래 중심인데, 단원명은 주제 중심 단원 구성으로 하였다. 교학사에서 두 개의 단원이 많은 이유는 시와 소설 단원을 각각 두 단원씩 잡았기 때문이다. 학연사는 3개의 단원으로 나누었는데, 2장에서 중단원으로 시·소설·희곡·수필을 갈래에 따라 구분하였다.

금성교과서의 소단원은 '본문 해제-본문-참고사항-학습 문제-연구 과제'로 구성되었다. 학습 문제에서는 본문에 소개된 읽기 제재를 이해하고 감상하기 위한 평가 문제이고, 연구 과제는 심화 문제로 본문과 다른 갈래와의 비교, 문학사적인 전개, 문학 이론의 적용 등을 평가하도록 출제하였다. 이와 같은 학습 문제 유형은 제3차 신구문화사에서 출간한 고전 교과서와 제4차 동아서적주식회사에서 출간한 고전 문학 교과서에서 볼 수 있다. 금성교과서와 같은 소단원 구성을 보인 출판사는 교학사이다. 그러나 교학사에는 학습 문제로 공부할 문제만 있다. 이우출판사는 '소단원 학습 목표-본문-공부할 문제'로 구성되었다. 동아출판사는 '소단원 학습목표-본문-연구 문제-참고'로 구성되었다. 학연사는 '제재의 해제-작품-연구 문제'를 기본 골격으로 하였다. 작품에 따라 '감상 노우트'를 연구 문제 앞에 두었다.

마지막으로 금성교과서에서 출간된 현대 문학 교과서의 분량(본문/부록)은 263쪽(254쪽/9쪽)이다.[12] 모든 현대 문학 교과서에 부록이 있는데, 내용은 한국 문학사 연표와 찾아보기가 있다. 동아출판사에는 '문학 용어 풀이'가 있다. 문학 용어 풀이에는 작품을 분석하는 다양한 이론 가운데서 심리학, 신화 비평, 형식주의에서 핵심어를 설명하였다. 작품의 교수-학습 과정에서 다양하게 이해하고 감상할 수 있도록 배려한 것으로 보인다.

3) 제4차 교육과정에 나타난 고전·현대 문학교육의 특성

(1) 고전문학 교육

제4차 교육과정의 고전 문학 교과서에 수록된 본문 읽기 제재를 갈래에 따라 분류해서, 교과서에 나타난 고전 문학 교육 특징에 대해 살펴보자. 다음은 출판사별 고전 문학 교과서에 수록된 작품을 갈래에 따라 표로 작성한 것이다.

---

12 출판사 '금성교과서(주)'의 전체 분량(263쪽)에 대한 각 대단원의 분량은 1단원 36쪽, 2단원 102쪽, 3단원 46쪽, 4단원 44쪽, 5단원 26쪽, 부록 9쪽이다. 동아출판사의 전체 분량(본문/부록)은 259쪽(247쪽/12쪽)이다. 이우출판사의 전체 분량은 262쪽(253쪽/9쪽)이다. 학연사의 전체 분량은 260쪽(249쪽/11쪽)이다. 교학사의 전체 분량은 263쪽(251쪽/12쪽)이다.

[표Ⅳ-7] 제4차 고전 문학 교과서에 수록된 읽기 제재의 갈래와 수(數)

교과서 \ 갈래	고대가요	설화	고시조	향가	고려가요	경기체가	가사	악장	한시	민속극	민요	고전소설	고대수필	신체시	신소설	문학사	문학개론	비평	계 갈래	數
교학사	4	4	28	4	2	1	8	11	6	1		6	10	1	1	6		1	16	94
동아	3	3	36	2	3	1	6	10	6	1	1	4	10		1	12		1	16	100
문호사	3	2	56	3	4	1	7	10	5			3	14	1	1	10	17		15	137
지학사	4	2	44	3	4	1	7	12	8			5	11		2	10	23		14	136
동아서적	3	8	39	5	3	1	5	9	7			6	8	1	1	10	24		15	130

먼저 [표 Ⅳ-7]에서, 고전 문학 교과서에 수록된 읽기 제재의 갈래와 일반적인 사항을 제시하면 다음과 같다. 교학사에는 16개의 갈래와 94편의 읽기 제재가 수록되었다. 동아출판사에는 16개의 갈래와 100편의 읽기 제재가 수록되었다. 문호사에는 15개의 갈래와 137편의 읽기 제재가 수록되었다. 지학사에는 14개의 갈래와 136편의 읽기 제재가 수록되었다. 동아서적주식회사에는 15개의 갈래와 130편의 읽기 제재가 수록되었다. 고전 문학 교과서에 수록된 작품 갈래는 14~16개, 수록 작품 수는 94~137편의 분포를 보인다. 교학사에서 출간된 고전 문학 교과서의 읽기 제재 수가 가장 적은데, 이는 국어(사)에 대한 내용을 수록하지 않았기 때문이다.

이상의 분석 내용을 바탕으로, 제4차 교육과정과 고전 문학 교과서에 나타난 문학 교육의 특징들은 다음과 같다.

첫째, 과목명이 〈고전〉에서 〈고전 문학〉으로 변경되었다. 제2·3차 교육과정에서는 국어Ⅰ의 심화 과정으로 국어Ⅱ에 고전을 두었는데, 제4차 교육과정에서 국어Ⅱ에 고전 문학으로 설정되었다. 제4차 교육과정에서 〈고전〉이 〈고전 문학〉으로 과목명이 변경된 것은, 고전 문학 작품이 현대인의 삶과 직결된다는 인식의 단면을 보여준다. 그러나 심화 과정에 설정된 〈현대 문학〉 과목의 시대에 대한 상대적인 개념으로 이해될 수 있어, 우리의 문학 교육 변천 과정에서 내적 연속성에 관한 논란의 여지를 남겼다.

둘째, 국어(사)의 내용이 고전 문학 교과서에 포함되었다. 이러한 경향은 제2·3차 고전 교과서에서 보이는데, 그 시기의 고전 교육과정에 국어(사)의 내용이 포함되었기 때문이다. 그러나 제4차 고전 문학 교육과정상에 국어(사)의 내용이 빠졌음에도 불구하고, 고전 문학 교과서에 여전히 국어(사)의 단원이 남아있다.

셋째, 제4차 교육과정부터 고전 문학 교과서에 학습 목표를 제시하기 시작했다. 제3차 교육과정까지는 단원 학습 목표가 교과서에 드러나지 않고 교수-학습 과정에 잠재되어 있었다. 이러한 학습 목표 제시는 교사나 학습자에게 교수-학습 과정에서 뚜렷한 목표 의식을 갖게 한다. 또한 학습 목표는 학습에 대한 평가 목표이기도 하므로, 학습 목표와 학습 문제가 유기적으로 조직될 수 있다.

넷째, 학습 목표와 학습 문제가 유기적으로 조직되지 못했다. 제4차 고전 교과서 구성은 제3차와 대부분 동일하다. 제4차 교과서 단원 구성의 외형상 변화는 학습 목표를 새롭게 제시했다는 점이다. 이러한 학습 목표 제시는 교사나 학습자에게 의미 있는 변화로 간주될 수 있다. 그럼에도 불구하고 학습 목표와 학습 문제가 별개로 나누어졌다. 동아출판사에서 출간된 고전 교과서의 학습 문제를 예로 들어보자. 다음은 3장의 5단원 "가사의 유장한 가락"에 수록된 송순의 '면앙정가'에 관한 학습 문제이다.

1. 이 노래의 주제는 무엇인가? / 2. 이 노래의 운율상의 기조는 무엇인가? / 3. 이 작품에 보이는 작자의 자연관에 대하여 말해 보자. / 4. '비얏바'의 원형을 말해 보라. / 5. '우러곰'의 '곰'의 문법적 기능은 무엇인가?

인용된 학습 문제는 제3차 고전 교과서(민중서관)에 수록된 '면앙정가'의 학습 문제와 동일하다. 학습 문제는 학습 목표를 기반으로 교수-학습 내용을 평가한다. '면앙정가'의 학습 목표는 ①조선 양반 관료의 자연관과 군은(君恩)과의 관계를 이해한다. ②정철의 '성산별곡'이나 '관동별곡' 등 작품과의 관계에서 가사 문학의 흐름을 파악하는 것으로 제시되었다. 이러한 학습 목표에 학습 문제 1~4번 문제는 서로 상관성이 없어 보인다.

(2) 현대문학 교육

제4차 교육과정의 현대 문학 교과서에 수록된 본문 읽기 제재를 갈래에 따라 분류해서, 교과서에 나타난 현대 문학 교육의 특징에 대해 살펴보자. 다음은 출판사별 현대 문학 교과서에 수록된 작품을 갈래에 따라 표로 작성한 것이다.

[표Ⅳ-8] 제4차 현대 문학 교과서에 수록된 읽기 제재의 갈래와 수(數)

구분	시	시조	소설	수필	희곡	시나리오	문학사	문학개론	비평	계 갈래	계 數
금성교과서(주)	12	2	7	5	2	1	5	18		8	52
동아출판사	16	2	7	4	1		14	6		7	50
이우출판사	12		5	6	3	1	1	7		7	35
학연사	18	1	5	5	2		1	18	4	8	54
교학사	11	4	4	4	2	1	2	16	2	9	46

먼저 [표 Ⅳ-8]에서, 현대 문학 교과서에 수록된 읽기 제재의 갈래와 일반적인 사항을 제시하면 다음과 같다. 현대 문학 교과서에 수록된 읽기 제재의 갈래 분석은 9개로 시·시조·소설·수필·희곡·시나리오·문학사·문학개론·비평으로 구분하였다. 금성교과서에는 8개의 갈래와 52편의 읽기 제재가 수록되었다. 동아출판사에는 7개의 갈래와 50편의 읽기 제재가 수록

되었다. 이우출판사에는 7개의 갈래와 35편의 읽기 제재가 수록되었다. 학연사에는 8개의 갈래와 54편의 읽기 제재가 수록되었다. 교학사에는 9개의 갈래와 46편의 읽기 제재가 수록되었다. 현대 문학 교과서에 수록된 작품 갈래는 8~9개, 수록 작품 수는 35~54편의 분포를 보인다. 문학 갈래는 시조·시나리오·비평에 따라서 차이를 보이고, 읽기 제재 수는 학연사가 가장 많고, 이우출판사가 가장 적다. 이우출판사의 읽기 제재 수가 적은 이유는 문학사와 문학 개론에서 다른 출판사보다 적기 때문이다.

이상의 분석 내용을 바탕으로, 제4차 교육과정과 현대 문학 교과서에 나타난 문학 교육의 특징들은 다음과 같다.

첫째, 제4차 교육과정에서 국어 I 의 심화과정인 국어 II 에 현대 문학 과목이 신설되었다. 현대 문학이 과목으로 성립될 수 있었던 것은, 교수요목이 공포된 이래 40여 년의 시간이 경과하면서 현대 문학 작품이 누적되고 문학사 혹은 학교 교육에서 수용할 만한 가치 있는 작품들이 발표되었기 때문이다. 결과적으로 제4차의 국어 II 에서 문학이 고전 문학과 현대 문학으로 분화되었지만, 현대 문학이 독립 과목으로 자리를 잡았다는 의의는 크다.

둘째, 현대 문학 교과서의 단원은 갈래 중심으로 구분되었다. 제4차 현대 문학 교과서의 단원은 시·소설·수필·희곡과 시나리오로 나누었다. 이런 분류의 방법은 주로 언어가 어떻게 쓰이고 전달되는가를 기준으로 한 것이다. 소설이나 희곡은 언어가 플롯이나 인물을 창조하기 위해서 쓰인다. 시나 수필에 있어서는 생각이나 느낌을 표현하기 위해서 쓰이는 것이다. 그리고 소설이나 희곡에 있어서는 작가와 독자가 서술자나 극적 인물을 통해서 간접적으로 만날 수 있게 되지만, 시나 수필에 있어서는 그러한 매개 없이 직접 만날 수 있다. 시가 주로 정서 표출의 미적 가치를 가지는

반면, 수필은 설득의 실용적인 공리성을 가지고 있다.[13]

셋째, 제4차 현대 문학 교과서는 문학 개론 위주의 단원 구성 방식을 보인다. 금성교과서에서 발간된 교과서의 단원 구성을 보면, 각 소단원에서 문학 개론 뒤에 해당 문학 작품을 배치하여, 학습자가 문학 작품을 이해하고 감상하기 쉽게 하였다. 이러한 단원 구성을 보이는 출판사는 금성교과서외에 학연사와 교학사가 있다. 이우출판사는 이와는 반대로 작품을 먼저 제시한 후, 문학개론으로 대단원을 마무리 지었다. 동아출판사는 대단원에 문학의 개론을, 각 소단원 앞에 문학사를 두었다. 이상에서 단원 구성 방식에서 차이가 있지만, 대체로 문학 개론 위주의 단원 구성을 보인다.

넷째, 학습자에게 작품을 감상하는 방법을 보여주기 위해 비평문을 실었다. 학연사에는 '관점의 차이와 해석 문제-나의 침실로'를 통해서, 관점의 차이가 한 작품의 해석을 얼마만큼 달리하는지를 보여주었다. 그리고 '해석의 실제-운수 좋은 날'은 사회적 관점과 형태론적 관점으로, 황순의 '별'을 심리 및 형태론적 관점으로, 조지훈의 '석문'을 신화 및 원형론적 관점으로 해석한 비평문을 수록하였다. 교학사에는 소설가와 시인이 직접 쓴 비평문을 실었는데, 김동인의 '나의 소설'과 박두진의 '해'에 대한 해설이 그것이다.

다섯째, 단원 학습 목표와 학습 문제 사이에 간극이 존재한다. 앞에서 학습 목표와 학습 문제는 유기적인 관계가 있음을 말했다. 금성교과서의 2장, 6단원 "서사적 전달 방식의 다양성"에 수록된 황순원의 '독 짓는 늙은이'의 학습 문제를 통해 살펴보자.

---

13 이재선(1984), 『현대 문학』학연사, 25쪽.

[학습문제](1)이 작품의 주제를 말하라. (2)이 작품에 서술된, 독을 굽는 순서를 요약해 보자. / [연구과제](1)이 작품의 서사적 전달 방식은 어떤 유형의 것인가? (2)이 작가의 문체상의 특성을 이 작품에 의거해서 생각해 보라. (3)이 작가의 문체와 이광수나 김동리의 문체를 비교해 보라.

앞 장에서 금성교과서의 평가 문제는 학습 문제와 연구 과제로 구성되었다는 것을 언급했다. 학습 문제는 해당 읽기 제재에 한정된 문제이고, 연구 과제는 심화 문제로 본문과 다른 갈래와의 비교·문학사적인 전개·문학 이론의 적용 등을 평가하도록 출제하였다.

"서사적 전달 방식의 다양성" 단원은 목표 중심으로, 본문 읽기 제재인 '독 짓는 늙은이'를 통해 학습자는 서사 전달 방식의 다양성을 이해하는 것이 목표가 되는 셈이다. 따라서 학습 목표는 ①소설의 시점視點에 따라 서사적 전달 방식이 어떻게 달라지는가를 안다. ②소설의 시점과 관련된 소설 기법의 변화 및 발전을 아는 것으로 제시되었다. 학습 문제를 연구 과제를 수행하기 위한 선행 문제로 이해하더라도, 연구 과제 2·3번 문제는 문체와 관련된 것으로 단원 학습 목표와는 거리가 있어 보인다.

3. 문학 과목의 통합기
제5차 교육과정(1987~1992)

제2절에서는 고전·현대문학 과목의 분리기에 대한 내용을 서술하였는데, 현대 문학 과목이 새롭게 신설되고 수업 시간 배당에서도 현대 문학

이 고전 문학보다 많이 할애되었다. 이 시기부터 고등학교 문학 교육은 현대 문학으로 무게 중심이 변화되기 시작하였다. 제5차 교육과정에서 고전·현대문학 과목이 통합되어 문학 과목이 성립되었다. 본 절에서는 통합된 문학 과목의 교육과정과 문학 교과서에 대한 내용을 분석하여, 문학 과목이 성립된 제5차 교육과정의 문학 교육의 특징을 서술하겠다.

1) 제5차 문학 교육과정

제5차 고등학교 국어과 교육과정에서는 국어 Ⅰ·Ⅱ의 개념을 없애고, 심화 선택 과목으로 〈문학〉·〈작문〉·〈문법〉을 설정하였다. 특히 문학 교육 측면에서 제5차 교육과정은 고전문학과 현대문학을 통합하여, 〈문학〉이 독립적으로 설정되었다는 데 큰 의미가 있다. 문학 과목의 성립은 교육과정 변천사^此에서 문학·고전문학·현대문학이 별개의 영역으로 기술되어 여러 문제점들이 해소되는 계기가 되었다. 비로소 국어 교과에서 문학 영역과 문학 과목이 체제상의 일관성을 유지하게 되었다. 제5차 문학 교육과정을 보이면 다음과 같다.

가. 목표(전문+3개항)
나. 내용
　〈문학의 본질과 한국 문학의 특질〉(4개항)
　〈문학 작품의 이해 및 감상〉(7개항)
　〈한국 문학의 민족 문학적 특성〉(4개항)
다. 지도 및 평가상의 유의점
　1)지도(6개항)2)평가(2개항)

문학 교육과정의 목표는 '전문+하위 목표' 구조로 제시되었다. 〈문학〉
은 국어 문학 영역의 교육 내용을 바탕으로 목표와 내용을 구성하였다. 전
문의 내용은 '국어 과목(특히 '문학' 영역)의 교육성과를 바탕으로, 한국 문
학 작품을 통하여 문학에 관한 체계적인 지식을 갖추고 창조적 체험을 함으
로써, 미적 감수성을 기르고 인간의 삶을 총체적으로 이해하게 한다.'고 하
여, 하위 목표 항[14]의 내용을 포괄하여 제시하였다. 전문 항에서 우리의 고
전문학과 현대문학을 한국 문학으로 규정하고, 한국 문학의 특수성을 학습
하여 문학 일반의 체계적인 지식을 학습하도록 하였다. 한국 문학의 특수
성과 세계 문학을 관통하는 일반적인 문학의 특성은 별개로 존재하는 것이
아니다. 문학의 일반적 특성으로 상상력, 창작 등을 인정한다면, 개별적인
한국 문학을 즐겨 읽고 상상력을 통한 창조적 체험을 함으로써 미적 감수성
을 기르게 될 것이다. 한국 문학 작품의 이해 및 감상을 통해, 한국 문학에
나타난 민족의 정서와 삶을 총체적으로 이해하고, 민족 문학의 발전에 이바
지하게 된다. 따라서 문학 교육의 내용도 문학의 본질과 한국 문학의 특질,
문학 작품의 이해와 감상, 한국 문학의 민족 문학적 특성으로 제시하였다.

　　문학 교육의 교수-학습 자료에 관한 내용은 '지도'항[15]에 지침을 제시
하였다. 그 내용을 보면 다음과 같다.

　　　　국어과(문학)에서 사용하는 교수·학습 자료는, 학생들이 긍정적으
　　　　로 해석하고 평가하여 자신의 신념과 가치관 형성에 도움으로 삼을 수

14　제5차 교육과정의 〈문학〉의 목표는 다음과 같다. 1)문학 일반과 한국 문학에 관한 체계적인 지식
　　을 습득하게 한다. 2)문학 작품을 즐겨 읽고 상상을 통한 창조적 체험을 함으로써 미적 감수성을
　　기르게 한다. 3)한국 문학에 나타난 민족의 정서와 삶을 총체적으로 이해하고, 민족 문학의 발전에
　　이바지하게 한다.
15　교수-학습 자료의 선정은 '2-1.국어'의 '다.지도 및 평가상의 유의점, 1)지도 (9)항'을 고려한다.

있는 자료로서 다음과 같은 국민정신 교육에 관련된 요소가 고려된 것이어야 한다.

①정직, 책임, 근면, 진취, 협동 / ②가치에 대한 신념, 이상이나 목적을 실현하려는 의지 / ③인격 존중과 인간에 대한 사랑 / ④질서, 규칙, 법, 사회적 관습의 존중 / ⑤학교, 사회, 국가의 공적인 이익을 위한 헌신적 봉사 정신 / ⑥독특한 언어와 문화를 가진 대한민국 국민으로서의 자아 인식과 민족적 자부심 / ⑦긍정적이고 바람직한 국가관과 세계관

인용 글은 교수-학습 과정에서 문학 교육의 목표를 달성하기 위해, 문학 교과서에 수록될 문학 작품에 관한 지침 내용이다. 학교에서의 문학 교육은 문학 교과서를 중심으로 이루어진다. 문학 교과서에 수록될 문학 작품은 가치를 함유하고 있어야 하는데, 그것은 국민정신 교육과 관련되어야 한다는 것이다.

문학 일반과 한국 문학에 대한 평가는 단순 암기보다는 구체적인 작품의 해석과 감상을 주관식으로 평가하도록 하였다.

2) 제5차 교육과정의 문학 교과서

제5차 교육과정의 문학은 보통교과로 과정별 선택 과목으로 설정되었는데, 문학 교과서 8종이 출간되었다. 과목명은 고전 문학과 현대 문학이 통합되어 〈문학〉이 되었다.

제5차 문학 교과서는 1989년 8월 19일에 문교부 검정을 받고, 1990년 3월 1일부터 학교 현장에서 사용되었다. 문학 과목의 시간 배당은 8단위로서, 총 수업 시간은 128시간(1학기 16주 기준)이 된다.

본고에서는 문학 교과서 8종 모두를 분석 대상으로 하되, 구인환(한샘교과서)과 김동욱(동아출판사)의 문학 교과서를 위주로 삼는다. 제5차 문학 교과서 집필진 19명 중에 구인환과 김동욱·김태준은 개정되는 문학 교과서 발간에 지속적으로 참여하였다.[16] 그리고 나머지 16명은 제5차 문학 교과서 발간에 새롭게 참여한 인물들이다. 제5차 문학 교과서 8종에 대한 발간 현황은 다음과 같다.

[표Ⅳ-9] 제5차 교육과정의 문학 교과서 발간 현황(집필자 가. 나. 다. 순)

순번	집필자	출판사	순번	집필자	출판사
1	구인환	한샘교과서(주)	5	김봉군, 한연수	지학사
2	김흥규	한샘	6	김동욱, 김열규, 김태준	동아출판사
3	김용직, 박민수	학습개발	7	우한용, 박인기, 정병헌, 최병우	동아출판사
4	김윤식, 김종철	한샘교과서(주)	8	박동규, 서대석, 송백헌, 김태식	금성교과서

한샘교과서에서 출간한 교과서의 편찬 방향은 교육의 일반 목표에서 제시한 건강한 사람, 자주적인 사람, 창조적인 사람, 도덕적인 사람의 인간상을 추구하도록 하였다. 그리고 문학 교과서 편찬의 방침은 문학 교육의 목표인 한국 문학 작품을 통하여 문학에 대한 체계적인 지식을 갖추고, 창조적인 체험을 함으로써 미적 감수성을 기르고 인간의 삶을 총체적으로 이해할 수 있도록 단계적으로 편성하였다.

문학 제재의 선정은 한국 문학사 전체를 통하여 의의 있는 작품을 선정하였다. 특히 민족 문학의 특성을 고려하여, 한민족의 사상과 정서를 바르게 전달할 작품을 두루 선정하였다. 그리고 문학 작품을 이해하고 감상할 수 있는 바탕이 되는 문학 이론도 작품과 관련시켜 중요한 제재로 제시

---

16 구인환은 제4차 현대문학과 제5·6·7차 문학 교과서 발간에 참여하였다. 김동욱·김태준은 제3·4차 고전문학과 제5차 문학 교과서, 그리고 김태준은 제6차 문학 교과서 발간에 참여하였다.

하였다. 특히 문학 작품의 이해와 감상을 문학사의 전통 속에서 살펴봄으로써, 문학 작품을 민족사의 발전 과정에서 이해하도록 하였다.

제5차 교육과정기의 문학 교과서에 나타난 특징을 단원 구성과 교과서 내용(작품과 작가)을 통해 살펴보자. 다음은 구인환의 한샘교과서(주)의 문학 교과서 단원 구성과 작품(작가)을 보인 것이다.

□문학 학습의 길잡이 / Ⅰ.문학의 본질과 유형-1.문학의 본질과 특성, 2.문학의 유형과 장르 ○학습 문제 / Ⅱ.한국 문학의 이해와 감상-1.문학의 이해와 감상, 2.문학 감상의 방법 ○학습 문제 3.문학의 이해와 감상의 실제 1.언어와 심상-1.시의 다양한 표현 양식,(1)고시조와 민요(이이 외),(2)님의 침묵(한용운),(3)봉황수(조지훈),(4)국경의 밤(김동환),(5)서해상의 낙조(이태극), 2.시의 언어와 표현 기법,(1)제망매가(월명사),(2)송인(정지상),(3)그 날이 오면(심훈),(4)도봉(박두진),(5)생명의 서(유치환), 3.시의 음악성,(1)청산별곡,(2)고지가 바로 저긴데(이은상),(3)향수(정지용),(4)내 마음을 아실 이(김영랑),(5)눈(김수영), 4.시의 주제와 그 표현,(1)정읍사(행상인의 아내),(2)빼앗긴 들에도 봄은 오는가(이상화),(3)절정(이육사),(4)별 헤는 밤(윤동주),(5)성북동 비둘기(김광섭) ○학습 문제 **2.**허구와 진실-1.소설의 인물과 배경,(1)치숙(채만식),(2)매잡이(이청준), 2.소설의 시점과 문체,(1)별(황순원),(2)사랑 손님과 어머니(주요섭), 3.소설의 다양한 구성,(1)사씨남정기(김만중),(2)무녀도(김동리), 4.소설의 주제와 그 표현,(1)두 파산(염상섭),(2)수난 이대(하근찬) ○학습 문제 **3.**무대와 인생-1.희곡의 구성,□원고지(이근삼), 2.희곡의 주제와 그 표현,□태양을 향하여(차범석), 3.시나리오의 특성, □유관순(윤봉춘) ○학습 문제 **4.**생활의 여적-1.수필의 특성,(1)애국하는 충성(유길준),(2)봄(피천득), 2.수필의 진술 방식,(1)구두(계용묵),(2)

나무(이양하),(3)낙화암을 찾는 길에(이병기), 3.수필의 속성과 주제,(1)그믐달(나도향),(2)딸깍발이(이희승) ○학습 문제 / Ⅲ.한국 문학의 특성과 전통성-1.한국 문학의 성격과 범위, 2.한국 문학의 특성 ○학습 문제 3.한국 문학의 전통적 흐름 1.서정 문학의 형성과 변모-1.서정 문학의 형성,(1)황조가(유리왕),(2)처용가(처용),(3)가시리 ○학습 문제 2.서정 문학의 변모된 모습,(1)용비어천가(정인지 외),(2)고시조(황진이 외),(3)사미인곡(정철) ○학습 문제 3.서정시의 전환기적 형태,(1)동심가(이중원),(2)해에게서 소년에게(최남선) ○학습 문제 4.현대시의 완성과 성장,(1)불놀이(주요한),(2)진달래꽃(김소월),(3)추일서정(김광균) ○학습 문제 2.서사 문학의 형성과 변모-1.서사 문학의 형성,(1)단군신화,(2)설씨녀와 사실,(3)국선생전(이규보) ○학습 문제 2.서사 문학의 소설로의 발전,(1)용궁부연록(김시습),(2)홍길동전(허균) ○학습 문제 3.소설의 전환기적 형태,(1)혈의 누(이인직),(2)인력거꾼(안국선) ○학습 문제 4.현대 소설의 개화,(1)무정(이광수),(2)동백꽃(김유정) ○학습 문제 2.극문학의 형성과 변모-1.선인들의 놀이와 민속극,(1)봉산 탈춤,(2)춘향가 ○학습 문제 2.새로운 극문학의 발전,(1)토막(유치진),(2)시집 가는 날(오영진) ○학습 문제 4.수필 문학의 형성과 변모-1.수필적 성격의 고전들,(1)'파한집'에서(이인로),(2)동명 일기(의유당),(3)일동장유가(김인겸) ○학습 문제 2.현대 수필의 정립과 성장,(1)대동강(김동인),(2)생활인의 철학(김진섭),(3)권태(이상) ○학습 문제 / Ⅳ.한국 문학의 역사적인 흐름-1.고대 문학의 흐름, 2.고려 문학의 흐름, 3.조선 문학의 흐름, 4.개화기 문학의 흐름, 5.현대 문학의 흐름 ○학습 문제 / Ⅴ.세계 문학 속의 한국 문학-1.민족 문학의 성격, 2.민족 문학과 세계 문학, 3.세계 문학으로서의 한국 문학 ○학습 문제 / □부록-1.한국 문학사 연표, 2.찾아보기 제5차 한샘교과서(구인환)의 단원 체제는 대단원[단원 학습 목표-단원의 길잡이-중(소)단원(학습 목표-본문-이해와 감상-참고 사항-연구 문제)-대단원 학습문제]를 기본 골격으로 하였다. 한샘교과서에만 Ⅱ장과 Ⅲ장에서 중단원을 두었다. 단원 체제는 출판사별로 차이를 보이는데, 크게 '대단원[단원 학습 목표-단원의 길잡이-소단원(본문-학습 문제)-단원의 마무리]'를 기본 골격으로 하였다. 다만, 학습 목표·단원의 마무리 등의 위치와 용어 사용에서 차이를 보인다.[17]

한샘교과서(구인환)는 대단원을 5개 단원으로 나누었는데, 단원명은 대단원과 중(소)단원(Ⅱ장과 Ⅲ장)은 목표 중심으로, 그리고 소단원(Ⅱ장과 Ⅲ장)은 작품 갈래에 따라 나누었다. 동아출판사(김동욱 외)는 8단원으로 나누었는데, 대단원과 소단원명은 목표 중심이고 대단원 구분은 작품 갈래로 구분 지었다.[18]

한샘교과서(구인환)에서 출간된 문학 교과서의 분량(본문/부록)은

---

17 출판사별 단원 체제는 다음과 같다. 한샘(김흥규)은 대단원[단원 학습 목표-소단원(갈래 해제-학습 목표-개론-이해의 길잡이-본문-출전-작자 소개-연구 문제)-단원의 마무리], 학습개발(김용직 외)은 대단원[단원의 도입-갈래 해제-학습 목표-소단원(지은이-본문-작품 해제-개별 학습 활동)-종합 학습 활동], 한샘교과서(김윤식 외)는 대단원[단원 학습 목표-단원의 길잡이-문학사-소단원(학습 목표-본문-이해의 초점-출전-더 읽을 거리-공부할 문제)-단원의 정리], 지학사(김봉군 외)는 대단원[단원 학습 목표-문학사-개론-소단원(학습 목표-감상의 길잡이-작자 소개-본문-학습 문제)-단원 정리 문제], 동아출판사(김동욱 외)는 대단원[단원의 길잡이-학습 목표-소단원(학습 목표-길잡이-본문-학습 활동-보충 학습)-단원 마무리 문제], 동아출판사(우한용 외)는 대단원[단원 학습 목표-단원의 길잡이-소단원(학습 목표-갈래 해설-본문-감상의 길잡이-더 읽을 거리-참고 사항-학습 문제-토론 주제)], 금성교과서(박동규 외)는 대단원[단원 학습 목표-단원의 길잡이-소단원(학습 목표-갈래 해설-본문-작품의 이해 자료-학습 문제-연구 과제)-심화 학습-정리 학습 문제]로 구성되었다.

18 한샘(김흥규)은 대단원을 7개로 나눴는데, 단원명은 목표 중심이고 단원 구분은 작품 갈래에 따라 나누었다. 학습개발(김용직 외)은 대단원을 4개로 나누었는데, 단원명은 목표 중심이고 단원 구분은 작품 갈래에 따라 나누었다. 한샘교과서(김윤식 외)는 4단원으로 나누었는데, 단원 구분은 목표 중심이고 단원 구분은 장마다 다르다.(1장은 갈래 중심, 2장은 문학 작품을 보는 관점, 3장은 한국 문학의 성격, 4장은 문학사) 지학사(김봉군 외)는 6단원으로 나누었는데, 단원명은 문학사의 흐름에 따른 시기로 나누고, 소단원은 작품 갈래에 따라 나누었다. 동아출판사(우한용 외)는 5단원으로

414쪽(396쪽/18쪽)이다.[19]

부록은 8종의 모든 문학 교과서에서 보이는데, 그 내용은 한국 문학사 연표와 문학 용어 풀이를 수록하였다. 동아출판사(김동욱 외)의 부록에는 교재 관련 도판을 실었다. 교재 관련 도판은 제4차 동아출판사(김동욱·김태준) 부록에 실린 교재 관련 도판과 문호사(김성배·진태호) 부록의 고전 관계 도감과 성격을 같이한다. 교재 관련 도판은 문학 교과서 속의 낱말들에 대한 그림이다. 제5차 문학 교과서 부록에 실린 문학 용어 풀이는 제4차 현대 문학 교과서를 출간한 동아출판사(김열규·유시욱)의 문학 용어 풀이와 성격을 같이한다.

3) 제5차 교육과정에 나타난 문학교육의 특성

제5차 교육과정의 문학 교과서에 수록된 본문 읽기 제재를 갈래에 따라 분류해서, 교과서에 나타난 문학 교육의 특징에 대해 살펴보자. 다음은 출판사별 문학 교과서에 수록된 작품을 갈래에 따라 표로 작성한 것이다.

나누었는데, 대단원명은 목표 중심이고 소단원은 작품 갈래에 따라 단원을 나누었다. 금성교과서(박동규 외)는 9단원으로 나누었는데, 대단원명은 목표 중심이다. 그리고 소단원명은 장마다 다르다.(2장과 7장은 갈래, 1장·3~6장·8장은 목표 중심, 9장은 문학사)

19 출판사 '한샘교과서'의 전체 분량(414쪽)에 대한 각 대단원의 분량은 1단원 14쪽, 2단원 194쪽, 3단원 170쪽, 4단원 10쪽, 5단원 8쪽, 부록 18쪽이다. 한샘(김흥규)의 전체 분량(본문/부록)은 425쪽(415쪽/10쪽)이다. 학습개발(김용직 외)은 437쪽(415쪽/22쪽)이다. 한샘교과서(김윤식 외)는 422쪽이다. 지학사는 431쪽(410쪽/21쪽)이다. 동아출판사(김동욱 외)는 440쪽(426쪽/14쪽)이다. 동아출판사(우한용 외)는 440쪽(436쪽/4쪽)이다. 금성교과서(박동규 외)는 432쪽(413쪽/19쪽)이다.

[표IV-10] 제5차 문학 교과서에 수록된 읽기 제재의 갈래와 수(數)

구분	한샘 (구인환)	한샘 (김흥규)	학습 (김용직)	한샘 (김윤식)	지학사 (김봉군)	동아 (김동욱)	동아 (우한용)	금성 (박동규)
고대가요	2	2	2	2	4	2	1	2
설화	2	3	1	1	2	5	5	1
고시조	5	8	6	11	29	17	9	11
향가	2	1	1	1	1	4	1	2
고려가요	2	2	1	1	3	5	1	2
경기체가				1	1	1	1	1
가사	3	4	1	3	5	2	4	2
악장	2	5		4	5			10
한시	1	4	1	5	8	1	4	1
판소리							1	
민속극	1	1	1	1	1	2	2	2
민요	1	1	1	1		2	3	1
고전소설	4	4	4	4	4	4	2	3
고대수필	2	7	3	4	8	7	6	1
신체시	1			1			1	1
신소설	2	1	1	1	1	2	1	1
시	17	18	15	17	20	27	14	19
시조	1	1	1	2	1	1		4
소설	9	11	8	12	7	20	7	6
수필	10	5	4	3	4	6	4	4
희곡	3	2	2	2	1	2	2	2
시나리오	2	1	1		1	1	1	1
문학사	19	10	6	23	6	8	6	12
문학개론	28	29	27	40	8	7	27	30
비평	1		14	5	5	3		3
계 갈래	23	21	21	23	22	22	22	24
數	120	120	101	145	125	129	103	122

먼저 [표 IV-10]에서, 문학 교과서에 수록된 읽기 제재의 갈래와 일반적인 사항을 제시하면 다음과 같다. 제5차 문학 교과서에 수록된 읽기 제재의 갈래 분석은 25개로 고대가요·설화·고시조·향가·고려가요·경기체가·가사·악장·한시·판소리·민속극·민요·고전소설·고대수필·신체시·신소설·시·시조·소설·수필·희곡·시나리오·문학사·문학개론·비평으로 나누었다.

한샘교과서(구인환)에는 23개의 갈래와 120편의 읽기 제재가 수록되었다. 한샘(김홍규)에는 21개의 갈래와 120편의 읽기 제재가 수록되었다. 학습개발(김용직 외)에는 21개의 갈래와 101편의 읽기 제재가 수록되었다. 한샘교과서(김윤식 외)에는 23개의 갈래와 145편의 읽기 제재가 수록되었다. 지학사(김봉군 외)에는 22개의 갈래와 125편의 읽기 제재가 수록되었다. 동아출판사(김동욱 외)에는 22개의 갈래와 129편의 읽기 제재가 수록되었다. 동아출판사(우한용 외)에서는 22개의 갈래와 103편의 읽기 제재가 수록되었다. 금성교과서(박동규 외)에서는 24개의 갈래와 122편의 읽기 제재가 수록되었다. 문학 교과서에 수록된 작품 갈래는 21~24개, 수록 작품 수는 101~145편의 분포를 보인다. 한샘교과서(김윤식 외)에서 가장 많은 수록 편수를 보이는데, 특히 문학사와 문학 개론에서 다른 출판사보다 비중을 더 두고 있음을 알 수 있다.

이상의 분석 내용을 바탕으로, 제5차 교육과정과 문학 교과서에 나타난 문학 교육의 특징들은 다음과 같다.

첫째, 제5차 교육과정에서 비로소 문학 과목이 성립되었다. 제4차의 고전 문학과 현대 문학이 통합되어 문학 과목이 되었다. 이로써 고등학교 국어 과목의 문학 영역과 과정별 심화 선택 과목인 문학과 체제상의 균형을 이루게 되었다.

둘째, 문학 과목이 성립됨으로써, 문학사에서 고전과 현대 문학의 연속성이 확보되었다. 제2·3차 교육과정에서 고전만이 국어Ⅱ에 설정되어, 심화 과정에서 반쪽짜리 문학 교육이 이루어졌다. 특히 일제 강점기의 일부 문학 작품은 출판사에 따라 고전과 현대 영역, 양쪽에 걸쳐서 수록되는 모습을 보이기도 하였다. 예를 들면, 제3차 고려서적주식회사(박성의·송민호)에서 발간된 고전 교과서에서는 일반적으로 현대 작품으로 여겨지는 이상의 '권태', 이육사의 '절정', 윤동주의 '서시'가 수록되었다. 그리고 제4차 교육과정에서는 문학이 고전 문학과 현대 문학으로 양분되었다.

셋째, 제5차 문학 교과서는 문학사·문학개론·비평(평론)에 대한 내용이 강화되었다. 문학사와 문학 개론, 비평에 관한 내용이 별도의 단원으로 구성되었다.

넷째, 문학 교과서 단원 구성 방식이 다양해졌다. 제4차까지 고전·현대 문학 교과서의 단원 구성은 주로 시대와 갈래 중심으로 짜여졌다. 제5차 문학 교과서의 단원 구성은 시대를 넘나들며 갈래, 시대별, 경향별, 공통된 작품의 소재(원형적 이미지) 등으로 다양하게 짜여졌다. 한샘교과서(구인환)에는 "시의 다양한 표현 양식" 단원에 '고시조와 민요'(이이 외)·'님의 침묵'(한용운)·'봉황수'(조지훈)·'국경의 밤'(김동환)·'서해상의 낙조'(이태극)가 한 단원으로 묶였다. 한 단원에 고시조, 민요, 현대시, 현대 시조가 같이 묶인 것이다. 한샘교과서(김윤식·김종철)에는 시대별로 단원을 구성하였다. "1960년대의 문학" 단원에 '성북동 비둘기'(김광섭)·'풀'(김수영)·'광장'(최인훈)·'누이를 이해하기 위하여'(김승옥)·'거리의 악사'(박경리) 등으로 시와 소설을 같이 묶었다. 학습개발(김용직·박민수)에는 경향별로 단원을 구성하였다. "내면세계와 존재의 탐구" 단원에서 '거울'(이상)·'처용단장'(김춘수)·'위독'(이승훈) 등으로 내면 의식을 탐구하는 시들로 묶었다. 동아출판사(김동욱·김열규·김태준)에서는 "원형적 이미지" 단원에서 달의 이미지가 공통적으로 등장하는 작품들로 구성하였다. '원왕생가'(광덕)·'정읍사'(어느 행상인의 아내)·'정철의 시조'·'달·포도·잎사귀'(장만영)를 한 단원으로 묶었다. 한샘(김흥규)에는 소설의 구성 요소인 "배경과 문체" 단원에서 '유충렬전', '혈의 누'(이인직), '탁류'(채만식), '사하촌'(김정한)을 한 단원으로 구성하였다.

다섯째, 제5차 문학 교과서에 수록된 문학 작품의 갈래 수를 고려할 때, 현대 문학 작품이 많이 수록되었다. 고전 문학 작품의 갈래는 16개(고대가요~신소설), 현대 문학(시~시나리오) 6개이다.[20] 현대 문학 작품이 고전보다 많이 수록된 출판사는 한샘교과서(구인환), 학습개발(김용직), 동아출판사(김동욱) 등이다. 이러한 경향이 비록 8종중에 3종의 문학 교과서에 보이지만, 문학 교육의 무게 중심이 고전에서 현대로 넘어가는 징후를 발견할 수 있다.

여섯째, 제5차 문학 교과서에 수록된 25개의 작품 갈래 중에 현대시와 소설이 차지하는 비중이 크게 증가하였다. 현대시는 지학사(김봉군)를 제외하면, 나머지 7종의 문학 교과서에서 가장 많이 수록되었다. 그리고 소설은 지학사(김봉군), 동아출판사(우한용), 금성교과서(박동규)를 제외하면 현대시 다음으로 많이 수록되었다.

일곱째, 학습 문제가 단원 학습 목표를 성취하기 위한 문제로 변화되었다. 변화의 양상을 살펴보기 위해서, 제4차 고전 문학 교과서(김동욱)와 제5차 문학 교과서에 수록된 '면앙정가'(송순)의 학습 문제를 예로 든다.(제4차 '면앙정가'의 학습 문제는 앞의 장을 참조)

〈2〉경기체가인 '한림별곡'에 '장노자莊老子'란 말이 보인다. 그 장자莊子나 노자老子의 사상을 실천하려는 의지가 가사 '면앙정가'에 담겨 있다. 하늘을 상제上帝로 섬기고, 인간의 순진무구한 마음 바탕을 대자연 속에서 살리는, 이른바 '신선'을 가장 높은 인간 가치로 삼는 것이 도가道家 사상의 특성이다. [물음]이와 같은 도가 사상의 특성이 '면앙정가'에 어

---

20 문학 작품만을 생각하여 문학사·문학개론·비평은 제외되었다. 출판사별 수록된 고전 문학과 현대 문학 작품 수는 다음과 같다. 한샘교과서(구인환)는 30편(고전):42편(현대), 한샘(김흥규)에는 43편:38편, 학습개발(김용직) 23편:31편, 한샘교과서(김윤식)는 41편:36편, 지학사(김봉군)에는 72편:34편, 동아출판사(김동욱)에는 54편:57편, 동아출판사(우한용)에는 42편:28편, 금성교과서(박동규)는 41편:36편이다.

떻게 나타나 있는가?

송순의 '면앙정가'는 "사상적 배경" 단원에 실렸는데, '처용가'(처용)·'한림별곡'(한림제유)·'오륜가'(주세봉)·'바라춤'(신석초)이 한 단원으로 묶였다. "사상적 배경" 단원의 학습 문제는 5문제가 출제되었는데, 본문 읽기 제재에 각각 1문제씩 출제되었다.

"사상적 배경"의 단원 학습 목표는 "①민족 문학을 길러 낸 배경으로 어떤 사상이 있나 알아본다. ②각 작품의 배경을 이루고 있는 사상을 알아본다." 등으로 제시되었다. 제5차의 학습 문제 형태는 [물음]에 앞서, 학습자에게 사전 지식을 제공하는 것으로 변화되었다. '한림별곡' 속에 있는 노장 사상을 '면앙정가'와 연결 짓고, 도가 사상에 대한 설명을 덧붙였다. 그리고 제4차에서는 단원 학습 목표와 학습 문제가 별개였는데, 제5차의 학습 문제는 학습 목표를 성취하기 위한 문제로 구성되었다.

4. 독자 중심의 문학 교육기
제6·7차 교육과정(1992~2007)

문학 과목은 제5차에서 성립되고, 제6·7차 교육과정을 거치면서 질적으로 성장하게 된다. 제6차부터 문학 교과서는 외형적으로 크기, 종류, 참여 집필진 등에서 앞선 교과서와는 차이를 보인다. 그리고 내용면에서도 독자 중심의 수용과 창작이 강조되고, 문학 현상을 문화로 이해하게 된다. 따라서 본고에서는 제6·7차 교육과정을 독자 중심의 문학 교육기로 묶어 분석한다.

1) 세계문학으로 시각의 확장: 제6차 교육과정

(1) 제6차 문학 교육과정

제6차 교육과정의 심화 과정은 제5차에 〈화법〉과 〈독서〉가 추가되어, 〈화법〉·〈독서〉·〈작문〉·〈문법〉·〈문학〉으로 다섯 개 과목으로 확장되었다. 제6차의 〈문학〉 과목은 국어 문학 영역 내용의 심화로 구성되고, 과정별 필수 과목의 성격에 적합하도록 구성하였다.

제6차 문학 과목의 교육적 의의는 문학적 지식을 교수-학습하는 것이 아니라, 학습자 스스로 문학 작품을 이해하고 감상하는 주체로서 성장해 가고, 올바른 민족 문화 창조에 기여할 수 있는 능력과 자질을 키우는 데 있다. 제6차 교육과정의 〈문학〉 과목 체제를 보이면 다음과 같다.

1. 성격　　　2. 목표(3개항)
3. 내용
　가. 내용체계
　나. 내용
　　(1) 문학의 본질과 기능
　　　(가) 문학의 성격(3개항) / (나)문학의 갈래(2개항) /
　　　(다)문학의 수용과 가치(3개항)
　　(2) 문학 작품의 이해와 감상
　　　(가)문학 작품에 대한 접근 방법(3개항)/(나)문학 작품 구성 요소들의 기능 및 관계(2개항)/(다)문학 작품에 나타난 갈등과 삶의 양상(2개항)/(라)문학 작품의 현실 상황(2개항)/(마)문학 작품의 미적 구조(2개항)/(바)문학 작품의 내면화(2개항)

(3)한국 문학과 세계 문학

(가)한국문학의 흐름과 성격(2개항)/(나)세계문학의 양상(2개

항)/(다)민족문학으로서의 한국 문학(3개항)

4.방법(14개항)   5.평가(6개항)

제6차 문학 과목의 목표[21]는 세 개의 항으로 제시되었는데, 목표의 전문이 없어지고 한국 문학과 세계 문학을 추가한 것 이외에는 제5차를 그대로 계승하였다. 한국 문학의 특수성과 개별성을 이해하여, 세계 문학 속의 한국 문학의 위상과 방향을 추구하도록 목표 항에 명시하였다.

제6차 교육과정상에 드러나는 뚜렷한 특징은 교육 내용을 구조화하여 보여 주었다는 것이다. 문학 과목의 내용은 '내용 체계'와 '내용'으로 구성되었는데, 내용 체계에서 학습할 내용을 영역별로 범주화하고, 각 범주 영역에 학습 내용을 제시하였다. 문학 과목의 내용 체계를 보이면 다음과 같다.

---

21 제6차 문학 과목의 목표는 다음과 같다. 가.문학 일반과 한국 문학에 관한 체계적인 지식을 습득하게 한다. 나.문학 작품을 즐겨 읽고 감상하게 함으로써 미적 감수성과 문학적 상상력을 기른다. 다.한국 문학에 나타난 민족의 삶과 정서를 이해하며, 이를 토대로 세계 문학 속에서의 한국 문학의 바른 위상과 방향을 추구하는 데 이바지하는 태도를 가지게 한다.

[표IV-11] 제6차 교육과정 문학 과목의 내용 체계

영역	내용
1)문학의 본질과 기능	가)문학의 성격 나)문학의 갈래 다)문학의 수용과 가치
2)문학 작품의 이해와 감상	가)문학 작품에 대한 접근 방법 나)문학 작품 구성 요소들의 기능 및 관계 다)문학 작품에 나타난 갈등과 삶의 양상 라)문학 작품의 현실 상황 마)문학 작품의 미적 구조 바)문학 작품의 내면화
3)한국 문학과 세계 문학	가)한국 문학의 흐름과 성격 나)세계 문학의 양상 다)민족 문학으로서의 한국 문학

문학 과목의 영역은 문학의 본질과 기능, 문학 작품의 이해와 감상, 한국 문학과 세계 문학의 세 범주로 구성되었다. ①문학의 본질과 기능은 문학에 관한 일반 이론의 교수-학습에 초점을 두어서, 문학 작품의 이해 및 감상을 위한 바탕이 된다. ②문학 작품의 이해와 감상은 문학 작품에 접근하는 방법과 원리를 습득하여, 실제의 개별 문학 작품들을 다양한 관점과 방식으로 읽고, 작품의 특질과 지향을 의미 있게 향유하고 내면화하도록 교수-학습에 초점을 둔다. ③한국 문학과 세계 문학은 한국 문학의 특질을 이해하고, 이를 바탕으로 세계 문학까지 확장해서 문학 이해의 지평을 넓히며, 민족 문학으로서의 한국 문학을 인식하도록 한다.

제6차 교육과정상의 내용에서 두드러진 특징은 세계 문학 교육이 전면화 되었다는 점이다. 이러한 교육과정의 내용 변화는 냉전 시대가 종식되어 세계화와 개방화를 추진한 사회·문화적 맥락에서 세계 문학이 강조되었기 때문이다. 세계화 표방으로 민족주의 이데올로기는 약화될 수밖에 없다. 제5차 교육과정까지의 민족 문학은 세계 문학 속의 민족 문학으로 좌

표점이 변화되었다.

문학 과목의 방법은 교수-학습 방법과 자료 선정에 관한 내용을 담고 있다. 교수-학습 방법은 교사의 창의성을 발휘하여 토의나 토론식 수업 등 다양한 수업 운영 방식을 택하도록 하였다. 교수-학습 자료의 선정은 한국 문학에 대한 세계 문학의 비중(수업 시수 기준)이 20%를 넘지 않도록 하고, 문학 작품은 문학사의 평가를 받은 것으로 한다. 더불어 작품 선정에서 교육 과정 구성 방침에 제시된 바람직한 인간상과 편성 운영 지침에 제시된 도덕, 환경, 경제, 근로정신 함양, 보건·안전, 진로, 통일 교육 등을 반영할 수 있는 내용으로 구성하도록 지침을 제시하였다. 또한 선정된 작품은 작품의 한 부분이 인용되지 않아야 하며, 작품 전체가 제시되도록 권장하였다. 만약 중편이나 장편같이 분량이 많은 경우, 작품의 전체 요약이 제시되도록 하였다.

교수-학습에 대한 평가는 인지적 영역과 정의적 영역의 평가가 조화를 이루도록 하되, 문학에 대한 일반적 사실의 단순 암기보다는 구체적인 작품의 해석과 감상 능력에 중점을 두어 주관식 평가 방법을 활용하도록 하였다. 그리고 교수-학습 과정 속에서의 평가는 합리적인 기준에 의한 누가적인 기록을 종합하여, 점수보다는 등급에 의한 평가를 한다.

(2) 제6차 교육과정의 문학 교과서

제6차 교육과정의 문학은 보통 과정별 필수 과목으로 설정되었는데, 문학 교과서는 18종이 (상)·(하)권으로 출간되었다. 국어 교과는 공통 필수 과목으로 〈국어〉와 과정별 필수 과목으로 〈화법〉·〈독서〉·〈작문〉·〈문법〉·〈문학〉의 6과목 체재로 변화되었다.

제6차 문학 교과서는 1995년도에 11개의 출판사가, 1996년도에 7개의 출판사가 교육부 검정을 받았다.[22] 문학 과목의 시간 배당은 8단위로서, 총 수업 시간은 136시간(1학기 17주 기준)이다.[23] 과정별 필수 과목 중에 가장 많은 단위가 할애되었다.

본고에서는 문학 교과서 18종 모두를 분석 대상으로 하되, 두산(우한용)에서 발간된 문학 교과서를 위주로 삼는다.[24] 제6차 두산에서 발간된 문학 교과서의 집필진은 제7차에서도 그대로 유지되었다.

제6차 문학 교과서는 체재·크기·종류·참여 집필진 등에서 출판 환경이 변화되었다. 문학 교과서는 상·하권으로 분리되었다. 그리고 교과서의 크기가 국판에서 4×6배판으로 크기가 커졌고, 문학 교과서가 8종(제5차)에서 18종(제6차)으로 확대되었다. 또한 문학 교과서 집필진들이 19명(제5차)에서 49명(제6차)으로 큰 폭으로 증가하였다. 제6차 문학 교과서 18종에 대한 발간 현황은 다음과 같다.

---

22 1995년도에 교육부 검정을 받은 출판사는 한샘출판(구인환 외), 지학사(권영민), 동아출판사(김열규 외), 대일도서(김용직 외), 한샘출판(김윤식 외), 민문고(김태준 외), 동아서적(남미영 외), 금성교과서(박경신 외), 동아출판사(우한용 외), 선영사(이문규 외), 대한교과서(최동호 외)로 11개의 출판사이다. 1996년도에 교육부 검정을 받은 출판사는 교학사(김대행 외), 지학사(김봉군 외), 지학사(박갑수 외), 학문사(성기조), 천재교육(오세영 외), 노벨문화사(윤병로 외), 대한교과서(한계전 외)로 7개의 출판사이다. 우한용 외 3인이 발간한 문학 교과서는 (상)권은 동아출판사로 교육부 검정을 받고, (하)권은 같은 해에 ㈜두산으로 교육인적자원부 검정을 받았다. 본고에서는 우한용 외 3인이 발간한 문학 교과서 출판사로 ㈜두산을 쓴다.

23 제6차 교육과정의 과정별 필수 과목 단위 수는 화법 4단위, 독서 4단위, 작문 6단위, 문법 4단위이다.

24 본고에서 분석한 우한용 외의 문학 교과서는 (상)이 동아출판사에서, (하)는 두산에서 출판되었다. 동아출판사가 두산으로 변경되었기 때문이다. 본문에서의 표시는 두산으로 통일 하고, 참고문헌에서 따로 기록한다.

[표IV-12] 제6차 교육과정의 문학 교과서 발간 현황(집필자 가. 나. 다. 순)

순번	집필자	출판사
1	구인환,김흥규	한샘출판
2	권영민	지학사
3	김대행,김동환	교학사
4	김봉군,최혜실	지학사
5	김열규,신동욱	동아출판사
6	김용직,박민수	대일도서
7	김윤식,김종철	한샘출판
8	김태준,류탁일,한성희,이용호	민문고
9	남미영,김용숙,조상기,신희천,김낙효	동아서적
10	박갑수,김진영,이승원	지학사
11	박경신,김태식,송백헌,양왕용	금성교과서
12	성기조	학문사
13	오세영,서대석	천재교육
14	우한용,박인기,정병헌,최병우	두산
15	윤병로,구창환,박동규,오태현	노벨문화사
16	이문규,권오만	선영사
17	최동호,신재기,고형진,장장식	대한교과서
18	한계전,김병국,윤여탁	대한교과서

두산(우한용)에서 출간한 문학 교과서의 편찬 방향은 교육의 일반 목표에서 제시한 건강한 사람, 자주적인 사람, 창의적인 사람, 도덕적인 사람의 인간상을 추구하도록 하였다. 그리고 문학 교과서의 편찬 방침은 문학 교육의 목표가 성취될 수 있도록 하였다.

제6차 교육과정기의 문학 교과서에 나타난 특징을 단원 구성과 교과서 내용을 통해 살펴보자. 다음은 두산(우한용)의 문학 교과서 단원 구성과 작품(작가)을 보인 것이다. (밑줄은 필자)

【상】□문학 공부의 바람직한 방향을 위하여 / Ⅰ.문학이란 무엇인가1.문학의 성격, 2.문학의 갈래 / Ⅱ.한국 문학의 체계-1.한국 문학의

식),[3]상황과 재연,(1)불신 시대(박경리),(2)두 친구(모파상), 4.행위와 갈등의 세계,(1)통산 탈춤,(2)허생전(박지원),(3)꿈(아이히), 5.관조와 성찰의 세계,[1]견문과 사색,(1)경설(이규보),(2)풍란(이병기),(3)명명(命名) 철학(김진섭),(4)슬픔에 관하여,[2]인식과 가치,(1)도산십이곡 발(跋)(이황)(2)한국 근대 소설고(김동인),(3)전통과 개인의 재능 / Ⅳ.세계 문학의 흐름과 양상-1.서양 문학의 흐름, 2.동양 문학의 개관 / Ⅴ.민족 문학의 나아갈 길-통일 지향의 민족 문학 / 부록-세계 문학사 연표, 2.찾아보기

제6차 두산(우한용)의 단원 구성은 '원리 설명 단원'과 '작품 단원'으로 구분된다. 원리 설명 단원은 문학 및 문학 현상의 일반적인 원리들을 설명한 단원이고, 작품 단원은 학습자들이 구체적인 작품 세계를 경험할 수 있도록 조직된 단원이다. (상)·(하)권 모두 제3장은 구체적 작품을 감상하는 작품 단원으로, 이 대단원에 한해서 중단원이 설정되었다. 중단원 설정은 개별 문학 작품들에 대한 학습이 파편화되지 않고, 일정한 체계와 범주를 효과적으로 학습할 수 있도록 단원 구성을 하였다. 아울러 작품과 관련된 여러 문학 현상을 상위적 틀과 방법에 의해 조망할 수 있는 학습이 이루어지도록 한다는 데 중점을 두었다.

두산(우한용)에서 출간된 문학 교과서 (상)권은 문학 일반 및 한국 문학에 대한 기본 개념의 이해를 토대로, 한국 문학의 여러 작품들을 한국 문학의 사적 전개 과정에 따라 공부할 수 있도록 단원을 조직하였다. 특히 작품 단원(3장)은 사적 전개를 기본 축으로 하되, 그 하위에 놓이는 작품들은 갈래에 따라 배열하였다. 그리고 한국 문학 작품에 대한 교수-학습이 끝나면, 한국 문학의 총체적 모습인 민족 문학을 세계 문학에 견주어 보도록 하였다. 문학 교과서 (하)권은 (상)권에서의 학습 경험을 토대로 문학 현상으로 생산과 수용, 작품의 미적 구조 개념을 이해하도록 단원을 구성하였다.

그리고 3장의 작품 단원은 갈래에 따라 구분하고, 그 하위에 놓이는 작품들은 주제 중심으로 조직하였다. 이것은 문학 작품이 놓이는 다양한 층위를 학습자들이 효과적으로 경험할 수 있도록 한 것이며, 이러한 구성 원리에 조화를 이루도록 외국 문학의 여러 작품들을 (하)권에 의도적으로 배치하였다.[25] 두산 출판사의 문학 교과서 구성 원리에서 주목되는 점은 교육과정상의 세계 문학 교육에 대한 내용이 문학 교과서에 수용된 방식이다. 제5차까지의 세계 문학 작품은 대단원 속에 포함되었는데, 제6차에서 별도의 대단원이 설정되었다. 그리고 학습자의 세계 문학에 대한 이해를 위한 세계 문학사 내용과 부록에 문학사 연표를 수록하였다.

제6차 두산(우한용)의 단원 체제는 원리 설명 단원과 작품 단원이 다르다. 원리 설명 단원은 '대단원[단원의 길잡이-소단원(학습의 지향점-준비 학습-본문-원리와 개념-더 생각해 보기-심화 학습)-학습의 내면화]'로 조직되었다. 그리고 작품 단원은 '대단원[단원의 길잡이-중단원(학습의 지향점-준비학습-본문-원리와 개념-더 생각해 보기-심화학습-소단원(작품해제-작품-감상의 길잡이-참고 사항-학인학습-더 읽을거리-심화학습)-감상의 내면화]'를 기본 골격으로 하였다.

단원 체제는 출판사별로 차이를 보이는데, '단원의 길잡이-학습 목표-준비 학습-중(소)단원-학습 문제-단원의 마무리'를 기본 골격으로 하였다. 다만, 단원의 길잡이·학습 목표·단원의 마무리 등의 위치와 용어 사용, 학습 문제의 구성과 학습 보충 자료의 많고 적음에서 차이를 보인다.[26]

---

25 우한용 외 3인(1995), 『문학(상)』, 동아출판사, 5~6쪽.

26 출판사별 문학 교과서 단원 체제는 다음과 같다. 한샘출판(구인환 외)의 원리 설명 단원은 '대단원
[단원의 길잡이-대단원 학습 목표-준비 학습-소단원(단원 학습 목표-본문-학습 활동)-단원의 마무
리'로, 작품 단원에서는 '대단원[단원의 길잡이-학습 목표-중단원(학습목표-본문-기초학습-소단원
(학습목표-작품-학습의 길잡이-학습 보충 자료-학습 보충 자료-학습 활동)-정리 학습)-단원의 마무
리'를 기본 골격으로 하였다. 지학사(권영민)의 원리 설명 단원은 '대단원[단원의 길잡이-대단원 학

습 목표-준비 학습-소단원(해제 및 목표-본문-학습 활동)-단원의 마무리]'로, 작품 단원은 '대단원[단원의 길잡이-학습 목표-준비학습-중단원(해제 및 목표-본문-학습활동-소단원(해제 및 목표-작품-학습 활동))-단원의 마무리]'를 기본 골격으로 하였다. 교학사(김대행 외)에서는 '대단원[단원의 길잡이-준비 학습-도움말-중단원(학습 목표-본문-소단원(학습 목표-작품-이해·감상의 핵심-보충 학습-교수·학습 활동-도움말))-단원의 마무리-도움말]'을 기본 골격으로 하였다. 지학사(김봉군 외)의 원리 설명 단원은 '대단원[단원의 길잡이-들머리 학습-소단원(학습 목표-본문-자율 학습-학습 활동)-단원의 마무리]'로, 작품 단원에서는 '대단원[단원의 길잡이-들머리 학습-중단원(해제 및 목표-본문-자율학습-소단원(해제 및 목표-작품-자율학습-학습 활동)-단원의 마무리-학습활동·단원의 마무리 도움말]'을 기본 골격으로 하였다. 동아출판사(김열규 외)에서는 '대단원[단원의 길잡이-준비 학습-중단원(학습 목표-본문-소단원(학습 목표-작품-이해와 감상의 길잡이-참고 사항-더 읽어야 할 작품-학습 활동-도움말))-단원의 마무리]'를 기본 골격으로 하였다. 대일도서(김용직 외)의 원리 설명 단원은 '대단원[단원의 도입-단원 학습 목표-준비 학습-소단원(학습 목표-본문-발전 학습-종합 학습)-총정리 학습]'으로, 작품 단원은 '대단원[단원의 도입-학습 목표-준비학습-중단원(학습목표-본문-발전학습-소단원(학습 안내-작품-작품 해제-이해와 감상-종합 학습))-총정리 학습]'을 기본 골격으로 하였다. 한샘출판(김윤식 외)의 원리 설명 단원은 '대단원[단원의 길잡이-학습 목표-준비 학습-소단원(학습 목표-본문-학습 활동)-단원의 마무리]'로, 작품 단원은 '대단원[단원의 길잡이-중단원(학습목표-준비학습-본문-소단원(학습목표-작품-감상의 길잡이-심층 이해-참고 학습-학습 활동)-정리 학습-학습 참고 자료)-단원의 마무리]'를 기본 골격으로 하였다. 민문고(김태준 외)의 원리 설명 단원은 '대단원[단원 개관-소단원(학습 목표-본문-학습 활동)-단원의 마무리]'로 작품 단원은 '대단원[단원 개관-중단원(단원의 길잡이-단원 학습 목표-소단원(학습 목표-작품-학습 활동))-단원의 마무리]'를 기본 골격으로 하였다. 동아서적(남미영 외)의 원리 설명 단원은 '대단원[단원의 개관-학습 목표-소단원(학습목표-본문-학습 활동)-단원 정리 문제]'로, 작품 단원은 '대단원[단원의 개관-중단원(학습목표-본문-소단원(작품 해제-작품-학습 활동-마무리-심화 학습을 위한 토론)-작품의 종합 감상-감상과 토론)-단원 정리 문제]'를 기본 골격으로 하였다. 지학사(박갑수 외)의 원리 설명 단원은 '대단원[단원의 길잡이-학습 목표-준비 학습-소단원(학습 목표-본문-학습 자료-학습 활동)-단원의 마무리]'로, 작품 단원은 '대단원[단원의 길잡이-학습 목표-준비학습-소단원(학습 목표-작품-이해와 감상의 길잡이-학습 자료-학습 활동)-단원의 마무리-더 읽을거리]'를 기본 골격으로 하였다. 금성교과서(박경신 외)의 원리 설명 단원은 '대단원[단원의 길잡이-소단원(학습 목표-본문-학습 활동-연구 토론 주제)-종합 학습 활동-마무리 점검 학습]'으로, 작품 단원은 '대단원[단원의 길잡이-중단원(학습목표-본문-소단원(작품 해제-작품-작품의 이해와 감상-연구 학습 문제)-학습 활동-연구 토론 주제)-종합 학습 활동-마무리 점검 학습]을 기본 골격으로 하였다. 학문사(성기조)의 원리 설명 단원은 '대단원[단원 학습 설계-준비 학습-소단원(학습 목표-본문-학습 활동)-심화 학습 자료-심화 학습 문제]'로, 작품 단원은 '대단원[단원 학습 설계-준비학습-중단원(본문-소단원(학습 목표-단원의 길잡이-작품-감상의 길잡이-학습 활동))-심화 학습 자료-심화 학습 문제]'를 기본 골격으로 하였다. 천재 교육(오세영 외)의 원리 설명 단원은 '대단원[단원의 길잡이-단원 학습 목표-소단원(학습 목표-본문-학습 활동)-단원의 마무리]'로, 작품 단원은 '대단원[단원의 길잡이-단원 학습 목표-중단원(학습 목표-본문-확인문제-소단원(학습목표-작품-이해와 감상-확인 문제)-학두산(우한용)에서 출간된 문학 교과서의 (상)·(하)권은 각각 5개의 대단원으로 나누었는데, 대(중)단원명은 목표 중심이고 소단원명은 주제 중심으로 나누었다. 문학 교과서 (상)·(하)권의 대단원 구성은 출판사별로 다양한 차이를 보이는데, 크게 (상)권과 (하)권을 분리한 것과 연속적으로 이어지게 구성한 것으로 대별해 볼 수 있다.[27] 문학 교과서의 (상)·(하)권에서

습 활동)-단원의 마무리]'를 기본 골격으로 하였다. 노벨문화사(윤병로)는 '대단원[개관-단원 학습 목표-필수 학습 사항-준비 학습-중단원[학습목표-본문-학습 문제-소단원(학습 목표-작품-감상과 이해-학습 문제)]-단원 종합 문제]'를 기본 골격으로 하였다. 선영사(이문규 외)의 원리 설명 단원은 '대단원[이 단원 학습의 길잡이-학습상의 유의점-학습 목표-소단원(학습목표-본문-학습 문제)]-단원의 마무리 학습]'으로, 작품 단원은 '대단원[이 단원 학습의 길잡이-학습상의 유의점-중단원[학습 목표-본문-학습문제-소단원(작품 해제-작품-이해의 길목-학습 문제)]-단원의 마무리 학습]'을 기본 골격으로 하였다. 대한교과서(최동호 외)의 원리 설명 단원은 '대단원[단원의 길잡이-학습 목표-준비 학습-소단원(학습목표-본문-학습 활동)-단원의 마무리]'로, 작품 단원은 '대단원[단원의 길잡이-학습 목표-준비학습-중단원[학습목표-본문-소단원(학습목표-작품-문학광장-학습 활동)]-단원의 마무리]'를 기본 골격으로 하였다. 대한교과서(한계전 외)의 원리 설명 단원은 '대단원[단원의 길잡이-학습 목표-준비 학습-소단원(학습 목표-본문-학습 활동)-단원의 마무리]'로, 작품 단원은 '대단원[단원의 길잡이-학습 목표-준비학습-중단원(학습 주안점-본문-소단원(작품해제-작품--감상의 길잡이-학습자료-학습 활동)]-단원의 마무리]'를 기본 골격으로 하였다.

27 한샘출판(구인환 외)의 대단원은 6개 단원으로 나누었는데, (상)권은 1~3까지 (하)권은 1~3단원으로 구성하였다. 단원명은 목표, 갈래, 주제, 시대별로 구분 지었다. 지학사(권영민)의 대단원은 8개 단원으로 나누었는데, (상)권은 1~5다원까지 (하)권 1~3단원으로 구성하였다. 단원명은 목표와 갈래, 시대별로 구분 지었다. 교학사(김대행 외)는 7개의 대단원으로 나누었는데, (상)권은 1~5단원까지 (하)권은 6~7단원으로 구성하였다. 단원명은 갈래와 목표 중심으로 구분 지었다. 지학사(김봉군 외)는 8개의 대단원으로 나누었는데, (상)권은 1~6단원까지 (하)권은 7~8단원으로 구성하였다. 단원명은 목표와 시대별로 구분 지었다. 동아출판사(김열규 외)의 대단원 11개 단원으로 나누었는데, (상)권은 1~6단원까지 (하)권은 1~5단원으로 구성하였다. 단원명은 목표와 갈래, 시대별로 구분 지었다. 대일도서(김용직 외)의 대단원은 5개 단원으로 나누었는데, (상)권은 1~2단원까지 (하)권은 1~3단원으로 구성하였다. 단원명은 목표와 갈래 중심으로 구분 지었다. 한샘출판(김윤식 외)의 대단원은 6개 단원으로 나누었는데, (상)권은 1~3단원까지 (하)권은 4~6단원으로 구성하였다. 단원명은 목표, 갈래, 시대별로 구분 지었다. 민문고(김태준 외)의 대단원은 4개의 단원으로 나누었는데, (상)권은 1~2단원까지 (하)권은 3~4단원으로 구성하였다. 단원명은 목표와 갈래, 주제 중심으로 구분 지었다. 동아서적(남미영 외)의 대단원은 14개 단원으로 나누었는데, (상)권은 1~6단원까지 (하)권은 1~8단원으로 구성하였다. 단원명은 목표와 갈래, 시대별로 구분 지었다. 지학사(박갑수 외)의 대단원은 12개의 단원으로 나누었는데, (상)은 1~7단원까지

대단원 번호 붙이기numbering를 분리한 교과서는 한샘출판(구인환), 지학사
(권영민), 동아출판사(김열규), 대일도서(김용직), 동아서적(남미영), 금성
교과서(박경신), 학문사(성기조), 천재교육(오세영), 두산(우한용), 대한교
과서(최동호), 대한교과서(한계전)로 11개 출판사이다. 그리고 대단원이
연속적으로 이어진 교과서는 교학사(김대행), 지학사(김봉군), 한샘출판
(김윤식 외), 민문고(김태준), 지학사(박갑수), 노벨문화사(윤병로), 선영사
(이문규)로 7개 출판사이다.

　　문학 교과서의 대단원은 (상)·(하)권을 합쳐 4개부터 14개 단원까지
다양하다. 대단원이 가장 적은 문학 교과서는 선영사(이문규)에서 출간한
것이다. 대단원을 (상)·(하)권을 4개의 단원으로 나누었는데, (상)권은 1~2
단원까지 (하)권은 3~4단원으로 구성하였다. 대단원이 가장 많은 문학 교
과서는 동아서적(남미영)에서 출간한 것이다. 대단원을 14개 단원으로 나
누었는데, (상)권은 1~6단원까지 (하)권은 1~8단원으로 구성하였다. 단원
명도 출판사별로 목표·갈래·주제·시대별로 다양하다.

　　마지막으로 두산(우한용)에서 출간한 문학 교과서의 분량(본문/부

(하)권은 8~12단원으로 구성하였다. 단원명은 목표, 주제, 시대별로 구분 지었다. 금성교과서(박
경신 외)의 대단원은 12개 단원으로 나누었는데, (상)권은 1~6단원까지 (하)권은 1~6단원으로 구
성하였다. 단원명은 목표, 갈래, 주제 중심으로 구분 지었다. 학문사(성기조)의 대단원은 8개 단원
으로 나누었는데, (상)권은 1~3단원까지 (하)권은 1~5단원으로 구성하였다. 단원명은 목표와 갈
래 중심으로 구분 지었다. 천재교육(오세영 외)의 대단원은 5개 단원으로 나누었는데, (상)권은 1~
3단원까지 (하)권은 4~5단원으로 구성하였다. 단원명은 목표, 갈래, 주제, 시대별로 구분 지었다.
노벨문화사(윤병로)의 대단원은 5개 단원으로 나누었는데, (상)권은 1~2단원까지 (하)권은 3~5
단원으로 구성하였다. 단원명은 목표와 갈래, 시대별로 구분 지었다. 선영사(이문규 외)의 대단원
은 4개 단원으로 나누었는데, (상)권은 1~2단원까지 (하)권은 3~4단원으로 구성하였다. 단원명
은 목표와 갈래, 시대별로 구분 지었다. 대한교과서(최동호 외)의 대단원은 10개 단원으로 나누었
는데, (상)권은 1~5단원까지 (하)권은 1~5단으로 구성하였다. 단원명은 갈래와 목표 중심으로 구
분 지었다. 대한교과서(한계전 외)의 대단원은 13개 단원으로 나누었는데, (상)권은 1~7단원까지
(하)권은 1~6단원으로 구성하였다. 단원명은 갈래와 목표, 주제 중심으로 구분 지었다.

록)은 (상)권 303쪽(296쪽/7쪽)이다. (하)권 303쪽(298쪽/5쪽)이다.[28] 부록은 모든 문학 교과서 (상)·(하)권에서 보이는데, 내용은 한국 문학사 연표, 한국 문예지의 흐름, 세계 문화사 연표, 문학 용어 풀이, 고등학생용 한국·세계의 명작 해설, 문제 풀이의 길잡이 등이 담겨있다.

(3) 제6차 교육과정에 나타난 문학교육의 특성

제6차 교육과정의 문학 교과서에 수록된 본문 읽기 제재를 갈래에 따라 분류해서, 교과서에 나타난 문학 교육의 특징에 대해 살펴보자. 다음은 출판사별 문학 교과서에 수록된 작품을 갈래에 따라 표로 작성한 것이다.

28 출판사 두산(우한용 외)에서 출간한 문학 교과서 (상)권의 전체 분량(303쪽)에 대한 각 대단원의 분량은 1단원 34쪽, 2단원 18쪽, 3단원 206쪽, 4단원 26쪽, 5단원 12쪽, 부록 7쪽이다. (하)권의 전체 분량(303쪽)에 대한 각 대단원의 분량은 1단원 30쪽, 2단원 20쪽, 3단원 218쪽, 4단원 20쪽, 5단원 10쪽, 부록 5쪽이다. 한샘출판(구인환 외)의 전체 분량(본문/부록)은 (상)권 343쪽(316쪽/27쪽)이고, (하)권 351쪽(314쪽/37쪽)이다. 지학사(권영민)의 (상)권 328쪽(298쪽/30쪽)이고, (하)권 344쪽(314쪽/30쪽)이다. 교학사(김대행 외)의 (상)·(하)권은 351쪽(333쪽/18쪽)으로 같다. 지학사(김봉군 외)의 (상)권 335쪽(318쪽/17쪽)이고, (하)권 343쪽(330쪽/13쪽)이다. 동아출판사(김열규 외)의 (상)권 327쪽(306쪽/21쪽)이고, (하)권 327쪽(308쪽/19쪽)이다. 대일도서(김용직 외)의 (상)권 314쪽(304쪽/10쪽)이고, (하)권 331쪽(317쪽/14쪽)이다. 한샘출판(김윤식 외)의 (상)권 336쪽(330쪽/6쪽)이고, (하)권은 338쪽(334쪽/4쪽)이다. 민문고(김태준 외)의 (상)·(하)권은 327쪽(300쪽/27쪽)으로 같다. 동아서적(남미영 외)의 (상)권 328쪽(314쪽/14쪽)이고, (하)권 336쪽(320쪽/16쪽)이다. 지학사(박갑수 외)의 (상)권 344쪽(312쪽/32쪽)이고, (하)권 336쪽(312쪽/24쪽)이다. 학문사(성기조)의 (상)권 318쪽(288쪽/30쪽)이고, (하)권 307쪽(274쪽/33쪽)이다. 천재교육(오세영 외)의 (상)권 312쪽(281쪽/31쪽)이고, (하)권 344쪽(320쪽/24쪽)이다. 금성교과서(박경신 외)의 (상)권 338쪽(322쪽/16쪽)이고, (하)권 330쪽(308쪽/22쪽)이다. 노벨문화사(윤병로 외)의 (상)권 336쪽(316쪽/20쪽)이고, 350쪽(336쪽/14쪽)이다. 선영사(이문규 외) 335쪽(326쪽/9쪽)이고, (하)권 335쪽(319쪽/16쪽)이다. 대한교과서(최동호 외)의 (상)권 328쪽(316쪽/12쪽)이고, 328쪽(312쪽/16쪽)이다. 대한교과서(한계전 외)의 (상)권 320쪽(310쪽/10쪽)이고, (하)권 320쪽(316쪽/4쪽)이다.

[표 IV-13] 제6차 문학 교과서에 수록된 읽기 제재의 갈래와 수(數)

구분		고대가요	설화	고시조	향가	고려가요	경기체가	가사	악장	한시	판소리	민속극	민요	고전소설	고대수필	신체시	신소설	시	시조	소설	수필	희곡	시나리오	문학사	문학개론	비평	계 갈래	계 數
한샘(구)	상	1		4	1								1	3	1			15	1	8	3	2			24	4	12	68
	하	1	3	9	1	1	1	2		1	3	1	1	2	1	1	1	10		12	1	1			10	3	21	66
지학(권)	상			4	1									1	1			6	1	4	4	3			35		10	60
	하	2	2	16	1	1	1			2			1	3	3	1	1	12		7	2	3	1	6	31		19	96
교학	상		1	5				2		2			2	3	3	1		11		9	5	3			15		13	62
	하	1	3	5	1	1	1	3		1			2	2	4		1	11	1	11	9	3		6	2		18	57
지학(김)	상	3	5	9	1	3	1	2	5	4				1	1			4		4					10	18	15	71
	하			10			3				2	2	3	3	1	1		18	1		4	1	1		10		14	60
동아출판	상	1	2	3	1			2		1				1	3		1	11		13	1	1		10	26		16	78
	하	1	1			1				1		1			1			12		7	6	2	3		59	5	13	100
대일도서	상			4						1								14		11	4	2	1		30	2	9	69
	하	1	1	1	1	1	1	2		1			1	1	5	1		9		4	2	1		4	23	3	19	63
한샘(김)	상	2	5	17	1	1	1	2		1		10	1	1				5		3	3	1			8	1	17	63
	하					1										1	2	19	1	14	3	3	1	5		4	12	55
민문	상		4	2	1	1	1	2			1	1		2	1	1	1	8	1	6	5	4			24	1	19	67
	하		7		2	1		2					1	2				8		8	1	2			4		11	49
동아서적	상		1	8	1	1	1			1			1	1	3	3	1	14		11	5	2	2		23	4	17	82
	하	2	4	10	1	1	1	2	4	6			1	3	3	1	1	15	1	10	4	3		14	9	4	21	99
지학(박)	상	2	5	14	2	2	1	5		5	2	1	1	1	2	3	1	2	1	1			6	14	1		22	73
	하																	16		10	4	4		5	2		6	41
금성	상	2	1	8	1	2		1		5	1	1	1	1	1		1	12	1	6	6	2	1	1	24		19	77
	하			8	1			2		3	1	1	2	1	1			14		6	4	2	1	2	23	2	16	73
학문	상	2		1				2		5	1			2	1			8		6	5	2			9	2	14	48
	하	1	2	5		1				4	2	1	1	1				9		5	6	1	1	1	2		16	43
천재교육	상	3	4	20	2	4	1	4	4	7		2	1	4	4										8		14	84
	하		1							3				1				16	2	10	4	2	1	3	10	1	12	54
두산	상	2	1	8	1	1		2	4	4	1			3	3			8		5	2	1	4		8		17	58
	하	1	2	2	1			1	1	1				1	2	1	1	9		5	3	1	1	2	18	3	19	56
노벨	상	1	1	11		2	1	1	4	3				2	4	1		10	1	9	3	4			22		17	80
	하	1	2		1	1		2		2	2	2	2	4	1			13	1	14	2			15	22		16	85
선영	상		3		1	3		3	5	1	1			3	6		1	12	3	7	5	1	1		22	1	18	79
	하	1	2	22				3		3	6	1	1		4	4	1	11		6	5	2			35	6	2	21	118
대한(최)	상		3		1					1				2			1	9		5	5	2	1		2		21	1	16	57
	하	1	2	6						3				1		1	3	12	1	6	4	2			16		13	58
대한(한)	상	1	1	3	1	2		2	3	1	1	1	2	2				13		6	5	2	1	10	20	1	20	78
	하	1	1	3				1		2				1	1	3		14	1	7	7	4	1		15		16	63

먼저 [표 IV-13]에서, 제6차 문학 교과서에 수록된 읽기 제재의 갈래와 일반적인 사항을 제시하면 다음과 같다. 제6차 문학 교과서에 수록된

읽기 제재의 갈래 수(25개)와 구성 요소는 제5차와 같다.

한샘출판(구인환)에는 문학 (상)과 (하)를 합쳐, 23개의 갈래와 130편의 읽기 제재가 수록되었다. 지학사(권영민)에는 20개의 갈래와 156편의 읽기 제재가 수록되었다. 교학사(김대행)에는 21개의 갈래와 119편의 읽기 제재가 수록되었다. 지학사(김봉군)에는 23개의 갈래와 131편의 읽기 제재가 수록되었다. 동아출판사(김열규)에는 20개의 갈래와 178편의 읽기 제재가 수록되었다. 대일도서(김용직)에는 20개의 갈래와 132편의 읽기 제재가 수록되었다. 한샘출판(김윤식)에는 25개의 갈래와 113편의 읽기 제재가 수록되었다. 민문고(김태준)에는 22개의 갈래와 116편의 읽기 제재가 수록되었다. 동아서적(남미영)에는 24개의 갈래와 181편의 읽기 제재가 수록되었다. 지학사(박갑수)에는 23개의 갈래와 114편의 읽기 제재가 수록되었다. 금성교과서(박경신)에는 22개의 갈래와 150편의 읽기 제재가 수록되었다. 학문사(성기조)에는 19개의 갈래와 91편의 읽기 제재가 수록되었다. 천재교육(오세영)에는 22개의 갈래와 138편의 읽기 제재가 수록되었다. 두산(우한용)에는 22개의 갈래와 114편의 읽기 제재가 수록되었다. 노벨문화사(윤병로)에는 21개의 갈래와 163편의 읽기 제재가 수록되었다. 선영사(이문규)에는 23개의 갈래와 197편의 읽기 제재가 수록되었다. 대한교과서(최동호)에는 21개의 갈래와 115편의 읽기 제재가 수록되었다. 대한교과서(한계전)에는 23개의 갈래와 141편의 읽기 제재가 수록되었다.

제6차 문학 교과서에 수록된 읽기 제재의 갈래는 출판사별로 19~25개까지 분포되었다. 학문사(성기조)에 수록된 작품 갈래가 19개로 가장 적고, 한샘출판(김윤식)이 25개로 가장 다양한 문학 갈래가 수록되었다. 문학 교과서에 수록된 작품 갈래 면에서 큰 차이가 없지만, 수록된 읽기 제재의 수에서는 편차가 크다. 출판사별로 문학 교과서에 수록된 읽기 제재 수는 91~197편까지 분포한다. 학문사에 수록된 읽기 제재 수는 91편으로 가장 적고, 선영사(이문규)가 197편으로 가장 많다. 두 출판사간의 숫자상 차이는 수록된 읽기 제재 중에 고시조·현대시·문학사·문학 개론에서 큰 편차를 보이기 때문이다.

이상의 분석 내용을 바탕으로, 제6차 교육과정과 문학 교과서에 나타난 문학 교육의 특징들은 다음과 같다.

첫째, 문학 교육과정상에서 문학 교육 내용은 문학의 본질과 기능, 문학 작품의 이해와 감상, 한국 문학과 세계 문학으로 범주화하고, 각 범주 영역에 학습 내용을 제시하였다. 각 범주는 학습 단계의 위계성을 보여준다.

둘째, 문학 교과서의 외형이 국판에서 4×6배판으로 크기가 커졌다. 이 같은 변화는 교육부가 '교과서의 체재 개선을 위한 인간 공학적 연구'를 통해, 4×6배판이 국판보다 학습자들의 가독성을 높일 수 있다는 연구 결과를 토대로 한 것이다.

셋째, 문학 교과서의 종류가 8종(제5차)에서 18종(제6차)으로 다양해졌다. 이에 따라서 문학 교과서 집필진들도 증가하였다. 문학 교과서 집필진들의 신분은 제5차까지는 주로 대학교 교수들의 몫이었다. 그러나 제6차부터 고등학교 교사들도 문학 교과서 집필에 참여하였다. 대학교 교수와 고등학교 교사들이 모여 발간한 문학 교과서는 민문고(이용호), 금성교과서(김태식), 대한교과서(장장식) 등이다. 이러한 변화로 학습자가 양질의 문학 교과서를 선택할 수 있는 폭이 확대 되었고, 학교 현장을 고려한 문학 교과서가 발간되기 시작하였다.

넷째, 제6차 문학 교과서에는 주로 60~70년대까지의 문학 작품이 수록되었다. 제6차 문학 교과서의 검정이 1995년 6월 11일인 것을 고려하면, 20여년의 시간차를 보인다. 이것은 제6차 문학 교육과정상에서 '문학 작품의 선정은 문학사의 평가를 받은 것'이라는 지침에 따랐기 때문이다.

다섯째, 문학 교과서가 (상)·(하)권으로 분리되었는데, 이것은 현대

문학·고전 문학·문학 개론·문학 작품의 이해와 감상 단원을 어떻게 배치하느냐에 따라 구분되었다. 고전 문학과 현대 문학으로 구분한 출판사는 지학사(김봉군), 지학사(박갑수), 천재교육(오세영), 선영사(이문규) 등이다. 이러한 경향을 보이는 출판사는 (상)권과 (하)권을 시대의 흐름에 따라 단원을 조직하였다. 문학 개론과 문학 작품의 이해와 감상으로 구분한 출판사는 지학사(권영민), 교학사(김대행), 동아출판사(김열규), 민문고(김태준), 동아서적(남미영), 두산(우한용), 노벨문화사(윤병로), 대한교과서(최동호), 대한교과서(한계전) 등이다. 그리고 문학 작품의 이해와 감상을 상위 개념에 두고, 하위 개념으로 갈래와 문학사로 구분한 교과서는 한샘출판(구인환), 대일도서(김용직), 금성 교과서(박경신), 학문사(성기조) 등이 있다.

　여섯째, 문학 교과서에 세계 문학 작품이 본격적으로 다루어지기 시작했다. 이러한 변화는 우리의 정치·사회·문화면에서 세계화를 지향하는 분위기가 문학 교과서에 반영된 것이다. 따라서 모든 출판사의 문학 교과서에 세계 문학 작품이나 세계 문학의 역사적인 흐름에 대한 단원이 설정되었다. 종래의 문학 교과서 작품 단원 구성에서 한국의 시나 소설 작품이 주가 되고, 외국 작품은 비교 대상이었다. 그런데 한샘출판(김윤식)과 지학사(박갑수)의 문학(상)에는 한국의 시나 소설이 한편도 수록되지 않고, 외국 작품만이 수록되었다.[29] 또한 단원 구성에서도 세계 문학 작품을 별도로 묶어 수록하였는데, "이 시대의 세계 문학"이라 하여 외국 작품만으로 단원을 조직하였다. 이러한 문학 교과서 수록 작품과 단원 구성의 변화는 문학 교육에서 우리의 민족 문학적 특질보다 문학 일반의 보편성에 주목하는 것

29　한샘출판(김윤식 외)의 문학(상)에는 시로 '신곡'(단테), '노래의 날개 위에'(하이네), '켄터베리 이야기'(초서)가, 소설로는 '돈키호테'(세르반테스)가 수록되었다. 지학사(박갑수 외)의 문학(상)에는 시로 '수선화'(워즈워스)가, 소설로는 '돈키호테'(세르반테스)가 수록되었다.

으로 변화되었음을 나타낸다.

일곱째, 제6차 문학 교육은 학습자의 작품에 대한 이해와 감상·비평·내면화 과정이 강조되었다. 제5차까지의 문학 교과서 단원은 시대 흐름이나 작품 갈래에 의해 구성되었는데, 제6차에서는 문학 작품의 이해와 감상 위주로 변화되었다. 특히 제6차에서 문학 비평 단원이 새롭게 추가 되었고, 학문사(성기조)에는 다른 출판사 단원 구성에 없는 "문학 작품의 내면화" 단원이 있다. 일반적으로 교수-학습 과정이나 학습 문제 활동을 통해서 학습 내용이 내면화[30] 되는데, 문학 작품의 내면화를 단원으로 설정한 것은 이채롭다. "문학 작품의 내면화"에는 시·소설·수필·희곡으로 나누어, 4개의 내면화 단원을 두었다. 문학 작품의 감상과 내면화는 교수-학습에서 본질적 과정으로 우리 문학과 세계 문학이 문학 일반의 보편성에서 다르지 않고, 인간과 세계를 총체적으로 이해하는 문학 교육의 목표를 성취하고자 한 의도로 해석된다.

2) 문학 문화로서의 문학교육: 제7차 교육과정

(1) 제7차 문학 교육과정

제7차 고등학교 교육과정의 심화 선택 과목은 〈화법〉·〈독서〉·〈작문〉·〈문법〉·〈문학〉으로 6차와 동일하다. 제7차 문학 과목의 성격은 선택형 수준별 교육과정으로 심화 선택 과목에 적합하도록 구성하였다. 문학은 국민

---

30 내면화는 어떤 개인이 태도·가치·규범·사고·지식 등을 자신의 것으로 수용하는 것인데, 제6차 문학 교과서에서 학습자의 작품에 대한 내면화 과정으로 문학 토론 활동이 주로 사용되었다.

공통 기본 교과인 〈국어〉의 문학 영역을 심화·발전시킨 과목이다. 7차 문학 과목의 교육과정 체제를 보이면 다음과 같다. (밑줄은 필자)

1. 성격　　2. 목표(전문+4개항)
3. 내용
　가. 내용 체계
　나. 영역별 내용
　　(1) 문학의 본질
　　　(가) 문학의 특성(2개항) (나) 문학의 기능(2개항)
　　　(다) 문학의 갈래(2개항) (라) 문학의 가치(2개항)
　　(2) <u>문학의 수용과 창작</u>
　　　(가) 문학의 수용과 창작 원리(3개항) (나) 문학의 수용(3개항)
　　　(다) 문학의 창조적 재구성(2개항) (라) 문학의 창작(2개항)
　　(3) <u>문학과 문화</u>
　　　(가) 문학 문화의 특성(2개항) (나) 한국 문학의 특질과 흐름(2개항)
　　　(다) 세계 문학의 양상과 흐름(2개항) (라) 문학의 인접 영역(2개항)
　　(4) 문학의 가치화와 태도
　　　(가) 문학의 가치 인식(2개항) (나) 문학 활동에의 능동적 참여(2개항)
　　　(다) 문학에 대한 태도(2개항)
4. 교수·학습 방법(12개항)　　　5. 평가(10개항)

　제7차 문학 교육과정은 문학의 본질과 문학 교육의 목적, 문학 교육의 본체인 문학 능력의 개념, 국어과 안에서 문학 과목의 위치, 문학 과목의 하위 영역, 그리고 문학 교육의 주안점을 정리하여 제시하였다. 특히 문학 능력과 문학 문화 개념을 도입하여 문학 과목의 정체성을 확보하려는 의도가 보인다. 문학 과목의 목적이자 본체인 문학 능력이란, 학습자가 문학 현상에 능동적으로 참여하여 문학 문화를 형성하는 데 필요한 능력이다. 곧, 문학적 사고와 문학적 표현이 유기적으로 통합되어 이루어지는 문학 현상에 참여하는 데 필요한 능력이 문학 능력이다. 그것은 크게 지식·수행 능력·태도·경험으로 이루어지는데, 수행 능력은 다시 사고력과 의사소통 능력으로 구성된다. 말하자면 문학 능력은 문학 지식, 문학적 사고력, 문학 소통 능력, 문학에 대한 가치와 태도, 문학 경험 등의 총체인 것이다. 이를 바탕으로 바람직한 문학 문화를 형성하고 발전시키는 것이 문학 과목의 궁극적인 목적이다.[31]

그렇다면 문학 능력을 배양한 학습자들이 형성하게 될 문학 문화란 무엇인가? 문학 문화 용어가 국어과 문학 교육과정으로 수용되는 과정에서 많은 논란이 있었던 듯하다. 그것은 문학 문화의 개념을 말하기가 어려웠기 때문이다. 문학 교육과정 해설서에서는 문학 문화를 언어문화·음악문화라고 할 때와 마찬가지로 매우 포괄적인 개념으로 사용하였다. 여기에는 한국 문학을 외국 문학과 구분해 주는 특성, 현대 문학과 고전 문학 사이의 전통과 변혁, 문학을 바라보는 문학 공동체의 시각과 기대, 우리 언어문화와 문학의 관계, 문학을 둘러싼 관습과 관점 등이 포함된다고 설명하였다. 이에 김창원은 문학 문화라는 개념을 우리 문학에 필요한 개념으로 보고, 문학 문화에 대한 개념을 새로이 규정하였다. 문학 문화란 문학을 문학답게 만드는 조건과 맥락, 문학 활동의 규칙, 축적된 문학적 관습과 전통, 공동체가 문학을 대하는 태도 등의 다양한 의미장을 포괄[32]하는 개념으로 정

---

31 교육부(2001), 앞의 책, 301쪽.
32 제7차 교육과정에서 '문학 문화' 개념이 처음으로 도입되었는데, 정작 교육과정 해설서에는 그에 대한 개념 설명이 빠졌다. 그러나 7차 교육과정 해설 초안에는 문학 문화의 개념에 관한 설명이 있었다. 그 개념을 살펴보면, '하나의 문학 공동체가 문학과 관련해 축적해 온 일체의 유·무형적 산

의하였다.

결과적으로 제7차 문학 교육과정에서 문학 능력과 문학 문화 개념을 도입하여, 문학 교육의 목적을 개인의 차원에서는 문학 능력의 신장에, 공동체 차원에서는 문학 문화 발전에 두고자 하였다.

목표의 제시 구조는 '전문+영역별 목표'로 구성되었다. 전문에서는 문학 과목의 목표를 포괄적으로 제시하고, 영역별 목표[33]에서는 학교 학습의 주요 구성 요소인 지식·수행 능력·태도의 관점에서 분석적으로 제시하였다. 전문의 내용은 문학의 수용과 창작 활동을 통하여 문학 능력을 길러, 자아를 실현하고 문학 문화 발전에 능동적으로 참여하는 바람직한 인간을 기르는 것으로 규정하였다. 전문에서 보듯이 문학 과목의 목표는 개인의 문학 능력 신장과 공동체의 문학 문화 발전으로 초점화 되었다. 특히 이러한 목표를 달성하기 위해서 수용과 창작 활동을 강조하였다.

제7차 문학 교육과정의 내용은 6차 교육과정과 마찬가지로 내용 체계와 영역별 내용으로 구성되었는데, 내용 체계는 문학 과목 전체를 조감하는 기본틀로 범주화되었다. 영역별 내용은 내용 체계에 따른 구체적 활동 요소들을 제시하였다. 문학 과목의 내용 체계는 문학의 본질과 문학 과

출. 여기에는 결과로서의 작품 목록뿐 아니라 과정을 통제하는 규칙, 관습, 상호텍스트성 등도 포함된다. 나아가 문학의 개념 범주, 문학적 가치의 판단 기준, 문학이라는 제도의 운영 원리 등도 문학 문화에 해당된다. 국어과 교육에서는 언어문화와 대응한다.'고 규정하였다. 이러한 내용이 최종안에서 빠진 이유는 그것이 너무 단순하고, 너무나 협소하며, 너무나 허점이 많았기 때문이다. 결국 최종안에서 이 내용을 뺀 것은 불필요한 논란을 피해 가기 위한 최선의 선택이었다.(김창원(2008), 「문학 문화의 개념과 문학교육」, 『문학교육학』 vol.25, 525-527쪽.)

33 제7차 〈문학〉 교육과정의 영역별 목표를 보이면 다음과 같다. 가.문학 활동의 기본 원리와 문학에 대한 체계적인 지식을 이해한다. 나.작품의 수용과 창작 활동을 함으로써 문학적 감수성과 상상력을 기른다. 다.문학을 통하여 자아를 실현하고 세계를 이해하며, 문학의 가치를 자신의 삶으로 통합하려는 태도를 기른다. 라.문학의 가치와 전통을 이해하고 문학 활동에 능동적으로 참여하는 문학 문화 발전에 기여하려는 태도를 지닌다.

목의 목표를 고려하여 구조화하였는데, 그 체제를 보이면 다음과 같다.

[표 IV-14] 제7차 교육과정 문학 과목의 내용 체계

영역	내용
(1)문학의 본질	(가)문학의 특성 (나)문학의 기능 (다)문학의 갈래 (라)문학의 가치
(2)문학의 수용과 창작	(가)문학의 수용과 창작 원리 (나)문학의 수용 (다)문학의 창조적 재구성 (라)문학의 창작
(3)문학과 문화	(가)문학 문화의 특성 (나)한국 문학의 특질과 흐름 (다)세계 문학의 양상과 흐름 (라)문학의 인접 영역
(4)문학의 가치화와 태도	(가)문학의 가치 인식 (나)문학 활동에의 능동적 참여 (다)문학에 대한 태도

문학 교육은 문학의 본질, 문학의 수용과 창작, 문학과 문화, 문학의 가치화와 태도의 네 범주로 구성되었다. 문학의 본질 영역은 문학 일반의 이론과 개념을 이해하고, 문학의 수용과 창작 영역은 문학 수용과 창작의 원리를 이해하여 실제로 문학 활동을 하는 데 초점이 있다. 그리고 문학과 문화 영역은 포괄적인 문화의 관점에서 문학을 이해하고 한국 문학과 세계 문학의 양상을 살피고, 문학의 가치화와 태도 영역은 문학의 가치를 인식하고 문학 활동에 능동적으로 참여함으로써 문학에 대한 긍정적인 태도를 지니는 데 초점이 있다. 이러한 내용 체계는 문학의 수용과 창작 능력 신장을 지향하는데 적합하도록 구조화하였다.

교수-학습 방법은 크게 세 범주, 12개항으로 구성되었다. ①일반적인 교수-학습의 방향(5개항), ②구체적인 교수-학습 원리(4개항), ③교수-학습 자료에 관한 항목(3개항)들이다. 교수-학습 방법에서는 작품의 수용과 창작 활동의 범위, 지도 단계를 구체적으로 제시하였다. 작품의 수용 활동은 강의, 강독에 치우치지 말고 발표·토의·토론·협동 학습·현장 학습·감상문과 비평문 쓰기 등 다양한 방식을 적절히 활용하도록 제시하였다. 그리고 작품의 창작 활동은 처음부터 높은 수준을 요구하지 말고, 학습자의 삶과 밀접하게 연관 지어 개작·모작·생활 서정의 표현과 서사문 쓰기 등의 지도 단계를 거치도록 하였다. 특히 모든 학습자에게 전문적인 문예 작품 창작 활동을 지나치게 강조하지 않도록 지침을 제시하였다.

평가는 크게 세 범주, 10개항으로 구성되었다. ①평가의 일반적인 방향(4개항), ②평가의 구체적 방법(4개항), ③평가에 관한 메타적 언급(2개항)이다. 문학 교수-학습에 대한 평가는 양적 평가보다는 질적 평가를 지향하는데, 평가 결과는 합리적인 기준에 따라 누가적으로 기록하여 종합하도록 하였다. 문학 작품의 수용 활동은 구두 발표나 비평문 쓰기 활동 등을 활용하여 창의성과 적절성을 평가하도록 하였다. 문학 작품의 창작 활동은 작품의 분석적 평가를 지양하고 총체적 평가가 이루어지도록 하되, 창작의 창의성과 진실성을 평가하도록 하였다. 또한 지필 평가, 관찰 평가, 수행 평가, 교사 평가, 자기 평가, 상호 평가, 과정 평가, 결과 평가 등을 활용하여 통합적으로 평가하도록 하였다.

(2) 제7차 교육과정의 문학 교과서

제7차 교육과정의 문학은 심화 선택 과목으로 설정되었는데, 문학 교과서는 18종이 (상)·(하)권으로 출간되었다. 제7차 교육과정은 선택 중심

교육과정이다. 〈국어〉는 국민 공통 기본 과목이고, 선택과목은 일반 선택 과목과 심화 선택 과목으로 분리되었다. 일반 선택 과목으로 〈국어 생활〉이, 심화 선택 과목으로 〈화법〉·〈독서〉·〈작문〉·〈문법〉·〈문학〉으로 제6차의 과정별 필수 과목 체제를 계승하였다.

제7차 문학 교과서는 2002년 7월 30일에 11개의 출판사가, 같은 해 12월 12일에 7개의 출판사가 교육인적자원부의 검정을 받았다.[34] 문학 과목의 시간 배당은 8단위로써, 총 수업 시간은 136시간(1학기 17주 기준)이다.[35] 문학은 같은 심화 선택 과목인 독서와 작문과 더불어 가장 많은 단위가 할애되었다.

본고에서는 문학 교과서 18종 모두를 분석 대상으로 하되, 두산(우한용)의 문학 교과서를 위주로 삼는다. 제6·7차 두산 문학 교과서는 출판사 변화 없이, 집필자 두 명(이대욱·경종록)만이 추가되었다. 그리고 제7차 문학 교육과정에서 문학의 여러 현상을 문화로 이해하는 문학 문화가 강조되었다. 제7차 문학 교과서 18종에 대한 발간 현황은 다음과 같다.

---

34 2002년 7월 30일에 교육인적자원부 검정을 받은 출판사는 상문연구사(강황구 외), 교학사(구인환 외), 한국교육미디어(김병국 외), 디딤돌(김윤식 외), 민중서림(김창원 외), 금성출판사(박경신 외), 두산(우한용 외), 중앙교육진흥연구소(조남현 외), 블랙박스(한계전 외), 문원각(한철우 외), 천재교육(홍신선)으로 11개의 출판사이다. 같은 해 12월 12일에 교육인적자원부 검정을 받은 출판사는 지학사(권영민), 교학사(김대행 외), 태성(김상태 외), 지학사(박갑수 외), 형설출판사(박호영 외), 대한교과서(오세영 외), 청문각(최웅 외)으로 7개의 출판사이다.

35 제7차 교육과정, 심화 선택 과목의 단위 수는 화법 4단위, 독서 8단위, 작문 8단위, 문법 4단위이다.

[표 IV-15] 제7차 교육과정의 문학 교과서 발간 현황(집필자 가. 나. 다. 순)

순번	집필자	출판사
1	강황구, 권형중, 김대용, 박정곤, 이준	상문연구사
2	구인환, 구자송, 정충권, 임경순, 하희정, 황동원	교학사
3	권영민	지학사
4	김대행, 김중신, 김동환	교학사
5	김병국, 윤여탁, 김만수, 조용기, 최영환	한국교육미디어
6	김상태, 송현호, 김혜니, 김유중, 황도경, 조혜란	태성
7	김윤식, 김종철, 맹용재, 진중섭, 허익	디딤돌
8	김창원, 권호현, 신재홍, 장동찬	민중서림
9	박갑수, 김진영, 이승원, 이종덕, 박기호	지학사
10	박경신, 김성수, 이용수, 안학서	금성출판사
11	박호영, 한승주	형설출판사
12	오세영, 최래욱, 유학영, 남궁환, 남기혁, 류순태, 송규각, 정일형	대한교과서
13	우한용, 박인기, 정병헌, 최병우, 이대욱, 경종록	두산
14	조남현, 정성배, 조세형, 장수익, 배성완	중앙교육 진흥연구소
15	최웅, 유태수, 김용구, 이대범	청문각
16	한계전, 심범순, 박윤우, 김송환, 노진한	블랙박스
17	한철우, 김명순, 김충식, 남상기, 박영민, 박진용, 염성엽, 오택환	문원각
18	홍신선, 박종성, 김강태	천재교육

두산(우한용)에서 출간한 문학 교과서는 문학 교육과정의 구성 원리를 반영하기 위해서 문학의 본질·수용과 창작의 원리·태도 영역을 반영한 원리 학습 단원과 작품의 구체적 경험을 위한 실제 학습 단원으로 조직하였다. 두산의 문학 교과서 단원은 (상)권 Ⅰ~Ⅲ장,(하)권 Ⅳ~Ⅵ장으로 구성되었다. 이 중에서 Ⅰ·Ⅲ·Ⅳ·Ⅵ 단원은 원리 학습 단원이고, Ⅱ·Ⅴ 단원은 실제 학습 단원에 속한다.

원리 학습 단원은 하나의 대단원을 2~3개의 소단원으로 구성하여 문학의 본질·원리·태도 등에 관련되는 내용을 학습하도록 하였다. 그리고 원리 설명과 더불어 이를 내면화하는 다양한 제재와 활동들로 구성하였다. 실제 학습 단원은 대단원 아래 4~5개의 중단원과 그 하위에 2~4개의 소단원(작품)으로 구성하였다. 여기에서는 구체적인 문학 작품들을 수용하고 창작하는 실제의 학습 활동이 이루어지도록 하였다. 대단원을 구성한 기본 원칙은 문학의 갈래 범주·문학의 주제 범주·문학사적 범주를 함께 고려하였으며, 문학 활동의 총체성을 살리도록 활동의 현실성을 강조하였다.[36]

제7차 교육과정의 문학 교과서에 나타난 특징을 단원 구성과 교과서 내용을 통해 살펴보자. 다음은 두산(우한용)의 문학 교과서 단원 구성과 작품(작가)을 보인 것이다. (밑줄은 필자)

【상】Ⅰ.문학의 본질-1.문학의 특성은 무엇인가 2.문학은 어떤 기능을 하는가 3.문학의 갈래를 어떻게 이해할까 ●교실 밖 문학 여행 / Ⅱ.문학의 수용과 창작-●문학, 수용과 창작의 원리 1.서정 세계의 감응과 표현 (1)자연에서 우러나는 서정: 이화에 월백ᄒ고(이조년)·난초(이병기), 산유화(김소월),수선화(워즈워스), (2)소망과 염원의 노래: 정읍사,해(박두진),추천사(서정주),가을날(릴케), (3)사랑과 그리움: 사미인곡(정철), 님의 침묵(한용운),우라지오 가까운 항구에서(이용악), (4)언어로 빚은 아름다움: 미암이 밉다 울고(이정신)·동지ᄉ돌 기나긴 밤을(황진이),가정(이상),새벽1(정한모), (5)역사와 현실 앞에서: 고시8(정약용),절정(이육사),상행(김광규),춘망(두보) 2.서사와 갈등의 세계 (1)사랑과 성숙의 아픔: 동백꽃(김유정),운영전, (2)운명으로서의 인생, 의지로서의 인생: 역마(김동리),쥘르 삼촌(모파상), (3)공동체의 현실과 사회적 삶: 뫼비우스

36 우한용 외(2003), 『문학 교사용 지도서(하)』, ㈜두산, 28쪽.

의 띠(조세희),걸리버 여행기(스위프트), (4)사람다움에 대한 소설적 탐구: 너와 나만의 시간(황순원),문진 기행(김승옥), (5)이상향을 위하여: 숲 속의 방(강석경),홍길동전(허균) 3.생활과 인생의 음미 (1)견문과 사색: 청학동(이인로),이탈리아 기행(괴테), (2)관조와 성찰: 명명 철학(김진섭),슬픔에 관하여(몽테뉴), (3)삶의 여유와 멋: 부끄러움(윤오영),추사 글씨(김용준) 4.무대와 삶의 표현 (1)역사 속의 인간과 진실한 삶: 새야 새야 파랑새야(차범석),명성황후(김광림 각색·이문열 원작), (2)고뇌하는 삶과 인생: 햄릿(셰익스피어),서편제(김명곤 각색·이청준 원작) ●교실 밖 문학 여행 / III.문학과 가치-1.문학 언어와 가치 알기, 2.허구화된 삶과 그 의미 살펴보기, 3.문학의 소통과 문화 체험 확충하기 ●교실 밖 문학 여행 / 부록: 한국 및 세계 문화사 연표, 간추린 문학 용어, 찾아보기

【하】IV.문학의 문화적 특징-1.삶에 대한 간접 체험의 세계 2.상상력의 세련과 정서의 내면화 3.문학으로 시대 이해하기 4.한국 문학의 문화적 맥락 ●교실 밖 문학 여행 / V.문화의 변동과 문학의 대응-1.한국 문학의 모색과 정립 (1)공동체 형성과 말의 문학: 단군 신화,삼태성,논매기 노래,흥보가, (2)집단의 이념과 개인의 성장: 헌화가, 서경별곡,화왕계(설총),경설(이규보), (3)삶의 윤리와 문학의 윤리: 누항사(박인로),견회요(윤선도),봄비(허난설헌),두터비 파리를 물고, (4)개인의 각성과 총체적 진술: 사씨남정기(김만중),유충렬전,장끼전 2.문화의 충격과 문학의 변화 (1)새로운 문명에 대한 예찬: 해에게서 소년에게(최남선),무정(이광수), (2)전통의 상실과 변화의 모색: 우리 집(주요한),낭객의 신년 만필(신채호),아큐정전(루쉰), (3)식민지 체험과 고향 상실: 남신의주 유동 박시봉방(백석),헐려 짓는 광화문(설의식),고향(현진건), (4)현실을 담아 내는 여러 목소리: 그대들 돌아오시니(정지용),아프리카(디오프),논 이야기(채만식) 3.근대 지향과 문학의 명암 (1)전쟁과 새로운 인간성 추구: 다

부원에서(조지훈),사수(전광용),원고지(이근삼), (2)현실과 이념의 형상화: 누가 하늘을 보았다 하는가(신동엽),쇠붙이와 강철 시대의 봄을 맞으면서(유안진),이반 데니소비치의 하루(솔제니친), (3)정체성의 탐색과 각성: 추억에서(박재삼),산(김광섭),유자소전(이문구), (4)시대 변화에 대한 감수성과 창조: 식목제(기형도),하나의 풍경(박연구), 세상에서 제일 무거운 틀니(박완서) 4.현대의 문학과 인접 문화 (1)문학과 음악,(2)문학과 영상 예술,(3)문학과 매체,(4)매체에 따른 문학의 변화 ●교실 밖 문학 여행 / Ⅵ.한국 문학의 발전과 가치화–1.한국 문학의 전통과 지향 2.한국 문학과 세계 문학 3.통일에 대비한 한국 문학 ●교실 밖 문학 여행 / 부록: (상)·(하) 교과서 수록 작품, 찾아보기

제6차 두산의 문학 교과서 단원 구성은 원리 설명 단원과 작품 단원으로 구성되었는데, 제7차에서 작품 단원이 실제 학습 단원의 소단원으로 조정되었다. 이는 제7차 문학 교육과정에서 문학 작품의 수용과 창작·실제가 강조되면서 단원 구성이 변화된 것이다. 제7차 문학 교육과정에서 강조한 문학의 수용과 창작을 문학(상)권의 Ⅱ장에서 수용하였다.

제7차 문학 교육과정에서는 문학과 관련된 여러 현상을 문학 문화로 이해하는데, 두산 문학 교과서에서는 문학(하)권의 Ⅳ장 "문학의 문화적 특징"과 Ⅴ장의 "문화의 변동과 문학의 대응" 단원이 이와 관련된다. 문학의 문화적 특징이 원리 학습 단원이고, 문화의 변동과 문학의 대응이 실제 학습 단원인 셈이다. 그리고 Ⅴ장의 현대의 문학과 인접 문화에서는, 문학과 음악·영상 예술·매체로 소단원을 조직하였다. 또한 교실 밖 문학 여행을 매 단원의 부록처럼 두어, 문학 기행 콘셉트concept로 단원을 구성하였다. 이러한 일련의 문학 교과서 단원 구성은 교육과정상의 개념어 문학 문화를 문학 교과서에서 구체화 시키려는 노력으로 보인다.

제7차 두산(우한용)의 단원 체제는 원리 학습 단원과 실제 학습 단원이 다르다. 원리 학습 단원은 '대단원[한눈에 보기-대단원의 목표-대단원 길잡이-소단원(학습의 지향점-준비 활동-원리 학습-익히기 활동-수용과 내면화-더 나아가기)-마무리하기-교실 밖 문학 여행]'로 조직되었다. 그리고 실제 학습 단원은 '대단원[한눈에 보기-대단원의 목표-대단원 길잡이-학습의 지향점-준비 활동-원리학습-중단원[학습 목표-학습의 지향점-준비 활동-소단원(작품 해제-작품-감상의 심화-더 읽을 작품-지은이 탐구-작품 속으로)-수용과 내면화-창작 연습하기-마무리하기-한 걸음 데]-교실 밖 문학 여행]'를 기본 골격으로 하였다.

단원 체제는 출판사별로 차이를 보이는데, '단원의 길잡이-학습 목표-준비 학습-중(소)단원-학습 문제-단원의 마무리'를 기본 골격으로 하였다. 다만, 단원의 길잡이·준비 학습·학습 목표·단원의 마무리 등의 위치와 용어 사용, 학습 문제의 구성과 학습 보충 자료의 많고 적음에서 차이를 보인다. 특히 제7차 문학 교과서의 단원의 마무리에서는 평가 항목을 두어, 평가 결과에 의한 보충·심화 학습 활동이 이루어지도록 했다. 그리고 수용·창작을 학습 활동 문제로 포함시켰다.[37]

---

37   출판사별 문학 교과서 단원 체제는 다음과 같다. 상문연구소(강황구 외)의 원리 학습 단원은 '대단 원[단원의 길잡이-학습 목표-준비 학습-소단원(학습 목표-실마리 찾기-미리 생각하기-본문-매듭짓 기)-단원의 마무리]'로, 실제 학습 단원은 '대단원[단원의 길잡이-학습 목표-준비 학습-중단원(학습 목표-실마리 찾기-미리 생각하기-작품-학습 활동-매듭짓기)-단원의 마무리]'를 기본 골격으로 하 였다. 교학사(구인환 외)는 '대단원[학습 목표-단원의 길잡이-소단원(학습목표-미리해보기-활동의 주안점 및 안내-작품-학습 활동)-단원의 마무리-단원을 마치며]'를 기본 골격으로 하였다. 지학사 (권영민)는 '대단원[대단원 학습 목표-대단원 길잡이-중단원(활동 목표-들어가며-생각을 열자!-소 단원(기초 쌓기-작품 읽기-활동하기)-스스로 점검해 보기]-대단원 정리 활동]'를 기본 골격으로 하 였다. 교학사(김대행 외)는 '대단원[학습 목표-되돌아보기-미리 생각하기-중단원[학습 목표-본문-적용하기-소단원(작품 안내-작품-익힘 마당-학습 활동)-단원의 마무리]'를 기본 골격으로 하였다. 한국교육미디어(김병국 외)의 원리 학습 단원은 '대단원[단원 들어가기-학습 목표-앞서보기-소단 원(학습 목표-본문-이해하기-확장하기)-마무리하기-다시 보기-깊이 보기]'로, 실제 학습 단원에서

두산(우한용)에서 출간된 문학 교과서의 (상)·(하)권은 각각 3개의 대

는 '대단원[단원의 길잡이-중단원(단원 들어가기-학습 목표-앞서보기-소단원(학습 목표-작품-이해
와 활동의 길잡이-자료실-이해하기-확장하기)-마무리하기-다시보기-깊이보기)]'를 기본 골격으로
하였다. 도서출판 태성(김상태 외)의 원리 학습 단원은 '대단원[단원 길잡이-단원 학습 목표-미리
생각해 보기-소단원(학습 목표-본문-학습 활동)-단원의 마무리]'로, 실제 학습 단원에서는 '대단원
[단원 길잡이-단원 학습 목표-미리 생각해 보기-중단원(학습목표-본문-소단원(읽기에 앞서-작품-
작품의 수용-참고 자료-학습 활동))-단원의 마무리]'을 기본 골격으로 하였다. 도서출판 디딤돌(김
윤식 외)은 '대단원[단원의 길잡이-중단원(단원 도입 글-단원 활동을 통해-준비 학습-소단원(학습
목표-작품-친해지기)-정리학습)-단원의 마무리]'를 기본 골격으로 하였다. 민중서림(김창원 외)은
'대단원[학습 목표-생각열기-소단원(학습 목표-미리 살펴보기-본문-다지기)-단원의 마무리]'를 기
본 골격으로 하였다. 지학사(박갑수 외)는 '대단원[단원 학습 목표-미리 하기-중단원(학습 목표-본
문-소단원(학습목표-작품-학습 자료-학습 활동))-마무리하기-보충 학습-심화 학습]'을 기본 골격으
로 하였다. 금성출판사(박경신 외)의 원리 학습 단원은 '대단원[단원의 길잡이-이 단원의 활동을 통
하여-들어가기 전에-소단원(학습 목표-본문-학습 활동)-단원의 마무리-보충·심화 활동-대단원을
마치며-쉬어가는 터]'로, 실제 학습 단원은 '대단원[단원의 길잡이-이 단원의 활동을 통하여-들어가
기 전에-중단원(학습 목표-본문-소단원(미리 생각-작품-도움 자료-학습의 길잡이-참고 자료-학습
활동))-단원의 마무리-보충·심화 활동-대단원을 마치며-쉬어가는 터]'를 기본 골격으로 하였다. 형
설출판사(박호영 외)의 원리 학습 단원은 '대단원[이 단원에서는-단원의 길잡이-미리 해보기-소단
원(학습 목표-본문-보충자료-활동해 보기)-정리와 평가-보충학습-심화학습]'으로, 실제 학습 단원
은 '대단원[이 단원에서는-단원의 길잡이-미리 해보기-중단원(학습 목표-본문-소단원(학습 목표-
작품-작품 해설-보충자료-활동해 보기))-정리와 평가-보충학습-심화학습]'을 기본 골격으로 하였
다. 대한교과서(오세영 외)는 '대단원[단원의 길잡이-단원의 내용 한눈에 보기-소단원(학습목표-생
각열기-본문-이해활동)-되짚어보기&더 나아가기-단원의 마무리]'를 기본 골격으로 하였다. 중앙
교육진흥연구소(조남현 외)는 '대단원[대단원 길잡이-학습 목표-들머리 학습-소단원(학습 목표-본
문-학습 활동)-대단원 마무리]'를 기본 골격으로 하였다. 청문각(최웅 외)은 '대단원[단원 길잡이-단
원 목표-소단원(들어가기 전에-학습 목표-본문-학습 활동)-단원 마무리-보충·심화]'를 기본 골격으
로 하였다. 블랙박스(한계전 외)는 '대단원[이 단원을 열며-이 활동을 통해-생각열기-중단원(학습
목표-소단원(작품해제-작품-학습활동(1)-학습활동(2)-학습 도움 자료-소단원 확인 학습)-더 생각
해보기]-대단원 마무리]'를 기본 골격으로 하였다. 문원각(한철우 외)의 원리 학습 단원은 '대단원
[단원의 길잡이-학습 목표-읽기 전에-소단원(본문-학습활동)-단원의 마무리]'로, 실제 학습 단원은
'대단원[학습 목표-단원을 열며-소단원(학습 목표-감상하기 전에-작품-학습 활동)-창작하기-단원
의 마무리]'를 기본 골격으로 하였다. 천재교육(홍신선 외)의 원리 학습 단원은 '대단원[학습 목표-
단원의 길잡이-미리 떠올려보기-소단원(학습 목표-본문-학습 활동)-정리 및 평가-보충학습-심화학
습]으로, 실제 학습 단원은 '대단원[학습 목표-단원의 길잡이-미리 떠올려보기-소단원(학습 목표-
본문-학습 주안점-작품-작품 수용의 길잡이-참고자료-학습 활동)-정리 및 평가-보충학습-심화학
습]'를 기본 골격으로 하였다.

단원으로 나누었는데, 단원명은 목표와 주제 중심으로 나누었다. 문학 교과서 (상)·(하)권의 대단원 구성은 출판사별로 다양한 차이를 보이는데, 크게 (상)권과 (하)권을 분리한 것과 연속적으로 이어지게 구성한 것으로 대별해 볼 수 있다.[38] 문학 교과서의 (상)·(하)권에서 대단원 번호 붙이기

---

38 상문연구사(강황구 외)의 대단원은 (상)·(하)권 각각 3개의 단원으로 나누었는데, (상)권은 1~3단원까지 (하)권은 4~6단원으로 구성하였다. 단원명은 목표와 갈래 중심으로 구분 지었다. 교학사(구인환 외)의 대단원은 5개 단원으로 나누었는데, (상)권은 1~2단원까지, (하)권은 1~3단원으로 구성하였다. 단원명은 목표와 시대별로 구분 지었다. 지학사(권영민)의 대단원은 5개 단원으로 나누었는데, (상)권은 1~2단원까지, (하)권은 1~3단원으로 구성하였다. 단원명은 목표와 시대별로 구분 지었다. 교학사(김대행)의 대단원은 11개의 단원으로 나누었는데, (상)권은 1~6단원까지, (하)권은 7~11단원으로 구성하였다. 단원명은 목표 중심으로 구분 지었다. 한국교육미디어(김병국 외)의 대단원은 (상)·(하)권 각각 3개의 단원으로 나누었는데, (상)권은 1~3단원까지 (하)권은 4~6단원으로 구성하였다. 단원명은 목표와 시대별로 구분 지었다. 태성(김상태 외) 대단원은 12개의 대단원으로 나누었는데, (상)권은 1~6단원까지 (하)권은 7~12단원으로 구성하였다. 단원명은 목표와 갈래, 시대별로 구분 지었다. 디딤돌(김윤식 외)의 대단원은 (상)·(하)권 각각 3개의 단원으로 나누었는데, (상)권은 1~3단원까지 (하)권은 1~3단원으로 구성하였다. 단원명은 목표와 갈래, 시대별로 구분 지었다. 민중서림(김창원 외)의 대단원은 (상)·(하)권 각각 4개의 단원으로 나누었는데, (상)권은 1~4단원까지 (하)권은 1~4단원으로 구성하였다. 단원명은 목표, 갈래, 주제, 시대별로 구분 지었다. 지학사(박갑수 외)의 대단원은 11개의 단원으로 나누었는데, (상)권은 1~6단원까지, (하)권은 1~5단원으로 구성하였다. 단원명은 갈래와 목표, 시대별로 구분 지었다. 금성출판사(박경신 외)의 대단원 (상)·(하)권 각각 4개의 단원으로 나누었는데, (상)권은 1~4단원까지 (하)권은 1~4단원으로 구성하였다. 단원명은 목표와 갈래, 시대별로 구분 지었다. 형설출판사(박호영 외)의 대단원은 (상)·(하)권 각각 4개의 단원으로 나누었는데, (상)권은 1~4단원까지 (하)권은 1~4단원으로 구성하였다. 단원명은 목표, 주제, 갈래, 시대별로 구분 지었다. 대한교과서(오세영 외)의 대단원은 (상)·(하)권 각각 3개의 단원으로 나누었는데, (상)권은 1~3단원까지 (하)권은 4~6단원으로 구성하였다. 단원명은 목표, 갈래, 주제, 시대별로 구분 지었다. 중앙교육진흥연구소(조남현 외)의 대단원은 11개의 단원으로 나누었는데, (상)권은 1~6단원까지 (하)권은 7~11단원으로 구성하였다. 단원명은 목표, 갈래, 주제, 시대별로 구분 지었다. 청문각(최웅 외)의 대단원은 9개의 단원으로 나누었는데, (상)권은 1~6단원까지 (하)권은 1~3단원으로 구성하였다. 단원명은 목표, 갈래, 시대별로 구분 지었다. 블랙박스(한계전 외)의 대단원은 (상)·(하)권 각각 5개의 단원으로 나누었는데, (상)권은 1~5단원까지 (하)권은 6~10단원으로 구성하였다. 문원각(한철우 외)의 대단원은 8개의 단원으로 나누었는데, (상)권은 1~5단원까지 (하)권은 6~8단원으로 구성하였다. 단원명은 목표, 갈래, 주제, 시대별로 구분 지었다. 천재교육(홍신선 외)의 대단원은 9개의 단원으로 나누었는데, (상)권은 1~5단원까지 (하)권은 6~9단원으로 구성하였다. 단원명은 목표, 갈래, 시대별로 구분 지었다.

numbering를 분리한 교과서는 교학사(구인환), 지학사(권영민), 디딤돌(김윤식), 민중서림(김창원), 지학사(박갑수), 금성출판사(박경신), 형설출판사(박호영), 중앙교육진흥연구소(조남현), 청문각(최웅), 문원각(한철우)으로 10개의 출판사이다. 그리고 대단원이 연속적으로 이어진 교과서는 상문연구사(강황구), 교학사(김대행), 한국교육미디어(김병국), 태성(김상태), 대한교과서(오세영), 두산(우한용), 블랙박스(한계전), 천재교육(홍신선)으로 8개의 출판사이다.

　문학 교과서 대단원은 (상)·(하)권을 합쳐 5개부터 12개 단원까지 다양하다. 대단원이 가장 적은 문학 교과서는 교학사(구인환)에서 출간된 것이다. 대단원을 5개 단원으로 나누었는데, (상)권은 1~2단원까지 (하)권은 1~3단원으로 구성하였다. 대단원이 가장 많은 문학 교과서는 태성(김상태)에서 출간된 것이다. 대단원을 12개 단원으로 나누었는데, (상)권은 1~6단원까지 (하)권은 7~12단원으로 구성하였다. 단원명도 출판사별로 목표·갈래·주제·시대별로 다양하다.

　두산(우한용)에서 출간된 문학 교과서 분량은(본문/부록)은 (상)권 359쪽(348쪽/11쪽)이다. (하)권은 383쪽(378쪽/5쪽)이다.[39] 부록은 모든

39　두산(우한용 외)에서 출간한 문학 교과서 (상)권의 전체 분량(359쪽)에 대한 각 대단원의 분량은 1단원 44쪽, 2단원 266쪽, 3단원 38쪽, 부록 11쪽이다. (하)권의 전체 분량(383쪽)에 대한 각 대단원의 분량은 4단원 56쪽, 5단원 286쪽, 6단원 36쪽, 부록 5쪽이다. 상문연구사(강황구 외)의 전체 분량(본문/부록)은 (상)권 381쪽(342쪽/39쪽)이고, (하)권 393쪽(356쪽/37쪽)이다. 교학사(구인환 외)의 (상)·(하)권은 359쪽(348쪽/11쪽)으로 같다. 지학사(권영민)의 (상)권은 343쪽(331쪽/12쪽)이고, (하)권은 383쪽(374쪽/9쪽)이다. 교학사(김대행 외)의 (상)권은 353쪽(345쪽/8쪽)이고, (하)권은 376쪽(359쪽/17쪽)이다. 한국교육미디어(김병국 외)의 (상)권은 348쪽(322쪽/26쪽)이고, (하)권은 348쪽(330쪽/18쪽)이다. 태성(김상태 외)의 (상)권은 418쪽(402쪽/16쪽)이고, (하)권은 416쪽(397쪽/19쪽)이다. 디딤돌(김윤식 외)의 (상)권은 391쪽(380쪽/11쪽)이고, (하)권은 391쪽(374쪽/17쪽)이다. 민중서림(김창원 외)의 (상)권은 391쪽(383쪽/8쪽)이고, (하)권은 391쪽(377쪽/14쪽)이다. 지학사(박갑수 외)의 (상)권은 383쪽(369쪽/14쪽)이고, (하)권은 375쪽(365쪽/10쪽)이다. 금성출판사(박경신 외)의 (상)·(하)권은 407쪽(390쪽/17쪽)으로 같다. 형설출판사

문학 교과서 (상)·(하)권에서 보이는데, 출판사별로 차이를 보인다. 주로 공통된 내용으로 문학사 연표와 문학 용어 풀이가 수록되었다. 그리고 출판사별로 학습 활동 자료, 문학지도(작가와 작품의 발자취·문학 기행 자료), 고등학생이 읽어야 할 100선, 문학 작품 속의 아름다운 우리말, 수록 작품 작가 안내, 문학 관련 인터넷 사이트, 각종 문학 행사, 문학 창작 교실 등이 수록되어 차별화된다.

(3) 제7차 교육과정에 나타난 문학교육의 특성

제7차 교육과정의 문학 교과서에 수록된 본문 읽기 제제를 갈래에 따라 분류해서, 교과서에 나타난 문학 교육의 특성에 대해 살펴보자. 다음은 출판사별 문학 교과서에 수록된 작품을 갈래에 따라 표로 작성한 것이다.

(박호영 외)의 (상)권은 393쪽(352쪽/41쪽)이고, (하)권은 411쪽(404쪽/7쪽)이다. 대한교과서(오세영 외)의 (상)권은 327쪽(309쪽/18쪽)이고, (하)권은 367쪽(345쪽/22쪽)이다. 중앙교육진흥연구소(조남현 외)의 (상)권은 367쪽(358쪽/9쪽)이고, (하)권은 375쪽(364쪽/11쪽)이다. 청문각(최웅 외)의 (상)권은 352쪽(324쪽/28쪽)이고, (하)권은 384쪽(364쪽/20쪽)이다. 블랙박스(한계전 외)의 (상)권은 319쪽(290쪽/29쪽)이고, (하)권은 351쪽(326쪽/25쪽)이다. 문원각(한철우 외)의 (상)권은 368쪽(343쪽/25쪽)이고, (하)권은 384쪽(375쪽/9쪽)이다. 천재교육(홍신선 외)의 (상)권은 383쪽(368쪽/15쪽)이고, (하)권은 383쪽(364쪽/19쪽)이다.

[표IV-16] 제7차 문학 교과서에 수록된 읽기 제재의 갈래와 수(數)

구분	고대가요	설화	고시조	향가	고려가요	경기체가	가사	악장	한시	판소리	민속극	민요	고전소설	고대수필	신체시	신소설	시조	소설	수필	희곡	시나리오	만화	그림	문학사	문학개론	비평	갈래	數
상문 상	1										1			1			6	5	4	1	1			28			9	48
상문 하		1	8	1			1		2			1	3	1		1	14	8	4	2	1		10	11			16	69
교학(구) 상				1			1						1	2			10	15	7	4					2		9	43
교학(구) 하			3	7	1	1	2		4	2	1	2	3				15	11	6	1		1		1			16	61
지학(권) 상			1	1	1								1	1			10	7	3	2			1	17			11	45
지학(권) 하	1	1	5	1	1		2	3	1	1			2	2		1	11	5	4	4	1		11	10	1		20	68
교학(김) 상			6	1			1								4	1	8	8	3	2	2			21	1		12	58
교학(김) 하	1	1	4	1	3		1		1				1	1	1	1	5	7	1	2	2		6	9	5		19	53
한국 상	1		1	1					1		1	2	1	1			11	1	6	4	2	1		26		1	16	61
한국 하	1	2	3	1			1		2			1	3	2			10	7	2	2			8	6	1		16	52
태성 상																	11	8	5	4	3			24	3		7	58
태성 하		1	4	1	2	3	3		2			1	1	1	1		12	11					10	10	5		16	68
디딤 상	1	1	3				1		1	1	1	1	1	1		1	13	8	5	4	2			23			17	68
디딤 하	1	3	3	1	1	1	3		4		1	1	1	4			11	9	2		1	1	5	12	2		20	67
민중 상		2	3			2	1				1	2	3			1	52	35	15	9	3	1		23		4	16	157
민중 하	3	2	18	5	2	1	9		2	5		2	1	9	6	1	2	46	32	5	3	2	9	7	4		23	176
지학(박) 상			3						1		1	1	1	1			14	11	7	3	3			15	1		13	62
지학(박) 하		2	4	4	1	1	1	2	5	2	1		3	2		1	13	10	3	1	1	1	7	5	1		22	71
금성 상	1		5	1	1		1				1		1	1			10	5	5	3	1			18			14	54
금성 하	1	3	6	1	1	1	1		5	3	1	1	1	3	1	1	11	4	2	2	1		6	9			22	65
형설 상	1		3	1			1						1		3	4	11	14	2				1	16			12	58
형설 하	1	2	8	1	1	1	1		1	1	1		3	1	1	1	10		2	7	1		4	8	7	1	22	64
대한 상	1	3							1	1	1	1	2	1			24	2	19	13	7	1	1	34			16	112
대한 하		1	4	1	1		2		3	1	2	2	3	1			18	14	1	2	3	1	8	20			19	88
두산 상	1		3				1		2				1	1			11	1	7	5	3	1		22			13	59
두산 하			2	2			1		1		1	1	4	1	1	1	10	8	3	1			12	10			16	59
중앙 상			3	1									1		1	1	3	2	1	4				36			10	53
중앙 하	3	3	9	1	1	1	3	4	4		1		3	2		1	9	5	3	3			7	15			19	78
청문 상	1	1	1	1					1		1			3			23	1	20	11	7	2		26			14	99
청문 하	3	3	11	3	2	1	4	5	1		2	2	8	2	1	2	19	3	20	7	6	1	7	9	1		24	123
블랙 상	2						1		3		1	1	1	1			10	12	2	2				14	1		13	51
블랙 하		3	1	1	1		2		1	1	2	3	2	2		1	14	1	10	2	1	1	11	11	3		21	74
문원 상														1			8	3	3	3	1			18			7	37
문원 하	1	1	6	1	1	1	1		3	2	1	1	2	1	1	2	7	11	2	2			7	11			21	65
천재 상			3	1			1				1	1	4	2			8	7	4	2	3			24			13	61
천재 하	3	3	12	1	1	1	1			5			2	2	1	1	11	2	13	5	2		8	5	1		20	80

먼저 제시된 [표 IV-16]를 통해, 제7차 문학 교과서에 수록된 읽기 제재의 갈래와 일반적인 사항은 다음과 같다. 제7차 문학 교과서에 수록된 읽기 제재의 갈래는 27개로 제5·6차(25개)에 만화와 그림이 추가되었다.

상문연구사(강황구)에는 문학 (상)과 (하)를 합쳐, 18개의 갈래와 117편의 읽기 제재가 수록되었다. 교학사(구인환)에는 17개의 갈래와 104편의 읽기 제재가 수록되었다. 지학사(권영민)에는 20개의 갈래와 113편의 읽기 제재가 수록되었다. 교학사(김대행)에는 22개의 갈래와 111편의 읽기 제재가 수록되었다. 한국교육미디어(김병국)에는 21개의 갈래와 113편의 읽기 제재가 수록되었다. 태성(김상태)에는 19개의 갈래와 126편의 읽기 제재가 수록되었다. 디딤돌(김윤식)에는 24개의 갈래와 135편의 읽기 제재가 수록되었다. 민중서림(김창원)에는 24개의 갈래와 333편의 읽기 제재가 수록되었다. 지학사(박갑수)에는 23개의 갈래와 133편의 읽기 제재가 수록되었다. 금성출판사(박경신)에는 22개의 갈래와 119편의 읽기 제재가 수록되었다. 형설출판사(박호영)에는 23개의 갈래와 122편의 읽기 제재가 수록되었다. 대한교과서(오세영)에는 22개의 갈래와 200편의 읽기 제재가 수록되었다. 두산(우한용)에는 19개의 갈래와 118편의 읽기 제재가 수록되었다. 중앙교육진흥연구소(조남현)에는 19개의 갈래와 131편의 읽기 제재가 수록되었다. 청문각(최웅)에는 24개의 갈래와 222편의 읽기 제재가 수록되었다. 블랙박스(한계전)에는 23개의 갈래와 125편의 읽기 제재가 수록되었다. 문원각(한철우)에는 22개의 갈래와 126편의 읽기 제재가 수록되었다. 천재교육(홍신선)에는 23개의 갈래와 141편의 읽기 제재가 수록되었다.

제7차 문학 교과서에 수록된 읽기 제재의 갈래는 출판사별로 17~24개까지 분포되었다. 교학사(구인환)에 수록된 작품 갈래가 17개로 가장 적고, 디딤돌(김윤식)·민중서림(김창원)·청문각(최웅)이 24개로 가장 많다. 문학 교과서에 수록된 작품 갈래에서는 큰 차이가 없지만, 수록된 읽기 제재의 수에서 두드러진 차이를 보인다. 출판사별로 문학 교과서에 수록된 읽기 제재 수는 104~333편까지 분포한다. 교학사(구인환)에 수록된 읽기 제재 수가 104편으로 가장 적고, 민중서림(김창원)이 333편으로 가장 많다. 두 출판사 간에는 세 배가 넘는 숫자상의 차이를 보인다. 이러한 차이는 교과서 집필자의 문학 공부 방법이 많이 읽고 느끼고 써보는 것이라는 인식으로 교과서에 수록할 작품을 선정했기 때문이다. 이러한 집필자의 견해에 토를 달 이유는 없다. 그러나 교사와 학생들이 제한된 수업 시간에 수록된 많은 문학 작품들을 얼마나 소화할 수 있는지는 의문시 된다. 민중서림(김창원)의 단원 구성은 본문의 원리 학습을 공부하고, 그 내용을 '익히기'와 '다지기'에서 연습하는 구조이다. 문학 작품은 원리 학습에 맛보기로, 익히기와 다지기 예문으로 수록되었다. '맛보기' 뜻 그대로, 문학 교과서에 많은 문학 작품들의 일부만이 수록되었다. 이것은 문학 작품 자체를 이해하고 감상하는 것이 아니라, 원리 학습을 위한 문학 수업이 될 수도 있다. 민중서림에 수록된 작품 수가 많은 이유는 본고의 분석 방법에도 있다. 본고에서는 문학 교과서 목차에 제시된 작품들을 헤아렸는데, 민중서림은 학습 활동(익히기와 다지기)에서 예문으로 제시된 작품들이 목차에 표시하였다. 다른 문학 교과서의 경우, 학습 활동에서 예문으로 든 문학 작품들은 목차에 소개하지 않았다.[40]

이상의 분석 내용을 바탕으로, 제7차 교육과정과 문학 교과서에 나타난 문학 교육의 특징들은 다음과 같다.

첫째, 문학 교과서 편찬에 참여한 집필진들이 늘고, 신분도 다양해졌다. 제7차 문학 교과서 편찬에 참여한 집필진은 총 85명(18종)으로, 제6차의 49명(18종)[41]보다 크게 늘었다. 제7차 문학 교과서 집필진들이 늘어난 이유는 고등학교 교사들이 대거 참여하였기 때문이다. 문학 교과서 18종

---

40 문학 교과서에 수록된 작품 수가 민중서림 다음으로 청문각이 222편으로 많다. 이는 청문각 문학 교과서 '차례'에 '더 감상할 작품들'을 제시했기 때문이다. 언뜻 더 감상할 작품들이란 교과서에 소개하지 못한 문학 작품들을 학습자들이 찾아 읽도록 권유하는 뉘앙스를 풍긴다. 그런데 청문각에는 학습 활동의 예문에 쓰인 작품과 교과서에 수록되지 않은 작품들이 섞여 있어, 정제되지 않은 인상을 준다.

41 지학사(권영민), 교학사(김대행 외), 태성(김상태 외), 청문각(최웅 외)

중에 4종을 제외하고는 모든 문학 교과서 편찬에 고등학교 교사들이 참여하였다. 또한 집필진들의 신분도 대학교 교수·강사, 고등학교 교사, 학원 강사, 출판사 대표, 문학상 수상자 등으로 다양해졌다. 특히 상문연구사에서 출간된 문학 교과서는 집필진들이 모두 고등학교 교사들로 구성되었다.

둘째, 문학 교과서 단원 구성이 다양해졌다. 출판사별로 단원 구성은 목표·갈래·주제·시대별로 구분 지었다. 특히 교학사(구인환)에서 출간된 문학 교과서에는 문학사와 문학 개론(원리 학습)에 대한 본문 내용 없이, 작품 위주로만 교과서를 구성하였다.

셋째, 문학 교과서 학습 활동에 자기 점검표를 바탕으로, 보충·심화 학습이 이루어지도록 하였다. 제6차 문학 교과서에는 자기 점검표 없이 출판사별로 심화 학습을 두었는데, 제7차의 수준별 교육과정으로 자기 점검표를 바탕으로 한 보충·심화 학습 문제로 단원을 구성하였다.

넷째, 문학 교과서에 수록된 작품이 다양해졌다. 문학 교과서에는 만화, 대중가요 가사, 그림, 판타지 소설, 뮤지컬 대본 등이 읽기 제재로 수록되었다. 이러한 문학 교과서에 수록된 읽기 제재의 변화는 문학을 문화 현상의 하나로 보는 관점이 작용했기 때문이다. 문학 활동이 문화 현상으로 연계되는 지점은 문학이 예술의 한 영역에 속한다는 점에 대한 고려이다.[42] 다시 말해서 문학적 실천이 문화적 실천과 연계될 수 있다는 것이다.

다섯째, 문학 교육에서 작품의 수용과 창작 활동이 강조되었다. 이는 제7차 문학 교육과정이 반영된 것으로, 모든 문학 교과서에 작품의 수용과 창작 단원이 할애되었다. 그러나 창작 활동은 학습자의 삶과 연관 지어 기

---

42   우한용(2007), 『문학교육과 문화론』, 서울대학교출판부, 5쪽. 제7차 교육과정은 문학 문화로서의 문학교육을 지향했는데, 제7차 문학교육의 특징인 교과서 수록 작품의 다양화, 작품의 수용과 창작 활동의 강조, 비전문가 글의 교과서 수록, 교과서에 수록된 희곡과 시나리오 비중의 증가 등이 이러한 지향점을 보여주는 예가 된다.

존 작품의 개작·모작·생활 서정의 표현 중심으로 하며, 전문 작가의 창작 활동을 의미하지는 않는다.

여섯째, 비전문가의 글이 문학 교과서에 수록되었다. 고등학교 학생이 쓴 시와 소설, 인터넷상의 글, 독서 토론 과정 등의 비전문가 글들이 수록되었다. 이러한 교과서 수록 작품의 변화는 학습자에게 친숙한 글을 수록하여 학습 동기를 유발하기 위해서이다. 그런데 제7차부터 비전문가의 글이 교과서에 수록되어, 종래의 국문학사에 인정을 받은 작품과 전문가 혹은 저명한 인물들의 전유물이 되었던 전례에 일대 전환이 이루지게 된다.

일곱째, 교과서에 수록된 문학 작품 중에 희곡과 시나리오가 차지하는 비중이 증가하였다. 심화 과정으로 문학 과목이 통합된 제5차부터 문학 교육은 현대시와 소설이 중심이 되었다. 이외의 문학 갈래에서 두드러진 수록 변화를 보인 것이 희곡과 시나리오 증가 추세이다. 제6차 문학 교과서에서 언급된 희곡 작품은 69편, 시나리오가 18편이다. 그런데 제7차에서 희곡 97편, 시나리오가 37편이 문학 교과서에서 언급되었다.[43] 이러한 변화는 제7차부터 매체 언어 교육이 강조되었기 때문이다.

---

43 문학 교과서에 수록된 희곡과 시나리오 숫자는 모든 출판사(18종)를 합한 것인데, 숫자 안에는 중복된 희곡과 시나리오 작품이 포함되었다.

V

—

종합적 논의
: 보충과 확대

앞에서 국어 과목 문학 영역과 문학 과목의 내용 형성과 변화 과정을 구체적인 사회·역사적인 맥락과 함께 고찰하였다. 제Ⅲ·Ⅳ장에서 고찰한 문학 교육 내용의 변화 과정은 제Ⅱ장에서 언급한 대로 고등학교 문학 교육 내용의 실체가 처음부터 있었던 것이 아니라, 역사 속에서 점진적으로 구성된 것이라는 테제를 생생하게 증명해 준다. 그 내용을 들여다보면, 그 변화 과정이 복잡한데다 문학 영역과 문학 과목 사이의 관계에 어떤 연속성과 불연속성이 공존함을 볼 수 있다. 문학 교육사의 실상이 이러하므로, 그 내용 변화가 한 눈에 들어오지 않는다.

이런 점을 고려하여 이 장에서는 지금까지의 논의를 종합, 보충하면서 확대해 보고자 한다. 논의의 요점은 다음과 같다.

첫째, 문학 영역과 문학 과목의 상호 관계와 문학 교육: 이 부분에서는 문학 교육과정 체제상의 변화(고전과 현대문학 영역·고전과 현대문학 과목→문학 영역·문학 과목으로의 통합), 문학 이론의 변화(역사주의 관점→신비평→수용이론→문화이론) 및 교수-학습 방법의 변화(교사·작품 중심→독자 중심), 교과서 단원 구성의 변화(과별편제→소단원→대단원), 교과서에 수록된 문학 작품의 변화(고전문학→현대문학→세계문학→매체교육)등의 문제를 다룬다.

둘째, 국어·문학 교과서에 수록된 문학 작품의 변화와 문학 정전: 교과서 개편에 따른 수록 작품의 변화 양상의 종합적 정리를 통해 문학 정전 형성에 관한 내용을 고찰한다.

이를 통해 지금까지의 고등학교 문학 교육 내용의 역사적 변화에 대한 고찰에서 미처 논의하지 못한 문학 영역과 문학 과목의 상호 관계와, 교과서 수록 문학 작품의 변화와 그 실상이 어느 정도 분명히 드러날 수 있을 것이다.

1. 문학 영역과 문학 과목의 상호 관계와 문학교육

1) 문학 교육과정 체제에 따른 문학 교육사의 시기 구분

국어과 교육과정은 지식의 변화, 사회 여건의 변화, 교육이론의 발전, 그리고 국어과 교육과정의 내적인 문제를 개선할 필요 등에 따라 개정되었다. 문학 교육은 문학 교육과정의 변화에 따른 구체화된 문학 교과서에 의해 실현되었다. 그런데 문학 영역과 문학 과목의 관계는 문학 교육과정 체제, 문학 이론, 교수-학습 방법, 교과서 단원 구성의 변화, 교과서에 수록된 문학 작품 등에서 연속성과 불연속성이 공존한다. 이러한 문학 영역과 문학 과목의 연속성과 불연속성의 근본적인 원인은 문학 교육과정 목표와 구성 방식의 차이에서 기인한다. 국어 과목의 문학 영역은 이웃 영역인 말하기·듣기·읽기·쓰기·문법 등의 영역과 긴밀한 연관성을 가지고 그 내용이 구성되어 있다. 문학 영역의 교육도 다른 영역과 마찬가지로 국어의 발전과 민족의 언어문화 창달에 이바지할 수 있는 능력의 신장이라는 거시적 목표에 귀속된다. 그러나 문학 과목은 문학 작품의 이해와 감상, 한국 문학사의 이해 등의 내용을 중심으로 하여 문학적 능력을 갖춘 교양인, 성찰하는 주체를 양성한다는 자체의 문학적 목표를 설정하고 있다. 그래서 문학 영역과 문학 과목은 그 내용에서 상당한 편차를 보인다.

고등학교 문학 교육사의 시기 구분의 경우, 앞에서 고찰한바와 같이 문학 영역(제Ⅲ장)과 문학 과목(제Ⅳ장) 사이에 상당한 편차가 드러난다. 문학 교육과정 체제, 문학 이론, 교수-학습 방법, 교과서 단원 구성의 변화, 교과서에 수록된 문학 작품 등이 고등학교 문학 교육사 시기 구분의 중요한 기준 요소라 할 수 있다. 이 기준 요소들을 모두 고려하되, 특히 문학 교육과정의 내용 체제에서 고전과 현대 문학의 성립, 상호 분화, 통합의 변화 과정에 주안점을 두고 시대 구분을 해보면 대체로 다음과 같이 나눌 수 있다.

【문학 영역】
제1기: 문학 교육의 태동기-교수요목(1946~1954)
제2기: 문학과 고전 영역의 성립기-제1·2·3차 교육과정(1954~1981)
제3기: 문학 영역의 통합기-제4차 교육과정(1981~1987)
제4기: 독자 중심의 문학 교육기-제5·6·7차 교육과정(1987~2007)

【문학 과목】
제1기: 고전문학 과목 중심기-제2·3차 교육과정(1963~1981)
제2기: 고전·현대문학 과목의 분리기-제4차 교육과정(1981~1987)
제3기: 문학 과목의 통합기-제5차 교육과정(1987~1992)
제4기: 독자 중심의 문학 교육기-제6·7차 교육과정(1992-2007)

문학 영역은 국문학사 중심의 문학 교육이 이루어진 태동기, 교육과정상에 문학과 고전 영역이 분리되어 제시된 성립기, 고전과 현대 문학 영역이 문학으로 독자적인 영역을 확보한 통합기, 그리고 제5·6·7차 교육과정을 독자 중심의 문학 교육기로 나누었다. 제1·2·3차(성립기)의 문학 영역에서 문학과 고전문학 영역이 분리되어 성립됨으로써, 실질적인 문학 교육이 시작되었다. 그러나 문학과 고전 영역이 분리되어, 심화 과정에서 고전문학과 현대문학이 별도의 과목으로 분리되는 원인이 되었다. 제4차 교육과정(통합기)에서 고전과 현대문학이 문학 영역으로 통합되어, 문학이 독자적인 영역을 확보하였다. 이러한 교육과정상의 변화는 문학과 고전문학에 관한 용어 사용의 혼란을 정리하고, 문학 영역을 명확히 구분했다는 점에서 의의를 갖는다. 또한 교육과정 내용 체계를 표현·이해, 언어, 문학으로 삼분하여, 국어 과목에서 문학 교육이 강조되었다.

문학 영역의 심화 과목인 문학에서는 제2·3차 교육과정을 고전문학 과목 중심기, 제4차 교육과정을 고전·현대문학 과목의 분리기, 제5차 교육과정을 문학 과목의 통합기, 제6·7차 교육과정을 독자 중심 문학 교육기로 구분하였다. 문학 과목은 제2·3차 교육과정에서 고전 과목이 신설되었다. 고전문학이 독립 과목으로 신설됨으로써, 심화 과정에서 문학 교육이 강조되기 시작하였다. 그러나 문학 교육은 고전문학 중심으로 현대문학은 심화 과정에서 제외되었다. 일제 강점기와 한국전쟁, 70년대의 산업화를 통과하며 현대문학 작품의 생산과 수용 차원에서 과목으로 형성되기에는 어려웠을 것이다. 제4차 교육과정에서 현대 문학이 과목으로 신설되어, 문학 과목은 고전과 현대 문학으로 분리되었다. 현대문학이 과목으로 성립될 수 있었던 것은, 교수요목이 공포된 이래 40여 년이 경과하면서 현대문학 작품이 누적되고 문학사 혹은 학교 교육에서 수용할 만한 가치 있는 작품들이 발표되었기 때문이다. 제5차 교육과정부터 비로소 문학 영역의 심화 과목으로 문학이 통합되었다. 심화 과정인 문학 과목은 문학 영역보다 한 시기가 늦게 고전과 현대문학이 통합되었다. 통합된 문학 과목이 성립됨으로써, 문학 영역과 과정별 심화 선택 과목인 문학과의 균형을 이루게 되었고, 문학사에서 고전과 현대문학의 연속성이 확보되었다.

2) 문학 이론과 교수-학습 방법의 변화

교육과정의 개편 과정에 따라 문학 작품의 이해·감상 방법도 큰 변화를 겪었다. 초기의 문학 작품 읽기(감상) 교육은 역사주의적 방법에 크게 의존하였다. 이 방법은 문학이 역사적인 산물이라는 전제 아래 문학 작품을 작가의 전기적 사실, 원천 등 작품 외적 사실과 관련지어 작품을 이해하고자 하는 방법이다. 이 방법은 전기 비평, 원전 비평, 장르 비평, 이본 연구 등을 포함하는 것이었다. 이러한 역사주의적 비평 방법은 교수요목과 제1·2차 교육과정의 문학 교육에서 지배적이었다. 이 시기의 문학 교육은 고전 문학 중심으로, 작가의 생애나 역사적 맥락을 규명함으로써 작품에 나타난 작가의 의도를 정확하게 읽어내는 것이 바른 작품 감상이었다. 이는 고전문학을 통해서 국문학의 변천이나 선인들의 삶을 이해하는 것을 목표로 삼았다.

1950년대에 유입된 영미의 신비평은 제3차 교육과정부터 학교 문학 교육 방법론으로 자리를 잡기 시작하여, 제5차 교육과정까지 문학교육에 크게 영향을 끼쳤다. 신비평은 문학의 역사적 맥락보다는 문학 작품 자체에 자기 목적성을 부여하였다. 신비평에 의한 문학교육은 오로지 언어와 조직을 가진 '그 자체로서의 텍스트'만을 다룬다. 신비평은 텍스트의 부분들이 어떻게 연관되어 있는가, 그 텍스트가 어떻게 질서와 조화를 얻는가, 그 텍스트가 어떻게 아이러니, 패러독스, 긴장, 양가성, 그리고 모호성을 포함하고 해결하는가를 추적하는 데 관심이 있다. 제3차부터 학교 문학 교육에 도입된 신비평은 제4차 교육과정에서 더욱 강조되어, 신비평에 의한 문학 교육 시기라고 할 수 있다. 문학 교육은 문학(시) 언어에 대한 반복·적용을 통한 문학 언어의 문식성literacy을 습득하는 것을 목표로 하였다.

제5차 교육과정까지의 문학교육은 주로 역사주의 관점과 신비평이 주도하였다. 이러한 문학 교육 방법론에서 교수-학습은 교사 주도에 의한 작품 위주로 문학 수업이 이루어졌다. 특히 신비평에 의한 문학 교육 방법론은 문학 본연의 기능이 왜곡되어, 문학의 가치가 삶의 가치로 아무 매개 없이 전환되기 쉽다는 비판을 받는다.

제6차 교육과정에서의 문학 교육은 작가·작품 위주의 문학관에서 수용자 중심으로 변화되었다. 이러한 변화로 문학 교육에서 개별 학습자의 본능적 요소, 선험적 요소, 경험적 요소, 의식·무의식적 요소 등에 의한 텍스트에 대한 의미 생성 과정이 중요시 되었다. 수용은 의미론적인 과정이 아니라, 상상적인 것이 텍스트 내에서 어떻게 형태화되고 있는가를 경험할 수 있는 과정이다. 이 수용 과정에서 텍스트에 주어진 구조적·기능적 지시를 거쳐 수용자의 의식 내에 텍스트 경험이 이루어지게 되는데, 이것이 수용자의 심미적 경험이 된다. 이러한 변화로 문학 교육은 학습자의 작품에 대한 이해와 감상·비평·내면화 과정이 강조되었다.

제7차 교육과정에서 두드러진 문학적 관점은 문화론 중심의 문학교육이다. 문화론 중심의 문학 교육은 문학 활동이 문화의 한 양상이라는 관점으로, 문학의 여러 현상이 문화적 실천이라는 것이다. 문학적 실천이 문화적 실천과 연계된다는 것은 문학이 예술의 한 영역에 속한다는 점에 닿아 있다. 제7차 문화론 중심의 문학 교육은 학습자의 작품에 대한 수용과 창작 활동이 강조되었다. 창작 활동은 학습자의 삶과 연관 지어 기존 작품의 개작·모작·생활 서정의 표현 중심으로 하며, 전문 작가의 창작 활동을 의미하지는 않는다.

제6차 교육과정부터 학습자 중심의 수용과 창작 활동이 강조되면서 교수·학습 과정에서 획기적인 전환을 맞는다. 교사 주도에 의한 작품 위주의 문학관에서 학습자 중심으로 변화된 것이다. 그러나 문학 교육이 학습자 중심의 수용과 창작 위주의 수용론적 관점과 문화론 중심으로 변화되었다고 해서, 학습자에 초점을 맞춘 수용론적 관점으로 획일화되었다는 것을 의미하지는 않는다. 오히려 작가·작품·독자·세계의 얼개에서 표현론, 구조론, 반영론, 효용론 등의 복수적 시각이 필요한 문학 교육으로 확충되면서 구성되었다.

3) 교과서 단원 구성의 변화

교과서는 추상적인 교육과정 내용을 구체화한 텍스트로써, 교육적 가치와 목표를 달성하기 위해 정교하게 구조화된 텍스트이다. 교과서는 여러 가지 장치를 통하여 교육적 가치와 목표를 성취하게 되는데, 단원unit은 최상위 구조를 이룬다.

교과서 단원 구성 요소는 크게 도입·전개·정리 혹은 읽기 전·중·후 학습활동 자료로 구분된다. 도입부는 무엇을·어떻게 공부할지를 제시하면서, 학습 동기 유발을 통하여 학습 준비를 의도하는 내용을 담고 있다. 전개부는 단원 학습 목표를 성취하기 위한 학습 내용을 본격적으로 담아내는 부분으로, 주로 소단원에 해당된다. 정리부는 각 소단원이 끝난 다음 학습 문제를 통해 단원을 마무리하는 부분이다.

국어·문학 과목의 단원 변화 추이를 표로 보이면, 다음과 같다.(교육과정별 국어·문학 교과서 수는 [표Ⅰ-1]과 [표Ⅲ-1] 참조)

[표 V-1] 교육과정별 국어·문학 교과서 대(소)단원의 수(數)(단위: 개)[01]

구분		군정기	정부수립기	전시기	전후시기	제1차	제2차	제3차	제4차	제5차	제6차	제7차
국어		121	304	151	178	21 (80)	30 (103)	30 (111)	31 (71)	21 (57)	16 (58)	15 (35)
문학	고전	·	·	·	·	·	53	28	27	48	148	115
	현대						·	·	25			

국어·문학 교과서 변천사에서 단원은 '과별 편제→소단원→대단원' 체제로 확장되면서 변화되었다. 문학 교육의 태동기는 군정기, 정부 수립기, 전시기, 전후시기로 나누어, 각 시기에 출간된 국어 교과서의 단원 수를 제시하였다. 이 시기의 단원은 과별 편제로, 읽기 제재 하나가 한 과를 구성하였다. 문학 교육 태동기에 발간된 국어 교과서의 모든 단원 수는 754개이다.

교육과정이라는 용어가 일반적으로 사용되기 시작한 제1차 교육과정부터 국어 교과서 단원 체제는 외형적으로 대단원으로 구성되었으나, 실질적으로 '작품-학습문제' 중심의 소단원으로 짜여졌다. 제4차의 단원 구성은 제3차와 제5차와는 다른 모습을 보이는데, 소단원에서 대단원으로 변화되는 과도기 모습을 보인다. 제4차에서는 '단원의 길잡이-작품-학습문제'로,

---

01 괄호( )안의 숫자는 소단원 수를 나타낸다. 문학 교과서에서 보이는 단원 양상은 출판사별로 중단원의 유·무, 작품의 수록 방식에서 다양한 모습을 보이므로, 대단원 수만 제시한다. 다음은 교육과정별 국어·문학 교과서의 전체 분량을 나타낸 표이다.

[표 V-2] 교육과정별 국어·문학 교과서의 전체 분량(단위: 쪽)

구분		군정기	정부수립기	전시기	전후시기	제1차	제2차	제3차	제4차	제5차	제6차	제7차
국어		542	1,383	874		627	808	945	751	534	859	758
문학	고전	·	·	·	·	·	2,076	1,240	1,094	3,441	11,924	13,519
	현대						·	·	1,307			

본문 읽기 제재에 학습문제가 없는 대신에 단원 말미에 단원 정리 문제가 있다. 제5차부터 비로소 '대단원[단원의 길잡이-소단원(작품-학습문제)-단원의 마무리]'로 짜여져, 대단원 체제로 변화되었다.

검정 교과서인 문학 과목의 단원 구성 변화는 국어 교과서와는 다른 면모를 보인다. 문학 교과서의 단원 구성은 출판사별로 다양한 모습을 보이는데, 국어 교과서에서 보이는 과도기 형태의 단원 구성없이 제5차부터 소단원에서 대단원 구성으로 변화되었다.

국어·문학 교과서의 대단원 수는 교육과정이 개정되어, 새로운 교과서가 출간되면서 소폭으로 감소 추세를 보인다. 그러나 국어 교과서 소단원은 제4차부터 감소하는 추세가 뚜렷한 모습을 보인다. 이것은 교육적 가치와 학습 목표를 달성하기 위해, 단원의 길잡이(읽기 전), 학습 활동(일기 중), 단원의 마무리(읽은 후) 등의 학습 절차에 대한 체계적인 내용을 제시하는 데에 많은 분량을 사용하였기 때문이다.

4) 교과서 수록 작품의 변화

교과서는 교사와 학습자를 매개하는 구체적인 교수-학습 자료이다. 다시 말해서, 교과서 안에 교사가 가르치고 학습자가 배울 내용이 제시되어 있다는 의미이다. 문학 교과서에 수록되는 작품의 선정은 교육과정에 따른 것으로, 문학 교육의 내용은 교과서에 수록된 문학 작품이 중심이 된다.

국어 교과서에 수록된 읽기 제재는 교육과정이 개정되면서 새롭게 출간된 교과서에 따라 갈래와 작품 수에서 차이를 보이는데, 교육과정별 읽기 제재의 갈래와 수를 보이면 다음과 같다.

[표 V-3] 교육과정별 국어 교과서에 수록된 읽기 제재의 갈래와 수(단위: 개)

구분	군정기	정부수립기	전시기	전후시기	제1차	제2차	제3차	제4차	제5차	제6차	제7차	계
고대가요								1				1
설화	3	2					1				1	7
고시조	33	26	20	17	26	32	33	38	5	2	4	236
향가							1	1	1	1		4
고려가요		1	1	3	2	2	3	2	1	1	1	17
경기체가						2						2
가사	1	7	7	6	4	3	2	2	3	1	1	37
악장		16		16	11	7	11	10	6	6		83
한시		12		11	16	19	21	9		2		90
민속극									1	1	1	3
민요		2	1	1								4
고전소설		3	3	3	3	3	3	3	2	4	3	30
고대수필		1	1	2	4	3	6	11	2	5	7	42
시	18	46	26	26	12	21	30	17	3	6	3	208
시조	2	6		1	12	12	9	7	1	1		51
소설	4	16	6	7	2	2	4	5	1	1	5	53
수필	35	133	70	85	30	19	37	16	1	7	6	439
희곡		2	3	3			2	1		1		12
시나리오			2	3	1	1		1			1	9
문학사						2	3	5		•		10
문학개론		1			9	11	3	3	3	2		32
비평		3	1	2	4	7	2			1		20
설명문	25	36	16	13	12	26	18	12	32	10	1	201
논설문	26	41	25	30	6	12	13	9	8	8	4	182
계 갈래	9	18	14	17	16	17	20	19	15	18	13	
계 數	147	354	182	229	154	182	204	153	70	60	38	1,773

국어 교과서 출간 현황은 군정기 3권, 정부 수립기 9권, 전시기 11권,[02] 전후시기 9권으로 모두 49권이다. 군정기부터 제7차 교육과정까지 출간된 국어 교과서에 수록된 읽기 제재의 갈래 수는 24개이다. 그리고 국

02 〈중등국어2-Ⅱ〉와 〈고등국어3-Ⅰ〉은 확인하지 못했고, 〈고등국어Ⅱ〉는 2-Ⅰ과 2-Ⅱ가 합본임.

어 교과서에 수록된 읽기 제재는 1,773개이다.[03] 국어 교과서의 읽기 제재
는 각 시기별로 출간된 국어 교과서 수가 다르기 때문에 직접 비교할 수는
없지만 수필, 고시조, 현대시, 설명문, 논설문 순으로 수록되었다. 그리고
제1차 교육과정부터 제3차 교육과정까지 국어 교과서에 수록되는 읽기 제
재가 꾸준히 증가하다가, 제4차 교육과정부터 감소 추세가 확연해진다. 이
러한 변화는 국어 교과서에 수록된 작품의 길이가 길어지고, 작품에 대한
학습 절차를 구체적으로 제시하였기 때문이다.

문학 교과서도 국어 교과서에 마찬가지로 교육과정이 개정되면서 새
롭게 출간된 교과서에 따라 갈래와 작품 수에서 차이를 보이는데, 교육과
정별 읽기 제재의 갈래와 수를 보이면 다음과 같다.

[표 V-5] 교육과정별 문학 교과서에 수록된 읽기 제재의 갈래와 수(단위: 개)

구분	제2차	제3차	제4차	제5차	제6차	제7차	계
고대가요	17	18	17	17	35	32	136
설화	6	9	19	20	60	49	163
고시조	548	272	203	96	228	147	1,494
향가	25	19	17	13	23	31	128
고려가요	58	21	16	17	37	28	177
경기체가	7	4	5	5	13	9	43
가사	79	49	33	24	55	50	290
악장	170	42	52	26	50	28	368
한시	89	21	32	25	80	53	300
판소리				1	6	12	19
민속극	1	1	2	11	26	24	65

03 군정기부터 제7차 교육과정까지 국어 교과서에 수록된 읽기 제재의 작가 수를 표로 보이면 다음
과 같다.

[표 V-4] 교육과정별 국어 교과서의 작가 수(단위: 명)

구분	군정기	정부 수립기	전시기	전후 시기	제1차	제2차	제3차	제4차	제5차	제6차	제7차	계
국어	148	330	172	199	133	139	169	129	65	59	35	1,578

구분	제2차	제3차	제4차	제5차	제6차	제7차	계
민요	4	5	1	10	21	22	63
고전소설	48	26	24	29	75	76	278
고대수필	145	73	53	38	66	62	437
신체시	5	5	3	4	12	9	38
신소설	10	6	6	10	15	18	65
시			69	147	387	490	1,093
시조			9	11	17	14	51
소설			28	80	252	385	745
수필			24	40	120	153	337
희곡			10	16	69	97	192
시나리오			3	8	18	37	66
만화						5	5
그림						1	1
문학사	28	38	71	90	172	142	541
문학개론	80	51	129	196	613	552	1,621
비평	4		8	31	40	39	122
계 갈래	18	17	24	25	25	27	
계 數	1,324	660	834	965	2,490	2,565	8,838

　　문학 교과서 출간 현황은 제2차 고전 교과서 9권, 제3차 고전 교과서 5권, 제4차 고전·현대문학 교과서 각각 5권, 제5차 문학 교과서 8권, 제6·7차 문학 교과서 (상)·(하)권을 합해 72권으로 모두 104권이다. 제2차부터 제7차 교육과정까지 출간된 문학 교과서에 수록된 읽기 제재의 갈래 수는 26개이다. 그리고 문학 교과서에 수록된 읽기 제재는 8,838개이다. 문학 교과서에 수록된 작품은 각 시기별로 출간된 문학 교과서 수가 다르기 때문에 직접 비교할 수는 없지만 문학개론, 고시조, 현대시, 소설, 문학사 순으로 수록되었다. 그리고 교육과정이 개정되면서 새롭게 출간된 문학 교과서에 수록된 작품의 수는 꾸준한 증가 추세를 보이는데, 제6차부터 그 정도가 눈에 띄게 두드러진다. 이러한 변화는 검정 교과서인 문학 교과서를 출간하는 출판사가 확대되었을 뿐만 아니라, 문학 교과서가 (상)·(하)권으로 분리되면서 수록되는 작품 수가 늘었기 때문이다. 또한 문학 교과서에 수

록된 작품의 길이의 증가, 작품에 대한 학습 절차의 구체화, 독자 중심의 문학 교육을 위한 다양한 학습 자료가 제시되었기 때문이다.

2. 국어·문학 교과서에 수록된 문학 작품의 변화와 문학 정전

고등학교까지의 문학 교육은 문학 작품을 즐길 수 있는 잠재적인 독자뿐만 아니라 미래의 작가를 생산해 내기 위한 교양 교육의 성격을 강하게 띠고 있다. 그리고 문과대학에 진학 하지 않는 한 앞으로 더 이상의 문학 공부를 할 기회가 없는 국민으로서의 마지막 문학 교육이라는 점에서 중요한 위치를 차지하고 있다. 이러한 점을 고려하면, 국어·문학 교과서에 수록된 작품들을 예사로이 받아들일 수만은 없다. 교과서에 수록된 문학 작품은 역사·문학적 가치 평가와는 별개로, 교육적 가치를 함의한다는 점에서 학생과 일반인들은 교과서에 수록된 작품의 위상이 그렇지 않은 작품에 비해 높게 평가한다. 공교육이라는 제도적 힘에 의해 문학 작품은 가치를 획득하게 되며, 문학 교과서는 작품에 권위를 부여하게 된다. 이러한 사회적 조건이나 제도는 문학의 정전화 과정에서 매우 중요한 역할을 한다. 문학 정전의 조건을 충족시키는 텍스트는 기본적으로 교육에서 사용되는 교과서에 수록되는 작품이기 때문이다. 이러한 맥락에서 정전은 학교 교육과정 속에서 공인된 텍스트나 해석 혹은 모방할 만한 가치가 있다고 널리 인정받은 텍스트를 뜻한다.[04] 문학의 정전화는 문학 작품을 선별하고 재생산하는 과정이다. 이러한 과정을 통해 형성된 문학 정전은 공동 지식으로 인식

---

04   하루오 시라네 외(2002), 『창조된 고전』, 왕숙영 옮김, 소명출판, 18쪽.

되며 사회적 통합의 기능을 발휘함으로써 보편성을 지니게 된다.[05]

　제도권의 문학교육과 교과서 속의 작품들이 정전으로 승격된다는 지점에 대해, 국어과 교육과정의 변천사와 연관 지어 생각해 볼 여지가 남는다. 문학 정전의 결정에는 문학 제도와 권력, 이해관계가 맞물려 형성된다.[06] 그런데 고등학교까지의 공교육 제도에서 문학 교육은 다른 여타의 정전 결정 요소와 비교할 때, 그 기여도가 훨씬 크다고 할 수 있다. 왜냐하면 각 대학의 문학관련 학과·학회·각종 문학상 등은 문학 전공자라는 소수의 엘리트 집단에 의해 이루어지는 반면, 고등학교까지의 문학 교육은 전 국민을 대상으로 하기 때문이다. 이러한 점을 고려하면, 교육과정이 개정되면서 새롭게 출간된 국어·문학 교과서에 수록된 작품의 변화 경향을 살펴볼 필요가 있다.

　【부록 1】의 [표 Ⅴ-6](329쪽)은 교육과정별 국어 교과서에 수록된 고전문학 작품을 향가·고려가요·가사· 고전소설·고대수필로, [표 Ⅴ-7](330쪽)은 현대문학 작품을 시·소설·수필·희곡 및 시나리오로 구분하여, 국어 교과서에 수록된 문학 작품의 변화 양상을 표로 나타낸 것이다.

　다음은 [표 Ⅴ-6]과 [표 Ⅴ-7]를 바탕으로, 교육과정별 국어 교과서에 수록된 작품 수를 보이면 다음과 같다.

05　근대 문학의 정전화는 사회적 조건이나 제도를 기반으로 한다. 그러한 기반이 되는 첫째 요인은 문단의 성립과 독자층의 형성이라고 할 수 있으며, 둘째 요인은 문자 매체의 발달과 출판 자본의 형성을 들 수 있다. 또한 셋째 요인으로 문학사 연구와 교육의 활동이 중요한 역할을 한다.(유용태 (2013), 『근대 문학의 정전화와 미의식 형성 연구』, 단국대학교 박사논문, 6쪽.)

06　문학 정전 결정에는 문학 제도의 권력과 이해 등이 크게 작용한다. 예를 들면 출판사, 문학비평, 학교와 문학교과서, 대학과 강의목록, 문예학과 문학사, 주요 작가 및 작품선집과 문학잡지, 문학상과 심사위원, 문학사회, 연극 공연계획 및 문학 심포지엄, 학회 등이 정전 형성에 영향을 끼친다.(라영균(2000), 「정전과 문학 정전」, 『외국문학연구』 Vol.7, 한국외국어대학교 외국문학연구소, 82쪽. 재인용.)

[표 V-8] 교육과정별 국어 교과서에 수록된 문학 작품 수(數)[07]

구분		교수요목	제1차	제2차	제3차	제4차	제5차	제6차	제7차	계
고전문학	향가	·	·	·	1	1	1	1	1	5
	고려가요	3	2	2	3	2	1	1	1	15
	가사	6	4	3	2	2	3	2	1	23
	고전소설	3	3	3	3	3	2	4	3	24
	고대수필	2	3	3	6	5	1	2	1	23
현대문학	시	70	13	20	28	16	3	6	3	159
	소설	18	2	2	4	4	1	7	5	43
	수필	116	20	18	35	16	1	4	5	215
	희곡·시나리오	6	1	1	2	2	·	1	1	14

　　교수요목 시기부터 제7차 교육과정까지 국어 교과서에 수록된 고전문학 갈래 중에서 향가는 5편, 고려가요 15편, 가사 23편, 고전소설 24편, 고대수필 23편이 수록되었다. 그리고 현대문학은 시 159편, 소설 43편, 수필 215편, 희곡 및 시나리오 14편이 수록되었다. 교육과정이 개정되면서 새롭게 출간된 국어 교과서의 수가 다르기 때문에 단순 비교할 수는 없지만, 고전문학은 같은 작품이 반복해서 수록되고 현대문학은 새로운 작품들이 편입되는 경향을 보인다. 그리고 전체적으로 국어 교과서에 수록되는 작품 편수가 줄어드는 추이를 보인다. 특히 제5차 교육과정부터 국어 교과서에 수록된 시와 현대수필의 편수가 확연히 줄어든 반면, 현대소설 작품의 증가 추세가 눈에 띈다. 국어 교과서에 수록되는 작품 편수가 줄어드는

07　[표 V-9] 교육과정별 국어 교과서에 수록된 작가 및 작품 수(중복 작가·작품 제외)

구분	고전문학						현대문학				
	향가	고려가요	가사	고전소설	고대수필	계	시	소설	수필	희곡 및 시나리오	계
작가	3	4	6	8	15	36	79	25	128	8	240
작품	4	4	7	8	17	40	117	34	201	11	363

이유는 단원 구성이 제5차부터 '읽기 전-중-후'로 짜인 대단원 체제로 변화되었기 때문이다. 이것은 단원 학습 목표를 달성하기 위해, 읽기 전-중-후의 학습 절차에 대한 체계적인 내용을 제시하는 데에 많은 분량을 할애하였기 때문이다.

다음은 국어 교과서에 수록된 갈래별 빈도수에 대한 작품 목록을 제시한 표이다.

[표 V-10] 국어 교과서에 수록된 갈래별 작품 빈도수(數)

구분	고려가요	가사	고전소설	고대수필	시	소설	수필
3회		유산가 사미인곡	구운몽 허생전 토끼전		금잔디 나그네 깃발 알 수 없어요	상록수 삼대	백설부 면학의 서 페이터의 산문 들국화 문학과 인생 우리를 슬프게 하는 것들
4회	정과정		홍길동전	훈민정음	파초 국화옆에서 승무	별	청춘예찬 낙엽을 태우면서
5회	사모곡 청산별곡			동명일기 조침문	모란이 피기까지는		
6회		상춘곡			진달래꽃 광야		신록예찬 산정무한
8회		관동별곡	춘향전				

[표 V-10]에 제시된 갈래별 작품 목록은 국어 교과서가 개편될 때마다 꾸준히 수록되는 문학 작품들이다. 고전작품 중에서 '관동별곡'과 '춘향전'은 국어 교과서가 개편되어 출간될 때마다 지속적으로 수록되었다.

교과서가 개편되면서 새로운 문학 작품이 수록되는데, 제6·7차 국어 교과서에 '서동요', 충담상의 '안민가'(以上 향가), 홍순학의 '연행가'(가사), '흥보가'(소설), 소식의 '적벽부', 이곡의 '차마설', '동국신속삼강행실도', 정약용의 '기예론', '유배지에서 보낸 편지', 홍대용의 '매헌에게 주는 글'(以上 고대수필)이 새롭게 수록되었다. 그리고 현대문학으로는 김광섭의 '성북동 비둘기', 김남조의 '설일', 정지용의 '유리창', 한용운의 '논개의 애인이 되어서 그의 묘에'(以上 시), 김성한의 '바비도', 김유정의 '동백꽃'과 '봄·봄', 박경리의 '토지', 박완서의 '그 여자네 집', 윤흥길의 '장마', 이효석의 '메밀꽃 필 무렵', 이청준의 '눈길'과 '선학동 나그네', 하근찬의 '수난이대'(以上 소설), 김덕례의 '욕심에 배운 한글', 김성칠의 '역사 앞에서', 김종철의 '간디의 물레', 박이문의 '나의 길, 나의 삶', 피천득의 '은전 한 닢'(以上 수필), 오영진의 '살아 있는 이중생 각하'(희곡), 진수완의 '어느 날 심장이 말했다'(시나리오) 등이 새롭게 수록 되었다.

　【부록1】의 [표 V-11](335쪽)은 교육과정별 문학 교과서에 수록된 고전문학 작품을 향가·고려가요·가사·고전소설·고대수필로, [표 V-12](339쪽)는 현대문학 작품을 시·소설·수필·희곡 및 시나리오로 구분하여, 문학 교과서에 수록된 작품의 변화 양상을 표로 나타낸 것이다.

　다음은 [표 V-11]과 [표 V-12]를 바탕으로, 교육과정별 문학 교과서에 수록된 작품 수를 보이면 다음과 같다.

[표 V-13] 교육과정별 문학 교과서에 수록된 문학 작품 수(數)[08]

구분		제2차	제3차	제4차	제5차	제6차	제7차	계
고전문학	향가	13	9	6	5	4	9	46
	고려가요	12	7	5	8	8	7	47
	가사	24	30	15	14	16	14	113
	고전소설	11	11	9	13	21	23	88
	고대수필	31	22	19	16	24	29	141
현대문학	시	·	·	51	97	179	256	583
	소설	·	·	22	49	107	169	347
	수필	·	·	20	27	68	98	213
	희곡·시나리오	·	·	9	11	32	56	108

　　고등학교 문학 교과서는 제2·3차 교육과정에서 고전문학이 신설되고, 제4차 교육과정에서 고전과 현대문학이 과목으로 성립되었다. 그리고 제5차 교육과정에서 비로소 고전과 현대문학이 문학 과목으로 통합되었다.

　　제2차 교육과정부터 제7차 교육과정까지 문학 교과서에 수록된 고전문학 갈래 중에서 향가는 46편, 고려가요 47편, 가사 113편, 고전소설 88편, 고대수필 141편이 수록되었다. 그리고 현대문학은 시 583편, 소설 347편, 수필 213편, 희곡 및 시나리오가 108편이 수록되었다. 문학 교과서도 국어 교과서와 마찬가지로, 고전문학은 같은 작품이 반복해서 수록되고 현대문학은 새로운 작품들이 수록되는 경향을 보인다. 그러나 문학 교과서는 국어 교과서와 달리, 제6차부터 외국 작품들이 본격적으로 수록되기 시작하였다. 이러한 경향은 세계화·개방화에 따른 사회·문화적인 영향으로, 제6차 문학 교과서 이전에는 외국

08　[표 V-14] 교육과정별 문학 교과서에 수록된 작가 및 작품 수(중복 작가·작품 제외)

구분	고전문학						현대문학				
	향가	고려가요	가사	고전소설	고대수필	계	시	소설	수필	희곡 및 시나리오	계
작가	12	12	39	28	57	148	160	118	96	50	424
작품	16	12	45	36	70	179	380	218	143	67	808

작품이 한 편도 수록되지 않았다는 점에서 특기할 만하다. 제6·7차 문학 교과서에 수록된 외국 작품은 시 63편(63/380÷17%), 소설 56편(56/218÷26%), 수필 29편(29/143÷20%), 희곡 및 시나리오 15편(15/67÷22%)으로 적지 않은 비율을 차지한다.

교육과정별 문학 교과서의 수가 다르기 때문에 단순 비교할 수 없지만([표 V-13]), 전체적으로 문학 교과서에 수록되는 작품의 수가 증가 추세를 보인다. 특히 현대문학 작품의 증가 추이는 확연하게 두드러진다. 제4차에서 현대문학 과목이 성립되고, 제5차부터 고전과 현대문학이 문학으로 통합되면서 문학교육은 고전에서 현대문학으로 중심축이 변화되었음을 의미한다.

다음은 문학 교과서에 수록된 갈래별 작품 빈도수에 대한 목록을 표로 제시한 것이다.

[표 V-15] 문학 교과서에 수록된 갈래별 작품 빈도수(數)
([표 V-11]과 [표 V-12]에 제시한 순서)[09]

구분	3회	4회	5회	6회
향가	원앙생가, 예경제불가, 모죽지랑가, 도이장가(4편)			서동요, 제망매가, 처용가(3편)
고려가요	만전춘, 사모곡(2편)	상저가	서경별곡	가시리, 동동, 정석가, 청산별곡(4편)
가사	경부철도가, 자주독립가, 고공가, 연행가(4편)		누황사, 애국하는 노래(2편)	일동장유가, 선상탄, 면앙정가, 동심가, 사미인곡, 속미인곡, 농가월령가, 규원가(8편)
고전소설	요로원야화기, 허생전(2편)	사씨남정기, 만복사저포기(2편)	구운몽, 이생규장전(2편)	양반전, 심청전, 춘향전, 흥보전(4편)

09 현대문학은 4회가 가장 큰 횟수이다. 왜냐하면 제4차부터 7차까지 현대문학과 문학 과목에 수록된 작품을 대상으로 조사한 것이기 때문이다.

구분	3회	4회	5회	6회
고대 수필	일야구도하기, 화왕계, 경설, 삼강행실도, 왕오천축국전(5편)		동명일기, 서유견문, 국선생전, 공방전, 규중칠우쟁론기(5편)	어우야담, 계축일기, 산성일기, 임진록, 한중록(5편)
시	초토의 시, 설야, 추일 서정, 정념의 기, 접동 새, 진달래꽃, 초혼, 눈, 풀, 끝없는 강물이 흐르네, 오월, 꽃, 꽃을 위한 서시, 눈물, 아침 이미지, 어서 너는 오너라, 불국사, 산도화, 청노루, 하관, 목마와 숙녀, 귀촉도, 동천, 무등을 보며, 추천사, 그 날이 오면, 방랑의 마음, 별 헤는 밤, 쉽게 씌어진 시, 참회록, 나의 침실로, 비, 유리창 I, 향수, 봉황수, 나룻배와 행인, 님의 침묵, 당신을 보았습니다, 알 수 없어요(39편)	와사등, 외인촌, 성북동비둘기, 국경의 밤, 가는 길, 산유화, 봄은 간다, 내 마음을 아실 이, 해, 생명의 서, 거울, 빼앗긴 들에도 봄은 오는가, 절정, 나비의 여행, 불놀이 (15편)		
소설	젊은 느티나무, 바위, 역마, 배따라기, 서울, 1964년 겨울, 동백꽃, 봄·봄, 사하촌, 비 오는 날, 두 파산, 만세전, 유예, 학마을 사람들, 날개, 병신과 머저리, 논이야기, 치숙, 태평천하, 홍염, 광장, 고향, 목넘이마을의 개, 학(32편)	무녀도, 수라도, 무정, 메밀꽃 필 무렵, 꺼삐딴 리, 화수분, 사랑 손님과 어머니, 수난이대, 운수 좋은 날, 독 짓는 늙은이(11편)		
수필	모송론, 백설부, 생활인의 철학, 그믐달, 청춘예찬, 까치, 방망이 깎던 노인, 권태, 나무의 위의, 무궁화, 딸깍발이, 은전 한 닢, 플루트 연주자(13편)	구두, 달밤, 나무(3편)		
희곡·시나리오	산돼지, 맹진사댁 경사, 시집가는 날, 허생전, 새야 새야 파랑새야(5편)	토막, 류관순, 원고지, 태양을 향하여, 만선(5편)		

[표 V-15]에 제시한 갈래별 작품 목록은 문학 교과서가 개편될 때마다 반복해서 수록되는 작품들이다. 그리고 제6·7차 문학 교과서에 새롭게 수록된 작품 목록을 표로 제시하면 다음과 같다.

[표 V-16] 제6·7차 문학 교과서에 새롭게 수록된 작품 목록
([표 V-11]과 [표 V-12]에 제시한 순서, 밑줄은 필자)

구분	제6차	제7차
가사	독립군가, 심어사	가용풍송
고대수필	백이열전, 이옥설, 청학동, 전기수(4편)	뇌설, 슬건설, 이상한 관상쟁이, 주뢰설, 토실을 허문 데 대한 설, 청장관전서, 수오재기, 의산문답(8편)
소설	백치 아다다, 감자, 무진기행, 어둠의 혼, 나그네, 김약국의 딸들, 풍경A, 나목, 소설가 구보씨의 일일, 천변풍경, 피로, 북간도, 장마, 일락서산, 압록강은 흐른다, 오발탄, 눈길, 서편제, 줄, 침몰선, 패강랭, 해방전후, 산, 동행, 난장이가 쏘아 올린 작은 공, 홍염, 나무들 비탈에 서다, 어둠 속에 찍힌 만화, 카인의 후예(29편)	숲 속의 방, 강아지 똥, 사반의 십자가, 광염 소나타, 대수양, 자전거 도둑, 역사, 환상수첩, 도요새에 관한 명상, 바비도, 종횡만리, 철쭉제, 토지, 봄바람, 그 해 겨울은 따뜻했네, 세상에서 가장 무거운 틀니, 엄마의 말뚝1, 우황청심환, 황혼, 먼 그대, 강, 감자 먹는 사람들, 외딴 방, 소설 스타크래프트, 원미동 사람들, 한계령, 김 강사와 T교수, 소는 여관으로 들어온다, 민사85다6008호 사건, 아홉 켤레의 구두로 남은 사내, 관촌수필, 금시조, 선택, 우리들의 일그러진 영웅, 퇴마록, 당신에 기대어, 건방진 신문팔이, 선학동 나그네, 해변 아리랑, 까마귀, 돌다리, 복덕방, 닮아지는 살들, 탈향, 관문점, 붉은 방, 사평역, 요한시집, 사수, 외등, 우리들의 날개, 성황당, 뫼비우스의 띠, 태백산맥, 미스터 방, 허생전(채만식), 탈출기, 푸른 기차, 내 마음의 풍차, 흐르는 북, 아빠와 함께 한 크리스마스(학생작품), 할머니의 죽음, 임꺽정, 삼포 가는 길, 아우를 위하여, 너와 나만의 시간, 모델, 소나기(68편)
희곡·시나리오	오발탄, 아리랑, 갯마을, 춘풍의 처, 소, 파수꾼, 옥갈매, 불모지, 벚나무 밭, 동승(10편)	만다라, 이영녀, 금관의 예수, 공동경비구역(JSA), 낮은 목소리2, 천둥소리, 아버지의 바다, 태, 춘향전, 결혼, 동지섣달 꽃 본 듯이, 국물 있사옵니다, 명성황후, 우리들의 일그러진 영웅, 개 같은 날의 오후, 미술관 옆 동물원, 박하사탕, 태조왕건, 마부, 가시고기, 편지, 오늘 너에게 세상을 읽어준다, 산불, 허준, 8월의 크리스마스, 우리는 지금 반란을 꿈꾼다, 한씨 연대기(27편)

구분	제6차	제7차
시	바다와 나비, 설일, 민간인, 샤갈의 마을에 내리는 눈, 시 I, 아버지의 마음, 사슴, 향현, 가정, 연시, 살아 있는 것이 있다면, 밤바다에서, 울음이 타는 강, 고향(백석), 남신의주 유동 박시봉방, 석양, 여승, 여우난 곬족, 논개, 봄비, 자화상, 질마재 신화, 화사, 고향으로 가는 길, 농무, 목계장터, 껍데기는 가라, 그의 행복을 기도드리는, 오렌지, 그 먼 나라를 알으십니까, 들길에 서서, 슬픈 구도, 깃발, 바위, 십자가, 가정, 오감도-시 제1호, 벼, 신록, 낡은 집, 광야, 꽃(이육사), 폭포(이형기), 고향(정지용), 말, 해마다 봄이 되면, 승무, 풀잎 단장, 그 봄을 바라, 귀천, 성에꽃, 가시나무, 기항지 I, 조그만 사랑 노래, 풍장 I (55편)	단풍, 머슴 대길이, 문의 마을에 가서, 성묘, 자화상, 사평역에서, 은행나무, 가을무덤-제망매가, 빈 집, 식목제, 국제 열차는 타자기처럼, 석상의 노래, 상행, 희미한 옛 사람의 그림자, 저녁에, 마음, 두만강, 겨울바다, 함께 가자 우리 이 길을, 내 마음은, 파초, 산 너머 남촌에는, 남으로 창을 내겠소, 비단안개, 멀리 있는 무덤, 좌은 연못(대중가요), 북 치는 소년, 무화과, 오적, 이 가문 날에 비구름, 타는 목마름으로, 어머니, 그 이름은 사랑입니다, 이중섭4, 가을의 기도, 납작납작-박수근 화법을 위하여, 오분간, 자화상, 장날, 들길, 옥수수밭 옆에 당신을 묻고, 직녀에게, 귀뚜라미 울음-수유리에서, 텔레비전, 신혼일기, 꽃(박두진), 나그네, 보랏빛 소묘, 이별가, 저녁 눈, 수정가, 동해, 멧새소리, 북방에서, 홀로서기, 견우의 노래, 꽃밭의 독백, 신부, 춘향유문, 산문에 기대어, 구두, 금강, 너에게, 누가 하늘을 보았다 하는가, 이별이란, 이웃집, 모닥불, 겨울 공화국, 프란츠 카프카, 겨울 노래, 쇠붙이와 강철 시대의 봄을 맞으면서, 지란지교를 꿈꾸며, 바람 부는 날이면 압구정동에 가야 한다, 生(생), 길, 자화상, 사의 찬미, 운동, 드래곤 라자, 우라지오 가까운 항구에서, 전라도 가시내, 풀벌레 소리 가득 차 있었다, 교목, 가고파, 내 낡은 서랍속의 바다(대중가요), 긴 두레박을 하늘에 대며, 살아 있는 날은, 비오디 피피엠, 벽공, 가을 서정(인터넷 작품), 당신은 행복한 사람입니다(인터넷 작품), 우리 오빠와 화로, 라디오같이 사랑을 끄고 켤 수 있다면, 하숙, 그대들 돌아오시니, 장수산 I, 카페·프린스, 새벽 I, 그대는 별인가시인을 향하여, 섬, 또 기다리는 편지, 수선화에게, 슬픔이 기쁨에게, 길, 저문 강에 삽을 씻고, 밤의 이야기20, 다부원에서, 한계, 달팽이(학생작품), 오월(학생작품), 포도알(학생작품), 찬송, 파랑새, 해바라기의 비명, 나는 바퀴를 보면 굴리고 싶어진다, 즐거운 편지, 너를 기다리는 동안, 무등, 서벌, 셔블, 셔볼, 서울, SEOUL, 새들도 세상을 뜨는구나(119편)

제6·7차 문학 교과서는 (상), (하)권으로 18종이 출간되었다. [표 V
-16]에서 보듯이, 제7차 문학 교과서에는 제6차보다 배 이상의 새로운 문학
작품이 수록되었다. 주목되는 것은, 제7차 문학 교과서에 수록되는 작품
경향이 획기적으로 변화되었다는 점이다. 제6차까지 문학 교과서에는 주

로 전문 작가의 글들이 수록되었는데, 제7차부터 비전문 작가가 쓴 인터넷 글이나 학생의 글들이 수록되기 시작하였다. 또한 대중가요의 가사가 문학 교과서 속으로 편입되었다는 것도 특기할 만하다.

지금까지 고등학교 국어·문학 교과서에 수록된 문학 작품의 변화 양상을 살펴봤다. 문학 교육은 문학 영역과 문학 과목의 내용 변모와 과목 형성의 과정을 통해서 독자적인 위치를 확보하고, 문학과 문화, 다양한 매체로 변용된 작품까지 포함시켜 그 범위가 확장되었다.

문학 교육의 점진적 변화는 고등학교 국어과 교육이 문학 과목 중심으로 위상이 높아졌음을 의미한다. 제7차 교육과정은 국민 기본 공통 교육과정(1학년부터 10학년)과 선택 중심 교육과정으로 나뉘는데, 선택 중심 교육과정은 11학년과 12학년에 적용된다.[10] 국어 교과와 관련하여 모든 학생이 필수로 이수하는 과목은 국어 과목이고, 나머지 선택 과목은 이수할 수도 있고 그렇지 않을 수도 있다. 다시 말해서 공식적인 학교 교육에서 필수 국어과 교육과정은 고등학교 1학년에서 종료된다고 할 수 있다. 이러한 교육과정 체제에서 문학 과목은 대다수의 학교에서 선택되어 가르쳐지고 있다.[11]

이러한 맥락에서, 고등학교 문학 교육은 문학 정전 형성에 중요한 역할을 한다. 국어·문학 교과서에 수록된 문학 작품은 전 국민을 대상으로 교

10　2009개정 교육과정에서는 1학년~9학년까지를 공통 교육과정으로, 10~12학년(고등학교)을 선택 교육과정으로 변경되었다.

11　제7차 교육과정에서 국어과 선택 과목의 선택률은 화법 6.0%, 독서 26.9%, 작문 20.3%, 문법 6.2%, 문학40.6%로 국어 교과 내 불균형한 선택 과목 이수율을 보이고 있다.(교육과학기술부 고시 제2009-41호에 따른 고등학교 국어과 교육과정 해설, 4쪽.) 문학 과목의 위상과 학교 현장에서의 선택률이 직접적으로 연관성을 갖는 것은 아닐 것이다. 그러나 국어과 선택 과목의 선택률은 학습자의 선호도, 교사의 자질, 대학수학능력시험의 연계성을 모두 고려한 의미 있는 결과임에는 분명해 보인다.

육하기 때문에 보편성을 쉽게 확보할 수 있다. 그러므로 정전이 갖추어야 할 여타의 조건[12] 중에서 국어·문학 교과서에 수록된 작품이 정전 목록을 형성하는 토대가 된다는 점에서 중요하다.

정전성canonicity은 작품 자체에 고유한 것이 아니라, 학교와 같은 제도나 기관과의 관계에서 고유하다는 것이다.[13] 검정 체재인 국어·문학 교과서는 교육부의 편찬 기준에 따라 제작되어야 하고, 일정 기준을 충족시켜야 출간될 수 있다는 점에서 교과서에 수록된 작품이 문학 정전이 될 수 있는 가능성은 매우 높다고 할 수 있다. 왜냐하면 문학적 가치나 문학사적 가치와는 별개로, 국어·문학 교과서에 수록되었다는 자체로 공인된 국가 기관의 검증을 통과했다는 것을 의미하기 때문이다. 그러나 교과서에 수록된 문학 작품이 문학적 가치나 문학사적 가치를 담보하지는 않는다. 어떤 측면에서 국어·문학 교과서에 수록된 문학 작품은 교육적 효과나 특수한 조건 때문에 선택되고 배제되기도 한다. 따라서 교과서에 수록된 작품은 교육적 가치와 문학적 가치가 공존한다. 국어·문학 교과서에 수록된 작품의 빈도수를 나타낸 [표 V-10]나 [표 V-15] 속의 작품들이, 모두 정전 목록으로 이행되지는 않는다.

특히 제7차 교육과정을 기점으로 교과서의 문학 작품은 전문 작가의 작품뿐만 아니라, 학생 작품과 인터넷에서 인기가 있는 작품 등이 수록되기 시작하였다. 학습자에게 친숙하여 학습의 동기 유발을 목적으로 수록되기 시작한 비전문 작가의 글들에 의해, 문학 정전 형성 과정에서 공교육 제도와 문학 교과서가 기여한 문학 정전의 보편성에 금이 가기 시작한 것이

---

12 정전이 갖추어야 할 조건으로 지속성과 현실성(강영미, 2006), 역사성, 함의성, 현재성, 흥미성(김중신, 2008), 문학사적 의의, 문학적 의의, 시대적 의의(양윤모, 2012) 등이 거론되고 있다.

13 하루오, 시라네 외, 앞의 책, 19-20쪽.

다. 문학 교과서에 수록된 작품이 역사·문학·교육적 가치를 함의한다는 공고鞏固한 권위, 그 권위에 비전문 작가들의 작품들이 도전장을 내민 형국이 되었다. 이러한 경향은 2007·2009개정 교육과정 이후의 수시 개정 체제에서 더욱 가속화될 것이다. 왜냐하면 종래의 문학 작품에 주석 달기나 본문 비평 교육에서 문학 작품을 향유하는 문학 교육이 될 것이기 때문이다. 또한 공급자 중심에서 수용자 중심으로의 교육 주체의 변화(학습자 중심의 문학 교육), 검·인정 제도의 확대, 다양한 매체의 발달(문학을 향유하는 방법의 변화), 출판문화의 변화(1인 출판), 독서 문화의 변화(문학 텍스트에서 자기 계발서로) 등의 이유로 문학 교과서에 비전문 작가의 작품들이 늘어날 것이다. 이러한 맥락에서 국어·문학 교과서의 정전 형성의 기여도는 크게 약화 될 것으로 예상된다.

VI

—

역사 속의 문학교육

오늘날 우리가 이해하는 고등학교 문학 교육 내용은 처음부터 어떤 고정된 실체로 주어졌던 것은 아니다. 해방 후 정부 수립을 거치면서 여러 가지 복합적인 사회·역사적인 맥락 속에서 점진적으로 구성된 것이다. 현재의 학교 교육을 제대로 이해하기 위해서는 과거에서 현재에 이르는 교육의 역사를 알아야 하듯, 오늘날의 고등학교 문학 교육의 실상을 파악하기 위해서는 문학 교육의 역사를 바로 알아야 한다. 지금까지 학교 문학 교육사를 포함한 국어 교육사에 대한 여러 가지 연구가 이루어졌지만, 이 책은 교수요목기의 여러 국정 중등 국어 교과서 자료와 제1차부터 제7차 교육과정까지 간행된 국어·고전·고전문학·현대문학·문학 교과서의 방대한 1차 자료를 꼼꼼히 재검토하고 분석하여 고등학교 국어 과목의 문학영역과 문학 과목의 변화 과정을 역사적으로 재구성했다는 점에서 기존 연구와의 차별성을 지닌다. 따라서 이 책은 지난 60년간의 교육과정과 교과서를 아우르는 고등학교 문학 교육의 역사적 연구historical study로는 처음 시도된 것이라는 점에서 의의가 있다.

교육은 환경 변화에 따른, 그 시대의 새로운 요구를 적절히 수용하면서 실행되어 왔다. 그 자체의 고정 불변의 실체를 가지고 있지 않았다는 것이다. 따라서 문학 교육도 끊임없는 변화 과정 속에서 위상이 강화되면서 발전되었다. 교육 내용의 변화는 이런 관점에서 이해되어야 한다. 따라서 현재의 문학 교육을 제대로 이해하고, 미래의 문학 교육을 전망하기 위해서는 역사주의적 관점이 필수적이다. 과거에서 현재에 이르는 문학교육 내용의 역사적인 변모 양상을 추적하는 작업은 문학교육의 현재와 미래를 생각하고자 하는 모든 전문가들에게 반드시 요구되는 작업이라고 할 수 있다. 현재의 고등학교 문학 교육은 교수요목기에서 제7차 교육과정기의 문학 교육의 내용 변화처럼 결코 절대적인 것이 아니다. 우리는 좁은 시야에서 현재의 고등학교 문학 교육을 바라보는 태도에서 벗어나 좀 더 유연한

시각과 태도로, 다시 말해 열린 시각과 태도를 가져야 한다.

　문학 교육의 내용은 정부의 교육정책, 교육과정, 교육사조, 문학이론, 교육환경 등의 여러 가지 복합적인 요인의 변화에 따라서 부단히 갱신되고 확장되는 진화를 거듭해 왔다. 국어 및 문학 과목의 교육과정 내용 및 체계의 변화는 새로운 교과서를 요구하였다. 이 변화 과정을 살펴보면 현재의 고등학교 문학 교육 내용이 교수요목기에서 제7차 교육과정기에 이르는 약 60년간의 거듭된 구성과 재구성, 개편과 재개편의 산물이라는 사실을 발견할 수 있다. 그 구성과 재구성의 과정은 전대의 교육과정 내용 체계를 보완하고 확충하는 방식으로 진행되어 왔지만, 실제 교과서 속에서는 작품 선정, 교과서 내용 체계, 교수-학습 방법 등의 문학 교육의 구체적이고 실천적인 측면에서 실로 괄목상대할만한 커다란 변화를 거듭해 왔음을 알 수 있다. 이 과정을 통해 고등학교 문학 교육은 그 목표, 내용, 작품(학습 자료), 교수-학습 방법과 평가 등에 걸쳐 더욱 정교하고 세분화되었다. 문학 교육의 내용은 고전 문학 중심에서 현대 문학으로, 교수-학습 방법은 교수자 중심에서 학습자 중심으로, 평가 방법은 작품에 대한 단순한 이해와 감상에서 내면화에 이르기까지 그 범위와 중심축이 변화되었다. 이러한 변화에는 교수-학습 방법론, 문학 이론, 매체의 발달, 인접 학문의 영향과 무관하지 않다. 문학 교과서도 본문 읽기 중심에서 창작 위주의 쓰기 교재로 변화되었다. 또한 매체의 발달로 영상 미디어 읽기literacy가 문학 교육 범주에 포함되었다.

　국어 교육사의 시대 구분은 주로 교육사조, 내용 영역의 변천과 구성 체제의 변화를 중심으로 이루어져 왔다. 지금까지의 문학 교육 연구는 국어 교육의 일부 영역으로 간주되거나 문학 교육사에 대한 고유한 시대 구분을 하지 않고, 국어과 교육과정이 개정되는 시기를 단위로 시대구분을 하였다. 이러한 연구 경향은 문학 교육사 연구의 고유성을 몰각하거나 고전과 현대 문학을 분리해서 문학 교육을 상상한데서 기인하는 것이다. 학교 문학 교육사의 시대 구분은 국어 교육사 연구에서의 시대 구분과 다른 차원에서 접근해야 한다. 이 연구에서 드러나듯 문학교육사는 국어 교육사와 다른 면모를 지닌다.

이 책에서는 고등학교 국어 과목 문학 영역의 시대 구분을 1)문학 교육의 태동기(1946~1954), 2)문학과 고전문학 영역의 성립기(1954~1981), 3)고전과 현대문학 영역의 통합기(1981~1987), 4)독자 중심의 문학 교육기(1987~2007) 등으로 상정하였다. 그리고 심화 과목인 고등학교 문학 과목에서는 1)고전문학 과목 중심기(1963~1981), 2)고전·현대문학 과목의 분리기(1981~1987), 3)문학 과목의 통합기(1987~1992), 4)독자 중심의 문학 교육기(1992~2007) 등으로 시대를 구분하였다. 이러한 시대 구분은 문학 이론의 변화, 교육과정 체재상의 변화, 교수-학습 방법의 변화, 교과서 수록 읽기 제재의 변화, 교과서 단원 구성의 변화 요인을 모두 고려한 것이다.

이 책은 고등학교 문학 교육 내용의 형성과 흐름을 살펴보고자 했는데, 국어 과목 문학영역은 제Ⅲ장에서 심화 과목인 문학 과목은 제Ⅳ장에서 각각 다루었다. 이 부분이 본론 부분이라고 할 수 있으나, 본론에 들어가기에 앞서 문학교육의 내용 변화를 어떻게 이해할 것인가라는 이론적 고찰이 요구되었다. 그래서 제Ⅱ장은 제Ⅲ·Ⅳ장의 이론적 토대를 위해 설정한 장이다. 제Ⅴ장은 문학영역과 문학과목으로 나누어서 전개한 본론의 고찰 내용을 다시 종합하면서 논의를 보충, 확대하기 위해 마련되었다.

지금까지 논의해온 각 장의 요점을 정리하여 이 책의 마무리를 짓고자한다. 각 장에서 논의해온 내용을 요약하면 다음과 같다.

제Ⅱ장에서는 고등학교 문학 교육의 내용이 역사 속에서 점진적으로 구성된 것이라는 테제를 중심으로, 문학 교육 내용의 변화를 어떻게 이해할 것인가의 문제에 대한 이론적 논의를 전개하였다. 우선 문학교육의 전제가 되는 고등학교 국어 교육은 '언어-문화 국민(국가)'의 회로 속에서 이루어진다는 사실을 지적하였다. 해방에서 정부 수립, 그리고 이후의 국어 교육은 국민 만들기의 성격을 강하게 띠고 있다. 신생 독립국에서의 자국어 교육은 읽고 쓰기 위주의 문식성 교육을 통한 국민 만들기를 위한 교육이었다. 다음으로 문학 교육의 내용은 교육과정과 교과서에 의해 구성되는데, 이 과정은 반복과 차이를 수반하는 것이다. 문학 교육의 내용은 사회·역사적 맥락 속에서 구성된다. 초기의 문학 교육은 국가주의와 언어 민족주의를 강하게 포함하였으나, 1990년대 이후의 세계화·개방화의 기류 속에서 점차 약화되었다. 문학 교육은 문학적 체험을 통해 '성찰하는 주체', 문학적 소양을 겸비한 교양인을 양성하는 과정이다.

고등학교 문학 교육 내용의 형성에 대한 역사적 고찰은, 곧 문학교육 내용 구성의 역사에 대한 구체적인 이해를 위해 필요하다. 고등학교 문학 교육사에 대한 고찰에 해당되는 이 부분은 이 연구에서 두 장으로 구성된다. 먼저 제Ⅲ장에서는 고등학교 국어 과목 문학영역 내용의 역사적인 변모과정을 다루었다. 방대한 관련 자료를 바탕으로 교수요목에서 제7차 교육과정에 이르는 60년간의 변화를 효율적으로 파악하기 위해, 실증적인 관련 자료 해석에 바탕을 둔 일정한 시대 구분을 시도하였다. 이 장의 내용은 문학 교육의 태동기·문학과 고전 영역의 성립기·문학 영역의 통합기·독자 중심의 문학 교육기 등으로 시기를 나누어 서술하였고, 그 요점은 추리면 다음과 같다.

첫째, 문학 교육의 태동기: (1)교수요목은 간단한 요목과 교수 시간 배당 표준을 제시하였고, 문학 교육은 문학사 중심으로 기술되었다. (2)문학 작품은 일제의 압제로부터 해방된 공간, 한국전쟁과 전후의 사회 상황을 배경으로 한 작품들이 주로 수록되었다. (3)해방 공간에서의 카프 계열과 월북·납북된 작가들의 작품이 초기의 교과서에 수록되었으나, 전戰시기 이후의 교과서에서 이들의 작품은 수록되지 않았다. (4)교과서에 수록된 외국 작품 수는 상대적으로 적지만, 시·소설·희곡·수필·전기 등의 다양한 작품이 수록되었다. (5)기행문·위인전기·편지글이 다른 갈래의 문학 작품보다 상대적으로 많이 수록되었다.

둘째, 문학과 고전 영역의 성립기: (1)이 시기의 문학 영역은 주로 읽기와 쓰기 영역에 산재해 있었는데, 고전과 문학 영역으로 분리되어 성립되었다. (2)문학 교육은 고전 문학 중심으로, 작가의 생애나 역사적 맥락을 규명하는 역사 비평 위주의 교육이었다. 특히 제3차 교육과정부터 미국의 신비평의 영향으로 역사적 맥락보다는 문학 작품 자체의 이미지나 상징, 모티프 등을 중요하게 여기기 시작하였다. (3)중견 국민 양성을 위한 문학 교육이었다. 문학 교육은 언어 교육의 연장선으로, 문학 작품을 통한 중견 국민으로서의 품성과 기능을 갖춘 교양인 양성을 목적으로 하였다. (4)국어 교과서에 수록된 문학 작품은 주로 자연이나 계절에 대한 미감을 형상한 작품이 수록되었다. 이는 숭고한 예술은 현실의 갈등에서 벗어난 자연의 미를 표현한 것으로, 현실적 문제를 뛰어넘어 보다 정신적인 가치나 미적 특수성을 강조해야 더 좋은 문학이라는 인식의 표현이라고 할 수 있다.

셋째, 문학 영역의 통합기: (1)국어과 교육과정상의 문학과 고전 영역이 문학 영역으로 통합되었다. 문학이 독자적인 영역을 확보함으로써 국어 과목에서 문학의 위상의 높아졌다. (2)문학(시) 언어에 대한 반복·적용을 통한 문학 언어의 문식성 교육이 강조되었다. 이것은 제3차 문학 교육 방법론인 신비평의 연장선으로, 제4차는 신비평에 의한 문학 교육이라는 점에서 차이를 보인다. (3)신비평에 의한 문학 교육 방법론으로, 교수-학습 과정에서 교사와 작품 중심의 문학 교육이었다.

넷째, 독자 중심의 문학 교육기: (1)제6차부터 문학 교육은 작품·교사 중심에서 독자 중심으로 변화되었다. 이러한 변화로 개별 학습자의 본능적 요소, 선험적 요소, 경험적 요소, 의식·무의식적 요소 등에 의한 텍스트의 의미 생성 과정이 중요시 되었다. 그리고 제7차에서 학습자의 문학 작품에 대한 능동적인 반응과 표현 활동(창작)이 강조되었다. (2)제6차에서 문학 작품의 이해와 감상이 의사소통 과정임을 명시적으로 보여주는 단원 구성 체제를 취했다. 작품-독자의 관계를 말하기와 듣기 영역으로, 작가-작품의 관계를 쓰기 영역과 연결 지었다. (3)문학 교육이 인지적 영역과 정의적 영역을 상위 개념으로 하여, 문학에 대한 지식·기능 요인과 태도·흥미·감상 요인 중심으로 제시되었다. 문학 교육 측면에서 문학적 앎과 이해·감상이 인지적 측면과 정의적 영역을 모두 고려해야할 요소로 이해한 것이다. (4) 제7차부터 매체 언어교육이 문학교육 영역으로 편입되어 강조되었다. 사회·문화적 맥락에서 음성, 문자, 소리, 이미지, 동영상 등이 복합적으로 작용하여 의미를 생성하는 방식으로 전환되었기 때문이다. 이러한 의사소통 방식의 변화로 문학 교육에서 능동적이고 성찰적인 의미 생산자를 길러내는 미디어 리터러시 교육의 필요성이 대두되었다.

제Ⅳ장에서는 고등학교 문학 과목 내용의 역사적인 변화 과정을 논의하였다. 이 장의 내용은 고전문학 과목 중심기, 고전·현대문학 과목의 분리기, 문학 과목의 통합기, 독자 중심의 문학 교육기 등으로 문학 과목 자체의 고유한 특성을 고려한 시대 구분에 의해 서술되었고, 그 요점은 다음과 같다.

첫째, 고전문학 과목 중심기: (1)제2·3차 교육과정에서 국어 I 의 고전 영역의 심화 과정으로 고전 과목이 신설되었다. 고전 교육과정의 체계와 내용은 국어 I 의 고전 영역을 따랐는데, 제3차의 국어 II 에서 〈한문〉이 분리되어 고전과 한문 영역의 경계가 문서상으로 구분되었다. (2)고전 교과서의 본문 읽기 제재는 고시조가 다른 갈래보다 상대적으로 많이 수록되었다. (3)고전 교과서에는 국어학 내용도 포함이 되었다. (4)고전 문학 교육은 본문 읽기 제재를 통해서 국문학의 변천이나 선인들의 삶을 이해하도록 하였다.

둘째, 고전·현대문학 과목의 분리기: (1)과목명이 〈고전〉이 〈고전 문학〉으로 변경되고, 〈현대 문학〉이 새롭게 설정되어 문학 과목이 분리되었다. (2)고전문학 교육과정상에 국어(사)의 내용이 빠졌음에도 불구하고, 고전문학 교과서에는 여전히 국어(사)의 단원이 남아있다. (3)제4차 교육과정부터 고전·현대문학 교과서에 학습 목표가 제시되기 시작하였다. 학습 목표 제시는 교사나 학습자에게 교수·학습 과정에서 뚜렷한 목표 의식을 갖게 할 수 있다는 의의를 지닌다. (4)고전문학 교과서는 목표 중심, 현대문학 교과서는 갈래 중심으로 단원을 구성하였다. 이러한 단원 구성의 차이는 과목의 성격에 따라서 달리했기 때문이다. 고전 문학은 작품을 통한 국문학의 변천이나 선인들의 삶의 이해가 현대인의 삶과 직결된다는 인식을 보여준다. 고전 교육의 목표가 민족 문화의 계승과 발전인데, 민족 문화는 처음부터 고정된 실체가 있는 것이라기보다는 시간 속에서 형성되고 구성되는 것이다. 따라서 목표 중심의 단원 구성은 시간적으로 과거-현재-미래로 영속할 민족 문화의 속성을 고려한 것으로 보인다. 또한 현대 문학 과목의 단원 구성이 갈래 중심으로 된 것은 당대인의 언어가 어떻게 쓰이고 전달되어지는가를 기준으로 한 것이다. (5)현대문학 교과서에 작품을 감상하는 방법을 보여주기 위한 비평문을 수록하였다.

셋째, 문학 과목의 통합기: (1)제5차 교육과정에서 고전·현대문학이 문학 과목으로 통합되었다. 문학 과목이 성립됨으로써, 문학사에서 고전과 현대문학의 연속성이 확보되었다. (2)제5차 문학 교과서는 문학사·문학개론·비평에 대한 내용이 별도의 단원으로 구성되었다.(3)문학 교과서 단원 구성 방식이 다양해졌다. 제4차까지는 주로 갈래 중심이었는데, 제5차에서는 시대를 넘나들며 갈래·시대별·경향별·공통된 소재가 쓰인 작품이 한 단원으로 구성되었다. (4)문학 과목이 성립되면서 문학 교육은 현대 문학 위주로 변화되기 시작하였는데, 그 중에서도 현대시와 소설이 중심이 되었다.

넷째, 독자 중심의 문학 교육기: (1)문학 교육이 독자 중심으로 변화되었다. 제6차에서는 학습자의 작품에 대한 이해와 감상·비평·내면화 과정이, 제7차에서는 작품의 수용과 창작 활동이 강조되었다. 제7차의 모든 문학 교과서에는 작품의 수용과 창작 단원이 할애되었다. 그러나 창작 활동은 학습자의 삶과 연관 지어 기존 작품의 개작·모작·생활 서정의 표현 중심으로 하며, 전문 작가의 창작 활동을 의미하지는 않는다. (2)문학 교과서 집필진들의 신분이 주로 대학 교수에서 대학교 교수·강사, 고등학교 교사, 학원 강사, 출판사 대표, 문학상 수상자 등으로 다양해졌다. (3)문학 교과서가 (상)·(하)권으로 분리되었다. (상)·(하)권은 현대 문학·고전 문학·문학 개론·문학 작품의 이해와 감상 단원을 어떻게 배치하느냐에 따라 구분되었다. (4)문학 교과서에 수록된 작품이 다양해졌다. 제7차 문학 교과서에는 만화, 대중가요 가사, 그림, 판타지 소설, 뮤지컬 대본 등이 읽기 제재로 수록되었다. (5)제7차 문학 교과서에는 비전문가의 글이 수록되었다. 고등학교 학생이 쓴 시와 소설, 인터넷상의 글, 독서 토론 과정 등의 비전문가들의 글들이 교과서에 수록되었다. 이러한 변화는 학습자에게 친숙한 글을 수록하여 학습 동기를 유발하기 위해서이다. (6)교과서에 수록된 문학 작품 중에 희곡과 시나리오가 차지하는 비중이 증가하였다. 제5차부터 문학 교육은 현대시와 소설 중심의 현대 문학 중심으로 변화되기 시작하였는데, 제6·7차에서는 매체 언어 교육이 강조되어 희곡과 시나리오가 수록되는 빈도의 증가 추세가 뚜렷해졌다.

지금까지 교수요목에서 제7차 교육과정까지, 대략 60여 년의 고등학교 문학 교육 내용의 형성 과정에 대해 고찰하였다. 국어 과목의 문학영역과 문학 과목의 내용은 과목의 목표, 구조, 내용 체제 등에서 차이가 존재한다. 따라서 문학영역과 문학 과목 내용의 역사적 변화사이에는 불연속성과 연속성이 공존한다. 이 양자 사이의 차이를 어떻게 이해할 것인가, 교과서 수록 문학 작품들은 어떤 변화를 거쳐 왔는가, 각 시대의 문학 교과서는 어떤 작품을 수록하고 있는가, 교과서 수록 작품과 정전의 문제는 어떻게 이해할 것인가. 이런 몇 가지 문제를 논의한 제 V 장은 문학영역과 문학과목으로 나누어서 전개한 본론의 고찰 내용을 다시 종합하면서 논의를 보충·확대하기 위해 마련되었다.

현재의 문학 교육은 지난 60년간의 문학교육의 경험을 종합한 소중한 결실이라고 할 수 있다. 현재의 문학 교육 내용은 문학교육의 역사 속에서 파악되고 이해되어야 한다. 그것은 여러 가지 계기에 의해 구성된 것으로서 고정 불변의 실체가 아니다. 그런 관점에서 보면, 현재의 문학교육 내용도 다가올 시대의 요구와 문학교육의 환경 변화에 따라 부단한 갱신을 거듭할 것이라 전망된다. 그러나 어떻게 하면 더 나은 문학 교육을 할 수 있을 것인가? 이 문제는 여전히 중요한 과제이다. 과거에서 현재에 이른 문학 교육 전문가들의 지속적인 화두가 이 부근에 놓여 있다. 문학 과목의 목표에 대해서는 교육과정에 여러 가지로 서술되고 있지만, 가장 중요한 것은 문학교육이 바로 인간 교육, 교양 교육의 성격을 강하게 띠고 있다는 사실이다. 인문학의 위기, 인간적 가치의 위기를 거론하는 현대 사회 속에서 학교 문학 교육 종사자들은 고등학교 문학 교육의 시대적 의미와 그 중요성을 진지하게 숙고하고 대응해야 할 것이다.

최근 들어 교육 과정이 수시 개편체제로 바뀌면서 고등학교 문학 교육도 큰 변화를 보여주고 있다. 문학 교육은 읽기 중심의 교육에서 읽고 쓰는 교육으로 바뀌고 있고, 대중문화와 다매체 시대를 맞아 문학 자체의 위기를 말하는 학자들도 등장하고 있다. 문학적 리터러시 교육에서 영상 문화 리터러시 교육, 매체 리터러시 교육으로 전환해야 한다는 논의도 있지만, 문학적 리터러시 교육, 문학적 교양교육에 바탕을 둔 교육이 아니고서는 그 실효를 거두기 어려울 것이다. 문학 교육은 역사 교육, 철학 교육과 인문 교육의 기본적인 바탕을 이룬다는 점을 잊지 말아야 할 것이다. 고등학교 문학 교육은 한 인간이 성장하고 사회화되는 과정에서 요구되는 인간과 타자, 사회와 역사에 대한 이해력을 함양하는데 없어서는 안 될 중요한 교육이라 할 수 있다. 공교육이 국민 교육이고, 고등학교 문학 교육이 교양 있는 시민(국민) 양성에 크게 기여해왔다는 사실을 재인식할 필요가 있다. 직업 교육 강화에 따른 대학 교육의 교양과목 축소는 고등학교 문학 교육이 어쩌면 최후의 문학 교양으로 남아 있는 과목이라고 할 수도 있을 것이다.

대한민국은 해방 후 약 70년의 연륜을 쌓아온 국가이다. 길다면 길고 짧다면 짧은 역사라고 할 수 있다. 이 책에서 다룬 고등학교 문학교육의 역사 60여년도 그렇다고 볼 수 있다. 거시적으로 보면 고등학교 문학 교육의 역사가 백년도 안 된다. 수백 년의 자국어 교육의 역사를 자랑하는 선진국도 있다는 사실을 알아야 한다. 한국 고등학교 문학 교육의 역사는 아직 젊다. 젊기 때문에 많은 가능성을 지니고 있는 것이 바로 문학 교육이다. 바로 그런 의미에서 우리는 지난 역사를 돌아보면서 세계화 시대가 요구하는 새로운 문학 교육의 전망을 적극적으로 모색해야 할 것이다.

끝으로 한 가지만 덧붙이고자 한다. 문학교육의 형성과 흐름을 조망하면서 필자가 수집한 고등학교 국어 및 문학 교과서 내용과 관련된 몇 가지 부록을 덧붙이고 있다. 해방 후 간행된 국어 및 문학 교과서 목록과 교육 과정별 교과서에 수록된 작품 목록이 그것이다. 고등학교 문학 교육의 역사를 연구하거나 교과서 수록 문학 작품의 역사적 변화에 관심 있는 분들께, 이 부록의 내용들은 일일이 해묵은 교과서를 들추어 보는 수고를 덜어 줄 수 있으리라 기대한다.

참고문헌

1. 기본 자료

1) 교육과정

군정청·문교부 교수요목(1946. 9).

문교부령 제46호(1955.8.1. 제정 공포) 제1차 고등학교 교육과정.

문교부령 제121호(1963.2.15. 제정 공포) 제2차 고등학교 교육과정.

문교부령 제350호(1974.12.31. 제정 공포) 제3차 고등학교 교육과정.

문교부 고시 제442호(1981.12.31. 제정 고시) 제4차 고등학교 교육과정.

문교부 고시 제88-7호·'88.3.31 제5차 고등학교 교육과정.

교육부 고시 제1992-19호 제6차 고등학교 교육과정.

교육부 고시 1997-15호 제7차 고등학교 교육과정.

교육인적자원부 고시 제2007-79호에 따른 고등학교 교육과정.

교육과학기술부 고시 제2009-41호에 따른 고등학교 교육과정.

2) 국어 교과서

①교수요목

군정청문교부(1946), 『중등국어교본(상) 1·2학년소용』, 조선교학도서주식회사.

군정청문교부(1947), 『중등국어교본(중) 3·4학년소용』, 조선교학도서주식회사.

군정청문교부(1947), 『중등국어교본(하) 5·6학년소용』, 조선교학도서주식회사.

문교부(단기 4281), 『중등국어 1·2·3』, 조선교학도서주식회사.

문교부(단기 4282), 『중등국어 ①·②·③·④』, 조선교학도서주식회사.

문교부(단기 4283), 『중등국어 ⑤·⑥』, 조선교학도서주식회사.

문교부(단기 4284), 『중등국어 1-Ⅰ』, 교학도서주식회사.

문교부(단기 4285), 『중등국어 1-Ⅱ』, 대한문교서적주식회사.

문교부(단기 4285), 『중등국어 2-Ⅰ』, *학사.

문교부(단기 4285), 『중등국어 3-Ⅰ』, 민중서관.

문교부(단기 4285), 『중등국어 3-Ⅱ』, 대한문교서적주식회사.

문교부(단기 4283), 『고등국어 1-Ⅰ』, 대한문교서적주식회사.

문교부(단기 4283), 『고등국어 1-Ⅱ』.

문교부, 『고등국어 2-Ⅰ』.

문교부, 『고등국어 2-Ⅱ』.

문교부, 『고등국어 3-Ⅱ』.

문교부(단기 4287), 『중학국어 1-Ⅰ』, 대한교과서주식회사.

문교부(단기 4288), 『중학국어 1-Ⅱ』, 대한교과서주식회사.

문교부(단기 4287), 『중학국어 2-Ⅰ』, 대한교과서주식회사.

문교부(단기 4286), 『중학국어 2-Ⅱ』, 대한교과서주식회사.

문교부(단기 4286), 『중학국어 3-Ⅰ』, 대한교과서주식회사.

문교부(단기 4286), 『중학국어 3-Ⅱ』, 대한교과서주식회사.

문교부(단기 4289), 『고등국어Ⅰ』, 대한교과서주식회사.

문교부(단기 4290), 『고등국어Ⅱ』, 대한교과서주식회사.

문교부(단기 4289), 『고등국어Ⅲ』, 대한교과서주식회사.

②제1차 교육과정

문교부(단기 4293), 『고등국어Ⅰ』, 대한교과서주식회사.

문교부(단기 4292), 『고등국어Ⅱ』, 대한교과서주식회사.

문교부(단기 4292), 『고등국어Ⅲ』, 대한교과서주식회사.

③제2차 교육과정

문교부(1973), 『인문계 고등학교 국어Ⅰ』, 대한교과서주식회사.

문교부(1968), 『인문계 고등학교 국어Ⅱ』, 대한교과서주식회사.

문교부(1968), 『인문계 고등학교 국어Ⅲ』, 대한교과서주식회사.

④제3차 교육과정

문교부(1983), 『인문계 고등학교 국어1』, 대한교과서주식회사.

문교부(1979), 『인문계 고등학교 국어2』, 대한교과서주식회사.

문교부(1984), 『인문계 고등학교 국어3』, 대한교과서주식회사.

⑤제4차 교육과정

한국교육개발원(1987), 『국어1』, 대한교과서주식회사.

한국교육개발원(1987), 『국어2』, 대한교과서주식회사.

한국교육개발원(1986), 『국어3』, 대한교과서주식회사.

⑥제5차 교육과정

서울대학교 사범대학 1종도서연구개발위원회(1992), 『국어(상)』, 대한교과서주식회사.
서울대학교 사범대학 1종도서연구개발위원회(1990), 『국어(하)』, 대한교과서주식회사.

⑦제6차 교육과정

서울대학교 사범대학 국어교육연구소(1996), 『국어(상)』, 대한교과서주식회사.
서울대학교 사범대학 국어교육연구소(1997), 『국어(하)』, 대한교과서주식회사.

⑧제7차 교육과정

서울대학교 국어교육연구소(2007), 『국어(상)』, 교학사.
서울대학교 국어교육연구소(2004), 『국어(하)』, 교학사.

3) 문학 교과서
①제2차 교육과정

김기동·정주동·정익섭(1975), 『인문계 고등학교 고전』, 교학사.
김성재(1968), 『인문계 고등학교 모범 고전』, 일지사.
김윤경(1968), 『인문계 고등학교 고전』, 문호사.
박병채((196*), 『인문계 고등학교 우리 고전』, 박영사.
이숭녕·남광우(1975), 『인문계 고등학교 고전』, 동아출판사.
이영주·구인환(1968), 『인문계 고등학교 고전』, 법문사.
이재수·서수생(1967), 『인문계 고등학교 고전』, 일한도서출판사.
임헌도(196*), 『인문계 고등학교 모범 고전』, 영지문화사.
한원영(1968), 『인문계 고등학교 고전』, 삼화출판사.

②제3차 교육과정

김동욱·김태준(1982), 『인문계 고등학교 고전』, 민중서관.
박성의·송민호(1984), 『인문계 고등학교 고전』, 고려서적주식회사.
이기문(1979), 『인문계 고등학교 고전』, 한국능력개발사.
전광용(1982), 『인문계 고등학교 고전』, 동화출판공사.
정병욱·이응백(1982), 『인문계 고등학교 고전』, 신구문화사.

③제4차 교육과정

김기동·박준규(1985), 『고전문학』, 교학사.

김동욱·김태준(1986), 『고전문학』, 동아출판사.

김성배·진태하(1985), 『고전문학』, 문호사.

박갑수·이철수(1985), 『고전문학』, 지학사.

이상익·김진영(1985), 『고전문학』, 동아서적주식회사.

구인환(1985), 『현대문학』, 금성교과서(주).

김열규·유시욱(1985), 『현대문학』, 동아출판사.

문덕수·김시태(1985), 『현대문학』, 이우출판사.

이재선(1984), 『현대문학』, 학연사.

전광용·권영민(1985), 『현대문학』, 교학사.

④제5차 교육과정

구인환(1992), 『문학』, 한샘교과서(주).

김동욱·김열규·김태준(1990), 『문학』, 동아출판사.

김봉군·한연수(1990), 『문학』, 지학사.

김용직·박민수(1990), 『문학』, 학습개발.

김윤식·김종철(1993), 『문학』, 한샘교과서(주).

김홍규(1990), 『문학』, 한샘.

박동규·서대석·송백헌·김태식(1990), 『문학』, 금성교과서(주).

우한용·박인기·정병헌·최병우(1990), 『문학』, 동아출판사.

⑤제6차 교육과정

구인환·김홍규(1995), 『문학(상)·(하)』, 한샘출판(주).

권영민(1996), 『문학(상)·(하)』, ㈜지학사.

김대행·김동환(1996), 『문학(상)·(하)』, ㈜교학사.

김봉군·최혜실(1996), 『문학(상)·(하)』, 지학사.

김열규·신동욱(1995), 『문학(상)·(하)』, 동아출판사.

김용직·박민수(1995), 『문학(상)·(하)』, 대일도서.

김윤식·김종철(1995), 『문학(상)·(하)』, 한샘출판(주).

김태준·류탁일·한성희·이용호(1997), 『문학(상)·(하)』, ㈜민문고.

남미영 외 4인(1995), 『문학(상)·(하)』, 동아서적(주).

박갑수·김진영·이숭원(1996), 『문학(상)·(하)』, 지학사.

박경신·김태식·송백헌·양왕용(1995), 『문학(상)·(하)』, 금성교과서(주)

성기조(1996), 『문학(상)·(하)』, 학문사.

오세영·서대석(1998), 『문학(상)·(하)』, ㈜천재교육.

우한용·박인기·정병헌·최병우(1995), 『문학(상)』, 동아출판사.

우한용·박인기·정병헌·최병우(2002), 『문학(하)』, 두산.

윤병로·구창환·박동규·오태현(1996), 『문학(상)·(하)』, ㈜노벨문화사.

이문규·권오만(1995), 『문학(상)·(하)』, 선영사.

최동호·신재기·고형진·장장식(1995), 『문학(상)·(하)』, 대한교과서.

한계전·김병국·윤여탁(1996), 『문학(상)·(하)』, 대한교과서.

⑥제7차 교육과정

구인환 외 5인(2004), 『문학(상)·(하)』, ㈜교학사.

권영민(2003), 『문학(상)·(하)』, ㈜지학사.

김대행·김중신·김동환(2004), 『문학(상)·(하)』, ㈜교학사.

김병국 외 4인(2002), 『문학(상)·(하)』, ㈜한국교육미디어.

김상태 외 5인(2004), 『문학(상)·(하)』, 도서출판 태성.

김윤식 외 4인(2002), 『문학(상)·(하)』, ㈜도서출판 디딤돌.

김창원·권오현·신재홍·장동찬(2004), 『문학(상)·(하)』, 민중서림.

김황구 외 4인(2004), 『문학(상)·(하)』, 상문연구사.

박갑수 외 4인(2004), 『문학(상)·(하)』, 지학사.

박경신·김성수·이용수·안학서(2004), 『문학(상)·(하)』, ㈜금성출판사.

박호영·한승주(2003), 『문학(상)·(하)』, 형설출판사.

오세영 외 7인(2004), 『문학(상)·(하)』, 대한교과서(주)

우한용 외 5인(2003), 『문학(상)·(하)』, ㈜두산.

조남현 외 4인(2003), 『문학(상)·(하)』, ㈜중앙교육진흥연구소.

최웅·유태수·김용구·이대범(2004), 『문학(상)·(하)』, 청문각.

한계전 외 4인(2002), 『문학(상)·(하)』, ㈜블랙박스.

한철우 외 7인(2004), 『문학(상)·(하)』, ㈜문원각.

홍신선·박종성·김강태(2004), 『문학(상)·(하)』, ㈜천재교육.

2. 논문

강경호(1988), 『국어과 교육의 변천에 관한 연구』, 건국대학교 박사논문.

강영미(2006), 「1960-70년대 시의 전통과 정전 형성에 관한 연구」, 『민족문학사연구』31.

권보드래(2007), 「근대초기 '민족' 개념의 변화」, 『민족문학사연구』No. 33.

권혁준(1997), 『문학비평이론의 시교육적 적용에 관한 연구-신비평과 독자반응이론을 중심으로』, 한국교원대학교 박사논문.

김영아(2015), 『문학 기반 융복합 교육 방안 연구-초등교육을 중심으로』, 한양대학교 박사논문.

김종식(2000), 『교육과정 개발 주체별 역할 분석』, 동아대학교 박사논문.

김중신(2008), 「문학교육에서의 정전 형성 요건에 관한 시론」, 『문학교육학』25.

김진백(2007), 『고등학교 문학사 교육 내용에 관한 연구』, 경상대학교 박사논문.

김진완(2001), 『학습자 중심 문학교육 방법 연구-'동백꽃'과 '메밀꽃 필 무렵'을 중심으로』, 조선대학교 박사논문.

김창원(1991), 「문학교육 목표의 변천 연구(Ⅰ)」, 『국어교육』Vol. -No. 73.

노인화(1989), 『대한제국 시기 관립학교 교육의 성격 연구』, 이화여자대학교 박사논문.

라영균(2000), 「정전과 문학 정전」, 『외국문학연구』Vol. 7, 한국외국어대학교 외국문학연구소.

문지영(2012), 『문학 텍스트를 활용한 아랍어 교육 방안 연구』, 한국외국어대학교 박사논문.

민병욱(2012), 『한국 문학교육의 제도화 과정 연구-제1차 교육과정 이전의 문학 교재 변모를 중심으로-』, 부산대학교 박사논문.

박상진(2011), 『정전(연구)의 새로운 지평: 정전성의 정치학』Vol. 55, 고려대학교 민족문화연구원.

박형준(2012), 『한국 문학교육의 제도화 과정 연구-제1차 교육과정 이전의 문학 교재 변모를 중심으로』, 부산대학교 박사논문.

백동현(2008), 「대한제국기 한국민족주의의 형성과 그 특성」, 『한국민족운동사연구』Vol. 55.

서명희(2013), 『시교(詩敎) 전통의 문학교육적 의의 연구-'도산십이곡'과 '고산구곡가'의 창작과 영향을 중심으로』, 서울대학교 박사논문.

서민정(2011), 『가치 수용적 심미 체험을 위한 문학 교육 연구』, 한국교원대학교 박사논문.

서준섭(1991), 「문학교육과 문학비평-문학교육의 정서적 목적과 인지적 목적의 조화를 위한 試論」, 『교육연구정보』제6호, 강원도교육연구원.

──────(2002), 「해방 후 고등학교 국어 교과서의 형성 과정 연구-정부 수립에서 제2차 교육과정기까지의 고등학교 '국어'의 사회·문화적 맥락」, 『어문학보』제24집,

강원대 사범대학 국어교육과.

_____(2009), 「한국 정부 수립 후 고등학교 국어 교재에 나타난 국가주의와 민족문화 창
　　　　조론」, 『국어교육』128, 한국어교육학회.

신재흡(2004), 「한국중앙행정 교육조직 직제 변천 연구」, 『교육종합연구』제2권 2호.

양윤모(2012), 「교과서 수록 현대소설과 정전의 형성 과정 연구-고등학교 국어 및 문학교
　　　　과서 수록 작품을 대상으로」, 『한국어문교육』Vol.12, 고려대학교 한국어문
　　　　교육연구소.

유성호(2007), 「현대문학 교육의 방향」, 『국어교육』123.

유용태(2013), 『근대 문학의 정전화와 미의식 형성 연구』, 단국대학교 박사논문.

이광섭(1990), 「교육과정 이론의 발전과 현황」, 『한국교육학회 교육과정연구회』

이대규(1988), 『교과로서의 문학의 구조』, 서울대학교 박사논문.

이호성(1946), 「여러 문제와 교육자의 가질 태도」, 『한글』제11권 1호.

정준섭(1994), 『국어과 교육과정의 역사적 전개에 관한 연구』, 경원대학교 박사논문.

정은아(2004), 『국어교육에서의 문학교육의 위상-국어과 교육과정과 외국의 자국어 교육
　　　　과정을 비교하여-』, 고려대학교 교육대학원 석사학위논문.

조문제(1984), 『개화기 국어과 교육의 연구』, 한양대학교 박사논문.

조희정(2006), 「심화 과목으로서의 고전 교육과정 개정 방향」, 『문학교육학』제20호, 한국
　　　　문학교육학회.

최창헌(2013), 「고등학교 '문학' 과목 성립에 대한 역사적 연구」, 『어문론총』59호, 한국문
　　　　학언어학회.

홍지선(2013), 『북한 문학 교육 연구-'국어국문'과 '문학' 교과서 비교 고찰』, 인하대학교 박
　　　　사논문.

3. 국내 단행본

강진호 외(2007), 『국어 교과서와 국가 이데올로기』, 글누림.

구인환 외(2004), 『문학교육론』, 삼지원.

김용환(2005), 『리바이던』, 살림출판사.

김창원(2011), 『문학교육론-제도화와 탈제도화』, 한국문화사.

김홍규(1999), 『한국문학의 이해』, 민음사.

노명완·이차숙(2006), 『문식성 연구』, 박이정.

노진호(1996), 『존 듀이의 교육이론: 반성적 사고와 교육』, 문음사.

문교부(1988), 『문교40년사』, 대한교과서주식회사.

문학과문학교육연구소(1996), 『문학교육의 탐구』, 국학자료원.

문홍주(1986), 『국민정신교육총람』, 한국정신문화연구원.

민현식 외(2007), 『미래를 여는 국어교육사 I·II』, 서울대학교출판부.

박병호(1994), 『교육학용어사전』, 도서출판 하우.

박붕배(1997), 『한국국어교육전사 上·中·下』, 대한교과서주식회사.

박영목 외(2005), 『국어교육론1,3』, 한국문화사.

박영목·한철우·윤희원(2002), 『국어과 교수 학습론』, 교학사.

_____(2009), 『국어교육학 원론』, 박이정.

박영호(1994), 『교육학용어사전』, 도서출판 하우.

박재문(1998), 『지식의 구조와 구조주의』, 교육과학사.

박천환(2012), 『듀이의 경험이론과 교육인식론』, 학지사.

서준섭(2000), 「한국 모더니즘 문학 연구」, 일지사.

_____(2015), 『현대문학과 사회문화적 상상력』, 푸른사상.

손영애(2005), 「국어교육과정 변천사」, 『국어교육론1』, 한국문화사.

엄 훈(2012), 『학교 속의 문맹자들』, 우리교육.

오천석(1975), 『한국신교육사(하)』, 광명출판사.

우한용(2007), 『문학교육과 문화론』, 서울대학교출판부.

_____(2009), 『한국 근대문학교육사 연구』, 서울대학교출판부.

윤여탁 외(2006), 『국어교육 100년사 I·II』, 서울대학교출판부.

_____(2008), 『매체언어와 국어교육』, 서울대학교출판부.

이광호(1985), 「미군정의 교육정책」, 『해방전후의 인식2』, 한길사.

이성영(2008), 「읽기의 개념과 성격, 그리고 양상」, 『문식성 교육 연구』, 한국문화사.

이응백(1989), 『續 국어교육사연구』, 신구문화사.

_____(1991), 『국어교육사연구』, 신구문화사.

이주호(1987), 『국어교육연구』, 학문사.

이홍우(1983), 『지식의 구조와 교육』, 교육과학사.

_____(2000), 『교육과정탐구』, 박영사.

전국교직원노동조합(1989), 『민주화를 위한 교육백서』, 풀빛.

정재찬(2003), 『문학교육의 사회학을 위하여』, 역락.

_____(2004), 『문학교육의 현상과 인식』, 역락.

정재찬 외(2014), 『문학교육개론 I -이론편』, 역락.

정준섭(1996), 『국어과 교육과정의 변천』, 대한교과서주식회사.

최미숙 외(2012), 『국어 교육의 이해』, ㈜사회평론.

최석태(1999), 『한국 교육 100년사 제1권』, ㈜교육신문사.

최영환(2003), 『국어교육학의 지향』, 삼지원.

한기호(2006), 『디지로그 시대, 책의 행방』한국출판마케팅연구소.

허재영(2006), 『국어과 교육의 이해와 탐색』, 박이정.

_____(2011), 『건국 과도기의 국정 중등 교과서 1~8』, 역락.

현택수(1998), 『문화와 권력: 부르디외 사회학의 이해』, 나남출판.

4. 외국 단행본(번역서)

Benediet Anderson(2007), 『상상의 공동체-민족주의 기원과 전파에 대한 성찰』, 윤형숙 역, 나남.

David Barton(2014), 『문식성: 문자 언어 생태학 개론』, 김영란·옥현진·서수현 공역, 연세 대학교 대학출판문화원.

De Jacques Rancière(2009), 『문학의 정치』, 유재홍 역, 인간사랑.

Edward W. Said(2006), 『오리엔탈리즘』, 박홍규 역, 교보문고.

James Gribble(1987), 『문학교육론』, 나병철 역, 문예출판사.

John Anderson(1991), 『인지심리학』, 이영애 역, 을유문화사.

J. Karabel·A. H. Halsey(1985), 『교육과 사회구조』, 강순임 역, 미래사.

Michael W. Apple(1987), 『교육과 이데올로기』, 박부권·이혜영 역, 한길사.

M. Sarup(1988), 『교육과 국가』, 이종태 역, 학민사.

Pierre Bourdieu(2002), 『예술의 규칙-문학 장의 기원과 구조』, 하태역 역, 동문선.

_____(2003), 『재생산-교육체계 이론을 위한 요소들』, 이상호 역, 동문선.

_____(2014), 『언어와 싱징권력』, 김현경 역, 나남.

Pierre Macherey(2003), 『문학은 무슨 생각을 하는가』, 서민역 역, 동문선.

Raman Seldon·Peter Widdowson·Peter Brooker(2014), 『현대 문학 이론』, 정정호·윤지 관·정문영·여건종 옮김, 경문사

René Wellek & Austin Warren(2009), 『문학의 이론』, 이경수 역, 문예출판사.

Raymond J. Rodrigues·Dennis Badaczewski(2007), 『문학 작품을 어떻게 가르칠 것인

가』, 박인기·최병우·김창원 역, 박이정.

Roland Barthes(2002), 『텍스트의 즐거움』, 김희영 옮김, 동문선.

Shirane Haruo·Suzukuki Tomi 엮음(2002), 『창조된 고전: 일본문학의 정전 형성과 근대 그리고 젠더』, 왕숙영 옮김(2002), 소명출판.

Terry Eagleton(2008), 『문학이론입문』, 김명환·정남영·장남수 共譯, 창작과비평사.

5. 기타(신문·인터넷 사이트)

경향신문, "도의교육소고", 1958.03.09.

_____, "교육의 세계화는 무엇보다 중요", 1995.01.26.

매일경제, "세계화 구상 어디까지… 국정 좌표 '공감', 추진에 '난감'", 1994.11.29.

_____, "경제위축 우려 깨고 문민호황 이뤄", 1996.08.25: 9.

한국일보, "영어 공용화 주장은 망상…", 2002.01.15.

한겨레, "'세계화'라는 화두", 1994.12.25.

_____, "한국 IMF 졸업했다", 1999.12.30.

국가기록원 홈페이지(http://www.archives.go.kr)

국가교육과정정보센터(http://ncic.go.kr)

■ 부록1: 교육과정별 국어·문학 교과서에 수록된 문학 작품 목록

[표 V-6] 교육과정별 국어 교과서에 수록된 고전문학(작가 가. 나. 다 순)

갈래	작가	작품	교수요목	제1차	제2차	제3차	제4차	제5차	제6차	제7차
향가	서동	서동요								○
	월명사	제망매가						○		
	충담사	안민가							○	
	충담사	찬기파랑가				○	○			
고려 가요	작자미상	가시리	○							
	작자미상	사모곡	○	○	○	○	○			
	작자미상	청산별곡				○	○	○	○	○
	정서	정과정	○	○	○	○				
가사	박인로	태평사	○	○						
	작자미상	농가월령가	○							
	작자미상	유산가	○					○	○	
	정극인	상춘곡	○	○	○	○	○			
	정철	관동별곡	○	○	○	○	○			
	정철	사미인곡	○	○						
	홍순학	연행가							○	
고전 소설	김만중	구운몽						○	○	○
	박지원	허생전						○	○	○
	작자미상	심청전	○							
	작자미상	왕랑반혼전	○							
	작자미상	춘향전	○	○	○	○	○	○	○	○
	작자미상	토끼전		○	○	○				
	작자미상	흥보가							○	
	허균	홍길동전		○	○	○				
고대 수필	김부식	진삼국사표				○				
	세종	훈민정음				○	○			
	박지원	물				○	○			
	박지원	열하일기	○							
	성현	용재총화				○				
	소식	적벽부							○	
	연안김씨	동명일기		○	○	○	○			○
	유씨부인	조침문	○	○	○	○	○			
	유자징	소학언해						○		
	이곡	차마설							○	
	이규보	슬견설						○		
	작자미상	동국신속 삼강생실도								○
	정약용	기예론							○	
	정약용	유배지에서 보낸 편지								○
	최익현	유한라산기					○	○		
	혜경궁 홍씨	가효당의 설움		○						
	홍대용	매헌에게 주는 글							○	

[표 V-7] 교육과정별 국어 교과서에 수록된 현대문학(작가 가. 나. 다 순)

구분			교수요목	제1차	제2차	제3차	제4차	제5차	제6차	제7차
갈래	작가	작품								
시	고티에	비둘기 떼			○	○				
	김광림	산				○				
	김광섭	마음	○	○						
	김광섭	민족의 축전	○							
	김광섭	비 갠 여름 아침	○							
	김광섭	성북동 비둘기							○	
	김광섭	해방의 노래	○							
	김기림	못	○							
	김기림	바다	○							
	김기림	봄								
	김기림	향수	○							
	김남조	겨울 바다					○			
	김남조	설일							○	
	김동명	바다	○							
	김동명	파초	○	○	○	○				
	김상옥	멧새 알	○							
	김상옥	봉숭아	○							
	김상옥	어린이와 꽃	○							
	김소월	가는 길	○							
	김소월	금잔디	○	○	○					
	김소월	기회	○							
	김소월	길						○		
	김소월	산	○							
	김소월	산유화	○							
	김소월	엄마야 누나야	○							
	김소월	왕십리	○							
	김소월	진달래꽃		○	○	○	○		○	○
	김소월	초혼	○							
	김수영	폭포						○		
	김억	내 고향	○							
	김영랑	겨레의 새해	○							
	김영랑	모란이 피기까지는	○	○	○	○	○			
	김종길	성탄제					○			
	김종삼	설날 아침에				○				
	김춘수	부다페스트에서의 소녀의 죽음				○				
	김춘수	꽃					○			
	김현승	가을의 기도					○			
	노천명	사슴			○	○				
	노천명	장날	○							
	노천명	푸른 오월		○						
	릴케	가을날		○	○					
	모윤숙	국군은 죽어서 말한다	○							
	발레리	석류	○							

갈래	작가	작품	교수요목	제1차	제2차	제3차	제4차	제5차	제6차	제7차
	베를레에느	가을 노래	○							
	박남수	아침 이미지				○				
	박두진	3월 1일의 하늘				○	○			
	박두진	도봉			○					
	박두진	하늘	○							
	박두진	해	○							
	박목월	나그네			○	○	○			
	박목월	청노루	○							
	박종화	청자부	○							
	박종화	탱자	○							
	변영로	논개	○							
	변영로	벗들이여	○							
	유우고	씨 뿌리는 사람	○							
	서정주	국화 옆에서	○		○	○	○			
	신석정	그 먼 나라를 알으십니까	○							
	신석정	들	○							
	신석정	들길에 서서	○							
	신석정	산수도	○							
	오장환	석탑의 노래	○							
	양주동	선구자	○							
	워즈워스	뻐꾸기에 부처							○	
	워즈워스	추수하는 아가씨				○	○			
시	메에어	은	○							
	유치환	깃발		○	○		○			
	유치환	울릉도				○				
	유치환	원수의 피로 썻은 지역	○							
	윤곤강	나비		○						
	윤곤강	해바라기	○							
	윤동주	별 헤는 밤			○					
	윤동주	서시					○			
	윤동주	참회록				○				
	이병기	봄	○							
	이병기	천마산협	○							
	이병철	나막신	○							
	이수복	봄비	○							
	이상화	빼앗긴 들에도 봄은 오는가		○			○			
	이육사	광야		○	○	○	○		○	○
	이육사	청포도		○	○					
	이은상	가고파	○							
	이은상	고향생각	○							
	이은상	봄	○							
	이은상	성불사의 밤	○							
	이은상	오륙도	○							
	이은상	조국에 바치는 노래	○							
	이희승	벽공				○				
	임화	우리 오빠와 화로	○							

갈래	작가	작품	교수요목	제1차	제2차	제3차	제4차	제5차	제6차	제7차
시	장순하	고무신				O				
	정완영	조국				O				
	정인보	가신 임	O							
	정인보	어머니				O				
	정지용	고향	O							
	정지용	그대들 돌아오시니	O							
	정지용	난초	O							
	정지용	유리창								O
	정지용	춘설	O							
	정한모	가을에				O	O			
	정훈	동백				O				
	조명희	경이	O							
	조병화	의자				O				
	조지훈	마음의 태양	O							
	조지훈	벗을 찾아 가는 길	O							
	조지훈	승무	O		O	O	O			
	지셴	배			O	O				
	즈앙 곡도	내 귀는	O							
	타고르	바닷가에서			O	O				
	콘포오드	전접	O							
	프로스트	가지 않은 길			O	O				
	한용운	논개의 애인이 되어서 그의 묘에							O	
	한용운	님의 침묵					O			
	한용운	복종	O							
	한용운	알 수 없어요		O	O	O				
	한용운	찬송						O		
	작자미상	봄ㅅ비 오는 날	O							
	작자미상	산촌모정	O							
소설	김동리	등신불				O	O			
	김동리	남으로 가는 길	O							
	김동인	두문동	O							
	김성한	바비도							O	
	김유정	동백꽃							O	
	김유정	봄·봄								O
	도오데	별		O	O	O	O			
	도오데	마지막 수업	O							
	박경리	토지							O	
	박완서	그 여자네 집								O
	박태원	천변풍경	O							
	박화성	그 은행나무	O							
	김동리	등신불				O	O			
	김동리	남으로 가는 길	O							
	김동인	두문동	O							
	김성한	바비도							O	
	김유정	동백꽃							O	
	김유정	봄·봄								O

갈래	작가	작품	교수요목	제1차	제2차	제3차	제4차	제5차	제6차	제7차
소설	도오데	별		O	O	O	O			
	도오데	마지막 수업	O							
	박경리	토지							O	
	박완서	그 여자네 집								O
	박태원	천변풍경	O							
	박화성	그 은행나무	O							
	심훈	상록수		O	O		O			
	염상섭	삼대						O	O	O
	오영수	윤이와 소	O							
	윤흥길	장마								O
	이기영	고향	O							
	이덕흥	헬렌켈러와 사리반 선생님	O							
	이무영	청개구리	O							
	이효석	메밀꽃 필 무렵							O	
	이효석	산	O							
	이청준	눈길								O
	이청준	선학동 나그네							O	
	정한숙	금당벽화				O	O			
수필	고황경	인도기행	O							
	곽종원	문학 축전에 붙임			O					
	권동진	삼일 운동의 회고	O							
	뀌리	어두운 시절	O							
	김광섭	일관성에 관하여				O	O			
	김규련	거룩한 본능					O			
	김기림	청량리	O							
	김기석	그리움	O							
	김덕례	욕심에 배운 한글								O
	김동석	나팔꽃	O							
	김동인	선인장	O							
	김봉구	나의 명절				O				
	김상옥	백자2제				O				
	김성칠	신라의 문화	O							
	김성칠	역사 앞에서								O
	김소운	가난한 날의 행복				O	O			
	김억	소월의 추억	O							
	김용준	매화	O							
	김응방	흑산도	O							
	김재원	아메리카 통신	O							
	김종철	간디의 물레								O
	김진섭	독서에 대하여	O							
	김진섭	매화찬				O	O			
	김진섭	백설부	O	O	O					
	김진섭	생활인의 철학	O	O						
	김진섭	창				O	O			
	김태길	글을 쓴다는 것				O	O			
	김태길	인간의 존엄과 성실				O				
	김태오	눈	O							

갈래	작가	작품	교수요목	제1차	제2차	제3차	제4차	제5차	제6차	제7차
수필	김환태	그리운 시절	O							
	노자영	동해안	O							
	노자영	우리 집 정원	O							
희곡·시나리오	셰익스피어	베니스의 상인	O							
	안석영	서울의 지붕 밑	O							
	오영진	바다	O							
	오영진	살아 있는 이중생 각하							O	
	오 헨리	마지막 한 잎		O	O		O			
	유치진	원술랑	O							
	유치진	조국				O	O			
	유치진	청춘은 조국과 더불어				O				
	진수완	어느 날 심장이 말했다								O
	최요안	장님의 지혜	O							
	최태호	소년의 노래	O							

[표 V-11] 교육과정별 문학 교과서에 수록된 고전문학(작가 가. 나. 다 순)

구분 갈래	작가	작품	제2차	제3차	제4차	제5차	제6차	제7차
향가	광덕의 아내	원앙생가	O			O		O
	균여	예경제불가	O	O	O			
	균여	참회업장가	O					
	균여	청불왕세가	O					
	득오	모죽지랑가	O	O	O			
	서동	서동요	O	O	O	O	O	O
	양지	풍요	O			O		
	예종	도이장가	O	O	O			
	월명사	도솔가		O				O
	월명사	제망매가	O	O	O	O	O	O
	융천사	혜성가	O					
	작자미상	해가						O
	작자미상	헌화가	O	O				
	처용	처용가	O	O	O		O	O
	충담사	안민가		O				O
	충담사	찬기파랑가	O				O	O
고려 가요	작자미상	가시리	O	O	O	O	O	O
	작자미상	동동	O	O	O	O	O	O
	작자미상	만전춘	O				O	O
	작자미상	사모곡	O			O	O	
	작자미상	상저가	O	O	O	O		
	작자미상	쌍화점	O					O
	작자미상	서경별곡	O	O		O	O	
	작자미상	유구곡	O					
	작자미상	이상곡	O			O		
	작자미상	정석가	O	O		O	O	O
	작자미상	청산별곡	O	O	O	O	O	O
	정서	정과정	O			O		
가사	김인겸	일동자유가	O	O	O	O	O	O
	김진형	북천가	O					
	김철영	애국가			O		O	
	나필균	자주독립가		O				
	박인로	누황사	O	O		O	O	O
	박인로	선상탄	O	O	O	O	O	O
	박인로	태평사	O	O				
	서산대사	회심가곡		O				
	신태식	신의관 창의가				O		O
	송순	면앙정가	O	O	O	O	O	O
	안조원	만언사	O	O				
	이중원	동심가	O	O	O	O	O	O
	이필균	애국하는 노래		O	O	O	O	
	이황	환산별곡		O				
	작자미상	가용풍송						O
	작자미상	권학사		O		O		
	작자미상	계녀사	O					

구분 갈래	작가	작품	제2차	제3차	제4차	제5차	제6차	제7차
가사	작자미상	규중행실가		O				
	작자미상	기음노래	O					
	작자미상	독립군가					O	O
	작자미상	석별가	O					
	작자미상	심어사					O	
	작자미상	용부가		O			O	
	작자미상	우부가					O	O
	작자미상	유산가	O					
	작자미상	일진회야				O		
	작자미상	춘민가	O					
	작자미상	표모가		O				
	정극인	상춘곡	O	O				
	정일당	봉선화가	O	O				
	정철	관동별곡	O	O				
	정철	사미인곡	O	O	O	O	O	O
	정철	성산별곡	O	O				
	정철	속미인곡	O	O	O	O		
	정학유	농가월령가	O	O	O	O	O	
	조우인	자도가	O					
	최남선	가을의 뜻		O				
	최남선	경부철도가		O	O	O		
	최돈성	자주독립가		O	O		O	
	최병헌	독립가		O				
	최제우	교훈가			O			
	한산거사	한양가		O				
	허난설헌	규원가	O	O	O	O	O	
	허전	고공가	O	O	O			
	홍순학	연행가	O	O	O			
고전소설	구우	등목취유취경원기					O	
	김만중	구운몽	O	O	O		O	O
	김만중	사씨남정기	O			O	O	O
	김시습	남염부주지				O		
	김시습	만복사저포기			O	O	O	O
	김시습	용궁부연록				O		
	김시습	이생규장전		O		O	O	O
	나관중	삼국지연의					O	O
	박두세	요로원야화기	O	O			O	
	박지원	광문자전						O
	박지원	양반전	O	O	O	O	O	O
	박지원	예덕선생전						O
	박지원	허생전			O		O	O
	박지원	호질					O	O
	오승은	서유기					O	
	이옥	성진사전				O		
	임제	원생몽유록		O				
	작자미상	강감찬전						O
	작자미상	박씨전					O	O

갈래	작가	작품	제2차	제3차	제4차	제5차	제6차	제7차
고전소설	작자미상	배비장전	○					
	작자미상	숙향전						○
	작자미상	서동지전						○
	작자미상	심청전	○	○	○	○	○	○
	작자미상	왕랑반혼전	○					
	작자미상	운영전				○	○	
	작자미상	유충렬전				○	○	○
	작자미상	이춘풍전	○					
	작자미상	임경업전		○				
	작자미상	장끼전					○	○
	작자미상	전우치전					○	○
	작자미상	조웅전					○	
	작자미상	춘향전	○	○	○	○	○	
	작자미상	토끼전		○				○
	작자미상	홍계월전						○
	작자미상	흥보전	○	○	○	○	○	○
	허균	홍길동전	○	○	○	○	○	○
고대수필	강우성	첩해신어	○					
	공자	공자언해	○					
	구양수	추성부					○	
	권근	주옹설					○	○
	김만중	윤씨행장	○					
	남평조씨	병자일기					○	○
	마테오리치	천주실의		○				
	맹자	맹자언해	○					
	박지원	일야구도하기	○				○	○
	박지원	통곡할 만한 자리						○
	사마천	백이열전					○	
	서유문	무오연행록		○				
	석식영암	정시자전			○			
	설총	화왕계			○		○	
	소식	희우정기					○	
	성현	박연의 피리				○	○	
	세조	능엄경언해		○				
	세조	월인석보		○	○			
	세종	훈민정음	○	○				
	소혜황후	어제내훈	○					
	수양대군	석보상절	○	○				
	신흠	야언초				○		
	연안김씨	동명일기	○	○		○	○	○
	연안김씨	북산루					○	○
	유근	동국신속삼강행실	○					
	유길준	서유견문	○	○	○	○	○	
	유몽인	어우야담	○	○	○	○	○	○
	유의양	북관노정록		○				
	유씨부인	조침문	○					○
	유자징	소학언해	○	○				

갈래	작가	작품	제2차	제3차	제4차	제5차	제6차	제7차
	이곡	죽부인전			○			
	이규보	경설				○	○	○
	이규보	국선생전		○	○	○	○	○
	이규보	뇌설						○
	이규보	슬견설						○
	이규보	이상한 관상쟁이						○
	이규보	이옥설					○	○
	이규보	주뢰설						○
	이규보	토실을 허문 데 대한 설						○
	이덕무	청장관전서						○
	이병모	오륜행실	○					
	이색	산중사			○			
	이승인	배열부전	○					
	이인로	청학동					○	○
	이제현	역옹패설	○					
	임춘	공방전		○	○	○	○	○
	자사	중용언해	○					
고대 수필	작자미상	계축일기	○	○	○	○	○	○
	작자미상	규중칠우쟁론기	○	○	○	○	○	○
	작자미상	노걸대언해	○					
	작자미상	병학지남	○					
	작자미상	산성일기	○	○	○	○	○	○
	작자미상	삼강행실도	○	○	○			
	작자미상	수삽석남	○					
	작자미상	인현왕후전	○	○	○			
	작자미상	임진록	○	○	○	○	○	○
	작자미상	칠대만법	○					
	정약용	수오재기						○
	조수삼	전기수					○	
	주세붕	오륜가				○		
	주자	대학언해	○					
	주자	효경언해		○	○			
	홍대용	을병연행록				○		
	홍대용	의산문답						○
	최보	표해록				○		
	최세진	박통사언해	○	○				
	최치원	토황소격문		○	○			
	허균	유재론						○
	혜경궁 홍씨	한중록	○	○		○	○	○
	혜초	왕오천축국전				○	○	○

[표 V-12] 교육과정별 문학 교과서에 수록된 현대문학(작가 가. 나. 다 순)

갈래	작가	작품	제4차	제5차	제6차	제7차
시	가키노모토 히토마로	니벨룽겐의 노래, 당신을 위해				○
	강명희	오빠와 언니는 왜 총에 맞았나요				○
	강은교	우리가 물이 되어				○
	고은	눈길		○		
	고은	단풍				○
	고은	머슴 대길이				○
	고은	문의 마을에 가서				○
	고은	성묘				○
	고형렬	자화상				○
	곽재구	사평역에서				○
	곽재구	은행나무				○
	괴테	미뇽의 노래			○	○
	괴테	발견			○	
	괴테	호수 위에서			○	
	구상	적군묘지		○	○	
	구상	초토의 시		○	○	○
	기타하라 하쿠슈	낙엽송			○	
	기욤 아폴리네르	미라보 다리			○	
	기형도	가을 무덤-제망매가				○
	기형도	빈 집				○
	기형도	식목제				○
	길상호	그 노인이 지은 집				○
	김경린	국제 열차는 타자기처럼				○
	김관식	석상의 노래				○
	김광규	상행				○
	김광규	희미한 옛 사랑의 그림자				○
	김광균	데생	○		○	
	김광균	설야	○		○	○
	김광균	성호 부근		○		○
	김광균	와사등	○	○	○	○
	김광균	외인촌	○	○	○	○
	김광균	추일서정		○	○	○
	김광섭	저녁에				○
	김광섭	마음				○
	김광섭	산			○	○
	김광섭	성북동 비둘기	○	○	○	○
	김규동	나비와 광장			○	
	김규동	두만강				○
	김기림	바다와 나비			○	○
	김남조	겨울바다				○
	김남조	바람				○
	김남조	설일			○	
	김남조	정념의 기		○	○	○
	김남주	함께 가자 우리 이 길을				○

구분			제4차	제5차	제6차	제7차
갈래	작가	작품				
시	김동명	내 마음은				○
	김동명	파초				○
	김동환	국경의 밤	○	○	○	○
	김동환	눈이 내리느니	○			
	김동환	산 너머 남촌에는				○
	김상옥	사향		○		
	김상용	남으로 창을 내겠소				○
	김소월	가는 길	○	○	○	○
	김소월	먼 후일			○	○
	김소월	무심		○		
	김소월	바라건대는 우리에게 보습 대일 땅이 있었다면		○	○	
	김소월	비단 안개				○
	김소월	산	○			
	김소월	산유화	○	○	○	○
	김소월	옷과 밥과 자유				○
	김소월	접동새	○		○	○
	김소월	진달래꽃		○	○	○
	김소월	초혼		○	○	○
	김수영	눈		○	○	
	김수영	어느 날 고궁을 나오면서				○
	김수영	폭포		○		
	김수영	푸른 하늘은				○
	김수영	풀		○	○	○
	김승희	사랑가				○
	김억	물레		○		
	김억	봄은 간다	○	○	○	○
	김억	오다가다		○		
	김영랑	끝없는 강물이 흐르네		○	○	
	김영랑	내 마음을 아실 이	○	○	○	○
	김영랑	누이의 마음아 나를 보아라		○		
	김영랑	독(毒)을 차고				○
	김영랑	돌담에 소색이는 햇발같이	○			○
	김영랑	모란이 피기 까지는	○			○
	김영랑	북		○	○	
	김영랑	오월	○	○	○	
	김영태	멀리 있는 무덤				○
	김용호	주막에서		○		
	김인기(대중가요)	작은 연못				○
	김종삼	민간인		○		
	김종삼	북 치는 소년				○
	김지하	무화과				○
	김지하	오적				○
	김지하	이 가문 날에 비구름				○
	김지하	타는 목마름으로			○	○
	김지하	어머니, 그 이름은 사랑입니다				○
	김춘수	꽃	○		○	○

구분			제4차	제5차	제6차	제7차
갈래	작가	작품				
시	김춘수	꽃을 위한 서시	○	○	○	
	김춘수	능금		○		
	김춘수	샤갈의 마을에 내리는 눈			○	○
	김춘수	시 I			○	
	김춘수	이중섭4				○
	김춘수	처용단장		○		○
	김현승	가을	○			
	김현승	가을의 기도				○
	김현승	눈물			○	○
	김현승	아버지의 마음			○	
	김현승	플라타너스		○		
	김혜순	납작납작-박수근 화법을 위하여				○
	나희덕	오 분간				○
	네루다	시			○	○
	네루다	옷에게 바치는 송가			○	○
	네루다	이 밤 나는 가장 슬픈 시를 쓸 수 있으리				○
	노천명	사슴			○	
	노천명	오월의 노래	○			
	노천명	자화상				○
	노천명	장날				○
	도종환	들길				○
	도종환	옥수수밭 옆에 당신을 묻고				○
	단테	신곡			○	○
	디오프	아프리카			○	○
	디킨슨	널빤지에서 널빤지로			○	
	랭보	모음들				○
	랭보	새벽			○	
	릴케	가을날			○	
	릴케	장미의 속				○
	매클리시	시법			○	
	모마데이	새벽으로 만든 집			○	
	문병란	직녀에게				○
	민영	귀뚜라미 울음-수유리에서				○
	밀턴	실낙원			○	
	박남수	새		○	○	○
	박남수	아침 이미지		○	○	○
	박남수	종소리		○	○	
	박남철	텔레비전				○
	박노해	신혼 일기				○
	박두진	강		○		
	박두진	꽃				○
	박두진	도봉		○	○	
	박두진	묘지송	○			
	박두진	어서 너는 오너라		○	○	○
	박두진	청산도		○		○
	박두진	향현			○	

구분			제4차	제5차	제6차	제7차
갈래	작가	작품				
시	박두진	해	○	○	○	○
	박목월	가정			○	
	박목월	나그네				○
	박목월	달		○		
	박목월	보랏빛 소묘				○
	박목월	불국사	○	○	○	
	박목월	산도화		○	○	○
	박목월	이별가				○
	박목월	청노루		○	○	
	박목월	하관		○	○	
	박붕우	휴전선			○	○
	박용래	연시(軟☒)			○	
	박용래	저녁 눈				○
	박용철	떠나가는 배		○		○
	박인환	목마와 숙녀		○	○	○
	박인환	살아 있는 것이 있다면			○	○
	박재삼	밤바다에서			○	
	박재삼	수정가				○
	박재삼	울음이 타는 강			○	○
	박재삼	자연		○		
	박재삼	추억에서			○	○
	박재삼	흥부 부부상			○	
	발레리	띠			○	
	발레리	석류			○	
	백석	고향			○	
	백석	남신의주 유동 박시봉방			○	○
	백석	동해				○
	백석	멧새 소리				○
	백석	북방에서				○
	백석	석양			○	
	백석	여승			○	○
	백석	여우난 곬족			○	○
	변영로	논개		○		○
	변영로	봄비			○	
	베를렌	3년 후			○	
	베를렌	가을의 노래			○	○
	베를렌	하늘은 지붕 너머로			○	
	보들레르	고양이				○
	보들레르	상응교감			○	
	보들레르	알바트로스				○
	보들레르	인간과 바다			○	
	브레히트	시에 불리한 시대			○	
	불레이크	굴뚝 소제부			○	
	사포	내게는 그 분이			○	
	생고르	검은 여인			○	○
	서정윤	홀로서기				○
	서정주	견우의 노래				○

구분			제4차	제5차	제6차	제7차
갈래	작가	작품				
시	서정주	광화문	○			
	서정주	꽃밭의 독백				○
	서정주	귀촉도	○	○	○	
	서정주	국화 옆에서			○	○
	서정주	동천			○	○
	서정주	무등을 보며			○	○
	서정주	밀어	○			
	서정주	상리과원			○	
	서정주	신부				○
	서정주	자화상			○	
	서정주	질마재 신화			○	
	서정주	추천사	○		○	
	서정주	춘향유문				○
	서정주	화사			○	
	셰익스피어	소네트76			○	
	성기조	고향으로 가는 길			○	
	송수권	산문에 기대어				○
	송찬호	구두				○
	신경림	농무			○	○
	신경림	목계장터			○	○
	신동엽	껍데기는 가라			○	○
	신동엽	그의 행복을 기도드리는			○	
	신동엽	금강				○
	신동엽	너에게				○
	신동엽	누가 하늘을 보았다 하는가				○
	신동집	목숨	○			
	신동집	송신	○			
	신동집	오렌지			○	○
	신석정	그 먼 나라를 알으십니까			○	
	신석정	꽃덤불		○		○
	신석정	들길에 서서			○	
	신석정	슬픈 구도			○	
	신석정	아직 촛불을 켤 때가 아닙니다		○		
	신석정	임께서 부르시면	○	○		
	신석정	작은 짐승		○	○	
	신석초	바라춤		○		
	신진호	이별이란				○
	심훈	그날이 오면			○	○
	스펜더	급행 열차				○
	아흐마또바	이별			○	
	안도현	이웃집				○
	안도현	모닥불				○
	애드거 A. 포	애너벨 리			○	○
	엘뤼아르	자유			○	○
	엘뤼아르	전시에 쓴 일곱 편의 사랑의 시				○
	엘리엇	죽은 자의 매장			○	
	엘리엇	황무지			○	○

구분			제4차	제5차	제6차	제7차
갈래	작가	작품				
시	예이츠	비잔티움의 항해			○	
	예이츠	유전				○
	예이츠	이니스프리 호수의 섬			○	○
	예이츠	흰 새들			○	
	양성우	겨울 공화국				○
	오규원	프란츠 카프가				○
	오든	나그네여, 보라			○	
	오마르 카얌	루바이아트			○	
	오상순	방랑의 마음	○	○	○	
	오세영	겨울 노래				○
	워즈워스	무지개			○	○
	워즈워스	삼월			○	
	워즈워스	수선화			○	
	유안진	쇠붙이와 강철 시대의 봄을 맞으면서				○
	유안진	지란지교를 꿈꾸며				○
	유치환	깃발			○	○
	유치환	바람에게	○			
	유치환	바위			○	○
	유치환	생명의 서	○	○	○	○
	유치환	일월			○	○
	유하	바람 부는 날이면 압구정동에 가야 한다				○
	유하	生(생)				○
	윤곤강	아지랑이		○		
	윤동주	길				○
	윤동주	별 헤는 밤		○	○	○
	윤동주	병원	○			
	윤동주	서시	○			○
	윤동주	쉽게 씌어진 시		○	○	○
	윤동주	십자가			○	○
	윤동주	자화상				○
	윤동주	참회록		○	○	○
	윤심덕	사의 찬미				○
	이동주	강강술래	○			
	이상	가정			○	○
	이상	거울	○	○	○	○
	이상	오감도-시 제1호			○	○
	이상	운동				○
	이상화	나의 침실로	○	○	○	
	이상화	빼앗긴 들에도 봄은 오는가	○	○	○	○
	이성부	벼			○	
	이수복	봄비		○		
	이승훈	위독		○		
	이영도	드래곤 라자				○
	이영도	신록			○	○
	이용악	낡은 집			○	○
	이용악	우라지오 가까운 항구에서				○

344

구분			제4차	제5차	제6차	제7차
갈래	작가	작품				
	이용악	전라도 가시내				○
	이용악	풀벌레 소리 가득 차 있었다				○
	이육사	광야			○	○
	이육사	교목				○
	이육사	꽃			○	○
	이육사	절정	○	○	○	○
	이육사	청포도			○	○
	이은상	고지가 바로 저긴데		○		
	이은상	가고파				○
	이은상	기원	○			
	이적(대중가요)	내 낡은 서랍속의 바다				○
	이장희	봄은 고양이로소이다			○	○
	이한직	낙타		○		
	이해인	긴 두레박을 하늘에 대며				○
	이해인	살아 있는 날은				○
	이형기	비오디 피피엠				○
	이형기	폭포			○	
	이희승	벽공				○
	인터넷 작품	가을 서정				○
	인터넷 작품	당신은 행복한 사람입니다				○
	임화	우리 오빠와 화로				○
	장만영	달·포도·잎사귀		○		
시	장정일	라디오같이 사랑을 끄고 켤 수 있다면				○
	장정일	하숙				○
	장 콕크	내 귀는 소라 껍질				○
	장호	내일은 오늘 안에서 동트다	○			
	전봉건	피아노		○		
	정완영	낙산사 풍경 소리	○			
	정지용	고향			○	○
	정지용	그대들 돌아오시니				○
	정지용	말			○	
	정지용	비		○	○	○
	정지용	유리창 I		○	○	○
	정지용	장수산 I				○
	정지용	카페⬚프란스				○
	정지용	향수		○	○	○
	정한모	나비의 여행	○	○	○	○
	정한모	새벽 I				○
	정현종	그대는 별인가 - 시인을 향하여				○
	정현종	섬				○
	정호승	또 기다리는 편지				○
	정호승	수선화에게				○
	정호승	슬픔이 기쁨에게				○
	정희승	길				○
	정희승	저문 강에 삽을 씻고				○
	조병화	밤의 이야기20				○
	조병화	해마다 봄이 되면			○	

갈래	작가	작품	제4차	제5차	제6차	제7차
시	조지훈	고풍의상		○		○
	조지훈	낙화		○		
	조지훈	다부원에서				○
	조지훈	마음	○			
	조지훈	마음의 태양	○			
	조지훈	민들레꽃		○		
	조지훈	봉황수	○	○	○	
	조지훈	석문		○		
	조지훈	승무			○	○
	조지훈	풀잎 단장			○	
	주요한	그 봄을 바라			○	
	주요한	불놀이	○	○	○	○
	주요한	빗소리		○		
	주요한	샘물이 혼자서		○		
	지센	배			○	
	천상병	귀천			○	○
	천양희	한계				○
	초서	켄터베리 이야기			○	○
	최두석	성에꽃				○
	타고르	기탄잘리			○	○
	타고르	동방의 등불			○	○
	타고르	바닷가에서			○	○
	타고르	원정			○	
	타고르	종이배			○	○
	타다모토	한 줄도 너무 길다				○
	킬머	나무들			○	
	파운드	지하철 정거장에서			○	○
	프로스트	가지 않은 길			○	○
	프로스트	눈 내리는 밤 숲 옆에 발을 멈추고			○	○
	하덕규	가시나무				○
	하이네	노래의 날개 위에			○	○
	하이네	눈부시게 아름다운 5월에			○	
	학생작품	달팽이				○
	학생작품	오월				○
	학생작품	포도알				○
	한용운	나룻배와 행인	○	○		○
	한용운	님의 침묵	○		○	○
	한용운	당신을 보았습니다		○	○	○
	한용운	알 수 없어요		○	○	○
	한용운	이별은 미의 창조		○		
	한용운	정천한해		○		
	한용운	찬송				○
	한용운	파랑새				○
	함형수	해바라기의 비명				○
	허영자	자수		○		○
	홍사용	나는 왕이로소이다	○			
	황동규	기항지 I			○	

갈래	구분 작가	구분 작품	제4차	제5차	제6차	제7차
시	황동규	나는 바퀴를 보면 굴리고 싶어진다				○
	황동규	조그만 사랑 노래			○	○
	황동규	즐거운 편지				○
	황동규	풍장 I			○	○
	황지우	너를 기다리는 동안				○
	황지우	무등				○
	황지우	서벌, 셔볼, 셔블, 서울, SEOUL				○
	황지우	새들도 세상을 뜨는구나				○
	흄	가을			○	
	힐덜린	고향				○
소설	가오싱셴	영혼의 산				○
	가와바타 야스나리	설국			○	
	강석영	숲 속의 방				○
	강신재	젊은 느티나무		○	○	○
	계용묵	백치 아다다			○	
	고골리	외투			○	○
	괴테	젊은 베르테르의 슬픔			○	
	권정생	강아지 똥				○
	김내성	비밀의 문		○		
	김동리	까치 소리		○	○	
	김동리	무녀도	○	○	○	○
	김동리	바위	○	○	○	
	김동리	사반의 십자가				○
	김동리	역마		○	○	○
	김동리	을화	○		○	
	김동리	화랑의 후예	○			
	김동인	감자			○	○
	김동인	광염 소나타				○
	김동인	광화사	○		○	
	김동인	대수양				○
	김동인	배따라기		○	○	○
	김동인	붉은 산		○	○	
	김동인	태형		○		
	김성한	바비도	○		○	
	김소진	자전거 도둑				○
	김승옥	누이를 이해하기 위하여		○	○	
	김승옥	무진기행			○	○
	김승옥	서울, 1964년 겨울		○	○	○
	김승옥	역사				○
	김승옥	환상수첩				○
	김원일	도요새에 관한 명상				○
	김원일	어둠의 혼			○	○
	김유정	동백꽃		○	○	○
	김유정	만무방		○		○
	김유정	봄·봄		○	○	○
	김정한	모래톱 이야기		○	○	○
	김정한	바비도				○

구분			제4차	제5차	제6차	제7차
갈래	작가	작품				
	김정한	사하촌		○	○	○
	김정한	수라도	○	○	○	○
	김준	나그네			○	
	김학철	종횡만리				○
	나딘 고디머	로데시아 발 기차				○
	나쓰메 소오세키	도련님			○	
	나도향	물레방아		○		
	나집 마흐프즈	포로의 옷			○	○
	도데	산문으로 쓴 환상시			○	○
	도스토예프스키	죄와 벌			○	○
	도스토예프스키	카라마조프가의 형제들				○
	라블레	가르강튀아와 팡타그뤼엘				○
	레마르크	개선문				○
	루쉰	고향			○	
	루쉰	아큐정전			○	○
	마르케스	꿈을 빌려 드립니다				○
	마르케스	백 년 동안의 고독				○
	마르케스	어떤 날			○	○
	매클로	가시나무 새				○
	모파상	귀향			○	
	모파상	두 친구			○	○
	모파상	목걸이			○	○
	모파상	미뉴에트			○	
소설	모파상	쥘르 삼촌				○
	무라카미 하루키	양을 둘러싼 모험				○
	문순태	철쭉제				○
	박경리	거리의 악사		○		
	박경리	김 약국의 딸들				○
	박경리	불신시대			○	
	박경리	토지				○
	박경리	풍경A			○	
	박상률	봄바람				○
	박완서	그해 겨울은 따뜻했네				○
	박완서	나목			○	○
	박완서	세상에서 가장 무거운 틀리				○
	박완서	엄마의 말뚝1				○
	박완서	우황청심환				○
	박완서	황혼				○
	박종화	대춘부	○			
	박태원	소설가 구보 씨의 일일			○	○
	박태원	천변풍경			○	
	박태원	피로			○	
	발자크	고리오 영감			○	○
	베른	해저 이만리				○
	보리스 파스테르나크	의사 지바고			○	○
	보카치오	데카메론			○	

구분			제4차	제5차	제6차	제7차
갈래	작가	작품				
소설	생텍쥐페리	어린 왕자				○
	서영은	먼 그대				○
	서정인	강				○
	선우휘	불꽃	○		○	
	성석제	오렌지 맛 오렌지				○
	세르반테스	돈키호테			○	○
	셍키에비치	등대지기			○	
	손창섭	비 오는 날		○	○	○
	솔제니친	이반데니소비치의 하루			○	○
	스위프트	걸리버 여행기			○	○
	스타인벡	분노의 포도			○	○
	시오노 나나미	신의 대리인				○
	신경숙	감자 먹는 사람들				○
	신경숙	외딴 방				○
	신주영·임영수	소설 스타크래프트				○
	스탕달	적과 흑				○
	안도현	연어				○
	안수길	북간도			○	○
	앙드레 지드	좁은 문			○	○
	양귀자	원미동 사람들				○
	양귀자	한계령				○
	염상섭	두 파산		○	○	○
	염상섭	만세전		○	○	○
	염상섭	삼대		○	○	
	오상원	유예		○	○	
	오영수	갯마을				○
	오정희	중국인 거리				○
	오 헨리	20년 후				○
	오 헨리	마지막 잎새				○
	오 헨리	크리스마스 선물			○	
	웰즈	타임머신				○
	유진오	김 강사와 T교수				○
	윤대녕	소는 여관으로 들어온다				○
	윤영수	민사85다6008호 사건				○
	윤흥길	아홉 켤레의 구두로 남은 사내				○
	윤흥길	장마			○	○
	이광수	무정	○	○	○	○
	이무영	죄와 벌	○			
	이문구	관촌수필				○
	이문구	유자소전				○
	이문구	일락서산			○	
	이문열	금시조				○
	이문열	선택				○
	이문열	우리들의 일그러진 영웅				○
	이미륵	압록강은 흐른다			○	○
	이범선	오발탄			○	○
	이범선	학마을 사람들	○	○		○

갈래	구분 작가	작품	제4차	제5차	제6차	제7차
소설	이상	날개		○	○	○
	이우혁	퇴마록				○
	이인성	당신에 대하여				○
	이청준	건방진 신문팔이				○
	이청준	눈길			○	○
	이청준	매잡이		○		○
	이청준	병신과 머저리		○	○	○
	이청준	서편제			○	○
	이청준	선학동 나그네				○
	이청준	줄			○	○
	이청준	침몰선			○	
	이청준	해변아리랑				○
	이태준	까마귀				○
	이태준	돌다리				○
	이태준	복덕방				○
	이태준	패강랭			○	
	이태준	해방전후			○	
	이호철	닳아지는 살들				○
	이호철	탈향				○
	이호철	판문점				○
	이효석	메밀꽃 필 무렵	○	○	○	○
	이효석	산			○	○
	임철우	붉은 방				○
	임철우	사평역				○
	장용학	요한시집				○
	전광용	꺼삐딴 리	○	○	○	○
	전광용	사수				○
	전상국	동행			○	
	전상국	외등				○
	전상국	우리들의 날개				○
	전영택	화수분	○	○	○	
	정비석	성황당				○
	조세희	난장이가 쏘아올린 작은 공			○	○
	조세희	뫼비우스의 띠				○
	조정래	태백산맥				○
	조지 오웰	동물농장				○
	주요섭	사랑 손님과 어머니	○	○	○	○
	채만식	논 이야기			○	○
	채만식	미스터 방				○
	채만식	치숙			○	○	○
	채만식	탁류			○	○
	채만식	태평천하			○	○
	채만식	허생전				○
	체호프	우수			○	
	최명희	혼불				○
	최서해	탈출기				○
	최서해	홍염			○	○	○

350

구분			제4차	제5차	제6차	제7차
갈래	작가	작품				
소설	최윤	푸른 기차				○
	최인호	내 마음의 풍차				○
	최인훈	광장		○	○	○
	최일남	흐르는 북				○
	최학송	탈출기		○		
	최학송	홍염			○	
	카뮈	이방인				○
	카프카	변신			○	○
	톨스토이	유년 시대				○
	톨스토이	부활			○	
	톨킨	반지의 제왕				○
	플로베르	보봐리 부인				○
	하근찬	수난이대	○	○	○	○
	하디	테스				○
	학생작품	아빠와 함께 한 크리스마스				○
	헤밍웨이	노인과 바다			○	○
	헤밍웨이	누구를 위하여 종을 울리나				○
	헤밍웨이	인디언 부락			○	
	헤르만 헤세	괴로운 길			○	
	헤르만 헤세	데미안			○	○
	헤르만 헤세	수레바퀴 밑에서			○	○
	헤르만 헤세	크놀프			○	
	현진건	고향	○		○	○
	현진건	운수 좋은 날	○	○	○	○
	현진건	할머니의 죽음				○
	홍명희	임꺽정				○
	홍성원	폭군		○		
	황석영	삼포가는 길				○
	황석영	아우를 위하여				○
	황순원	나무들 비탈에 서다			○	○
	황순원	너와 나만의 시간				○
	황순원	독 짓는 늙은이	○	○	○	○
	황순원	모델	○			○
	황순원	목넘이 마을의 개			○	○
	황순원	별			○	○
	황순원	소나기				○
	황순원	어둠 속에 찍힌 만화			○	
	황순원	이리도		○		
	황순원	카인의 후예			○	
	황순원	학	○		○	○
	후안 발레라	이중의 희생			○	
수필	가드너	모자철학			○	○
	가리키 준조	외경이라는 감정			○	
	강홍구	미술관 밖에서 만나는 미술 이야기				○
	계용묵	구두	○	○	○	○
	괴테	이탈리아 기행				○
	구본준	우리는 괴물이 아니다				○

구분			제4차	제5차	제6차	제7차
갈래	작가	작품				
수필	구인환	자아 발견을 위한 진지한 고뇌				○
	김교신	개구리 죽음을 조상함				○
	김기택	바퀴벌레는 진화중				○
	김동명	어머니			○	○
	김동인	대동강		○		
	김병종	내 시린 가슴 한의 못을 빼 주오				○
	김병종	세기가 닫히는 저 장려한 빛에 잠겨				○
	김병종	아리랑과 정선				○
	김상용	백리금파에서	○		○	
	김상용	허무감을 받은 그 시절		○		
	김소운	가난한 날의 행복				○
	김소운	낭비가(浪費家)			○	
	김소운	보람의 씨앗		○		
	김소운	인생의 묘미		○		
	김소운	특급품			○	○
	김소운	피딴문답	○		○	
	김용준	두꺼비 연적을 산 이야기				○
	김용준	추사글씨				○
	김진섭	교양에 대하여	○			
	김진섭	명명철학(命名哲學)			○	
	김진섭	모송론	○	○	○	
	김진섭	백설부			○	○
	김진섭	생활인의 철학			○	○
	김태길	꾀꼬리			○	○
	김태길	멋있는 사람들			○	○
	김태길	흐르지 않는 세월				○
	김학동	청룡산 높이 떠도는 흰 구름				○
	김형석	수학이 모르는 지혜			○	○
	김훈	숲은 죽지 않는다				○
	나도향	그믐달		○	○	○
	나쓰메 소세키	유리창 안에서				○
	노자영	산촌일기		○		
	노천명	설야산책	○			
	노천명	한여름 밤에				○
	램	회복기의 환자			○	
	루소	에밀				○
	루쉰	눈			○	
	몽테뉴	대화에 대하여			○	
	몽테뉴	슬픔에 관하여			○	○
	미끼 기요시	독서론			○	
	미셀 투르니에	열쇠와 자물쇠				○
	미우라 아야꼬	사는 보람에 대하여			○	
	민태원	청춘예찬		○	○	○
	박경리	거리의 악사			○	○
	박경리	조화			○	
	박문하	잃어버린 동화			○	○
	박연구	하나의 풍경				○

구분			제4차	제5차	제6차	제7차
갈래	작가	작품				
수필	박완서	꼴찌에게 보내는 갈채				○
	박완서	생각을 바꾸면서				○
	박이문	집에 대하여	○			
	법정	모기 이야기				○
	법정	무소유			○	○
	법정	함께 있고 싶어서			○	
	법정	홀로 있는 시간				○
	베이컨	학문에 대하여			○	○
	설의식	헐려 짓는 광화문			○	○
	손진태	토속 연구 여행기	○		○	
	솔제니친	자연이 나에게 가르쳐 준 것			○	
	송찬호	구두				○
	시애틀 추장	우리는 모두 형제다				○
	신범순	아름다운 이미지의 변주				○
	신영복	더불어 숲				○
	신영복	드높은 삶을 지향하는 진정한 합격자가 되십시오				○
	신영복	새 삶의 문턱에 선 당신에게				○
	신영복	욕설의 리얼리즘				○
	오정희	세월 흐르는 소리가 귓가에				○
	안네 프랑크	안네의 일기				○
	안병욱	얼굴			○	
	안병욱	인생은 오월처럼			○	
	안병욱	행복의 메타포			○	○
	안톤 슈낙	우리를 슬프게 하는 것들				○
	안톤 슈낙	학창 시절의 친구들			○	
	양주동	웃음에 대하여				○
	오토다케 히로타다	우리 손으로 만든 영화				○
	요시다 겐코	시간을 아껴라				○
	유경환	돌층계				○
	유달영	슬픔에 관하여			○	○
	유진오	해바라기				○
	유홍준	나의 문화 유산 답사기				○
	윤오영	까치		○	○	○
	윤오영	달밤	○	○	○	○
	윤오영	방망이 깎던 노인	○		○	○
	윤오영	부끄러움			○	○
	이가림	인간 파괴를 고발한 예술가의 양심				○
	이노구치 구니코	진주만의 수업			○	○
	이병기	낙화암을 찾는 길에		○		
	이병기	풍란		○	○	
	이상	권태		○	○	○
	이어령	폭포와 분수			○	○
	이어령	화전민 지역				○
	이양하	나무	○	○	○	
	이양하	나무의 위의	○	○	○	
	이양하	무궁화		○	○	○

구분			제4차	제5차	제6차	제7차
갈래	작가	작품				
수필	이은상	무상	○	○		
	이은상	오월의 낙화암		○		
	이은상	해운대에서	○			
	이정록	누나				○
	이중섭	소처럼 무거운 걸음을 옮기면서				○
	이하윤	메모광	○			
	이항녕	깨어진 그릇				○
	이효석	낙엽을 태우면서				○
	이효석	화초	○			
	이희승	딸깍발이		○	○	○
	이희승	멋		○		
	장 그리니에	행운의 섬			○	
	전혜린	먼 곳에의 그리움			○	○
	전혜린	사치의 바벨탑				○
	정비석	들국화	○			
	정비석	산정무한			○	○
	정인택	돌아보지 않으리				○
	정진권	자장면				○
	조연현	천재와 건강	○			
	조용훈	에펠 탑이 우리에게 하는 말				○
	조지훈	지조론			○	○
	주쯔칭	아버지의 뒷모습				○
	처칠	제2차 세계대전				○
	최남선	백두산 근참기			○	
	최정희	푸른 계절에 꿈을		○		
	최태호	해학송			○	○
	톨스토이	유년 시대			○	
	파스칼	팡세				○
	페이터	모나리자			○	
	피천득	봄		○	○	
	피천득	수필			○	○
	피천득	오월	○		○	
	피천득	은전 한 닢		○	○	○
	피천득	이야기			○	
	피천득	추석			○	
	피천득	플루트 연주자		○	○	○
	학생작품	또 하나의 나를 몰아가다				○
	학생작품	할머니의 봄				○
	한비야	중국 견문록				○
	한흑구	보리	○		○	○
	허세욱	초승달이 질 때			○	
	헤르만 헤세	평화를 위한 기도			○	
	현진건	희생화			○	
	히로타다	오체 불만족				○

구분			제4차	제5차	제6차	제7차
갈래	작가	작품				
	괴테	파우스트			○	○
	김성동	만다라				○
	김용락	내 너를 꿈에 봄은	○			
	김우진	산돼지		○	○	○
	김우진	이영녀				○
	김지하	금관의 예수				○
	나소운·이종기	오발탄			○	○
	나운규	아리랑			○	○
	뒤렌마트	노부인의 방문				○
	박찬욱	공동경비구역(JSA)				○
	변영주	낮은 목소리2				○
	사무엘 베케트	고도를 기다리며			○	○
	셰익스피어	베니스의 상인			○	○
	셰익스피어	햄릿			○	○
	소포클레스	안티고네			○	○
	소포클레스	오이디푸스 왕				○
	손영목	천둥소리				○
	신봉승	갯마을			○	
	아서 밀러	세일즈맨의 죽음			○	○
희곡	아이히	꿈			○	
·	오영진	맹진사댁 경사	○		○	○
시나	오영진	시집가는 날		○		
리오	오영진	허생전		○	○	○
	오정요	아버지의 바다				○
	오태석	춘풍의 처			○	○
	오태석	태				○
	와일더	우리 읍내			○	
	유치진	소			○	○
	유치진	춘향전				○
	유치진	토막	○	○	○	○
	유치진	흔들리는 지축	○			
	윤봉춘	류관순	○	○		○
	이강백	결혼				○
	이강백	동지섣달 꽃 본 듯이				○
	이강백	파수꾼			○	○
	이근삼	국물 있사옵니다				○
	이근삼	원고지	○	○	○	○
	이문열	명성황후				○
	이문열	우리들의 일그러진 영웅				○
	이민용	개 같은 날의 오후				○
	이오네스코	대머리 여가수				○
	이정향	미술관 옆 동물원				○
	이창동	박하사탕				○
	이철향	옥갈매			○	
	이청준	서편제				○
	이환경	태조 왕건				○
	임희재	마부				○

| 구분 | | | 제4차 | 제5차 | 제6차 | 제7차 |
갈래	작가	작품				
희곡 · 시나 리오	입센	인형의 집			○	○
	전창근	고종 황제와 의사 안중근	○	○		
	조창인	가시고시				○
	조환유	편지				○
	진수완	오늘 너에게 세상을 읽어준다				○
	차범석	불모지			○	○
	차범석	산불				○
	차범석	새야 새야 파랑새야		○	○	○
	차범석	성난 기계		○	○	
	차범석	태양을 향하여	○	○	○	
	천승세	만선	○	○	○	○
	체호프	벚나무 밭			○	
	최완규	허준				○
	테네시 윌리엄스	유리 동물원			○	
	페데리코 펠리니	길			○	
	학생작품	여우야, 여우야, 뭐하니?				○
	함세덕	동승			○	○
	허진호	8월의 크리스마스				○
	홍진아·홍자람	우리는 지금 반란을 꿈꾼다				○
	황석영	한씨 연대기				○

356

■ 부록2: 교과서 본문 읽기 제재의 갈래에 의한 분류(작품과 작가)

1. 국어 교과서(교과서에 수록된 순서)

1) 제1차 교육과정

문교부(단기 4293), 『고등국어 I』, 대한교과서주식회사.

〈**고시조**〉정몽주 외 21편 / 〈**고전소설**〉토끼 화상 / 〈**고대수필**〉동명일기(연안 김씨) / 〈**시**〉금잔디(김소월), 청포도(이육사) / 〈**시조**〉최남선 외 11편 / 〈**소설**〉뽕나무와 아이들(심훈) / 〈**수필**〉메모광(이하윤), 어린이 예찬(방정환) , 청춘예찬(민태원), 나무 국토 대자연(이은상), 예술의 성적(문일평), 석굴암(현진건), 시조를 묻는 편지와 답장(김상옥·이병기), 들국화(정비석), 낙엽을 태우면서(이효석), 백설부(김진섭), 겨울 밤(노천명), 오랑캐꽃(이원수), 신록예찬(이양하) / 〈**문학개론**〉고전 문학에 대하여(조윤제), 소설의 첫걸음(조연현) / 〈**비평**〉소설의 핀트(유진오) / 〈**설명문**〉고운 음성과 바른 말(박창해), 방송 용어의 특이성(이희승), 국어의 개념(이희승), 국어의 특질(이희승) / 〈**논설문**〉문장도(이은상), 바른 언어생활(김윤경)

문교부(단기 4292), 『고등국어 II』, 대한교과서주식회사.

〈**고시조**〉어부사시사(윤선도, 4편) / 〈**고려가요**〉사모곡 / 〈**가사**〉사미인곡(정철) / 〈**고전소설**〉집 떠나는 홍길동(허균) / 〈**고대수필**〉조침문, 가효당의 설움(혜경궁 홍씨) / 〈**시**〉알 수 없어요(한용운), 깃발(유치환), 빼앗긴 들에도 봄은 오는가?(이상화), 진달래꽃(김소월), 파초(김동명), 모란이 피기까지는(김영랑), 마음(김광섭), 푸른 오월(노천명), 광야(이육사), 나비(윤곤강) / 〈**수필**〉축사, 편지 5편, 초청장, 일기 2편, 생활인의 철학(김진섭), 우리를 슬프게 하는 것들(안톤 슈낙), 산정무한(정비석), 그랜드 캐년(천관우), 면학의 서(양주동), 페이터의 산문(이양하) / 〈**시나리오**〉최후의 한 잎(오 헨리) / 〈**문학개론**〉수필 문학 소고(김광섭), 시의 운율(서정주), 시적 변용에 대하여(박용철), 영화 예술의 근대적 성격(오영진), 희곡론(유치진) / 〈**설명문**〉말의 속도와 강약(정태시), 다독과 정독(유진오), 우리말이 걸어온 길(김형규), 음운의 변천(이숭녕), 문자의 변천(정인승) / 〈**논설문**〉시인의 사명(이헌구)

문교부(단기 4292), 『고등국어 III』, 대한교과서주식회사.

〈**고려가요**〉정과정(정서) / 〈**가사**〉태평사(박인로), 관동별곡(정철), 상춘곡(정극인) / 〈**악장**〉용이어천가(11장) / 〈**한시**〉두시언해(두보, 9편), 소학언해(주자, 7편) / 〈**고전소설**〉춘향전에서 〈**고대수필**〉훈민정음 / 〈**소설**〉별(알퐁스 도오데) / 〈**수필**〉문학과 인생(최재서), 문학과 예술(최재서) / 〈문학개론〉단편 소설의 특질(최인욱), 문학의 이해와 감상(백철) / 〈비평〉시조 감상 한 수(이희승), 정송강과 국문학(정인보), 가시리 평설(양주동) / 〈설명문〉토의를 원만하게 진행시키려면(올리버), 현대 생활과 산문(곽복산), 외래어 표기에 대하여(김선기) / 〈논설문〉기미독립선언문, 국어의 장래(최현배), 은근과 끈기(조윤제)

2) 제2차 교육과정

문교부(1973), 『인문계 고등학교 국어 I 』, 대한교과서주식회사.
〈고시조〉이존오 외 27편 / 〈고전소설〉토끼 화상 / 〈고대수필〉동명일기(연안 김씨) / 〈시〉금잔디(김소월), 청포도(이육사) / 〈시조〉최남선 외 11편 / 〈소설〉뽕나무와 아이들(심훈) / 〈수필〉청춘예찬(민태원), 신록예찬(이양하), 피어린 육백 리(이은상), 오랑캐꽃(이원수), 들국화(정비석), 낙엽을 태우면서(이효석), 백설부(김진섭), 미술의 감상(이경성), 음악의 감상(박용구) / 〈문학사〉오늘의 한국 문학(조연현), 고전 문학의 흐름(박성의) / 〈문학개론〉수필을 쓰려면(조연현), 기행문을 쓰려면(박종화), 소설의 첫 걸음(김동리), 시조와 자유시(대담, 이은상·구상) / 〈설명문〉일기와 편지(박두진), 독서생활(윤영춘), 학교 문법의 성격(이희승), 국어의 개념(이희승), 국어의 특질(강윤호), 문장을 쓰려면(박목월), 바르게 듣고 빨리쓰기(한갑수), 실용문의 여러 가지(문교부), 바른 언어생활(김윤경), 회화와 독화(박창배), 토론과 보고(정태시) / 〈논설문〉사상과 생활(박종홍), 우리 민족의 풍습(임동권), 민족의 진로(김기석), 국어의 장래(최현배)

문교부(1968), 『인문계 고등학교 국어 II 』, 대한교과서주식회사.
〈고시조〉어부사시사(윤선도, 4편) / 〈고려가요〉사모곡 / 〈가사〉사미인곡(정철) / 〈고전소설〉집 떠나는 홍길동(허균) / 〈고대수필〉조침문(유씨부인) / 〈시〉알 수 없어요(한용운), 진달래꽃(김소월), 모란이 피기까지는(김영랑), 파초(김동명), 광야(이육사), 깃발(유치환), 사슴(노천명), 그 먼 나라를 알으십니까(신석정), 국화 옆에서(서정주), 도봉(박두진), 나그네(박목월), 승무(조지훈), 별 헤는 밤(윤동주) / 〈수필〉산정무한(정비석), 그랜드 캐넌(천관우), 수필(피천득), 면학의 서(양주동), 페이터의 산문(이양하), 영화 감상(이진섭), 연설의 실제(축사·백낙준, 대통령 취임사·존 에프 케네디) / 〈시나리오〉마지막 한 잎(오 헨리) / 〈문학개론〉시의 변용에 대하여(박용철), 시를 쓰려면(김용호), 현대소설의 특질(백철) / 〈비평〉세계 문학 산책(정인섭), 고대소설 평설(손낙범) / 〈설명문〉국어의 구조(허웅), 우리말이 걸어온 길(김형규), 음운의 변천(이숭녕), 우리말의 어원(남광우), 말의 속도와 강약(정태시), 소설과 희곡의 낭독법(차범석), 여러 가지 읽기(김성배), 회의발언과 사회법(이호진), 논문을 어떻게 쓰나(정병욱), 방송극에 대하여(최일수) / 〈논설문〉시인의 사명(이헌구), 국어의 순화(김민수), 국민경제의 부흥책(최호진)

문교부(1968), 『인문계 고등학교 국어Ⅲ』, 대한교과서주식회사.
〈고려가요〉정과정(정서) / 〈가사〉관동별곡(정철), 상춘곡(정극인) / 〈악장〉용비어천가 7장 / 〈한시〉정몽주 외 18편 / 〈고전소설〉춘향전에서 / 〈고대수필〉훈민정음 / 〈시〉추수하는 아가씨(워어즈워드), 가지 않은 길(프로스트), 비둘기 떼(고티에), 가을날(릴케), 바닷가에서 (타고르), 배(지센) / 〈소설〉별(알퐁스 도데) / 〈수필〉문학과 인생(최재서), 나라를 사랑하는 마음(정인보) / 〈문학개론〉현대문학의 여러 가지 모습(백철), 단편 소설의 특질(최인욱), 희곡을 쓰려면(유치진), 시나리오 작법(이진섭) / 〈비평〉시조 감상 한 수(이희승), 가시리 평설 (양주동), 한국 현대시정(문덕수), 소설의 감상(곽종원), 한국문학과 중국문학(이병기) / 〈설명문〉토의를 원만하게 진행하려면(올리버), 연구발표는 어떻게 하나(김종서), 표현의 기교 (박영준), 현대 생활과 신문(곽복산), 언어와 사회(이숭녕) / 〈논설문〉은근과 끈기(조윤제), 우리의 언어생활(박창해), 기미독립선언문, 한국의 사상(박종홍), 우리 과학기술의 진흥책 (박익수)

3) 제3차 교육과정

문교부(1983), 『인문계 고등학교 국어1』, 대한교과서주식회사.
〈설화〉호원(일연) / 〈고시조〉이조년 외 13편 / 〈향가〉찬기파랑가(충담사) / 〈고려가요〉청산별곡, 사모곡 / 〈경기체가〉한림별곡 / 〈한시〉주문공 외 6편 / 〈고전소설〉토끼 화상 / 〈고대수필〉동명일기(연안 김씨), 진삼국사표(김부식) / 〈시〉3월 1일의 하늘(박두진), 봄비(이수복), 동백(정훈), 산(김광림), 고무신(장순하), 설날 아침에(김종삼) / 〈시조〉이은상 외 5편 / 〈소설〉금당벽화(정한숙) / 〈수필〉청춘예찬(민태원), 글을 쓴다는 것(김태길), 신록예찬(이양하), 깨어진 그릇(이항녕), 감사(임옥인), 한 눈 없는 어머니(이은상), 문학 축전에 붙임(곽종원), 백자2제(김상옥), 낙엽과 문학(이무영), 홍도의 자연(최기철), 어떻게 살 것인가(손명현), 나의 기쁨(박경수), 갑사로 가는 길(이상보), 나의 고향(전광용), 질화로(양주동), 대가를 기다리며(최현배) / 〈희곡〉청춘은 조국과 더불어(유치진) / 〈문학사〉국문학의 발달(1)(조윤제) / 〈설명문〉국어 교육의 목표(이응백), 국어의 개념(이희승), 언어와 사회(이숭녕), 세시풍속의 의미(이두현), 우리 민족의 풍습(임동권), 선인들의 공예(유홍렬), 언어의 차이(박창배), 말의 힘과 책임(이규호), 토론과 보고(정태시) / 〈논설문〉한국 연해의 해황(정문기), 언

어의 창조와 정리(김민수)

문교부(1979), 『인문계 고등학교 국어2』, 대한교과서주식회사.
〈고시조〉유응부 외 18편 / 〈경기체가〉상대별곡(권근) / 〈가사〉상춘곡(정극인) / 〈악장〉신도
가(정도전), 감군은(상진) / 〈고전소설〉집 떠나는 홍길동(허균) / 〈고대수필〉조침문(유씨부
인), 물(박지원), 용재총화에서(성현) / 〈시〉광야(이육사), 알 수 없어요(한용운), 어머니(정
인보), 진달래꽃(김소월), 울릉도(유치환), 모란이 피기까지는(김영랑), 나그네(박목월), 사
슴(노천명), 파초(김동명), 국화 옆에서(서정주), 벽공(이희승), 승무(조지훈), 가을에(정한
모) / 〈시조〉이병기 외 2편 / 〈소설〉등신불(김동리) / 〈수필〉일관성에 관하여(김광섭), 가난
한 날의 행복(김소운), 슬픔에 관하여(유달영), 페이터의 산문(이양하), 탈고가 안 될 전설
(유주현), 면학의 서(양주동), 독서와 인생(이희승), 나의 명절(김봉구), 산정무한(정비석),
우리를 슬프게 하는 것들(안톤시나크), 국토예찬(최남선), 수필(피천득), 마고자(윤오영) /
〈희곡〉조국(유치진) / 〈문학사〉국문학의 발달(2)(조윤제) / 〈문학개론〉문학의 구조(이상
섭), 문예사조에 관하여(조연현) / 〈설명문〉국어의 특질(허웅), 우리말의 어원(남광우), 우리
말이 걸어온 길(김형규), 향약과 계(손인수) / 〈논설문〉나의 소원(김구), 논설 두 편(신채호),
조국 순례 대행진에 붙임(작자미상), 새마을 운동에 관하여(박형규), 민족 문화의 전통과 계
승(이기백)

문교부(1984), 『인문계 고등학교 국어3』, 대한교과서주식회사.
〈고려가요〉정과정(정서) / 〈가사〉관동별곡(정철) / 〈악장〉용비어천가 9장 / 〈한시〉두보 외
13편 / 〈고전소설〉춘향전에서 / 〈고대수필〉훈민정음 / 〈시〉아침 이미지(박남수), 의자(조
병화), 추수하는 아가씨(워어즈워드), 가지 않은 길(프로스트), 비둘기 떼(고티에), 가을 날
(릴케), 바닷가에서(타고르), 배(지센), 참회록(윤동주), 조국(정완영), 부다페스트에서의 소
녀의 죽음(김춘수) / 〈소설〉빈처(현진건), 별(도데) / 〈수필〉순국 선열 추념문(정인보), 랑드
황원을 지나며(손우성), 인연(피천득), 매화찬(김진섭), 문학과 인생(최재서), 고인과의 대
화(이병주), 설(전숙희), 인간의 존엄과 성실(김태길) / 〈문학사〉국문학의 발달(3)(조연현) /
〈문학개론〉단편소설의 특질(최인욱) / 〈비평〉'님의 침묵'과 그 해설(송욱), 한국의 현대시(문
덕수) / 〈설명문〉인간과 문화(이광규), 한국의 미(김원룡), 연극과 영화(오영진), 학문(베이
컨), 성취인의 행동 특성(정범모) / 〈논설문〉기미독립선언문, 유비무한(박형규), 한국의 사
상(박종홍), 개화의 등급(유길준), 경제 개발 전략의 기조(태완선), 창조적 지도력의 역할(이
한빈)

4) 제4차 교육과정

한국교육개발원(1987),『국어1』, 대한교과서주식회사.

〈고대가요〉공무도하가(백수 광부의 처) / 〈고시조〉이조년 외 19편 / 〈향가〉찬기파랑가(충담사) / 〈고려가요〉청산별곡, 사모곡 / 〈한시〉을지문덕 외 2편 / 〈고전소설〉홍길동전에서(허균) / 〈고대수필〉동명일기(의유당) / 〈시〉3월 1일의 하늘(박두진), 빼앗긴 들에도 봄은 오는가(이상화), 깃발(유치환), 광야(이육사), 가을의 기도(김현승), 성탄제(김종길) / 〈시조〉이병기 외 3편 / 〈소설〉상록수에서(심훈), 금당벽화(정한숙) / 〈수필〉가난한 날의 행복(김소운), 인연(피천득), 글을 쓴다는 것(김태길), 나라를 사랑하는 마음(정인보), 일관성에 관하여(김광섭), 낙엽을 태우면서(이효석), 거룩한 본능(김규련), 설(전숙희), 피어린 육백 리(이은상), 갑사로 가는 길(이상보) / 〈희곡〉조국(유치진) / 〈시나리오〉마지막 한 잎(오헨리) / 〈문학사〉고전 문학사(1)(조윤제), 구비 문학과 기록 문학(장덕순) / 〈설명문〉인간의 특징(이광규), 음성언어(박창해), 세시 풍속의 의미(이두현), 선인들의 공예(유홍렬), 국어의 개념(이희승), 언어와 사회(이숭녕), 국어 교육의 목표(이응백) / 〈논설문〉나의 소원(김구), 어떻게 살 것인가(손명현), 세계로 진출하는 한국(정달영), 새역사의 창조(박종홍), 언어의 창조와 정리(김민수)

한국교육개발원(1987),『국어2』, 대한교과서주식회사.

〈고시조〉맹사성 외 17편 / 〈가사〉상춘곡(정극인) / 〈고전소설〉구운몽에서(김만중) / 〈고대수필〉조침문(유씨부인), 유한라산기(최익현) / 〈시〉진달래꽃(김소월), 그 먼 나라를 알으십니까(신석정), 모란이 피기까지는(김영랑), 나그네(박목월), 국화 옆에서(서정주), 가을에(정한모) / 〈시조〉이택극 외 2편 / 〈소설〉학(황순원), 별(도데) / 〈수필〉산정무한(정비석), 나무(이양하), 마고자(윤오영) / 〈문학사〉고전문학사(2)(조윤제) / 〈문학개론〉연극과 영화(오영진), 문학의 구조(이상섭), 한국 문학의 사상적 배경(정병욱) / 〈설명문〉국어의 특질(허웅), 우리말이 걸어온 길(김형규) / 〈논설문〉민족 문화의 전통과 계승(이기백), 조국 순례 대행진(작자 미상)

한국교육개발원(1986),『국어3』, 대한교과서주식회사.

〈가사〉관동별곡(정철) / 〈악장〉용비어천가 10장 / 〈한시〉두보 6편 / 〈고전소설〉춘향전에서 / 〈고대수필〉물(박지원), 훈민정음에서, 소학언해에서 6편 / 〈시〉님의 침묵(한용운), 서시(윤동주), 승무(조지훈), 꽃(김춘수), 겨울 바다(김남조) / 〈소설〉등신불(김동리) / 〈수필〉매화찬(김진섭), 고인과의 대화(이병주), 길(박이문) / 〈문학사〉현대 문학사(신동욱), 한국 문학의 연속성(김윤식) / 〈설명문〉중세 국어의 이해(남광우), 한국의 미(김원룡), 말과 사람들(이규호) / 〈논설문〉기미독립선언문, 민족적 이상을 수립하며(최현배)

5) 제5차 교육과정

서울대학교 사범대학 1종도서연구개발위원회(1992), 『국어(상)』, 대한교과서주식회사.
〈고시조〉정몽주 외 4편 / 〈가사〉상춘곡(정극인) / 〈고전소설〉허생전(박지원) / 〈고대수필〉유한라산기(최익현), 슬견설(이규보) / 〈시〉길(김소월), 찬송(한용운), 폭포(김수영) / 〈시조〉오동꽃(이병기) / 〈소설〉삼대에서(염상섭) / 〈수필〉신록예찬(이양하) / 〈문학개론〉시와 언어(김종길), 문학과 현실(윤병로) / 〈설명문〉설명의 의의, 설명의 방법, 언어의 사회성, 문체와 사회, 좋은 글의 조건(이응백), 문장쓰기, 우리말의 이모저모, 어원 연구에 대하여(이기문), 우리말의 옛 모습, 글쓰기의 과정(문덕수), 단락쓰기, 글의 구성, 설득의 의의, 설득의 방법, 독서의 방법, 학문의 목적(박종홍) / 〈논설문〉인생의 지혜로서의 독서(이희승), 민족 문화의 전통과 계승(이기백), 국어의 순화(김석득)

서울대학교 사범대학 1종도서연구개발위원회(1990), 『국어(하)』, 대한교과서주식회사.
〈향가〉제망매가(월명사) / 〈고려가요〉청산별곡 / 〈가사〉관동별곡(정철), 유산가 / 〈악장〉용비어천가 6장 / 〈민속극〉봉산탈춤에서 / 〈고전소설〉춘향가에서 / 〈문학개론〉희곡의 이해(유민영) / 〈설명문〉토의의 의의, 토의의 방법, 독서와 지식, 인간의 특징(이광규), 분석과 묘사, 분류와 예시와 정의, 비교와 대조와 유추, 서사와 과정과 인과, 토론의 의의, 토론의 방법, 글의 구조와 독서, 단어와 문장 구조, 표현기법, 고쳐 쓰기, 한민족과 국어(최현배), 우리말의 의미 변화 / 〈논설문〉기미독립선언문, 민족과 문화와 언어 사회(이숭녕), 언어와 민족 문화(강신항), 현대 사회의 과제(김형석), 전통과 창조(고병익)

6) 제6차 교육과정

서울대학교 사범대학 국어교육연구소(1996), 『국어(상)』, 대한교과서주식회사.
〈고시조〉작자 미상 2편 / 〈향가〉안민가(충담사) / 〈고려가요〉청산별곡 / 〈가사〉관동별곡(정철) / 〈한시〉두보 2편 / 〈민속극〉봉산탈춤 / 〈고전소설〉구운몽(김만중), 춘향전, 허생전(박지원) / 〈고대수필〉차마설(이곡), 기예론(정약용) / 〈시〉뻐꾸기에 부쳐(워즈워스), 진달래꽃(김소월), 광야(이육사), 성북동 비둘기(김광섭) / 〈시조〉오동꽃(이병기) / 〈소설〉바비도(김성한), 동백꽃(김유정), 삼대(염상섭), 수난이대(하근찬), 메밀 꽃 필 무렵(이효석) / 〈수필〉독서와 인생(이희승), 불국사 기행(현진건), 은전 한 닢(피천득), 신록예찬(이양하) / 〈문학개론〉문체와 사회(박갑수) / 〈비평〉잊지 못할 윤동주(정병욱) / 〈설명문〉언어의 본질(김광해), 언어의 체계, 구조, 기능(이용주), 학문의 목적(박종홍), 인간의 특징(이광규), 한국 축제의 역사(이두현), 국어의 음운 변화, 단어와 문장의 구조 / 〈논설문〉현대 과학은 환경 문제를 해결할수 있는가(유순창), 민족 문화의 전통과 계승(이기백), 민주주의의 한국의 청사진(김태길)

서울대학교 사범대학 국어교육연구소(1997), 『국어(하)』, 대한교과서주식회사.
〈가사〉연행가(홍순학), 유산가 / 〈악장〉용비어천가 6장 / 〈고전소설〉흥보가 / 〈고대수필〉매헌에게 주는 글(홍대용), 적벽부(소식) / 〈시〉설일(김남조), 논개의 애인이 되어서 그의 묘에(한용운) / 〈소설〉선학동 나그네(이청준), 토지(박경리) / 〈수필〉나의 길, 나의 삶(박이문) /〈희곡〉살아 있는 이중생 각하(오영진) / 〈문학개론〉소설은 왜 읽는가(김현) / 〈설명문〉정보사회와 인간 활동(정범모), 우리말의 역사, 우리말의 옛 모습 / 〈논설문〉기미독립선언문, 우리말 가꾸기(고영근), 새말의 탄생(남기심), 북한의 말과 글(남성우), 사회 변동과 문화 변동(임희섭)

7) 제7차 교육과정

서울대학교 국어교육연구소(2007), 『국어(상)』, 교학사.
〈설화〉용소와 며느리 바위 / 〈고시조〉윤선도 4편 / 〈고려가요〉청산별곡 / 〈민속극〉봉산탈춤 / 〈고전소설〉구운몽(김만중) / 〈고대수필〉유배지에서 보낸 편지(정약용), 동국신속삼강행실도 / 〈시〉진달래꽃(김소월), 유리창(정지용), 광야(이육사) / 〈소설〉그 여자네 집(박완서), 봄·봄(김유정), 장마(윤흥길), 삼대(염상섭) / 〈수필〉아버지의 손(오천석), 욕심에 배운한글(김덕례) / 〈논설문〉황소개구리와 우리말(최재천), 나의 소원(김구), 기미독립선언문

서울대학교 국어교육연구소(2004), 『국어(하)』, 교학사.
〈향가〉서동요 / 〈가사〉관동별곡(정철) / 〈고전소설〉허생전(박지원), 춘향전 / 〈고대수필〉동명일기(의유당), 독립신문창간사, 세종어제훈민정음, 소학언해 2편 / 〈소설〉눈길(이청준) /〈수필〉역사 앞에서(김성칠), 간디의 물레(김종철), 산정무한(정비석), 외국인의 눈에 비친19세기 말의 한국(이사벨라 버드 비숍) / 〈시나리오〉어느 날 심장이 말했다(진수완) / 〈설명

문〉건축과 동양 정신(김수근) /〈논설문〉민족 문화의 전통과 계승(이기백)

2. 문학 교과서(교과서에 수록된 순서)

1) 제2차 고전 교과서

김기동·정주동·정익섭(1975),『인문계 고등학교 고전』, 교학사.
〈고시조〉김성기 외 74편 /〈향가〉예경제불가(균여대사), 도이장가(예종), 서동요(무왕), 모
죽지랑가(득오), 제망매가(월명사) /〈고려가요〉상저가, 청산별곡, 동동, 정과정곡(정서) /
〈경기체가〉한림별곡(한림제유), 죽계별곡(안축) /〈가사〉춘민가, 유산가, 계녀사, 태평사
(박인로), 고공가(허전), 자도가(조우인), 상춘곡(정극인), 면앙정가(송순), 사미인곡(정철)
/〈악장〉용비어천가 12장, 월인천강지곡 14편(세종), 감군은 4편(상진) /〈한시〉두보 6편 /
〈고전소설〉춘향전에서, 심청전에서, 이춘풍전에서, 홍길동전에서(허균), 구운몽에서(김만
중) /〈고대수필〉한중록에서(혜경궁 홍씨), 의유당일기에서(연안 김씨), 조침문(유씨), 계축
일기에서, 산성일기에서, 인현왕후전에서, 석보상절에서(수양대군), 삼강행실도에서, 임진
록에서 /〈문학개론〉시조의 열매, 익살의 소설, 평민들의 가사, 여류의 수필, 시조의 꽃송이,
꿈의 소설, 유신들의 가사, 궁녀의 수필, 시조의 봉우리, 사림들의 가사, 건국의 악장, 역문과
역시, 시조의 싹, 서민들의 가요, 한림들의 별곡, 향가의 메아리

김성재(1968),『인문계 고등학교 모범 고전』, 일지사.
〈고대가요〉정읍사(행상의 아내) /〈고시조〉신흠 외 36편 /〈향가〉서동요(무왕), 위망매영재
가(월명사) /〈고려가요〉유구곡, 상저가, 청산별곡, 서경별곡, 동동 /〈경기체가〉한림별곡 /
〈가사〉기음노래, 연행가(홍순학), 만언사(안조원), 누항사(박인로), 속미인곡(정철), 성산별
곡(정철), 면앙정가(송순) /〈악장〉용비어천가 13장, 월인천강지곡 26편 /〈한시〉두보 10편
/〈고전소설〉가난한 흥부, 어사의 의몽(신재효), 현철한 사 소저(사씨남정기에서, 김만중),
호풍환우(홍길동전에서, 허균) /〈고대수필〉동명일기(연안김씨), 천심도 하릴없어(인현왕
후전에서, 궁녀), 대처분의 날(한중록에서, 혜경궁홍씨), 윤씨 행장에서(김만중), 그지없는
설움(계축일기에서, 나인), 산성일기에서, 어우야담(유몽인), 동국신속삼강행실에서(유근
등), 오가는 정 7편, 논어언해, 맹자언해, 중용언해, 대학언해, 소학언해, 석보상절(수양대군)
/〈신소설〉단구역 마을의 달밤(치악산에서, 이인직) /〈문학사〉태동기의 신문학, 근조 후기

문학, 근조 전기 문학, 고려문학, 고대문학

김윤경(1968), 『인문계 고등학교 고전』, 문호사.
〈고대가요〉공후인, 황조가, 영신가, 선운산가, 지리산가, 무등산가, 정읍사 / 〈설화〉단군 개국 신화, 해모수-유화의 설화, 미천왕의 설화, 왕자호동, 연오랑 세오녀, 귀토설과 토끼타령 / 〈고시조〉우탁 외 21편 / 〈향가〉서동요(무왕), 혜성가(융천사), 예경제불가(균여대사), 참회업장가(균여대사), 청불왕세가(균여대사), 도이장가(예종), 처용가 / 〈고려가요〉동동, 정과정곡(정서), 정석가, 서경별곡, 쌍화점, 청산별곡, 만전춘, 이상곡, 사모곡, 가시리, 상저가, 유구곡 / 〈경기체가〉한림별곡(한림제유) / 〈가사〉상춘가(정극인), 사미인곡(정철), 성산별곡(정철), 농가월령가(정학유), 태평사(박인로), 일동장유가(김인겸), 연행가(홍순학) / 〈악장〉용비어천가 3장, 월인천강지곡 6편 / 〈한시〉두보 4편 / 〈민요〉강강 수월래, 쾌지나 칭칭 나아네 / 〈고전소설〉춘향전, 홍길동전(허균), 심청전, 구운몽(김만중), 흥부전 / 〈고대수필〉수삽석남, 역옹패설, 석보상절 2편, 어우야담(유몽인), 한중록(혜경궁 홍씨), 열하일기(박지원), 의유당일기(연안 김씨), 계축일기(인목 왕후 궁녀), 조침문(유씨), 소학언해 2편 / 〈신체시〉해에게서 소년에게 / 〈신소설〉치악산(이인직) / 〈문학사〉국문학의 발자취 / 〈문학개론〉국문학의 의의, 고전, 문학의 발생과 한자, 신라의 향가와 가요, 훈민정음과 국문학의 번역 사업, 산문 문학의 발생, 서민 문학의 대두, 새 문예와 신소설 / 〈비평〉백운소설, 파한집, 보한집

박병채(196*), 『인문계 고등학교 우리 고전』, 박영사.
〈고시조〉유응부 외 41편 / 〈향가〉헌화가, 찬기파랑가(충담사) / 〈고려가요〉동동, 청산별곡, 서경별곡, 정석가, 상저가, 유구곡 / 〈경기체가〉한림별곡 / 〈가사〉속미인곡(정철), 누황사(박인로), 규원가(허난설헌), 봉선화가(정일당), 연행가(홍순학), 일동장유가(김인겸) / 〈악장〉용비어천가 9장, 신도가(정도전), 월인천강지곡 5편 / 〈한시〉두보 2편 / 〈민속극〉'꼭둑각시'에서(인형극 극각본) 〈민요〉청상민요, 시집살이 / 〈고전소설〉춘향가, 홍길동전에서(허균), 구운몽에서(김만중), 춘향전에서, 흥부전에서, 심청전에서, 양반전(박지원), 요로원야화기(박두세) / 〈고대수필〉서유견문에서(유길준), 상번군사, 의유당일기(의유당), 인현왕후전에서(궁녀), 계축일기에서(궁녀), 내간 5편, 죽통미녀, 석보상절, 임진록에서 / 〈신체시〉꽃두고(최남선) / 〈신소설〉귀의 성(귀의 성), 무정(이광수) / 〈문학사〉국문학사의 시대 구분과 그 특징 / 〈문학개론〉국어와 국문학의 의의, 국문학의 현대화와 국어의 정리, '한글'을 처음 내면서(이윤재), 순수 문학기·암흑기의 국어와 문학, 개화사사의 발흥, 언문일치와 국어 연구, '말의 소리'에서(주시경), 이인직과 신소설, 육당과 춘원 초기의 문학, 훈민정음의 창제와 반포, 평민 문학의 발흥, 민요·연극, 가집 편찬, 수필문학과 평론, 소설의 발생과 발전, 어부

365

가, 가사의 발생과 발전, 시조문학의 발전, 사육신과 생육신 등의 충애가, 번역 사업의 성행, 고전문법 개요(1)·(2), 표기법과 음운의 변천, 악장과 불전의 편찬, 국어의 형성, 시조의 발생, 고유 문화의 위축과 한문학의 발달, 고려가요, 경기하여가, 설화문학과 패관 문학, 국문학의 발생 / 〈비평〉'서포만필'에서(김만중)

이숭녕·남광우(1975), 『인문계 고등학교 고전』, 동아출판사.
〈고시조〉황희 외 43편 / 〈고려가요〉상저가, 유구곡, 가시리, 동동, 서경별곡, 청산별곡 / 〈가사〉연행가(홍순학), 북천가(김진형), 농가월령가(정학유), 규원가(허난설헌), 누항사(박인로), 속미인곡(정철), 성산별곡(정철) / 〈악장〉용비어천가 8장, 월인천강지곡 9편(수양대군) / 〈한시〉두보 5편 / 〈고전소설〉광한루의 가연, 보은박, 사씨의 설한(김만중), 왕랑반혼전 / 〈고대수필〉동명일기(연안 김씨), 혜경궁 홍씨의 설움(혜경궁 홍씨), 인현왕후의 생애, 인목대배의 한(궁녀), 내간 6편, 훈민정음 서문, 소학언해 5편, 월인석보에서 / 〈신소설〉추월색에서(최찬식) / 〈문학개론〉시조 약설, 고대소설 약설, 가사 약설, 수필·내간·일기 약설, 훈민정음과 악장 약설, 번역문학 약설, 고려가사 약설, 고어의 음운과 문법

이용주·구인환(1968), 『인문계 고등학교 고전』, 법문사.
〈고대가요〉공후인(백수광부의 아내), 황조가(유리왕), 영신가(구간 등), 정읍사(행상의 아내) / 〈고시조〉최충 외 107편 / 〈향가〉서동요(서동), 제망매가(월명사), 처용가, 도이장가(예종) / 〈고려가요〉정과정(정서), 동동, 서경별곡, 청산별곡, 가시리, 사모곡, 유구곡, 상저가 / 〈경기체가〉한림별곡 / 〈가사〉상춘곡(정극인), 관동별곡(정철), 사미인곡(정철), 속미인곡(정철), 태평사(박인로), 누항사(박인로), 농가월령가에서(운포 처사), 일동장유가(김인겸), 연행가(홍순학), 유산가, 봉선화가(정일당), 동심가(이중원) / 〈악장〉용비어천가 23장 / 〈한시〉두보 19편 / 〈고전소설〉홍길동전에서(허균), 춘향전에서, 심청전에서, 토선생전에서, 왕랑반혼전, 흥부전에서, 구운몽에서(김만중), 사씨남정기에서(김만중) / 〈고대수필〉훈민정음, 월인석보 8편, 인현왕후전에서, 한중록에서(혜경궁 홍씨), 계축일기에서(인현왕후의 궁녀), 의유당일기에서(의유당 김씨), 조침문(유씨 부인), 어우야담에서(유몽인), 편지 7편, 독립신문 논설, 서유견문(유길준), 소학언해 2편, 맹자언해 2편, 논어언해 5편 / 〈신체시〉해에게서 소년에게(최남선) / 〈신소설〉혈의 누(이인직), 소년의 비애(이광수) / 〈문학사〉우리 문학의 흐름, 문학의 흐름-여명기의 문학-, 문학의 흐름-가요의 구전-, 문학의 흐름-시가의 개화-, 문학의 흐름-산문의 융성-, 문학의 흐름-근대문학에의 도정-, 현대문학의 전개

이재수·서수생(1967), 『인문계 고등학교 고전』, 일한도서출판사.

〈고대가요〉황조가(유리왕), 정읍사 / 〈고시조〉안민영 외 77편 / 〈향가〉위망매영재가(월명사), 처용가, 풍요 / 〈고려가요〉유구곡, 상저가, 서경별곡, 청산별곡 / 〈가사〉농가월령가(정학유), 기음노래, 석별가, 연행가(-홍순학), 선상탄(박인로), 속미인곡(정철), 성산별곡(정철), 면앙정가(송순) / 〈악장〉용비어천가 8장 / 〈한시〉두보 9편 / 〈고전소설〉춘향전, 배비장전, 왕랑반혼전, 구운몽(김만중), 홍길동전(허균) / 〈고대수필〉인현왕후전(궁녀), 소학언해 6편, 석보상절(수양대군) / 〈신체시〉구작3편(최남선) / 〈신소설〉혈의 누(이인직), 자유종(이해조) / 〈문학사〉문학의 흐름(1)~(7)

임헌도(196*), 『인문계 고등학교 모범 고전』, 영지문화사.

〈고시조〉함화진 외 66편 / 〈향가〉제망매가(월명사), 원앙생가(광덕의 아내) / 〈고려가요〉청산별곡, 서경별곡, 상저가, 유구곡, 가시리, 동동 / 〈가사〉농가월령가(정학유), 북천가(김진형), 일동장유가(김인겸), 누항사(박인로), 성산별곡(정철), 속미인곡(정철), 규원가(허난설헌), 봉선화가 / 〈악장〉용비어천가 13장, 월인천강지곡(세종) / 〈한시〉두보 외 19편 / 〈고전소설〉왕랑반혼전, 춘향전, 구운몽(김만중), 요로원야화기(박두세) / 〈고대수필〉서유견문(유길준), 동명일기(의유당 김씨), 오륜행실(이병모 등), 한중록(혜경궁 홍씨), 증수 무원록언해(서유린), 병학지남, 논어언해 6편, 시경언해 2편, 제문(숙종), 윤씨행장(김만중), 첩해신어(강우성), 노걸대언해, 인현왕후전(궁녀), 계축일기(궁녀), 칠대만법, 어제 내훈(소혜 왕후), 석보상절(수양대군), 훈민정음 / 〈신체시〉해에게서 소년에게(최남선) / 〈신소설〉귀의 성(이인직) / 〈문학사〉국어 국문학사(1)~(7)

한원영(1968), 『인문계 고등학교 고전』, 삼화출판사.

〈고대가요〉영신가(구간 등), 황조가(유리왕), 공무도하가(여옥) / 〈고시조〉우탁 외 74편 / 〈향가〉서동요(무왕), 제망매가(월명사) / 〈고려가요〉가시리, 청산별곡, 상저가, 유구곡, 정과정(정서) / 〈경기체가〉한림별곡에서 / 〈가사〉상춘곡(정극인), 관동별곡(정철), 속미인곡(정철), 성산별곡(정철), 규원가(허난설헌), 환산별곡(이황), 면앙정가(송순), 태평사(박인로), 누항사(박인로), 회심가곡(서산대사), 봉선화가(정일당 남씨), 일동장유가에서(김인겸), 만언사에서(안조환), 농가월령가에서(운포 처사), 용부가 / 〈악장〉신도가(정도전), 용비어천가 14장 / 〈한시〉두보 11편 / 〈고전소설〉홍길동전에서(허균), 구운몽에서(김만중), 춘향전에서, 토선생전에서, 왕랑반혼전 / 〈고대수필〉훈민정음, 석보상절에서, 어제내훈에서 2편(소혜 왕후 한씨), 동국신속삼강행실에서, 박통사언해에서 2편(최세진), 계축일기에서(궁녀), 어우야담에서(유몽인), 내간 3편, 동명일기에서(연안 김씨), 한중록에서(혜경궁 홍씨), 조침문, 규중

칠우쟁공기 / 〈문학개론〉고대가요, 설화 문학, 한문학과 설화 문학, 국어, 한문학, 설화문학, 속요, 경기체가와 향가계 가사, 시조, 창업과 송가, 훈민정음과 번역 사업, 가사, 소설, 수필, 창극과 연예, 번역소설과 창가, 신소설, 문단 형성과 문예사조

2) 제3차 고전 교과서

김동욱·김태준(1982), 『인문계 고등학교 고전』, 민중서관.
〈고대가요〉영신가(구간), 황조가(유리왕), 정읍사(어느 행상인의 아내) / 〈고시조〉우탁 외 45편 / 〈향가〉서동요(서동), 제망매가(월명사), 처용가(처용) / 〈고려가요〉동동, 청산별곡, 상저가 / 〈가사〉면앙정가(송순), 성산별곡(정철), 규원가(허난설헌), 선상탄(박인로), 고공가(허전), 일동장유가(김인겸), 농가월령가(정학유), 애국의 노래, 권학가 / 〈악장〉용비어천가 7장, 월인천강지곡 5편 / 〈한시〉두보 5편 / 〈민요〉매화가, 강강수월래, 시집살이 / 〈고전소설〉요로원야화기(박두세), 구운몽(김만중), 춘향가(신재효 정리), 박타령(신재효 정리) / 〈고대수필〉어우야담(유몽인), 산성일기, 한중록(혜경궁 홍씨), 내간 2편, 북관노정록(유의양), 무오연행록(서유문), 천주실의, 독립신문 논설 / 〈문학사〉국어·국문학사(1)~(14) / 〈문학개론〉설화 속의 가요, 민중의 가요, 난숙기의 시가 문학, 산문의 발흥, 서민 문학의 정착, 근대 문학에로의 발돋움

박성의·송민호(1984), 『인문계 고등학교 고전』, 고려서적주식회사.
〈고대가요〉공무도하가(여옥), 황조가(유리왕), 구지가, 해가, 정읍사 / 〈설화〉단군설화, 만파식적, 구토설화, 박타는 처녀, 연오랑 세오녀 / 〈고시조〉최충 외 37편 / 〈향가〉서동요(무왕), 모죽지랑가(득오), 헌화가, 제망매가(월명사) / 〈고려가요〉청산별곡, 가시리, 동동, 상저가, 유구곡 / 〈경기체가〉한림별곡 / 〈가사〉면앙정가(송순), 사미인곡(정철), 규원가(허초희), 누항사(박인로), 일동장유가(김인겸), 연행가(홍순학), 규중행실가, 농가월령가(정학유), 독립가(최병헌), 경부철도 노래(최남선), 표모가 / 〈악장〉감군은(상진), 용비어천가 7장, 월인천강지곡 5편(수양대군) / 〈한시〉최치원 외 6편 / 〈민요〉타맥요, 시집살이요 / 〈고전소설〉홍길동전(허균), 구운몽(김만중), 흥부전, 심청전, 춘향전, 양반전(박지원) / 〈고대수필〉임진록, 토황소격문(최치원), 파한집(이인로) 국선생전(이규보), 어우야담(유몽인), 계축일기, 산성일기, 인현왕후전, 한중록, 내간 3편, 서유견문(유길준), 우리 주의를 말씀함, 소학언해 4편, 이륜행실도 2편 / 〈신체시〉해에게서 소선에게(최남선), 한국(현상윤) / 〈신소설〉거부오해, 귀의 성(이인직), 무정(이광수) / 〈시〉절정(이육사), 서시(윤동주) / 〈수필〉권태(이상) /

〈문학사〉상고 문학의 개관, 국문학의 발생, 중고 문학의 개관, 근고 문학의 개관, 중세 문학의 개관, 근세 문학의 개관, 신문학의 개관 / 〈문학개론〉상고 시대의 국어, 중고 시대의 국어, 근고 시대의 국어, 훈민정음의 창제, 국어학의 발흥, 국어의 발전, 국어 운동의 전개

이기문(1979), 『인문계 고등학교 고전』, 한국능력개발사.
〈고대가요〉구지가, 황조가(유리왕), 정읍사 / 〈고시조〉우탁 외 45편 / 〈향가〉헌화가, 도솔가(월명사), 제망매가(월명사), 처용가(처용), 예경제불가(균여대사) / 〈고려가요〉동동, 정석가, 가시리, 상저가 / 〈경기체가〉한림별곡 / 〈가사〉면앙정가(송순), 사미인곡(정철), 속미인곡(정철), 누항사(박인로), 일동장유가(김인겸), 동심가(이중원) / 〈악장〉월인천강지곡 8편(예종) / 〈한시〉두보 3편 / 〈고전소설〉구운몽(김만중), 심청가(신재효) / 〈고대수필〉석보상절(수양대군), 월인석보, 내간 3편, 임진록, 인현왕후전, 한중만록(혜경궁 홍씨), 효경언해 6편 / 〈신체시〉해에게서 소선에게(최남선), 꽃 두고(최남선) / 〈신소설〉혈의 누(이인직) / 〈문학사〉고대의 문학과 국어, 고려의 문학과 국어, 조선 전기의 문학과 국어, 조선 후기의 문학과 국어, 개화기의 문학과 국어

전광용(1982), 『인문계 고등학교 고전』, 동화출판공사.
〈고대가요〉구지가, 공무도하가(백수 광부의 처), 정읍사 / 〈설화〉단군설화, 혁거세신화 / 〈고시조〉우탁 외 65편 / 〈향가〉헌화가(실명노인), 모죽지랑가(득오), 안민가(충담사), 도이장가(예종) / 〈고려가요〉가시리, 서경별곡, 동동, 정석가, 상저가 / 〈경기체가〉한림별곡(한림제유) / 〈가사〉면앙정가(송순), 사미인곡(정철), 속미인곡(정철), 선상탄(박인로), 누항사(박인로), 규원가(허난설헌), 농가월령가(정학유), 일동장유가(김인겸), 연행가(홍순학), 한양가(한산거사), 자주독립가(나필균), 경부철도가 / 〈악장〉용비어천가 4장, 유림가 / 〈한시〉두보 4편 / 〈고전소설〉이행규장전(김시습), 원생몽유록(임제), 홍길동전(허균), 구운몽(김만중), 임경업전, 춘향전, 심청가, 토별가, 양반전(박지원) / 〈고대수필〉공방전(임춘), 배열부전(이숭인), 훈민정음, 월인석보, 산성일기, 인현왕후전, 한중만록(혜경궁 홍씨), 동명일기(의유당) / 〈신체시〉해에게서 소년에게(최남선) / 〈신소설〉혈의 누(이인직), 금수회의록(안국선) / 〈문학사〉문학의 흐름(1)~(6), 국어의 변천(1)~(4) / 〈문학개론〉신화, 한역가, 향가, 향가계 시가와 경기체가, 고려 속요, 시조(1)~(4), 전기체 문학, 훈민정음 창제와 악장·번역 문학, 가사(1)~(3), 소설(1)~(3), 기록문학, 창가·신체시, 신소설

정병욱·이응백(1982), 『인문계 고등학교 고전』, 신구문화사.

〈고대가요〉구지가, 황조가(유리왕), 공무도하가(백수광부의 처), 정읍사(행상인의 아내) /
〈설화〉단군신화, 구토설화 / 〈고시조〉우탁 외 75편 / 〈향가〉서동요(서동), 모죽지랑가(득오
곡), 제망매가(월명사) / 〈고려가요〉동동, 서경별곡, 청산별곡, 정석가 / 〈경기체가〉한림별곡
(한림제유) / 〈가사〉성산별곡(정철), 사미인곡(정철), 속미인곡(정철), 선상탄(박인로), 봉선
화가, 농가월령가(정학유), 일동장유가(김인겸), 연행가(홍순학), 자주독립가(최돈성), 권학
가, 가을 뜻(최남선) / 〈악장〉용비어천가 4장 / 〈한시〉두보 2편 / 〈민속극〉봉산탈춤 / 〈고전
소설〉요로원야화기(박두세), 구운몽(구운몽), 박타령, 춘향가, 심청전 / 〈고대수필〉월인석보
3편, 능엄경언해, 내훈, 삼강행실도 2편, 소학언해 2편, 박통사언해, 산성일기(어떤 궁인), 계
축일기(어떤 궁녀), 한중록(혜경궁 홍씨), 인현왕후전(어떤 궁녀), 내간 4편, 윤씨행장(김만
중), 낙민루(연안 김씨), 어우야담(유몽인), 독립신문창간사(서재필) / 〈신체시〉꽃 두고(최남
선) / 〈신소설〉귀의 성(이인직) / 〈문학사〉서사문학의 형성, 가사 문학의 발달 / 〈문학개론〉
서정시의 출발, 서라벌의 옛가락, 고려인의 애환, 뿌리 깊은 나무, 번역 문학, 이념과 성정의
세계, 강호가도의 세계, 전란 중의 비가, 심궁에 얽힌 사연, 규방에 쌓인 애환, 동방의 풍속도,
가객들의 시조와 사설시조, 근대의 발돋움, 개화기의 새 물결, 이 시대의 국어(1)~(4)

3) 제4차 고전·현대 문학 교과서

①고전 문학

김기동·박준규(1985), 『고전문학』, 교학사.

〈고대가요〉구지가, 공무도하가(백수광부의 처), 황조가(유리왕), 정읍사(행상인의 처) / 〈설
화〉단군신화, 주몽신화, 연오랑 세오녀, 효녀지은 / 〈고시조〉이색 외 27편 / 〈향가〉서동요
(서동), 모죽지랑가(득오), 제망매가(월명사), 도이장가(예종) / 〈고려가요〉동동, 청산별곡 /
〈경기체가〉한림별곡(한림제유) / 〈가사〉면앙정가(송순), 속미인곡(정철), 규원가(허초희),
선상탄(박인로), 고공가(허전), 일동장유가(김인겸), 서울 순청골 최돈성의 글(개화가사), 경
부철도 노래(최남선) / 〈악장〉용비어천가 6장, 월인천강지곡 5편(세종대왕) / 〈한시〉정지
상 외 6편 / 〈민속극〉봉산탈춤 / 〈고전소설〉이생규장전(김시습), 홍길동전(허균), 구운몽(김
만중), 심청가(신재효 정리), 박타령(신재효 정리), 허생전(박지원) / 〈고대수필〉화왕계(설
총), 죽부인전(이곡), 정시자전(석식영암), 산중사(이색), 임진록, 계축일기(어느 궁녀), 한중
록(혜경궁 홍씨), 내간 2편, 서유견문(유길준) / 〈신체시〉해에게서 소년에게(최남선) / 〈신소

설〉혈의 누(이인직) / 〈문학사〉국문학의 발생, 신라 문학의 전개, 고려 문학의 전개, 조선 전기 문학의 전개, 조선 후기 문학의 전개, 개화기 문학의 전개 / 〈비평〉순오지(홍만종)

김동욱·김태준(1986), 『고전문학』, 동아출판사.
〈고대가요〉구지가(구간), 황조가(유리왕), 정읍사(어느 행상인의 아내) / 〈설화〉단군신화, 동명왕 신화(이규보), 호랑이와 승려 / 〈고시조〉우탁 외 35편 / 〈향가〉서동요(맛동), 제망매가(월명사) / 〈고려가요〉동동, 청산별곡, 상저가 / 〈경기체가〉한림별곡(한림제유) / 〈가사〉면앙정가(송순), 규원가(허난설헌), 일동장유가(김인겸), 농가월령가(정학유), 애국하는 노래(이필균), 교훈가(최제우) / 〈악장〉용비어천가 5장, 월인천강지곡 5편(세종) / 〈한시〉정지상 외 5편 / 〈민속극〉봉산탈춤 / 〈민요〉시집살이 / 〈고전소설〉만복사저포놀이(김시습), 양반전(박지원), 남원고사, 박타령(신재효 정리) / 〈고대수필〉국선생전(이규보), 삼강행실도, 어우야담(유몽인), 산성일기(어느 궁녀), 임진록, 한중록(혜경궁 홍씨), 내간 2편, 을병연행록(홍대용), 서유견문(유길준) / 〈신소설〉금수회의록(안국선) / 〈문학사〉상대의 문학, 고려시대의 문학, 조선 전기의 문학, 조선 후기의 문학①, 조선 후기의 문학②, 근대의 문학, 국어·국문학사(1)~(6) / 〈비평〉서포만필(김만중)

김성배·진태하(1985), 『고전문학』, 문호사.
〈고대가요〉구지가, 황조가(유리왕), 정읍사 / 〈설화〉단군설화, 구토설화 / 〈고시조〉이방원 외 55편 / 〈향가〉서동요(서동), 모죽지랑가(득오), 제망매가(월명사) / 〈고려가요〉동동, 청산별곡, 가시리, 상저가 / 〈경기체가〉한림별곡(한림제유) / 〈가사〉면앙정가(송순), 사미인곡(정철), 선상탄(박인로), 농가월령가(정학유), 연행가(홍순학), 일동장유가(김인겸), 애국가(김철영) / 〈악장〉용비어천가 10장 / 〈한시〉두보 5편 / 〈고전소설〉구운몽(김만중), 춘향가, 박타령 / 〈고대수필〉월인석보(세종, 수양대군), 내훈 2편(소혜왕후), 삼강행실도 2편(설순), 산성일기(궁녀), 인현왕후전(궁녀), 한중록(혜경궁 홍씨), 어우야담(유몽인), 내간 3편, 서유견문(유길준), 독립신문 창간 논설(서재필) / 〈신체시〉해에게서 소년에게(최남선) / 〈신소설〉혈의 누(이인직) / 〈문학사〉이 시대의 개관과 문학사(1)~(5), 이 시대의 국어(1)~(5) / 〈문학개론〉신화와 전설, 시가의 남상, 신라의 향가, 민중의 가락, 사대부의 노래, 건국의 송축과 악장, 문치의 발흥과 번역 문학, 가사 문학의 대두, 국민문학 형태로 정착된 시조, 전란의 비탄, 구중심처의 비사, 생활의 풍속도, 활짝 핀 단가 문학, 소설과 판소리의 발흥, 이국의 풍경, 개화의 의지, 신소설과 신시

박갑수·이철수(1985), 『고전문학』, 지학사.

〈고대가요〉구지가(구간 등), 황조가(유리왕), 공무도하가(백수광부의 처), 정읍사(행상인의 아내) / 〈설화〉단군설화, 손순 매아 / 〈고시조〉우탁 외 43편 / 〈향가〉서동요(무왕), 제망매가(월명사), 도이장가(예종) / 〈고려가요〉청산별곡, 동동, 정석가, 가사리 / 〈경기체가〉한림별곡(한림제유) / 〈가사〉면양정가(송순), 사미인곡(정철), 선상탄(박인로), 일동장유가(김인겸), 농가월령가(정학유), 동심가(이중원), 경부철도노래(최남선) / 〈악장〉용비어천가 4장, 월인천강지곡 5편(세종), 유림가 3장(여러 유생들) / 〈한시〉이인로 외 7편 / 〈고전소설〉만복사저포놀이(김시습), 홍길동전(허균), 구운몽(김만중), 심청전, 양반전(박지원) / 〈고대수필〉화왕계(설총), 배열부전(이숭인), 국선생전(이규보), 내훈 2편(소혜왕후 한씨), 산성일기, 어우야담(유몽인), 내간 3편, 규중칠우쟁론기 / 〈신소설〉혈의 누(이인직), 금수회의록(안국선) / 〈문학사〉고대 문학의 개관, 고려 문학의 개관, 조선 전기 문학의 개관, 조선 후기 문학의 개관, 개화기 문학의 개관, 고대의 국어, 고려의 국어, 조선 전기의 국어, 조선 후기의 국어, 개화기의 국어 / 〈문학개론〉서사 문학, 서정시, 향가문학, 한문학(고대), 고려속요, 향가체 시가와 경기체가, 시조문학(고려), 서사문학, 한문학(고려), 악장문학, 번역문학, 시조문학(조선전기), 가사문학(조선전기), 한문학(조선전기), 시조문학(조선후기), 가사문학(조선후기), 소설문학, 수필문학, 한문학(조선후기), 개화가사·창가·신시, 신소설, 신극, 한문학(개화기)

이상익·김진영(1985), 『고전문학』, 동아서적주식회사.

〈고대가요〉공무도하가(백수광부의 처), 황조가(유리왕), 구지가(신군(神君)) / 〈설화〉단군신화, 구토지설, 강감찬(최자 기록), 오수(최자 기록), 돼지가 삼킨 폭포(서거정 기록), 점몽(성현 기록), 한상국의 농가(유몽인 기록), 매품팔이(성대중 기록) / 〈고시조〉우탁 외 38편 / 〈향가〉서동요(서동), 제망매가(월명사), 처용가(처용), 예경제불가(균여), 도이장가(예종) / 〈고려가요〉동동, 청산별곡, 상저가 / 〈경기체가〉한림별곡(한림제유) / 〈가사〉면앙정가(송순), 속미인곡(정철), 선상탄(박인로), 일동장유가(김인겸), 동심가(이중원) / 〈악장〉용비어천가 4장, 월인천강지곡 5편 / 〈한시〉을지문덕 외 6편 / 〈고전소설〉만복사저포기(김시습), 홍길동전(허균), 구운몽(김만중), 춘향전, 보은기우록, 양반전(박지원) / 〈고대수필〉격황소서(최치원), 국순전(임춘), 한중록(혜경궁 홍씨), 내간 2편, 서유견문(유길준), 독립신문 창간논설, 효경언해 / 〈신체시〉해에게서 소년에게(최남선) / 〈신소설〉혈의 누(이인직) / 〈문학사〉시대 배경과 국어(1)~(5), 문학 개관(1)~(5) / 〈문학개론〉설화(1)~(4), 한역가, 향가, 한문학(1)~(4), 향가·향가계 시가, 경기체가·고려속요, 시조(1)~(3), 악장, 가사(1)·(2), 번역문학, 고소설, 실기·서간, 기행·논설, 개화가사·창가 ● 신체시, 신소설

②현대 문학

구인환(1985), 『현대문학』, 금성교과서(주).

〈시〉봄은 간다(김억), 광화문(서정주), 불놀이(주요한), 봉황수(조지훈), 국경의 밤(김동환), 해(박두진), 외인촌(김광균), 거울(이상), 산유화(김소월), 님의 침묵(한용운), 빼앗긴 들에도 봄은 오는가(이상화), 성북동 비둘기(김광섭) / 〈시조〉난초4(이병기), 오동꽃(이병기) / 〈소설〉무정(이광수), 바위(김동리), 운수 좋은 날(현진건), 바비도(김성한), 동백꽃(김유정), 독 짓는 늙은이(황순원), 수난이대(하근찬) / 〈수필〉메모광(이하윤), 대한의 영웅(심훈), 구두(계용묵), 화초(이효석), 토속 연구 여행기(손진태) / 〈희곡〉토막(유치진), 원고지(이근삼) / 〈시나리오〉류관순(윤봉춘) / 〈문학사〉현대 문학의 태동, 현대 문학의 정립, 현대 문학의 성숙, 현대 문학의 정체와 모색, 현대 문학의 새로운 국면 / 〈문학개론〉현대 문학에의 길잡이, 수필 문학의 특성, 수필 문학의 다양한 진술 방식, 소설의 특성과 그 분류, 허구와 사실과 진실, 소설의 다양한 구성, 인간의 성격 유형, 소설 작품의 배경, 서사적 전달 방식의 다양성, 소설의 주제, 시의 역사와 그 특성, 시의 다양한 표현 방식, 시적 언어의 기능과 표현 기법, 우리 시의 음악성, 시의 주제와 그 변천, 희곡의 특성, 희곡의 구성과 유형, 시나리오

김열규·유시욱(1985), 『현대문학』, 동아출판사.

〈시〉봄은 간다(김억), 불놀이(주요한), 님의 침묵(한용운), 방랑의 마음(오상순), 접동새(김소월), 눈이 내리느니(김동환), 나의 침실로(이상화), 나는 왕이로소이다(홍사용), 모란이 피기까지는(김영랑), 귀촉도(서정주), 생명의 서(유치환), 묘지송(박두진), 외인촌(김광균), 거울(이상), 절정(이육사), 서시(윤동주) / 〈시조〉매화Ⅱ(이병기), 깃발(이호우) / 〈소설〉무정(이광수), 고향(현진건), 화수분(전영택), 광화사(김동인), 메밀꽃 필 무렵(이효석), 대춘부(박종화), 불꽃(선우휘) / 〈수필〉무상(이은상), 교양에 대하여(김진섭), 백리금파에서(김상용), 달밤(윤오영) / 〈희곡〉토막(유치진) / 〈문학사〉시의 흐름(1)~(5), 시조의 흐름, 수필의 흐름, 소설의 흐름(1)~(6), 희곡의 흐름 / 〈문학개론〉현대 문학의 이해, 현대 문학의 특질, 시의 기본 개념과 원리, 수필의 기본 개념과 원리, 소설의 기본 개념과 원리, 희곡의 기본 개념과 원리

문덕수·김시태(1985), 『현대문학』, 이우출판사.

〈시〉내 마음을 아실 이(김영랑), 마음의 태양(조지훈), 국경의 밤(김동환), 내일은 오늘 안에서 동트다(장호), 낙산사 풍경 소리(정완영), 가는 길(김소월), 절정(이육사), 밀어(서정주), 병원(윤동주), 데생(김광균), 꽃(김춘수), 목숨(신동집) / 〈소설〉화랑의 후예(김동리), 모델

(황순원), 무정(이광수), 메밀꽃 필 무렵(이효석), 수난이대(하근찬) / 〈수필〉천재와 건강(조연현), 들국화(정비석), 나무(이양하), 피딴 문답(김소운), 설야 산책(노천명), 구두(계용묵) / 〈희곡〉흔들리는 지축(유치진), 내 너를 꿈에 봄은(김용락), 태양을 향하여(차범석) / 〈시나리오〉고종 황제와 의사 안중근(전창근) / 〈문학사〉한국 현대 문학의 흐름 / 〈문학개론〉문학 작품의 유형과 갈래 체계, 작품을 보는 눈과 평가 기준, 시대의 변화와 문학 사상, 시의 이해, 소설의 이해, 수필의 이해, 희곡과 시나리오의 이해

이재선(1984), 『현대문학』, 학연사.
〈시〉가는 길(김소월), 돌담에 소색이는 햇발같이(김영랑), 임께서 부르시면(신석정), 와사등(김광균), 불국사(박목월), 마음(조지훈), 국경의 밤(김동환), 거울(이상), 빼앗긴 들에도 봄은 오는가(이상화), 님의 침묵(한용운), 기원(이은상), 추천사(서정주), 강강술래(이동주), 서시(윤동주), 해(박두진), 꽃(김춘수), 나비의 여행(정한모), 송신(신동집) / 〈시조〉옥저(김상옥) / 〈소설〉무녀도(김동리), 꺼삐딴 리(전광용), 학마을 사람들(이범선), 동백꽃(김유정), 수난이대(하근찬) / 〈수필〉나무(이양하), 모송론(김진섭), 보리(한흑구), 오월(피천득), 집에 대하여(박이문) / 〈희곡〉토막(유치진), 만선(천승세) / 〈문학사〉현대 문학의 흐름 / 〈문학개론〉문학 작품의 이해, 문학의 기본적인 갈래, 의미와 소리, 이미지와 수사, 시의 종류와 양상, 시의 세계, 소설의 구성, 소설의 인물, 배경과 공간, 주제의 발견, 시점, 기법과 언어, 소설의 세계, 희곡의 특징, 희곡의 세계, 수필의 기본 특성과 요건, 수필의 세계, 문학 작품을 보는 눈 / 〈비평〉관점의 차이와 해석 문제-나의 침실로, '운수 좋은 날'의 해석(신동욱), '별'의 해석(유종호), '석문'의 해석(김열규)

전광용·권영민(1985), 『현대문학』, 교학사.
〈시〉불놀이(주요한), 산(김소월), 나룻배와 행인(한용운), 오월(김영랑), 설야(김광균), 국경의 밤(김동환), 오월의 노래(노천명), 바람에게(유치환), 광화문(서정주), 가을(김현승), 꽃을 위한 서시(김춘수) / 〈시조〉한강을 흘리 저어(최남선), 난초(이병기), 백자부(김상옥), 강물에서(박재삼) / 〈소설〉고향(현진건), 메밀꽃 필 무렵(이효석), 학(황순원), 을화(김동리) / 〈수필〉나무의 위의(이양하), 방망이 깎던 노인(윤오영), 해운대에서(이은상), 신념을 기르자(박종홍) / 〈희곡〉토막(유치진), 맹진사댁 경사(오영진) / 〈시나리오〉유관순(윤봉춘) / 〈문학사〉한국 현대시의 흐름, 한국 현대 소설의 흐름 / 〈문학개론〉한국의 현대 문학, 문학과 사회생활, 문학 연구의 길, 수필의 영역, 생각하는 마음, 시와 언어, 심정의 리듬, 전통의 가락, 소설의 본질, 현실과 인생, 현대시의 성격, 지성의 언어, 현대 소설의 유형, 단편소설과 장편소설, 희곡의 본질, 희곡과 시나리오 / 〈비평〉'해'에 대한 해설(박두진), 나의 소설(김동인)

4) 제5차 문학 교과서

구인환(1992), 『문학』, 한샘교과서.

〈고대가요〉황조가(유리왕), 정읍사 / 〈설화〉단군신화, 설씨녀와 가실 / 〈고시조〉이이 외 4편 / 〈향가〉제망매가(월명사), 처용가(처용) / 〈고려가요〉청산별곡, 가시리 / 〈가사〉사미인곡(정철), 일동장유가(김인겸), 동심가(이중원) / 〈악장〉용비어천가 2장 / 〈한시〉송인(정지상) / 〈민속극〉봉산탈춤 / 〈민요〉작자 미상의 민요 / 〈고전소설〉사씨남정기(김만중), 용궁부연록(김시습), 홍길동전(허균), 춘향가 / 〈고대수필〉국선생전(이규보), 동명일기(의유당) / 〈신체시〉해에게서 소년에게(최남선) / 〈신소설〉혈의 누(이인직), 인력거꾼(안국선) / 〈시〉님의 침묵(한용운), 봉황수(조지훈), 국경의 밤(김동환), 그날이 오면(심훈), 도봉(박두진), 생명의 서(유치환), 고지가 바로 저긴데(이은상), 향수(정지용), 내 마음을 아실 이(김영랑), 눈(김수영), 빼앗긴 들에도 봄은 오는가(이상화), 절정(이육사), 별 헤는 밤(윤동주), 성북동 비둘기(김광섭), 불놀이(주요한), 진달래꽃(김소월), 추일서정(김광균) / 〈시조〉서해상의 낙조(이태극) / 〈소설〉치숙(채만식), 매잡이(이청준), 별(황순원), 사랑 손님과 어머니(주요섭), 무녀도(김동리), 두 파산(염상섭), 수난이대(하근찬), 무정(이광수), 동백꽃(김유정) / 〈수필〉애국하는 충성(유길준), 봄(피천득), 구두(계용묵), 나무(이양하), 낙화암을 찾는 길에(이병기), 그믐달(나도향), 딸깍발이(이희승), 대동강(김동인), 생활인의 철학(김진섭), 권태(이상) / 〈희곡〉원고지(이근삼), 태양을 향하여(차범석), 토막(유치진) / 〈시나리오〉유관순(윤봉춘), 시집 가는 날(오영진) / 〈문학사〉한국 문학의 전통적 흐름, 서정 문학의 형성과 변모, 서정 문학의 형성, 서사 문학의 형성과 변모, 서사 문학의 형성, 서사 문학의 소설로의 발전, 소설의 전환기적 형태, 현대 소설의 개화, 극문학의 형성과 변모, 선인들의 놀이와 민속극, 새로운 극문학의 발전, 수필 문학의 형성과 변모, 수필적 성격의 고전들, 현대 수필의 정립과 성장, 고대 문학의 흐름, 고려 문학의 흐름, 조선 문학의 흐름, 개화기 문학의 흐름, 현대 문학의 흐름 / 〈문학개론〉문학의 본질과 특성, 문학의 유형과 장르, 문학의 이해와 감상, 문학 감상의 방법, 문학의 이해와 감상, 언어와 심상, 시의 다양한 표현 양식, 시의 언어와 표현 기법, 시의 음악성, 시의 주제와 그 표현, 허구와 진실, 소설의 인물과 배경, 소설의 시점과 문체, 소설의 다양한 구성, 소설의 주제와 그 표현, 무대와 인생, 희곡의 구성, 희곡의 주제와 그 표현, 시나리오의 특성, 생활의 여적, 수필의 특성, 수필의 진술 방식, 수필의 속성과 주제, 한국 문학의 성격과 범위, 한국 문학의 특성, 민족 문학의 성격, 민족 문학과 세계 문학, 세계 문학으로서의 한국 문학 / 〈비평〉'파한집'에서(이인로)

김동욱·김열규·김태준(1990), 『문학』, 동아출판사.

〈고대가요〉황조가(유리왕), 정읍사 / 〈설화〉황금 돼지 이야기, 단군신화(일연), 아귀 귀신 이야기, 주몽설화(박인량), 심화요탑(박인량) 〈고시조〉윤선도 외 16편 / 〈향가〉풍요(양지), 원왕생가(광덕), 제망매가(월명사), 처용가(처용) / 〈고려가요〉이상곡, 청산별곡, 사모곡, 동동, 정석가 / 〈경기체가〉한림별곡(한림제유) / 〈가사〉규원가(허초희), 면앙정가(송순) / 〈한시〉여수장우중문시(을지문덕) / 〈민속극〉양주 산대놀이, 바리데기 / 〈민요〉광복군 아리랑, 아리랑 / 〈고전소설〉남염부주지(김시습), 운영전, 성진사전(이옥), 박타령(신재효) / 〈고대수필〉호질(박지원), 국선생전(이규보), 아들을 낳거든(유몽인), 이사심에게 답함(송시열), 내간 1편, 오륜가(주세붕), 임진록 / 〈신소설〉금수회의록(안국선), 혈의 누(이인직) / 〈시〉동천(서정주), 성호 부근(김광균), 풀(김수영), 작은 짐승(신석정), 무심(김소월), 방랑의 마음(오상순), 오다가다(김억), 어서 너는 오너라(박두진), 생명의 서(유치환), 봄은 고양이로소이다(이장희), 아침 이미지(박남수), 빗소리(주요한), 피아노(전봉건), 달·포도·잎사귀(장만영), 절정(이육사), 주막에서(김용호), 아지랑이(윤곤강), 눈물(김현승), 나의 침실로(이상화), 누이의 마음아 나를 보아라(김영랑), 고풍의상(조지훈), 쉽게 씌어진 시(윤동주), 낙타(이한직), 정천 한해(한용운), 바라춤(신석초), 불국사(박목월), 석문(조지훈) / 〈시조〉저무는 가을(이병기) / 〈소설〉학마을 사람들(이범선), 붉은 산(김동인), 젊은 느티나무(강신재), 비오는 날(손창섭), 운수 좋은 날(현진건), 물레방아(나도향), 서울, 1964년 겨울(김승옥), 치숙(채만식), 메밀꽃 필 무렵(이효석), 봄·봄(김유정), 별(황순원), 까치 소리(김동리), 광장(최인훈), 비밀의 문(김내성), 사하촌(김정한), 사랑 손님과 어머니(주요섭), 날개(이상), 삼대(염상섭), 배따라기(김동인), 홍염(최서해) / 〈수필〉보람의 씨앗(김소운), 은전 한 닢(피천득), 허무감을 받은 그 시절(김상용), 산촌일기(노자영), 달밤(윤오영), 무상(이은상) / 〈희곡〉새야 새야 파랑새야(차범석), 토막(유치진) / 〈시나리오〉시집 가는 날(오영진) / 〈문학사〉상대의 문학, 통일 신라기의 문학, 고려 시대의 문학, 조선 전기의 문학, 조선 후기의 문학, 개화기의 문학, 민족 수난기의 문학, 민족 분단기의 문학 / 〈문학개론〉문학이란 무엇인가, 이야기체 문학과 소설, 시와 노래, 극문학, 주관과 내성의 문학, 민족 문학의 전통, 문학을 보는 눈 / 〈비평〉'운수 좋은 날'에 대하여(신동욱·이재선), '광야'에 대하여(김열규), '바리데기'에 대하여(정금철)

김봉군·한연수(1990), 『문학』, 지학사.

〈고대가요〉구지가(구간 등), 황조가(유리왕), 공무도하가(백수광부의 아내), 정읍사(어느 행상인의 아내) / 〈설화〉단군신화, 구토지설 / 〈고시조〉우탁 외 28편 / 〈향가〉제망매가(월명

사) / 〈고려가요〉청산별곡, 가시리, 동동 / 〈경기체가〉한림별곡(한림제유) / 〈가사〉면앙정가 (송순), 일동장유가(김인겸), 농가월령가(정학유), 일진회(一進會)야, 권학가 / 〈악장〉용비 어천가 5장 / 〈한시〉을지문덕 외 7편 / 〈민속극〉봉산탈춤 / 〈고전소설〉만복사저포기(김시 습), 홍길동전(허균), 양반전(박지원), 박타령 / 〈고대수필〉점몽, 국순전(임춘), 수염 잡고 손 맞는 주인(유몽인), 산성일기(어느 궁녀), 한중록(혜경궁 홍씨), 내간 2편, 규중칠우쟁론기 / 〈신소설〉화의 혈(이해조) / 〈시〉샘물이 혼자서(주요한), 당신을 보았습니다(한용운), 국경 의 밤(김동환), 그 날이 오면(심훈), 절정(이육사), 해(박두진), 논개(변영로), 아직 촛불을 켤 때가 아닙니다(신석정), 일월(유치환), 초토의 시(구상), 외인촌(김광균), 달·포도·잎사귀(장 만영), 종소리(박남수), 능금(김춘수), 향수(정지용), 산도화1(박목월), 사향(김상옥), 산유화 (김소월), 참회록(윤동주), 플라타너스(김현승) / 〈시조〉자모사(정인보) / 〈소설〉화수분(전 영택), 고향(현진건), 메밀꽃 필 무렵(이효석), 동백꽃(김유정), 수난이대(하근찬), 죄와 벌 (이무영), 수라도(김정한) / 〈수필〉구두(계용묵), 모송론(김진섭), 딸깍발이(이희승), 플루트 연주자(피천득) / 〈희곡〉만선(천승세) / 〈시나리오〉고종 황제와 의사 안중근(전창근) / 〈문 학사〉한국 문학의 갈래와 흐름, 이 시대의 삶과 문학(1)~(5) / 〈문학개론〉문학의 본질과 기 능, 한국 문학의 특성, 문학 작품 이해의 관점, 현대시 이해의 기초, 현대 소설의 기초, 극문 학의 이해의 기초, 수필 이해의 기초, 비평 이해의 기초 / 〈비평〉'보한집'에서-문학이란 무엇 인가(최자), '동인시화'에서-김황원의 시(서거정), 정철의 가사 작품에 대하여(김만중), 문학 과 사회(이상섭), 염상섭의 '삼대'(유종호)

김용직·박민수(1990), 『문학』, 학습개발.
〈고대가요〉구지가(구간), 정읍사(어느 행상인의 아내) / 〈설화〉단군신화 / 〈고시조〉황진이 외 5편 / 〈향가〉제망매가(월명사) / 〈고려가요〉가시리 / 〈가사〉면앙정가(송순) / 〈한시〉절명 시(황현) / 〈민속극〉봉산탈춤 / 〈민요〉시집살이 / 〈고전소설〉양반전(박지원), 만복사저포기 (김시습), 박타령, 홍길동전(허균) / 〈고대수필〉산성일기(어느 궁녀), 파한집에서(이인로), 동명일기(의령 남씨) / 〈신소설〉금수회의록(안국선) / 〈시〉불놀이(주요한), 절정(이육사), 이별은 미의 창조(한용운), 외인촌(김광균), 봉황수(조지훈), 달(박목월), 나비의 여행(정한 모), 눈물(김현승), 바라건대는 우리에게 보습 대일 땅이 있었다면(김소월), 오월(김영랑), 빼앗긴 들에도 봄은 오는가(이상화), 풀(김수영), 거울(이상), 처용단장(김춘수), 위독(이승 훈) / 〈시조〉신록(이영도) / 〈소설〉운수 좋은 날(현진건), 꺼삐딴 리(전광용), 무정(이광수), 동백꽃(김유정), 논 이야기(채만식), 수난이대(하근찬), 메밀꽃 필 무렵(이효석), 독 짓는 늙 은이(황순원) / 〈수필〉생활인의 철학(김진섭), 달밤(윤오영), 청춘예찬(민태원), 나무의 위의(이양하) / 〈희곡〉성난 기계(차범석), 토막(유치진) / 〈시나리오〉유관순(윤봉춘) / 〈문학사〉한국 문학의 흐름, 시가 문학의 흐름, 소설 문학의 흐름, 희곡 문학의 흐름, 수필 문학의 흐름, 비평 문학의 흐름 / 〈문학개론〉문학이란 무엇인가, 문학의 종류와 특성, 문학 작품의 해석과 감상, 시 작품의 분석과 이해, 형식요소, 서정적 자아와 목소리, 비유와 상징, 소리와 운율, 소설 작품의 분석과 이해, 플롯과 시점, 인물과 배경, 주제와 문체, 희곡 작품의 분석과 이해, 희곡의 구조 요소, 희곡과 시나리오, 수필 작품의 분석과 이해, 무형식의 형식, 제재와 구성, 문체와 주제, 한국 문학의 정의, 한국 문학의 본질과 특성, 한국 문학의 종류와 갈래, 한국 문학과 세계 문학, 시가 문학의 해석과 감상, 소설 문학의 해석과 감상, 희곡 문학의 해석과 감상, 비평 문학의 세계 / 〈비평〉서포만필에서(김만중), 육사의 시(김종길), 소시민의 한계(김현), 소망과 기원의 노래, 삶의 현장에서, 서정의 물결, 역사와 현실 속에서, 내면세계와 존재의 탐구, 설화와 소설, 풍자와 해학의 세계, 역사아 현실의 반영, 인간과 자연의 탐구, 넉살과 신명의 한마당, 역사와 현실의 모방

김윤식·김종철(1993), 『문학』, 한샘교과서(주).
〈고대가요〉구지가, 정읍사(행상인의 아내) / 〈설화〉단군신화 / 〈고시조〉우탁 외 10편 / 〈향가〉제망매가(월명사) / 〈고려가요〉청산별곡 / 〈경기체가〉한림별곡(한림제유) / 〈가사〉속미인곡(정철), 선상탄(박인로), 애국하는 노래(이필균) / 〈악장〉용비어천가 4장 / 〈한시〉이제현 외 4편 / 〈민속극〉봉산탈춤 / 〈민요〉아리랑 타령 / 〈고전소설〉이생규장전(김시습), 양반전(박지원), 유충렬전, 박타령 / 〈고대수필〉국선생전(이규보), 박연의 피리(성현), 숙종의 제문(숙종), 서유견문(유길준) / 〈신체시〉해에게서 소년에게(최남선) / 〈신소설〉은세계(이인직) / 〈시〉봄은 간다(김억), 불놀이(주요한), 나의 침실로(이상화), 초혼(김소월), 당신을 보았습니다(한용운), 유리창 I (정지용), 끝없는 강물이 흐르네(김영랑), 거울(이상), 절정(이육사), 참회록(윤동주), 어서 너는 오너라(박두진), 꽃덤불(신석정), 민들레꽃(조지훈), 적군묘지(구상), 목마와 숙녀(박인환), 성북동 비둘기(김광섭), 풀(김수영) / 〈시조〉수선화(이병기), 깃발(이호우) / 〈소설〉무정(이광수), 만세전(염상섭), 홍염(최서해), 동백꽃(김유정), 태평천하(채만식), 목넘이 마을의 개(황순원), 역마(김동리), 비오는 날(손창섭), 유예(오상원), 광장(최인훈), 누이를 이해하기 위하여(김승옥), 거리의 악사(박경리) / 〈수필〉그믐달(나도향), 백설부(김진섭), 무궁화(이양하) / 〈희곡〉산돼지(김우진), 토막(유치진) / 〈문학사〉한국 문학의 연속적 흐름, 국문학의 여명기, 상고 시대의 문학, 한문 문학과 국문 문학의 갈등, 고려 시대의 문학, 국문 문학의 정착과 시가의 난숙, 조선 시대 전기의 문학, 평민 의식의 성장과 산문 문학의 발달, 조선 시대 후기의 문학, 전환기에서의 저항과 창조, 개화기의 문학, 현대문학의 주체적 정립, 1910년대의 문학, 현대 문학의 본격적 전개, 1920년대의 문학, 현대 문학의 심화

와 확산, 1930년대의 문학, 좌·우 이념의 대립과 문단의 재편성, 해방 공간의 문학, 전후 문학과 신인들의 진출, 1950년대의 문학, 감수성의 개발과 산업화의 진전, 1960년대의 문학 / 〈문학개론〉문학의 본질과 특성, 문학의 정의에 이르는 길, 가치 있는 경험, 언어 예술, 형상과 인식, 문학의 갈래, 시의 이해, 시의 언어, 이미지와 수사, 운율, 시의 갈래, 소설의 이해, 소설이란 무엇인가, 소설의 구성, 소설의 인물, 소설의 주제, 소설의 배경, 문체와 어조, 서술자·시점·거리, 소설의 갈래, 희곡·시나리오의 이해, 희곡의 본질과 특성, 희곡의 구성 요소, 희곡의 구조, 희곡의 갈래, 시나리오의 본질과 특성, 수필의 이해, 개방과 무형식의 형식, 지성의 격조, 개성의 문학, 수필의 갈래적 성격과 종류, 문학을 보는 관점, 표현론적 관점, 효용론적 관점, 절대주의적 관점, 종합주의적 관점, 한국 문학의 범위, 한국 문학의 특질, 민족 문학으로서의 한국 문학(김흥규), 한국 문학과 세계 문학(조동일) / 〈비평〉작자의 자전적 요소와 '무정'의 관련성(김윤식), '흥부전'의 주제(이상택), 판소리 사설의 표현 특징(최진원), '추천사' 분석(김종길), '광야'의 해석(김용직)

김흥규(1990), 『문학』, 한샘.
〈고대가요〉구지가, 황조가(유리왕) / 〈설화〉단군신화, 조신의 꿈, 오봉산의 불 / 〈고시조〉황진이 외 7편 / 〈향가〉제망매가(월명사) / 〈고려가요〉상저가, 가시리 / 〈가사〉사미인곡(정철), 규원가, 누황사(박인로), 경부철도 노래(최남선) / 〈악장〉월인천강지곡 5편 / 〈한시〉이색 외 3편 / 〈민속극〉봉산탈춤 / 〈민요〉시집살이 노래 / 〈고전소설〉홍보전, 이생규장전(김시습), 유충렬전, 양반전(박지원) / 〈고대수필〉국선생전(이규보), 배신, 계축일기(궁녀), 내간 2편, 정경 부인 초계 정씨 행장, 야언 초(신흠) / 〈신소설〉혈의 누 / 〈시〉알 수 없어요(한용운), 내 마음을 아실 이(김영랑), 유리창 I (정지용), 무등을 보며(서정주), 산유화(김소월), 낙화(조지훈), 새(박남수), 풀(김수영), 자연(박재삼), 하관(박목월), 성북동 비둘기(김광섭), 눈물(김현승), 눈길(고은), 자수(허영자), 빼앗긴 들에도 봄은 오는가(이상화), 청포도(이육사), 쉽게 씌어진 시(윤동주), 강(박두진) / 〈시조〉살구꽃 핀 마을(이호우) / 〈소설〉무정(이광수), 사랑 손님과 어머니(주요섭), 봄·봄(김유정), 탁류(채만식), 사하촌(김정한), 운수 좋은 날(현진건), 삼대(염상섭), 폭군(홍성원), 태형(김동인), 독 짓는 늙은이(황순원), 수난이대(하근찬) / 〈수필〉가람 일기 초(이병기), 권태(이상), 인생의 묘미(김소운), 은전 한 닢(피천득), 푸른 계절에 꿈을(최정희) / 〈희곡〉토막(유치진), 원고지(이근삼) / 〈시나리오〉시집 가는 날(오영진) / 〈문학사〉한국 문학사의 연속성, 고대의 문학, 고려 시대의 문학, 조선 전기의 문학, 조선 후기의 문학, 개화기의 문학, 현대 문학의 정립, 현대 문학의 다양한 전개, 현대 문학의 진통과 모색, 현대 문학의 새로운 국면 / 〈문학개론〉문학이란 무엇인가?, 문학과 언어, 문학의 갈래, 문학 이해의 방법, 민족 문학과 세계 문학, 한국 문학의 특질과 전통, 시의 세계와 서정, 시의 근원적 모습, 시의 운율, 의미의 폭과 깊이, 비유와 상징, 시의 세계(1)~(3), 서사 문학과 소설, 서사 문학의 근원적 모습, 서사 문학의 인물, 구성과 시점, 배경과 문체, 서사의 집중과 확장, 소설의 해석(1)·(2), 희곡과 시나리오의 특성, 대사와 행동, 극적 갈등과 구성, 시나리오, 기록 문학과 수필, 생활인의 기록, 수필의 세계

박동규·서대석·송백헌·김태식(1990), 『문학』, 금성교과서(주)
〈고대가요〉구지가(구간 등), 황조가(유리왕) / 〈설화〉단군신화(일연 정리) / 〈고시조〉원천석 외 10편 / 〈향가〉서동요(서동), 제망매가(월명사) / 〈고려가요〉가시리, 동동 / 〈경기체가〉한림별곡(한림제유) / 〈가사〉사미인곡(정철), 동심가(이중원) / 〈악장〉용비어천가 5장, 월인천강지곡 5편 / 〈한시〉여수장우중문시(을지문덕) / 〈민속극〉봉산탈춤, 성조 푸리(손진태 정리) / 〈민요〉시집살이요 / 〈고전소설〉홍길동전(허균), 양반전(박지원), 심청가(신재효 정리) / 〈고대수필〉산성일기(어느 궁녀) / 〈신체시〉해에게서 소년에게(최남선) / 〈신소설〉혈의 누(이인직) / 〈시〉봄은 간다(김억), 국경의 밤(김동환), 임께서 부르시면(신석정), 불놀이(주요한), 거울(이상), 봉황수(조지훈), 참회록(윤동주), 가는 길(김소월), 떠나가는 배(박용철), 청노루(박목월), 봄비(이수복), 와사등(김광균), 귀촉도(서정주), 꽃을 위한 서시(김춘수), 정념의 기(김남조), 나룻배와 행인(한용운), 향수(정지용), 절정(이육사), 해(박두진) / 〈시조〉자모사(정인보), 난초(이병기), 깃발(이호우), 조국(정완영) / 〈소설〉무정(이광수), 삼대(염상섭), 모래톱 이야기(김정한), 메밀꽃 필 무렵(이효석), 수난이대(하근찬), 탈출기(최학송) / 〈수필〉딸깍발이(이희승), 나무의 위의(이양하), 백설부(김진섭), 오월의 낙화암(이은상) / 〈희곡〉토막(유치진), 맹진사댁 경사(오영진) / 〈시나리오〉유관순(윤봉춘) / 〈문학사〉현대 시조의 특성과 흐름, 고대 소설의 개념과 발달, 신소설의 개념과 발달, 희곡의 특성과 흐름, 시나리오의 특성과 흐름, 고대 수필의 개념과 발달, 한국 문학사의 시대 구분, 고대 문학, 중세 문학, 근세 문학, 신문학, 현대 문학 / 〈문학개론〉문학의 본질과 기능, 문학의 갈래, 한국 문학의 특질, 세계 속의 한국 문학, 고대가요, 향가, 경기체가와 속요, 악장, 고시조, 가사, 한시·번역시, 신체시, 시의 특성과 분류, 시적 언어와 표현 기교, 시의 운율과 음악성, 시의 감상과 회화성, 시의 주제의 변천, 현대 소설의 구성의 개념과 분류, 현대 소설 구성의 인물과 배경, 현대 소설의 주제와 시점, 희곡의 구성과 분류, 수필의 특성과 분류, 수필의 구성과 진술 방식, 설화, 민요, 판소리, 무가, 민속극, 문학 비평의 특성, 문학 비평의 기준과 갈래 / 〈비평〉서포만필(김만중), 문예 비평가의 태도에 대하여(김환태), 무녀도의 인물 분석(박동규)

우한용·박인기·정병헌·최병우(1990), 『문학』, 동아출판사.
〈고대가요〉정읍사 / 〈설화〉단군 신화, 동명왕 신화, 서동 신화, 지귀 설화, 지하국 대적 퇴치

설화 〈고시조〉김상용 외 8편 / 〈향가〉처용가(처용) / 〈고려가요〉서경별곡 / 〈경기체가〉한림별곡(한림제유) / 〈가사〉속미인곡(정철), 누항사(박인로), 농가월령가(정학유), 신의관 창의가(신태식) / 〈한시〉최치원 외 3편 / 〈판소리〉흥보가 / 〈민속극〉봉산탈춤, 바리데기 / 〈민요〉논매기 노래, 자장가, 이어도 타령 / 〈고전소설〉남염부주지(김시습), 양반전(박지원) / 〈고대수필〉공방전(임춘), 임진록, 왕오천축국전(혜초), 표해록(최보), 산성일기(어느 궁녀), 경설(이규보) / 〈신체시〉해에게서 소년에게(최남선) / 〈신소설〉금수회의록(안국선) / 〈시〉물레(김억), 알 수 없어요(한용운), 초혼(김소월), 북(김영랑), 향수(정지용), 거울(이상), 추천사(서정주), 봉황수(조지훈), 눈물(김현승), 들길에 서서(신석정), 일월(유치환), 절정(이육사), 참회록(윤동주), 폭포(김수영) / 〈소설〉무정(이광수), 바위(김동리), 동백꽃(김유정), 만세전(염상섭), 태평천하(채만식), 이리도(황순원), 광장(최인훈) / 〈수필〉풍란(이병기), 까치(윤오영), 생활인의 철학(김진섭), 멋(이희승) / 〈희곡〉토막(유치진), 허생전(오영진) / 〈시나리오〉유관순(윤봉춘) / 〈문학사〉한국 문학의 흐름, 구비 문학의 개관, 한국시의 개관, 한국 소설의 개관, 한국 극양식의 개관, 수필의 개관 / 〈문학개론〉문학을 어떻게 공부할 것인가, 문학의 본질과 특성, 문학의 갈래와 그 체계, 한국 문학의 장르 체계, 설화, 민요, 판소리와 무가, 선인들의 서정, 서정적 세계의 확대, 근대시의 발돋움, 기법의 확대와 심화, 시와 삶의 깊이, 현실의 허구화, 역사에 대한 응전력, 개화와 계몽의 시대정신, 소설의 예술 지향성, 현실의 총체성, 본원적 생명 의지와 이념, 가면극, 희곡과 시나리오, 견문과 통찰의 기록, 사물에 대한 관조, 사색과 예지의 만남, 국문학과 선인들의 삶, 한국 문학의 지향 가치, 민족 문학의 창조, 한국 문학과 세계 문학

5) 제6차 문학 교과서

구인환·김흥규(1995), 『문학』, 한샘출판(주).
【문학(상)】〈고대가요〉정읍사 / 〈고시조〉어부사시사(윤선도, 4편) / 〈향가〉처용가 / 〈민속극〉꼭두각시 놀음 / 〈고전소설〉홍길동전(허균), 흥보전, 구운몽(김만중) / 〈고대수필〉한중록(혜경궁 홍씨) / 〈시〉산유화(김소월), 꽃을 위한 서시(김춘수), 눈(김수영), 가을날(릴케), 여우난 곬족(백석), 성북동 비둘기(김광섭), 폭포(이형기), 이니스프리 호수의 섬(예이츠), 울음이 타는 강(박재삼), 추일 서정(김광균), 추천사(서정주), 가정(이상), 광야(이육사), 타는 목마름으로(김지하), 바닷가에서(타고르) / 〈시조〉달밤(이호우) / 〈소설〉비 오는 날(손창섭), 수레바퀴 밑에서(헤세), 모래톱 이야기(김정한), 유예(오상원), 운수 좋은 날(현진건), 병신과 머저리(이청준), 목걸이(모파상), 두 파산(염상섭) / 〈수필〉수필(피천득), 거리의 악사

(박경리), 행복의 메타포(안병욱) / 〈희곡〉토막(유치진), 원고지(이근삼) / 〈시나리오〉유관순(윤봉춘) / 〈문학개론〉문학의 성격, 문학의 갈래, 문학의 기능, 문학 작품의 구조와 존재 양상, 생산론적 방법, 수용론적 방법, 반영론적 방법, 구조론적 방법, 언어와 심상, 서정적 주체와 시의 정서, 시의 대상과 상황, 시의 다양한 표현 방식, 시의 주제와 해석, 서사와 진실, 소설의 인물과 세계, 소설의 배경과 문체, 소설의 구성과 시점, 소설의 주제와 갈등, 무대와 인생, 희곡과 시나리오의 구조, 희곡의 주제와 표현, 생활의 여적, 수필의 진술 방식, 수필의 세계와 주제 / 〈비평〉'한국 리얼리즘의 한계'에서(유종호), 『유충렬전』의 작품 세계와 문체'에서(서인석), 『흥부전』에 나타난 임노(賃勞)의 형상'에서(임형택), '궁핍한 시대의 시인'에서(김우창)

【문학(하)】〈고대가요〉구지가(가락국 구간) / 〈설화〉동명왕 신화, 조신의 꿈, 프로메테우스 / 〈고시조〉길재 외 8편. / 〈향가〉찬기파랑가(충담사) / 〈고려가요〉서경별곡 / 〈경기체가〉한림별곡 / 〈가사〉사미인곡(정철), 동심가(이중원) / 〈악장〉신도가(정도전) / 〈한시〉부벽루(이색), 망여산폭포(이백), 등고(두보) / 〈민속극〉양주 별산대놀이 / 〈민요〉시집살이 노래 / 〈고전소설〉이생규장전(김시습), 양반전(박지원) / 〈고대수필〉국선생전(이규보) / 〈신체시〉해에게서 소년에게(최남선) / 〈신소설〉금수회의록(안국선) / 〈시〉굴뚝 소제부(블레이크), 님의 침묵(한용운), 유리창1(정지용), 쉽게 씌어진 시(윤동주), 황무지(엘리엇), 청산도(박두진), 목마와 숙녀(박인환), 기항지 I (황동규), 목계 장터(신경림), 가지 않은 길(프로스트) / 〈소설〉고리오 영감(발자크), 아큐정전(루쉰), 무정(이광수), 만무방(김유정), 탁류(채만식), 카라마조프가의 형제들(도스토예프스키), 목넘이 마을의 개(황순원), 바비도(김성한), 광장(최인훈), 일락서산(이문구), 어떤 날(마르케스), 노인과 바다(헤밍웨이) / 〈수필〉함께 있고 싶어서(법정) / 〈희곡〉햄릿(셰익스피어) / 〈문학사〉원시·고대문학, 중세 문학, 중세에서 근대로의 이행기 문학, 근대 이후의 문학, 고대의 문학, 중세의 문학, 근세의 문학, 개화기의 문학, 근대의 문학, 현대의 문학 / 〈문학개론〉한국 문학의 범위와 영역, 한국 문학의 특질과 전통, 민족 문학과 세계 문학

권영민(1996), 『문학』, ㈜지학사.

【문학(상)】〈고시조〉어부사시사(윤선도, 4편) / 〈고려가요〉가시리 / 〈고전소설〉구운몽(김만중) / 〈고대수필〉이옥설(이규보) / 〈시〉진달래꽃(김소월), 도봉(박두진), 국경의 밤(김동환), 유리창 I (정지용), 거울(이상), 이니스프리의 호수섬(예이츠) / 〈시조〉난초(이병기) / 〈소설〉운수 좋은 날(현진건), 귀향(모파상), 메밀꽃 필 무렵(이효석), 설국(가와바타 야스나리) / 〈수필〉나무의 위의(이양하), 딸깍발이(이희승), 모나리자(페이터), 이야기(피천득) / 〈희곡〉소(유치진), 인형의 집(입센), 불모지(차범석) / 〈문학개론〉문학의 개념, 문학과 언어,

문학의 구조, 문학의 창작과 수용, 문학의 갈래, 한국 문학의 영역과 갈래, 문학을 보는 관점, 문학 연구의 방법, 문학의 해석과 평가, 시의 본질, 시의 언어, 시의 주제, 시적 형식과 언어, 시적 의미와 내용, 시의 리듬, 시의 이미지, 시적 비유, 시적 상징, 시의 진술과 어조, 소설의 세계, 소설의 구성, 구성의 요소, 소설 구성의 단계, 인물과 성격, 소설의 배경, 소설의 서술 방법과 시점, 서술과 문체, 희곡의 본질, 행동의 문학, 대화의 문학, 단막극과 장막극, 비극과 희극, 구성의 요소, 극적 인물·극적 행동·극적 상황, 극적 구성 단계

【문학(하)】〈고대가요〉구지가(구간 등), 황조가(유리왕) / 〈설화〉단군 신화, 구토 설화 / 〈고시조〉이조년 외 15편. / 〈향가〉제망매가(월명사) / 〈고려가요〉청산별곡 〈경기체가〉한림별곡(한림제유) / 〈가사〉사미인곡(정철), 동심가(이중원) / 〈악장〉용비어천가(정인지 외, 3장) / 〈한시〉벗을 보내며(정지상), 도중(김시습) / 〈민속극〉봉산 탈춤 / 〈고전소설〉홍길동전(허균), 심청전, 양반전(박지원) / 〈고대수필〉공방전(임춘), 어우야담(유몽인), 북산루(연안 김씨) / 〈신체시〉해에게서 소년에게(최남선) / 〈신소설〉혈의 누(이인직) / 〈시〉불놀이(주요한), 님의 침묵(한용운), 빼앗긴 들에도 봄은 오는가(이상화), 모란이 피기까지는(김영랑), 사슴(노천명), 울음이 타는 강(박재삼), 풀(김수영), 성북동 비둘기(김광섭), 수선화(워즈워스), 발견(괴테), 종이배(타고르), 띠(발레리) / 〈소설〉만세전(염상섭), 탁류(채만식), 학(황순원), 광장(최인훈), 노인과 바다(헤밍웨이), 아큐정전(루쉰), 카라마조프가의 형제들(도스트예프스키) / 〈수필〉그믐달(나도향), 폭포와 분수(이어령) / 〈희곡〉맹 진사댁 경사(오영진), 원고지(이근삼), 유리 동물원(테네시 윌리엄스) / 〈시나리오〉유관순(윤봉춘) / 〈문학사〉고대 문학의 성립과 발전, 고려 시대 문학의 특징, 조선 시대 문학의 전개 양상, 개화기 신문학의 형성, 일제의 강점과 근대 문학의 전개, 한국의 광복과 현대 문학의 변모 / 〈문학개론〉고대 가요, 향가, 신화와 전설, 고려 가요, 경기체가와 한시, 가전체 문학, 악장, 시조, 가사, 고전 소설, 가면극과 인형극, 고전 수필, 개화 가사·신체시, 신소설, 근대시, 근대 소설, 근대 희곡, 근대 수필, 현대시, 현대 소설, 현대 희곡, 현대 수필, 한국 문학의 영역, 민족 문학으로서의 한국 문학, 한국 문학의 세계적 위상, 고전주의 문학, 낭만주의 문학, 사실주의와 자연주의 문학, 상징주의 문학, 서정의 세계, 허구와 진실, 희곡과 연극

김대행·김동환(1996), 『문학』, ㈜교학사.

【문학(상)】〈설화〉지하국 대적 퇴치 설화 / 〈고시조〉이정신 외 4편. / 〈가사〉사미인곡(정철), 우부가 / 〈한시〉벗을 보내며(이백), 강에는 눈 내리고(유종원) / 〈판소리〉흥부가 / 〈민속극〉꼭두각시놀음, 수영야류(水營野遊) / 〈고전소설〉만복사저포기(김시습), 구운몽(김만중), 춘향전 / 〈고대수필〉주옹설(권근), 일야구도하기(박지원), 한중록(혜경궁 홍씨) / 〈신체시〉해에게서 소년에게(최남선) / 〈시〉절정(이육사), 이니스프리 호수섬(예이츠), 님의 침묵

(한용운), 불국사(박목월), 그 날이 오면(심훈), 가을(흄), 지하철 정거장에서(파운드), 풀(김수영), 먼 후일(김소월), 추일 서정(김광균), 가지 않은 길(프로스트) / 〈소설〉사랑 손님과 어머니(주요섭), 목걸이(모파상), 역마(김동리), 봄·봄(김유정), 광장(최인훈), 배따라기(김동인), 소설가 구보 씨의 일일(박태원), 운수 좋은 날(현진건), 태평천하(채만식) / 〈수필〉특급품(김소운), 수필(피천득), 딸깍발이(이희승), 모자철학(가디너), 생활인의 철학(김진섭) / 〈희곡〉성난 기계(차범석), 햄릿(셰익스피어), 산돼지(김우진) / 〈시나리오〉시집 가는 날(오영진) / 〈문학개론〉문학의 본질, 문학의 즐거움, 작품 감상의 방법, 수필의 본질과 특성, 작품의 내면화, 허구의 세계와 인물, 소설의 구성, 소설의 구조와 삶의 이해, 작품의 내면화, 시의 언어, 이미지와 상징, 서정과 정서, 작품의 내면화, 극문학의 본질과 특성, 작품의 내면화

【문학(하)】〈고대가요〉황조가(유리왕) / 〈설화〉단군 신화, 일리아스(호메로스), 동명왕편(이규보) / 〈고시조〉김종서 외 4편. / 〈향가〉찬기파랑가(충담사) / 〈고려가요〉가시리 / 〈경기체가〉한림별곡(한림제유) / 〈가사〉상춘곡(정극인), 애국하는 노래(리필균), 아양구첩(峨洋九疊) / 〈악장〉감군은 / 〈한시〉물수리(關雎), 늦을 녘에 거닐면서(晚步)(이황) / 〈고전소설〉조웅전, 요로원야화기(박두세) / 〈고대수필〉화왕계(설총), 공방전(임춘), 임진록, 성진사전(이옥) / 〈신소설〉혈의 누(이인직) / 〈시〉짤마재 신화(서정주), 루바이아트(오마르 카얌), 신곡(단테), 삼월(워즈워스), 불놀이(주요한), 낡은 집(이용악), 황무지(엘리엇), 어서 너는 오너라(박두진), 꽃(김춘수), 타는 목마름으로(김지하), 옷에게 바치는 송가(파블로 네루다) / 〈시조〉자모사(慈母思)(정인보) / 〈소설〉어둠 속에 찍힌 판화(황순원), 돈키호테(세르반테스), 무정(이광수), 날개(이상), 아큐정전(노신), 오발탄(이범선), 무진 기행(김승옥), 난장이가 쏘아올린 작은공(조세희), 의사 지바고(보리스 파스테르나크) / 〈희곡〉파우스트(괴테), 인형의 집(입센), 동승(함세덕) / 〈문학사〉한국 문학의 여명(상고 및 신라 시대의 문학), 구어와 문어의 이원화(고려 시대의 문학), 문학의 다양화와 담당층의 확대(조선 시대의 문학), 전환기에서의 지속과 변모(1870년대~1910년대 중반의 문학), 민족 문학의 주체적 정립과 발전(1910년대 후반~1945년의 문학), 이념 대립과 산업화 사회의 인간 탐구(1945~1970년대의 문학) / 〈문학개론〉민족 문학으로서의 한국 문학, 세계 문학과의 만남

김봉군·최혜실(1996), 『문학』, 지학사.
【문학(상)】〈고대가요〉구지가(구간 등), 공무도하가(백수광부의 아내), 정읍사(어느 행상인의 아내) / 〈설화〉단군 신화, 일리아드(호머), 서동 설화, 지귀 설화, 점몽(성현 채록) / 〈고시조〉우탁 외 8편. / 〈향가〉제망매가(월명사), 처용가(처용) / 〈고려가요〉동동, 청산별곡 / 〈경기체가〉한림별곡 / 〈가사〉사미인곡(정철), 규원가(허난설헌) / 〈악장〉용비어천가(정인지 등, 5장) / 〈한시〉귀거래사(歸去來辭)(도연명), 여수장우중문시(與隋將于仲文詩)(을지문

덕), 송원이사안서(送元二使安西)(왕유), 야청도의성(夜聽擣衣聲)(양태시) / 〈고전소설〉만
복사저포기(김시습) / 〈고대수필〉국순전(임춘) / 〈시〉애너벨 리(포), 국경의 밤(김동환), 산
유화(김소월), 실낙원(밀턴) / 〈소설〉피로(박태원), 분노의 포도(스타인벡), 걸리버 여행기
(스위프트), 크리스마스 선물(오 헨리) / 〈문학사〉한국 문학의 흐름, 이 시대의 문학(원시·고
대 문학), 시가 문학 이해의 기초, 서사 문학 이해의 기초, 이 시대의 문학(중세 전기 문학),
시가 문학 이해의 기초, 서사 문학 이해의 기초, 이 시대의 문학(중세 후기 문학), 시가 문학
이해의 기초, 서사 문학 이해의 기초 / 〈문학개론〉문학과 언어, 심미적 구조로서의 문학, 문
학과 현실, 갈래 구분의 원리, 갈래의 이해, 문학의 생산과 수용, 문학의 기능, 한국 문학의
범위, 한국 문학의 특성, 세계 문학과 한국 문학의 관련 양상, 세계의 문예 사조와 한국 근대
문학, 비교 문학적 시각, 문학 비평의 유형, 문학의 감상과 비평, 작품과 작가, 작품과 현실,
작품과 독자, 작품의 미적 구조

【문학(하)】〈고시조〉우탁 외 9편. / 〈가사〉일동장유가(김인겸), 농가월령가(정학유), 권학가
/ 〈민속극〉성조풀이(손진태 정리), 봉산 탈춤 / 〈민요〉시집살이요, 녹두새 / 〈고전소설〉박타
령(신재효 정리), 홍길동전(허균), 양반전(박지원) / 〈고대수필〉한중록(혜경궁 홍씨), 내간
(2편) / 〈신체시〉해에게서 소년에게(최남선) / 〈신소설〉혈의 누(이인직) / 〈시〉봄은 간다(김
억), 가을의 노래(베를렌), 빼앗긴 들에도 봄은 오는가(이상화), 풀(김수영), 님의 침묵(한용
운), 목마와 숙녀(박인환), 원정(타고르), 화사(서정주), 상응 교감(보들레르), 추일 서정(김
광균), 종소리(박남수), 죽은 자의 매장(엘리엇), 향수(정지용), 청노루(박목월), 이니스프리
의 호수섬(예이츠), 참회록(윤동주), 초토의 시(구상), 가을날(릴케) / 〈시조〉살구꽃 핀 마을
(이호우) / 〈소설〉만세전(염상섭), 고향(현진건), 설국(가와바타 야스나리), 배따라기(김동
인), 등신불(김동리), 쿠오 바디스(셍키에비치), 메밀꽃 필 무렵(이효석), 광장(최인훈) / 〈수
필〉딸깍발이(이희승), 플루트 연주자(피천득), 구두(계용묵), 모자 철학(가드너) / 〈희곡〉산
돼지(김우진) / 〈시나리오〉시집 가는 날(오영진) / 〈문학사〉이 시대의 문학(근대 의식 성장
기의 문학), 시가 문학 이해의 기초, 서사 문학 이해의 기초, 극문학 이해의 기초, 수필 이해
의 기초, 이 시대의 문학(근·현대 문학), 현대시 이해의 기초, 현대 소설 이해의 기초, 극문학
이해의 기초, 수필 이해의 기초

김열규·신동욱(1995), 『문학』, 동아출판사.
【문학(상)】〈고대가요〉구지가(구간 등) / 〈설화〉단군 신화, 도미설화 / 〈고시조〉서경덕 외
2편. / 〈향가〉찬기파랑가(충담사) / 〈고려가요〉동동 / 〈가사〉독립군가, 심어사 / 〈한시〉달
(왕유) / 〈민요〉아리랑 / 〈고전소설〉양반전(박지원), 이생규장전(김시습), 춘향가(시재효 정
리) / 〈신체시〉해에게서 소년에게(최남선) / 〈시〉도봉(박두진), 끝없는 강물이 흐르네(김영

랑), 절정(이육사), 알 수 없어요(한용운), 봄비(변영로), 접동새(김소월), 고향(백석), 낙엽송(기타하라 하쿠슈), 기탄잘리(타고르), 새벽으로 만든 집(모마데이), 아프리카(디오프) / 〈소설〉날개(이상), 태평천하(채만식), 까치소리(김동리), 수라도(김정한), 메밀꽃 필 무렵(이효석), 고향(현진건), 나그네(김준), 학(황순원), 침몰선(이청준), 동백꽃(김유정), 천변풍경(박태원), 죄와 벌(도스토예프스키), 압록강은 흐른다(이미륵) / 〈수필〉얼굴(안병욱) / 〈희곡〉태양을 향하여(차범석) / 〈문학사〉문학의 갈래와 그 흐름, 상고 시대의 문학, 삼국 시대의 문학, 고려 시대의 문학, 조선 전기의 문학, 조선 후기의 문학, 개화기의 문학, 현대의 문학, 세계 문학의 흐름과 양상, 세계 문학의 흐름 / 〈문학개론〉현실의 거울, 문학과 생활의 체험, 문학과 문화, 창조하는 예술, 언어 예술로서의 문학, 창조물로서의 문학, 문학의 기능과 갈래, 문학의 기능, 전통과 문학, 문화 영웅과 문학, 한과 문학, 속신과 문학, 공동체와 문학, 가계와 여성, 마을과 사람들, 민족 이산의 아픔, 독립 운동의 열정, 분단에서 통일로, 성장하는 청소년, 청소년기의 사랑, 갈등을 빚는 아이들, 동양의 문학, 서양의 문학, 제3세계의 문학, 한국 문학과 세계 문학과의 관계, 한국 문학의 보편성과 특수성

【문학(하)】〈고대가요〉정읍사 / 〈설화〉다이달로스 / 〈가사〉면앙정가(송순) / 〈한시〉강촌(두보) / 〈민속극〉동영 오광대(이민기 채록) / 〈고대수필〉계축일기(어느 궁녀) / 〈시〉풀(김수영), 쉽게 쓰어진 시(윤동주), 향수(정지용), 눈물(김현승), 빼앗긴 들에도 봄은 오는가(이상화), 그 날이 오면(심훈), 그 먼 나라를 알으십니까(신석정), 성북동 비둘기(김광섭), 국화 옆에서(서정주), 일월(유치환), 가을 날(릴케), 하늘은 지붕 너머로(베를렌) / 〈소설〉패강랭(이태준), 홍염(최서해), 붉은 산(김동인), 북간도(안수길), 화수분(전영택), 삼대(염상섭), 크놀프(헤르만 헤세) / 〈수필〉신문에서, 광고에서, 황포탄의 추석(피천득), 까치(윤오영), 수학이 모르는 지혜(김형석), 학문(베이컨) / 〈희곡〉동승(함세덕), 안티고네(소포클레스) / 〈시나리오〉시집 가는 날(오영진), 옥갈매(이철향), 길(페데리코 펠리니) / 〈문학개론〉올바른 이해, 작품을 이루는 배경, 작품이 짜여진 원리, 작품이 말하는 주제, 적절한 평가, 작품에 나타난 진실성, 독자에게 미치는 효용성, 작가와 작품의 독창성, 작품의 완결성, 읽은 것을 자기의 것으로, 작품에 몰입하여 경험하는 방법, 객관적으로 세계를 인식하는 방법, 이야기와 소설의 형식, 시점과 플롯, 등장인물과 배경, 여러 가지 이야기, 신문 보도와 이야기, 광고와 이야기, 여러 가지 소설, 역사 소설, 체험 소설, 가족사 소설, 세계의 이야기와 소설, 세계의 이야기, 세계의 소설, 시적 언어와 노래, 시적 정서와 노래, 시의 서정적 자아, 역사와 서정, 분노와 저항의 시, 희망과 예언의 시, 그리움과 사랑의 서정, 이상향에 대한 그리움의 시, 개인적 사랑과 기원의 시, 문명 비판과 자연의 서정, 문명 비판의 시, 자연 친화의 시, 내면의 토로와 서정, 성찰의 시, 의지의 시, 세계의 시정, 외국 시를 읽는 까닭, 번역과 외국 시, 희곡 문학, 가면극, 영상 문학, 시나리오, 텔레비전 드라마, 세계의 극문학, 세계의 희곡, 세계의 시나리

오, 수필, 생활의 기록, 사물에 대한 성찰, 세계의 수필, 문학 비평, 문학 비평의 직무와 영역, 문학 비평의 종류와 방법, 세계 문학의 비평 / 〈비평〉'보한집'에서(최자), 궁핍한 시대의 시인(김우창), '서포만필'에서(김만중), 현진건의 '무영탑'(신동욱), 상상력의 도야(유협)

김용직·박민수(1995), 『문학』, 대일도서.

【문학(상)】〈고시조〉윤선도 외 3편. / 〈한시〉강설(유종원) / 〈시〉해(박두진), 기탄잘리(타고르), 불놀이(주요한), 휴전선(박봉우), 눈 내리는 밤 숲 옆에 발을 멈추고(프로스트), 신록(이영도), 국경의 밤(김동환), 외인촌(김광균), 널빤지에서 널빤지로(디킨슨), 풀(김수영), 수선화(워즈워스), 님의 침묵(한용운), 성북동 비둘기(김광섭), 인간과 바다(보들레르) / 〈소설〉사랑 손님과 어머니(주요섭), 노인과 바다(헤밍웨이), 동행(전상국), 고향(노신), 운수 좋은 날(현진건), 메밀꽃 필 무렵(이효석), 데미안(헤세), 꺼삐딴 리(전광용), 외투(고골리), 수난이대(하근찬), 목걸이(모파상) / 〈수필〉달밤(윤오영), 생활인의 철학(김진섭), 청춘 예찬(민태원), 해학송(최태호) / 〈희곡〉성난 기계(차범석), 햄릿(셰익스피어) / 〈시나리오〉유관순(윤봉춘) / 〈문학개론〉문학의 개념, 문학의 성격, 문학의 종류 나누기와 관점, 문학의 종류와 특성, 구조의 개념, 구조의 요소와 의미 작용, 문학의 가치 구현과 수용, 문학의 가치 수용과 평가, 시의 분석적 이해와 감상, 서정적 자아와 태도, 상상과 상황, 행·연·운율과 음악성, 비유와 심상, 개념적 함축성과 정서, 시의 종합적 이해와 감상, 소설의 분석적 이해와 감상, 화자와 시점, 인물·사건·배경, 스토리와 플롯, 묘사·설명·문체, 함축성과 주제 의식, 소설의 종합적 이해와 감상, 극문학의 개념 및 성격, 희곡의 이해와 감상, 시나리오의 이해와 감상, 수필의 성격과 형식의 자유로움, 수필의 표현과 문체의 품위성, 수필의 내용과 해학성, 비평의 성격, 비평의 관점 및 방법 / 〈비평〉육사의 시(김종길), 소시민의 한계(김현)

【문학(하)】〈고대가요〉정읍사(어느 행상인의 아내) / 〈설화〉단군 신화 / 〈고시조〉십 년 □온 칼이(이순신) / 〈향가〉제망매가(월명사) / 〈고려가요〉가시리 / 〈경기체가〉한림별곡(한림제유) / 〈가사〉면앙정가(송순), 애국가 / 〈한시〉절명시(황혀) / 〈민속극〉봉산 탈춤 / 〈민요〉시집살이 / 〈고전소설〉만복사저포기(김시습), 홍길동전(허균), 박타령, 양반전(박지원), 구운몽(김만중) / 〈고대수필〉산성일기(어느 궁녀) / 〈시〉청포도(이육사), 깃발(유치환), 초토의 시(구상), 바라건대는 우리에게 우리의 보섭대일 땅이 있었다면(김소월), 해마다 봄이 되면(조병화), 빼앗긴 들에도 봄은 오는가(이상화), 오월(김영랑), 거울(이상), 꽃을 위한 서시(김춘수) / 〈소설〉광장(최인훈), 논 이야기(채만식), 동백꽃(김유정), 무녀도(김동리) / 〈수필〉나무의 위의(이양하), 지조론(조지훈) / 〈희곡〉토막(유치진) / 〈문학사〉시가 문학의 흐름, 소설 문학의 흐름, 희곡 문학의 흐름, 수필 문학의 흐름, 비평 문학의 흐름 / 〈문학개론〉한국 문학의 개념, 한국 문학의 분류, 한국 문학의 특성, 한국 문학의 수용 관점, 시가 문학 작품의 이해

와 감상의 방향, 순수 서정과 연모의 정, 삶의 현장과 한의 목소리, 소망과 기원의 노래, 역사와 현실 앞에 마주서기, 풍류와 순수 생명 의식의 서정, 존재와 내면 의식 탐구, 소설 문학 작품의 이해와 감상의 방향, 설화적 상상력과 이야기 꾸미기, 역사 인식과 현실 대응, 해학과 풍자, 본원적 인간 탐구, 희곡 문학 작품의 이해와 감상의 방향, 민중적 삶과 넉살의 몸짓, 역사와 현실의 반영, 수필 문학 작품의 이해와 감상의 방향, 비평 문학 작품의 이해와 감상의 방향, 세계 문학의 개념과 이해의 관점, 한국 문학의 세계 문학 수용 역사와 전망 / 〈비평〉파한집에서(이인로), '역옹패설'에서(이제현), 시와 탄력성(김용직)

김윤식·김종철(1995), 『문학』, 한샘출판.
【문학(상)】〈고대가요〉구지가, 정읍사 / 〈설화〉단군 신화, 온달, 일리아스, 동명왕편(이규보), 조신전 / 〈고시조〉이조년 외 16편. / 〈향가〉제망매가(월명사) / 〈고려가요〉청산별곡 / 〈경기체가〉한림별곡(한림제유) / 〈가사〉속미인곡(정철), 농가월령가(정학유) / 〈악장〉신도가(정도전) 〈한시〉추야우중(최치원), 제가야산독서당(최치원), 봉숭아나무(桃夭), 풀벌레(草蟲), 송인(정지상), 사리화(이제현), 강남봉이구년(두보), 등악양루(두보), 보천탄에서(김종직), 불일암 인운 스님에게(이달) / 〈판소리〉적벽가 / 〈민속극〉봉산 탈춤 / 〈고전소설〉이생규장전(김시습), 서유기(오승은), 양반전(박지원), 심청전, 유충렬전 / 〈고대수필〉희우정기(소식), 박연의 피리(성현), 규중 칠우 쟁론기 / 〈시〉신곡(단테), 노래의 날개 위에(하이네), 캔터베리 이야기(초서) / 〈소설〉돈키호테(세르반테스) / 〈문학사〉상고 시대의 문학, 고려 시대의 문학, 조선 시대의 전기의 문학, 조선 시대 후기의 문학 / 〈문학개론〉문학의 본질과 특성, 문학의 갈래, 시의 이해, 소설의 이해, 희곡·시나리오의 이해, 수필의 이해, 문학 작품의 존재 양상, 문학 작품 이해의 방법 / 〈비평〉문학의 가치(이인로)
【문학(하)】〈가사〉애국하는 노래(이필균) / 〈민요〉아리랑 타령 / 〈신체시〉해에게서 소년에게(최남선) / 〈신소설〉은세계(이인직), 애국부인전(장지연) / 〈시〉불놀이(주요한), 기탄잘리(타고르), 나의 침실로(이상화), 초혼(김소월), 알 수 없어요(한용운), 유리창 I (정지용), 끝없는 강물이 흐르네(김영랑), 거울(이상), 절정(이육사), 참회록(윤동주), 자유(엘뤼아르), 어서 너는 오너라(박두진), 꽃덤불(신석정), 목마와 숙녀(박인환), 적군묘지(구상), 추억에서(박재삼), 풀(김수영), 연시(軟枾)(박용래), 시(네루다) / 〈시조〉난초(이병기) / 〈소설〉무정(이광수), 우수(체호프), 만세전(염상섭), 태평천하(채만식), 메밀꽃 필 무렵(이효석), 아큐정전(노신), 목넘이 마을의 개(황순원), 역마(김동리), 유예(오상원), 설국(가와바타 야스나리), 광장(최인훈), 누이를 이해하기 위하여(김승옥), 나목(박완서), 이반데니소비치의 하루(솔제니친) / 〈수필〉백설부(김진섭), 무궁화(이양하), 먼 곳에의 그리움(전혜린) / 〈희곡〉토막(유치진), 세일즈맨의 죽음(아서 밀러), 춘풍의 처(오태석) / 〈시나리오〉오발탄(나소운·이종

기) / 〈문학사〉한국 문학의 연속적 흐름, 개화기·1910년대의 문학, 1920·1930년대의 문학, 해방 공간과 전후의 문학, 1960·1970년대의 문학 / 〈문학개론〉한국 문학의 범위, 한국 문학의 특질, 민족 문학으로서의 한국 문학, 한국 문학과 세계 문학

김태준·류탁일·한성희·이용호(1997), 『문학』, 민문고.

【문학(상)】〈설화〉동명왕 신화, 단종의 혼령, 어느 가난한 선비 이야기, 아폴론과 다프네 / 〈고시조〉왕방연 외 1편. / 〈향가〉제망매가(월명사) / 〈고려가요〉동동 / 〈경기체가〉한림별곡(한림제유) / 〈가사〉애국가(김철영), 속미인곡(정철) / 〈판소리〉수궁가 / 〈민속극〉봉산 탈춤 / 〈민요〉논매기 노래, 시집살이요 / 〈고전소설〉구운몽(김만중) / 〈신체시〉해에게서 소년에게(최남선) / 〈신소설〉혈의 누(이인직) / 〈시〉산유화(김소월), 승무(조지훈), 바닷가에서(타고르), 추일서정(김광균), 새(박남수), 벼(이성부), 국경의 밤(김동환), 미라보 다리(기욤 아폴리네르) / 〈시조〉조국(정완영) / 〈소설〉운수 좋은 날(현진건), 두 파산(염상섭), 외투(고골리), 메밀꽃 필 무렵(이효석), 태평천하(채만식), 데미안(H. 헤세) / 〈수필〉나무(이양하), 무소유(법정), 잃어버린 동화(박문하), 사는 보람에 대하여(미우라 아야꼬), 딸깍발이(이희승) / 〈희곡〉원고지(이근삼), 햄릿(셰익스피어), 만선(천승세), 맹진사댁 경사(오영진) / 〈문학개론〉언어 예술, 정서와 사상과 상상력, 체험의 재구성, 문학 갈래의 기준, 삼분법과 사분법, 문학의 존재 가치, 문학의 기능, 시의 운율, 시의 언어, 심상과 기법, 시의 갈래, 소설의 구성, 인물의 성격, 소설의 배경, 문체와 서사 방법, 소설과 설화, 소설과 판소리, 인물과 대사, 갈등과 구성, 희곡의 갈래, 희곡과 민속극, 관찰과 사색, 개성과 고백, 해학·기지·비평 정신 / 〈비평〉순오지(홍만종)

【문학(하)】〈고시조〉이황 외 6편. / 〈고려가요〉가시리, 청산별곡 / 〈가사〉규원가(허난설헌) / 〈한시〉꿈 속의 넋(이옥봉), 귀거래사(도연명) / 〈고전소설〉양반전(박지원) / 〈고대수필〉산성일기(어느 궁녀), 국순전(임춘) / 〈시〉밤바다에서(박재삼), 거울(이상), 꽃을 위한 서시(김춘수), 작은 짐승(신석정), 성북동 비둘기(김광섭), 자화상(서정주), 참회록(윤동주), 적군 묘지(구상) / 〈소설〉눈길(이청준), 유예(오상원), 변신(F. 카프카), 노인과 바다(F. 헤밍웨이), 포로의 옷(나집 마흐프즈), 장마(윤흥길), 광장(최인훈), 봄·봄(김유정) / 〈수필〉슬픔에 관하여(유달영) / 〈희곡〉인형의 집(입센), 토막(유치진) / 〈문학사〉고대의 문학의 전개, 통일 신라기의 문학, 고려 시대의 문학, 조선 전기의 문학 / 〈문학개론〉문학 작품 해석의 여러 관점, 문학 작품의 비평, 문학 작품의 감상, 원초적 감성의 승화, 인간 존재의 의미, 자연과의 교감, 삶의 인식의 초월, 갈등과 화합의 구조, 역사의 문학적 형상화, 풍자와 해학의 문학, 저항과 비판의 문학

남미영·김용숙·조상기·신희천·김낙효(1995), 『문학』, 동아서적(주).

【문학(상)】〈고대가요〉정읍사 / 〈설화〉지귀 설화 / 〈고시조〉오우가(윤선도)외 7편 / 〈향가〉
서동요(서동) / 〈고려가요〉가시리, 사모곡 / 〈한시〉산중문답(이백) / 〈민속극〉봉산 탈춤 /
〈민요〉시집살이 노래 / 〈고전소설〉홍길동전(허균), 춘향전, 양반전(박지원) / 〈고대수필〉왕
오천축국전(혜초), 한중록(혜경궁 홍씨), 동명일기(의유당) / 〈신소설〉혈의 누(이인직) / 〈시〉
끝없는 강물이 흐르네(김영랑), 어서 너는 오너라(박두진), 참회록(윤동주), 유리창 I (정지
용), 뎃상(김광균), 귀촉도(서정주), 깃발(유치환), 새(박남수), 그 날이 오면(심훈), 알 수 없어
요(한용운), 진달래꽃(김소월), 동방의 등불(타고르), 가지 않은 길(프로스트), 가을(휴움) /
〈소설〉운수 좋은 날(현진건), 꺼삐딴 리(전광용), 수난 이대(하근찬), 메밀꽃 필 무렵(이효석),
동백꽃(김유정), 별(황순원), 서울, 1964년 겨울(김승옥), 바위(김동리), 아큐정전(루쉰), 목걸
이(모파상), 외투(고골리) / 〈수필〉딸깍발이(이희승), 은전 한 닢(피천득), 달밤(윤오영), 진주
만의 수업(이노구치 구니코), 학창 시절의 친구들(안톤 슈나크) / 〈희곡〉맹진사댁 경사(오영
진), 파우스트(괴테) / 〈시나리오〉유관순(윤봉춘), 아리랑(나운규) / 〈문학개론〉문학의 정의,
문학의 기능, 문학의 갈래, 감상의 관점, 문학과 독자, 시와 운율, 시와 언어, 시와 심상, 시와
표현 기법, 시와 주제, 주제와 스토리, 인물의 성격, 사건과 배경, 구성과 구조, 시점과 독자,
문체와 어조, 민속극과 놀이마당, 희곡과 무대, 시나리오와 영화, 기록의 문학, 사색의 문학,
외재적 비평, 내재적 비평 / 〈비평〉부끄러움의 시학(신동욱), 전쟁과 성장 소설(이재선), 민
요에 나타난 민중 의식(조동일), 젊은 베르테르의 슬픔에 대하여(치올코프스키)

【문학(하)】〈고대가요〉황조가(유리왕), 구지가(구간 외) / 〈설화〉단군 신화, 설씨녀와 가실,
오딧세이(호메로스), 자타카 / 〈고시조〉이색 외 9편 / 〈향가〉찬기파랑가(충담사) / 〈고려가
요〉동동 / 〈경기체가〉한림별곡(한림제유) / 〈가사〉속미인곡(정철), 동심가(이중원) / 〈악
장〉용비어천가(정인지 외, 4장) / 〈한시〉여수장우중문시(을지문덕), 송인(정지상), 적벽부
(소식), 춘망(두보), 강상문가(이안눌), 대관령을 넘으면서(사임당 신씨) / 〈고전소설〉만복
사저포기(김시습), 박씨전, 박타령 / 〈고대수필〉화왕계(설총), 국순전(임춘), 계축일기(어느
궁녀) / 〈신체시〉해에게서 소년에게(최남선) / 〈신소설〉금수회의록(안국선) / 〈시〉신곡(단
테), 눈부시게 아름다운 5월에(하이네), 3년 후(베를렌), 불놀이(주요한), 빼앗긴 들에도 봄
은 오는가(이상화), 봄은 고양이로다(이장희), 거울(이상), 이별(아흐마또바), 나무들(킬머),
꽃덤불(신석정), 목마와 숙녀(박인환), 꽃(김춘수), 성북동 비둘기(김광섭), 풀(김수영), 검은
여인(생고르) / 〈시조〉자모사(정인보) / 〈소설〉돈 키호테(세르반테스), 도련님(나쓰메 소오
세키), 무정(이광수), 광화사(김동인), 백치 아다다(계용묵), 데미안(헤르만 헤세), 논 이야기
(채만식), 불꽃(선우휘), 광장(최인훈), 노인과 바다(헤밍웨이) / 〈수필〉모송론(김진섭), 나무
(이양하), 멋있는 사람들(김태길), 행운의 섬(장 그르니에) / 〈희곡〉베니스의 상인(셰익스피

어), 토막(유치진), 원고지(이근삼) / 〈문학사〉문학의 흐름과 사조, 한국 무학사의 시대 구분, 상대의 이야기, 상대의 노래, 고려인의 서정, 고려인의 서사, 한국 문학의 시도와 시가의 발달, 평민 의식의 대두와 산문 문학의 발달, 애국 계몽기의 시가 문학, 애국 계몽기의 산문 문학, 현대시의 출현, 현대 소설의 등장, 현대 희곡의 출현, 전문 수필가의 등장과 비평 문학의 정립 / 〈문학개론〉문학사의 정의, 한국 문학의 범주, 한국 문학의 갈래, 현대시의 다양한 전개, 역사적 삶의 소설화, 문명 비판과 현대극, 수필과 비평의 문학적 탐구, 한국 문학의 전통, 한국 문학과 세계 문학 / 〈비평〉백운소설(이규보), 서포만필(김만중), 문예 비평가의 태도에 대하여(김환태), 문학과 사회(이상섭)

박갑수·김진영·이숭원(1996), 『문학』, 지학사.
 【문학(상)】〈고대가요〉공무도하가(백수 광부의 처), 황조가(유리왕) / 〈설화〉단군신화, 구토지설, 오르페우스와 에우리디케(불핀치), 오수의 의견(최자), 돼지가 삼킨 폭포(서거정) / 〈고시조〉우탁 외 13편. / 〈향가〉서동요(서동), 제망매가(월명사) / 〈고려가요〉청산별곡, 가시리 / 〈경기체가〉한림별곡(한림제유) / 〈가사〉속미인곡(정철), 규원가(허난설헌), 선상탄(박인로), 일동장유가(김인겸), 동심가(이중원) / 〈악장〉용비어천가(정인지 외 2인 4장), 신도가(정도전) / 〈한시〉밤에 다듬이 소리를 듣다(양태사), 보리타작(정약용) / 〈판소리〉판소리 흥보가(박녹주 창본) / 〈민속극〉봉산 탈춤 / 〈민요〉시집살이 노래. / 〈고전소설〉이생규장전(김시습), 구운몽(김만중) / 〈고대수필〉공방전(임춘), 추성부(구양수), 한중록(혜경궁 홍씨) / 〈신체시〉해에게서 소년에게(최남선) / 〈신소설〉혈의 누(이인직), 금수회의록(안국선) / 〈시〉수선화(워즈워스) / 〈소설〉돈 키호테(세르반테스) / 〈희곡〉벚나무 밭(체호프) / 〈문학사〉상대의 문학, 고려 시대의 삶과 문학, 조선 전기의 삶과 문학, 조선 후기의 삶과 문학, 개화기의 삶과 문학, 한국 문학 전통의 연속성 / 〈문학개론〉문학의 언어, 현실과 상상의 세계, 유기적 구조와 미적 형상화, 서정 문학과 시, 서사 문학과 소설, 극문학과 희곡·시나리오, 교술 문학과 수필, 작가와 독자, 문학의 기능, 문학 이해의 네 가지 관점, 문학 이해의 두 가지 태도, 종합적 관점, 한국 문학의 개념과 영역, 구비 문학과 기록 문학의 상관성 / 〈비평〉문장의 가치(이인로)
 【문학(하)】〈시〉그 봄을 바라(주요한), 님의 침묵(한용운), 초혼(김소월), 기탄잘리(타고르), 모란이 피기까지는(김영랑), 유리창 I (정지용), 거울(이상), 생명의 서(유치환), 쉽게 씌어진 시(윤동주), 해(박두진), 꽃덤불(신석정), 풀잎 단장(조지훈), 꽃(김춘수), 아침 이미지(박남수), 풀(김수영), 성북동 비둘기(김광섭) / 〈소설〉만세전(염상섭), 고향(현진건), 태평천하(채만식), 별(황순원), 누구를 위하여 종은 울리나(헤밍웨이), 유예(오상원), 페스트(카뮈), 광장(최인훈), 서울, 1964년 겨울(김승옥), 이반 데니소비치의 하루(솔제니친) / 〈수필〉그믐달(나

도향), 백설부(김진섭), 딸깍발이(이희승), 달밤(윤오영) / 〈희곡〉산돼지(김우진), 토막(유치진), 불모지(차범석), 원고지(이근삼) / 〈문학사〉1910년대~1920년대의 삶과 문학, 1930년대~광복 이전의 삶과 문학, 광복 이후~1950년대의 삶과 문학, 1960년대 이후의 삶과 문학, 서구 문학의 흐름 / 〈문학개론〉현대 문학의 여러 경향, 한국 문학의 위상

박경신·김태식·송백헌·양왕용(1995), 『문학』, 금성교과서.
【문학(상)】〈고대가요〉구지가(구간 등), 황조가 / 〈설화〉단군 신화 〈고시조〉이존오 외 7편. / 〈향가〉서동요(서동) / 〈고려가요〉가시리, 동동 / 〈가사〉사미인곡(정철) / 〈악장〉용비어천가(정인지 외, 5장) / 〈한시〉여수장우중문시(을지문덕) / 〈민속극〉성조 푸리(손진태 채록) / 〈고전소설〉홍길동전(허균) / 〈고대수필〉병자 일기(남평 조씨) / 〈신소설〉혈의 누(이인직) / 〈시〉국경의 밤(김동환), 아침 이미지(박남수), 진달래꽃(김소월), 바다와 나비(김기림), 설야(김광균), 수선화(워즈워스), 슬픈 구도(신석정), 꽃(김춘수), 애너벨 리(에드거 A. 포), 절정(이육사), 거울(이상), 오렌지(신동집) / 〈시조〉조국(정완영) / 〈소설〉무정(이광수), 운수 좋은 날(현진건), 메밀꽃 필 무렵(이효석), 무녀도(김동리), 줄(이청준), 미뉴에트(모파상) / 〈수필〉은전 한 닢(피천득), 어머니(김동명), 청춘 예찬(민태원), 피딴 문답(김소운), 산정무한(정비석), 연(루쉰) / 〈희곡〉만선(천승세), 토막(유치진) / 〈시나리오〉유관순(윤봉춘) / 〈문학개론〉문학의 본질, 문학의 기능, 문학의 갈래, 한국 문학의 특성, 구비 문학과 기록 문학, 민족 문학으로서의 한국 문학, 한국 문학과 세계 문학, 시의 특성과 갈래, 시의 형식과 표현, 시의 운율과 음악성, 시의 심상과 회화성, 시의 언어와 표현, 시의 내용과 주제, 소설의 특성과 갈래, 소설의 형식과 표현, 소설의 구성, 소설의 인물과 배경, 소설의 문체와 시점, 소설의 내용과 주제, 희곡의 본질과 특성, 희곡의 구성과 갈래, 시나리오의 본질과 특성, 수필의 특성과 갈래, 수필의 형식과 표현, 수필의 내용과 주제
【문학(하)】〈고시조〉김수장 외 7편. / 〈향가〉제망매가(월명사) / 〈가사〉면앙정가(송순), 애국하는 노래(이필균) / 〈한시〉춘망(두보), 강촌(두보), 귀안(두보) / 〈민속극〉봉산 탈춤 / 〈민요〉시집살이요 / 〈고전소설〉허생전(박지원), 박타령(신재효 정리) / 〈고대수필〉한중록(혜경궁 홍씨) / 〈시〉내 마음을 아실 이(김영랑), 봉황수(조지훈), 동천(서정주), 나비의 여행(정한모), 석류(발레리), 당신을 보았습니다(한용운), 껍데기는 가라(신동엽), 아버지의 마음(김현승), 바위(유치환), 가을날(릴케), 산도화(박목월), 바닷가에서(타고르), 십자가(윤동주), 풀(김수영) / 〈소설〉목넘이 마을의 개(황순원), 배따라기(김동인), 동백꽃(김유정), 모래톱 이야기(김정한), 광장(최인훈), 분노의 포도(존 스타인벡) / 〈수필〉방망이 깎던 노인(윤오영), 조화(박경리), 초승달이 질 때(허세욱), 행운의 섬(장 그르니에) / 〈희곡〉맹진사댁 경사(오영진), 햄릿(셰익스피어) / 〈시나리오〉새야 새야 파랑새야(차범석) / 〈문학사〉한국 문학

의 흐름, 세계 문학의 흐름 / 〈문학개론〉문학 작품 이해의 방법, 문학 작품 감상의 관점, 작품 감상의 실제, 형식에 따른 감상, 시의 운율과 음악성, 시의 심상과 회화성, 시의 어조, 내용과 주제에 따른 감상, 소망과 기원, 자연과의 교감, 역사와 현실, 구성 요소에 따른 감상, 소설의 구성, 소설의 인물과 배경, 소설의 문체와 시점, 내용과 주제에 따른 감상, 인간의 탐구, 삶과 현실, 역사의 인식, 선인들의 해학과 신명, 역사와 현실의 만남, 체험과 관조, 사색과 예지 / 〈비평〉임과 집과 길(유종호), 한국 문학에서 본 운명관의 한 모습(김윤식)

성기조(1996), 『문학』, 학문사.
【문학(상)】〈고대가요〉구지가(구간), 헌화가(노옹) / 〈고시조〉황진이 / 〈고려가요〉가시리, 정과정(정서) / 〈가사〉면앙정가(송순), 동심가(이중원) / 〈악장〉월인천강지곡(세종, 5편) / 〈한시〉절명시(황현) / 〈고전소설〉만복사저포기(김시습), 구운몽(김만중) / 〈고대수필〉규중 칠우 쟁론기, 물(박지원) / 〈시〉내 마음을 아실 이(김영랑), 울음이 타는 가을 강(박재삼), 석양(백석), 동천(서정주), 배(지셴), 바닷가에서(타고르), 절정(이육사), 풀(김수영) / 〈소설〉무정(이광수), 메밀꽃 필 무렵(이효석), 고향(현진건), 치숙(채만식), 등대지기(셍키에비치), 불꽃(선우휘) / 〈수필〉피딴 문답(김소운), 청춘 예찬(민태원), 모자 철학(가드너), 구두(계용묵) / 〈희곡〉불모지(차범석), 햄릿(셰익스피어) / 〈문학개론〉문학의 성격, 문학의 기원과 갈래, 문학의 수용과 가치, 문학 작품에 대한 접근 방법, 시가 문학의 이해와 감상, 소설 문학의 이해와 감상, 수필 문학의 이해와 감상, 극 문학의 이해와 감상, 비평 문학의 이해와 감상 / 〈비평〉순오지(홍만종), 염상섭의 '삼대'(유종호)
【문학(하)】〈고대가요〉정읍사(어느 행상인의 아내) / 〈설화〉단군 신화, 지귀 설화 / 〈고시조〉윤선도 외 4편 / 〈고려가요〉동동 / 〈한시〉여수장우중문시(을지문덕), 영정중월(이규보), 전가(강희맹), 강촌(두보) / 〈민속극〉꼭두각시 놀음(심우성 편), 바리데기 / 〈민요〉아리랑 / 〈고전소설〉박타령(신재효 정리) / 〈고대수필〉국선생전(이규보) / 〈시〉성북동 비둘기(김광섭), 고향으로 가는 길(성기조), 산유화(김소월), 향수(정지용), 꽃을 위한 서시(김춘수), 이니스프리의 호수(예이츠), 귀천(천상병), 별 헤는 밤(윤동주), 가을날(릴케) / 〈소설〉수난 이대(하근찬), 광장(최인훈), 동백꽃(김유정), 무녀도(김동리), 좁은 문(지드) / 〈수필〉생활인의 철학(김진섭), 학문에 대하여(베이컨), 오월(피천득), 보리(한흑구), 딸깍발이(이희승), 무소유(법정) / 〈희곡〉원고지(이근삼) / 〈시나리오〉갯마을(오영수 원작·신봉승 각색) / 〈문학사〉한국 문학의 특성과 흐름 / 〈문학개론〉세계 문학의 양상, 민족 문학승 각색) / 〈문학사〉한국 문학의 특성과 흐름 / 〈문학개론〉세계 문학의 양상, 민족 문학과 세계 문학

오세영·서대석(1998), 『문학』, 천재교육.

【문학(상)】〈고대가요〉구지가(구간 등), 황조가(유리왕), 정읍사(어느 행상인의 아내) / 〈설화〉단군 신화, 주몽 신화, 조신의 꿈, 달팽이 각시 / 〈고시조〉이색 외 19편. / 〈향가〉서동요(서동), 찬 기파랑가(충담사) / 〈고려가요〉정과정(정서), 가시리, 청산별곡, 동동 / 〈경기체가〉한림별곡(한리제유) / 〈가사〉면앙정가(송순), 속미인곡(정철), 선상탄(박인로), 농가월령가(정학유) / 〈악장〉용비어천가(정인지·안지·권제 4장) / 〈한시〉제 가야산독서당(최치원), 송인(정지상), 부벽루(이색), 춘망(두보), 귀안(두보), 가마꾼(정약용), 절명시(황현) / 〈판소리〉흥부가(박봉술 창) / 〈민속극〉바리데기, 수영 들놀음 / 〈민요〉시집살이 노래 / 〈고전소설〉이생규장전(김시습), 홍길동전(허균), 구운몽(김만중), 양반전(박지원) / 〈고대수필〉국선생전(이규보), 내간(2편), 산성일기(어느 궁녀) / 〈문학사〉한국 문학사의 시대 구분, 한국 문학의 전체적 흐름, 문학의 변화와 연속성, 고전 문학의 연속성, 현대 문학의 연속성, 원시·고대 문학, 중세 전기 문학, 근대 여명기 문학, / 〈문학개론〉문학의 개념, 문학과 언어, 예술적 상상의 세계, 문학의 기능, 갈래의 본질, 갈래의 두 종류, 큰 갈래의 구분 방법, 문학의 여러 가지 요소, 문학 이해의 여러 관점, 문학 수용의 태도, 한국 문학의 범위, 한국 문학의 갈래, 한국 문학의 전통적 특질, 전통적 특질의 현대적 계승 / 〈비평〉'도산십이곡 발'에서(이황), '서포만필'에서(김만중)

【문학(하)】〈설화〉홍수 신화 / 〈한시〉관저(關雎), 산중문답(이백), 난(亂)후 곤산에 이르러(완채) / 〈고전소설〉삼국지 연의(나관중) / 〈시〉유리창 I (정지용), 쉽게 씌어진 시(윤동주), 그 먼 나라를 알으십니까(신석정), 향현(박두진), 오감도-시 제1호(이상), 살아 있는 것이 있다면(박인환), 풍장 I (황동규), 알 수 없어요(한용운), 생명의 서(유치환), 자화상(서정주), 빼앗긴 들에도 봄은 오는가(이상화), 풀(김수영), 목계 장터(신경림), 미뇽(괴테), 상응(보들레르), 눈 내리는 밤 숲가에 멈춰서서(프로스트) / 〈시조〉조국 I (정완영), 백자부(김상옥) / 〈소설〉태평 천하(채만식), 병신과 머저리(이청준), 메밀꽃 필 무렵(이효석), 소설가 구보 씨의 일일(박태원), 봄·봄(김유정), 역마(김동리), 광장(최인훈), 어둠의 혼(김원일), 부활(톨스토이), 괴로운 길(헤르만 헤세) / 〈수필〉풍란(이병기), 생활인의 철학(김진섭), 피딴 문답(김소운), 백리 금파에서(김상용) / 〈희곡〉만선(천승세), 햄릿(셰익스피어) / 〈시나리오〉시집 가는 날(오영진) / 〈문학사〉한국 현대 문학 개관, 세계 문학의 흐름과 한국 문학, 문예 사조의 종류와 전개 / 〈문학개론〉시의 이해, 소설의 이해, 극문학의 이해, 수필의 이해, 비평의 이해, 세계 문학에 대한 태도, 세계 속의 한국 문학, 문예 사조의 개념, 한국 문학과 문예 사조, 작품의 이해와 감상 / 〈비평〉식민지 시대의 문학1-염상섭과 채만식(김현)

우한용·박인기·정병헌·최병우(1995), 『문학』, 두산.

【문학(상)】〈고대가요〉구지가, 공무도하가 / 〈설화〉단군 신화 / 〈고시조〉이조년 외 7편. / 〈향가〉서동요(서동) / 〈고려가요〉청산별곡 / 〈가사〉속미인곡(정철), 용부가 / 〈악장〉용비어천가(4장) / 〈한시〉제가야독서당(최치원), 송인(정지상), 빈녀음(허난설헌), 구우(정약용) / 〈판소리〉수궁가 / 〈고전소설〉이생규장전(김시습), 홍길동전(허균), 양반전(박지원) / 〈고대수필〉화왕계(설총), 청학동(이인로), 한중록(혜경궁 홍씨) / 〈시〉알 수 없어요(한용운), 북(김영랑), 추일 서정(김광균), 봉황수(조지훈), 눈물(김현승), 눈(김수영), 껍데기는 가라(신동엽), 설일(김남조) / 〈소설〉무정(이광수), 삼대(염상섭), 젊은 느티나무(강신재), 광장(최인훈), 카인의 후예(황순원) / 〈수필〉낭객(浪客)의 신년 만필(신채호), 부끄러움(윤오영) / 〈희곡〉소(유치진) / 〈문학사〉고려 이전의 문학, 조선 시대의 문학, 일제 강점기의 문학, 우리 시대의 문학 / 〈문학개론〉문학의 성격, 문학의 갈래, 한국 문학의 개념, 한국 문학의 갈래, 한국 문학의 전통, 한국 문학의 미래, 민족 문학의 가치, 세계 속의 한국 문학

【문학(하)】〈고대가요〉정읍사 / 〈설화〉동명와 신화, 물리고도 조심성 없이(이솝) / 〈고시조〉황진이 외 1편 / 〈향가〉처용가 / 〈경기체가〉한림별곡(한림 제유) / 〈가사〉누황사(박인로) / 〈한시〉병거행(두보) / 〈민속극〉봉산 탈춤 / 〈민요〉논매기 노래, 출정가 / 〈고전소설〉박씨전 / 〈고대수필〉경설(이규보) / 〈시〉빼앗긴 들에도 봄은 오는가(이상화), 절정(이육사), 아프리카(디오프), 고향(정지용), 수선화(워즈워스), 바위(유치환), 가지 않은 길(프로스트), 흥부부부상(박재삼), 상응(보들레르) / 〈소설〉논 이야기(채만식), 무녀도(김동리), 외투(고골리), 불신 시대(박경리), 두 친구(모파상) / 〈수필〉풍란(이병기), 명명 철학(命名哲學)(김진섭), 슬픔에 관하여(몽테뉴) / 〈희곡〉허생전(오영진) / 〈시나리오〉꿈(아이히) / 〈문학사〉서양 문학의 흐름, 동양 문학의 개관 / 〈문학개론〉문학의 작가와 독자, 문학의 수용과 평가, 문학의 형식과 요소, 문학의 정서와 상상력, 구비 전승의 세계, 서정과 형상의 세계, 역사와 현실, 사랑과 동경, 열정과 의지, 언어와 상징, 현실과 서사의 세계, 역사적 응전력, 삶의 전통성, 상황과 개인, 행위와 갈등의 세계, 관조와 성찰의 세계, 인식과 가치, 통일 지향의 민족 문학 / 〈비평〉도산십이곡 발(이황), 한국 근대 소설고(김동인), 전통과 개인의 재능(엘리엇)

윤병로·구인환·박동규·오태현(1996), 『문학』, ㈜노벨문화사.

【문학(상)】〈고대가요〉정읍사 / 〈설화〉조신의 꿈 / 〈고시조〉이조년 외 10편. / 〈고려가요〉청산별곡, 정석가 / 〈경기체가〉한림별곡(한림 제유) / 〈가사〉속미인곡(정철) / 〈악장〉용비어천가(정인지 외, 4장) / 〈한시〉인정(왕유), 귀안(두보), 귀거래사(도연명) / 〈고전소설〉구운몽(김만중), 홍길동전(허균) / 〈고대수필〉한상국의 농사(유몽인), 동명 일기(연안 김씨), 내간(2편) / 〈신체시〉해에게서 소년에게(최남선) / 〈시〉바다와 나비(김기림), 절정(이육사),

봄은 간다(김억), 국경의 밤(김동환), 갈대(신경림), 돌담에 속삭이는 햇발같이(김영랑), 해(박두진), 가을(김현승), 꽃을 위한 서시(김춘수), 종이배(타고르) / 〈시조〉옥저(김상옥) / 〈소설〉메밀꽃 필 무렵(이효석), 노인과 바다(헤밍웨이), 치숙(채만식), 사랑 손님과 어머니(주요섭), 이중의 희생(후안 발레라), 봄·봄(김유정), 을화(김동리), 해방 전후(이태준), 홍염(최학송) / 〈수필〉나무의 위의(이양하), 오월(피천득), 평화를 위한 기도(헤르만 헤세) / 〈희곡〉토막(유치진), 인형의 집(입센), 맹 진사댁 경사(오영진), 고도를 기다리며(사무엘 베케트) / 〈문학개론〉문학의 언어, 문학의 요소, 문학의 허구성, 문학의 구조, 문학의 두 가지 기능, 문학의 수용, 문학의 가치, 갈래의 기준, 문학의 여러 갈래, 시의 특성, 시의 갈래, 시의 구성, 시조 문학, 소설의 특징, 소설의 갈래, 소설의 구성, 수필의 특성, 수필의 갈래, 수필의 구성, 극문학의 특성, 희곡의 요소, 희곡의 구성 요소

【문학(하)】〈고대가요〉구지가 / 〈설화〉매품팔이, 구토지설 / 〈향가〉제망매가(월명사) / 〈고려가요〉동동 / 〈가사〉선상탄(박인로), 농가월령가(정학유) / 〈한시〉춘야희우(두보), 고시(정약용) / 〈민속극〉바리공주, 봉산 탈춤 / 〈민요〉강강술래(이동주), 시집살이 / 〈고전소설〉박타령, 이생규장전(김시습), 춘향전, 허생전(박지원) / 〈고대수필〉국선생전(이규보) / 〈시〉초토의 시(구상), 방랑의 마음(오상순), 비(정지용), 추천사(서정주), 접동새(김소월), 와사등(김광균), 흰 새들(예이츠), 풀(김수영), 가지 않은 길(프로스트), 님의 침묵(한용운), 빼앗긴 들에도 봄은 오는가(이상화), 새(박남수), 나그네여, 보라(오든) / 〈시조〉벽공(이희승) / 〈소설〉무정(이광수), 사하촌(김정한), 목걸이(모파상), 두 파산(염상섭), 이반 데니소비치의 하루(알렉산드르 솔제니친), 붉은 산(김동인), 운수 좋은 날(현진건), 서편제(이청준), 독 짓는 늙은이(황순원), 불꽃(선우휘), 수난 이대(하근찬), 데카메론(보카치오), 날개(이상), 무진 기행(김승옥) / 〈수필〉인생은 오월처럼(안병욱), 토속 연구 여행기(손진태) / 〈문학사〉고대 시가의 생성, 고려 시대의 시가, 조선 시대의 시가, 현대시의 태동, 서사 문학의 발생, 설화의 발전, 소설의 태동과 발전, 현대 소설의 태동, 현대 소설의 발전, 수필 문학의 형성, 수필 문학의 발달, 현대의 수필, 극문학의 발생, 극문학의 발전, 세계 문학의 흐름 / 〈문학개론〉문학의 내용, 문학의 가치, 문학과 현실, 문학의 과제, 작품의 비평 태도, 작품 비평의 방법, 수용자의 상황에 따른 가치, 역사와 현실을 통한 가치, 인물의 행위와 주제, 다양한 삶의 방식, 삶의 애환, 인류 사상, 극기 정신, 해학과 풍자, 은근과 끈기, 자연 친화 설화의 특징, 극문학의 갈래, 고대 신앙, 성리학과 실사구시, 서구 사상의 수용, 세계 속의 한국 문학, 문학의 주체성

이문규·권오만(1995), 『문학』, 선영사.
【문학(상)】〈설화〉조신의 꿈, 남문 안 주점, 연오랑과 세오녀 / 〈향가〉찬기파랑가(충담사) / 〈고려가요〉사모곡, 동동, 서경별곡 / 〈가사〉사미인곡(정철), 선상탄(박인로), 규원가(허초

희) / 〈악장〉월인천강지곡(세종, 5편) / 〈한시〉절명시(황현) / 〈민속극〉봉산 탈춤 / 〈고전소설〉운영전, 박타령(신재효 정리), 사씨남정기(김만중) / 〈고대수필〉임진록, 국선생전(이규보), 내간(3편), 한중록(혜경궁 홍씨) / 〈신소설〉은세계(이인직) / 〈시〉가정(박목월), 눈(김수영), 내 마음을 아실 이(김영랑), 정념의 기(김남조), 거울(이상), 초혼(김소월), 상리과원(서정주), 눈물(김현승), 민간인(김종삼), 추억에서(박재삼), 조그만 사랑 노래(황동규), 남신의주 유동 박시봉방(백석) / 〈시조〉살구꽃 핀 마을(이호우), 오동에 듯는 빗발(김상용), 자모사(정인보) / 〈소설〉풍경 A(박경리), 봄·봄(김유정), 꺼삐딴 리(전광용), 만세전(염상섭), 감자(김동인), 탁류(채만식), 역마(김동리) / 〈수필〉그믐달(나도향), 나무(이양하), 낭비가(浪費家)(김소운), 희생화(현진건), 꾀꼬리(김태길) / 〈희곡〉불모지(차범석) / 〈시나리오〉시집가는 날(오영진) / 〈문학개론〉가치 있는 체험, 상상력과 허구의 세계, 언어 예술, 즐김과 깨우침, 문학의 기본 갈래와 그 특성, 한국 문학의 갈래, 문학 작품의 이해와 감상, 문학 작품을 보는 관점, 시의 화자와 목소리, 의미의 새로움과 깊이, 시의 형태와 운율, 비유·상징과 심상, 서사 문학의 구성, 서사 문학의 인물, 서사 문학의 주제, 서사 문학의 시점, 배경과 문체, 행동을 그린 문학, 희곡의 여러 요소, 시나리오와 영상, 형식과 특성, 수필의 갈래 / 〈비평〉서포만필(김만중)

【문학(하)】〈고대가요〉구지가(구간 등) / 〈설화〉단군 신화, 오수(최자) / 〈고시조〉우탁 외 21편. / 〈향가〉제망매가(월명사) / 〈고려가요〉정과정(정서) / 〈경기체가〉한림별곡(한림 제유) / 〈가사〉면앙정가(송순), 일동장유가(김인겸), 애국가(최돈성) / 〈악장〉용비어천가(정인지 외, 3장) / 〈한시〉제가야산독서당(최치원), 송인(정지상), 규원(임제), 탐진촌요(정약용), 어부(굴원), 춘망(두보) / 〈판소리〉수궁가(박봉술 창) / 〈민속극〉고성 오광대 대사(정상박 채록) / 〈고전소설〉만복사저포기(김시습), 열여춘향수절가, 호질(박지원), 등목취유취경원기(騰穆醉遊聚景園記)(구우) / 〈고대수필〉화왕계(설총), 산성일기(어느 궁녀), 전기수(조수삼), 백이열전(사마천) / 〈신체시〉해에게서 소년에게(최남선) / 〈시〉알 수 없어요(한용운), 유리창 I (정지용), 참회록(윤동주), 어서 너는 오너라(박두진), 울릉도(유치환), 시 I (김춘수), 농무(신경림), 소네트 76(셰익스피어), 호수 위에서(괴테), 석류들(발레리), 걸어보지 못한 길(프로스트) / 〈소설〉애국부인전(장지연), 무정(이광수), 사하촌(김정한), 나무들 비탈에 서다(황순원), 무진 기행(김승옥), 외투(고골리) / 〈수필〉백두산 근참기(최남선), 생활인의 철학(김진섭), 플루트 연주자(피천득), 까치(윤오영), 회복기의 환자(램) / 〈희곡〉토막(유치진), 우리 읍내(와일더) / 〈문학사〉국문학의 태동, 고대 가요의 등장, 삼국의 실전 가요, 향가의 성행, 설화와 한문 문학의 성장, 향가의 계승과 소멸, 고려 속요의 성행과 경기체가의 등장, 시조와 가사의 발생, 서사 문학의 발달, 가전의 성행, 악장의 등장과 경기체가의 발전, 시조의 발흥과 가사의 성장, 산문 문학의 다양화와 가전의 발달, 몽유록과 소설의 등장, 시

조의 발전과 변모, 소설의 성장과 발전, 설화집 편찬과 기록 문학의 성행, 판소리의 유행, 민속극의 성행, 개화기 시가의 양상, 신소설과 역사·전기 문학의 출현, 창극의 출현과 기행 수필의 등장, '임'을 잃은 시대의 시, 현대 소설의 출현과 사실주의 소설의 대두, 1920년대의 희곡·시나리오와 수필, 현대시의 다양한 확산, 소설의 제재와 기법의 심화, 수필 문학의 개화와 이론의 시도, 6·25 전후 시의 두 줄기, 1950년대 소설과 전쟁 체험, 6·25 전후의 희곡과 수필, 60~70년대 시의 세 줄기, 60~70년대 소설의 다양한 모습, 희곡의 새로운 가능성, 기품 높은 수필과 비전문인의 참여/〈문학개론〉사실주의 희곡과 시나리오, 한국 문학의 범위, 한의 미학, 자연과의 동화, 해학과 풍자, 한국 문학과 세계 문학/〈비평〉시유구불의체(이규보), 도산십이곡 발(이황)

최동호·신재기·고형진·장장식(1995), 『문학』, 대한교과서.
【문학(상)】〈고대가요〉정읍사/〈고시조〉이조년 외 2편./〈고려가요〉가시리/〈가사〉사미인곡(정철)/〈민요〉시집살이 민요/〈고전소설〉이생규장전(김시습), 전우치전/〈신체시〉해에게서 소년에게(최남선), 〈신소설〉혈의 누(이인직)/〈시〉알 수 없어요(한용운), 무지개(워즈워스), 가는 길(김소월), 해(박두진), 새(박남수), 시법(매클리시), 생명의 서(유치환), 추천사(서정주), 새벽(랭보)/〈소설〉무정(이광수), 오발탄(이범선), 운수 좋은 날(현진건), 목걸이(모파상), 동백꽃(김유정)/〈수필〉권태(이상), 대화에 대하여(몽테뉴), 헐려 짓는 광화문(설의식), 달밤(윤오영), 외경이라는 감정(가리키 준조)/〈희곡〉소(유치진), 인형의 집(입센)/〈시나리오〉시집가는 날(오영진)/〈문학사〉한국 문학의 흐름, 세계 문학의 성격과 흐름/〈문학개론〉문학과 언어, 문학과 현실, 문학의 구조, 문학의 수용과 가치, 문학의 갈래, 시의 본질과 특성, 시의 운율, 이미지와 수사, 화자와 목소리, 소설의 본질과 특성, 인물과 배경, 구성과 시점, 주제와 문체, 희곡의 본질과 특성, 희곡의 요소와 극적 구조, 시나리오, 수필의 본질과 특성, 제재와 구성, 주제와 문체, 한국 문학의 범위와 특질, 민족 문학으로서의 한국 문학/〈비평〉파한집에서(이인로)
【문학(하)】〈고대가요〉구지가/〈설화〉단군 신화, 지하국의 도적/〈고시조〉이황 외 5편./〈향가〉제망매가(월명사)/〈가사〉면앙정가(송순), 누황사(박인로)/〈악장〉용비어천가(정인지 외, 3장)/〈한시〉강촌(두보), 귀안(두보), 창의시(최익현)/〈민속극〉봉산 탈춤/〈고전소설〉장끼전/〈고대수필〉임진록, 남시보에 답함(이황), 계축일기(어느 궁녀)/〈시〉눈물(김현승), 기탄잘리(타고르), 오월(김영랑), 호도 이니스프리(예이츠), 하관(박목월), 말(정지용), 남신의주유동박시봉방(백석), 가지 않은 길(프로스트), 빼앗긴 들에도 봄은 오는가(이상화), 절정(이육사), 봉황수(조지훈), 시에 불리한 시대(브레히트)/〈시조〉사향(김상옥)/〈소설〉광장(최인훈), 만세전(염상섭), 논 이야기(채만식), 서울, 1964년 겨울(김승옥), 변신

(카프카), 인디언 부락(헤밍웨이) / 〈수필〉봄(피천득), 자연이 나에게 가르쳐 준 것(솔제니
친), 무소유(법정), 연(루쉰) / 〈희곡〉새야 새야 파랑새야(차범석), 베니스의 상인(셰익스피
어) / 〈문하개론〉작품에 접근하는 태도, 해석의 다양한 관점, 소망과 찬미, 자연과 향수, 삶의
애환과 진실, 역사와 현실, 설화의 세계, 인간의 존재에 대한 탐구, 역사의 현실의 반영, 현실
비판과 새 질서 지향, 현대인의 내면과 소외 의식, 신명의 한마당, 삶의 현장, 생활인의 흔적,
자연 예찬과 사색, 삶에 대한 성찰

한계전·김병국·윤여탁(1996), 『문학』, 대한교과서.
【문학(상)】〈고대가요〉정읍사 / 〈설화〉단군 신화 / 〈고시조〉황진이 외 2편. / 〈향가〉찬기파
랑가(충담사) / 〈고려가요〉청산별곡, 가시리 / 〈가사〉우부가, 애국하는 노래(이필균) / 〈악
장〉용비어천가(정인지 외, 3장) / 〈한시〉송인(정지상) / 〈판소리〉흥보가 / 〈민속극〉봉산 탈
춤 / 〈민요〉작자미상(2편) / 〈고전소설〉구운몽(김만중), 이생규장전(김시습) / 〈시〉내 마음
을 아실 이(김영랑), 목계 장터(신경림), 님의 침묵(한용운), 비잔티움의 항해(예이츠), 향수
(정지용), 나비와 광장(김규동), 가을(흄), 지하철 역에서(파운드), 초혼(김소월), 여승(백석),
바닷가에서(타고르), 국경의 밤(김동환), 샤갈의 마을에 내리는 눈(김춘수) / 〈소설〉무녀도
(김동리), 돈키호테(세르반테스), 광장(최인훈), 운수 좋은 날(현진건), 치숙(채만식), 학(황
순원) / 〈수필〉생활인의 철학(김진섭), 내간(2편), 봄(피천득), 눈(루쉰) / 〈희곡〉토막(유치
진), 햄릿(셰익스피어) / 〈시나리오〉시집가는 날(오영진) / 〈문학사〉고대의 문학, 고려 시대
의 문학, 조선 전기의 문학, 조서 후기의 문학, 개화기의 문학, 일제 강점기의 문학, 해방 직
후와 전후 문학, 1960년대 이후의 문학, 세계 문학의 흐름, 제3세계 문학의 대두 / 〈문학개
론〉문학이란 무엇인가, 문학의 갈래, 문학의 수용과 가치, 운율과 음악성, 비유와 상징, 이미
지와 형상, 시인의 목소리, 사건과 구성, 제재와 주제, 인물과 배경, 서술의 시각, 대사와 구
성, 무대 예술, 영상 예술로서의 시나리오, 수필의 언어와 표현, 삶의 진솔한 기록, 설득과 명
상, 한국 문학의 범위, 민족 문학으로서의 한국 문학, 세계 문학으로서의 한국 문학 / 〈비평〉
순오지(홍만종)
【문학(하)】〈고대가요〉구지가 / 〈설화〉김현감호 / 〈고시조〉도산십이곡(이황, 3편) / 〈가사〉
속미인곡(정철) / 〈한시〉절명시(황현), 춘망(두보) / 〈민요〉아리랑 타령 / 〈고전소설〉양반전
(박지원) / 〈고대수필〉병자일기(남평 조씨), 서유견문(유길준), 경설(이규보) / 〈신소설〉혈
의 누(이인직) / 〈시〉그 날이 오면(심훈), 해(박두진), 그의 행복을 기도드리는(신동엽), 빼앗
긴 들에도 봄은 오는가(이상화), 풀(김수영), 자유(엘뤼아르), 거울(이상), 참회록(윤동주),
가을날(릴케), 산(김광섭), 내게는 그 분이(사포), 꽃(이육사), 무등을 보며(서정주), 가지 않
은 길(프로스트) / 〈시조〉사향(김상옥) / 〈소설〉무정(이광수), 삼대(염상섭), 무진 기행(김승

옥), 산(이효석), 젊은 베르테르의 슬픔(괴테), 배따라기(김동인), 산문으로 쓴 환상시(도데) / 〈수필〉무궁화(이양하), 거리의 악사(박경리), 유년 시대(톨스토이), 그믐달(나도향), 풍란 (이병기), 딸깍발이(이희승), 독서론(미끼 기요시) / 〈희곡〉인형의 집(입센), 원고지(이근삼), 동승(함세덕), 파수꾼(이강백) / 〈시나리오〉유관순(윤봉춘) / 〈문학개론〉문학과 체험, 표현 론적 접근, 효용론적 접근, 구조론적 접근, 통합적 접근, 역사 앞에서, 세월의 파도를 넘어, 사회의 거울, 현실 극복의 의지, 꿈과 소망의 세계, 인간의 내면 심리, 자연 친화의 세계, 미 적 형상의 세계, 인생의 교사, 삶의 지혜

6) 제7차 문학 교과서

구인환·구자송·정충권·임경순·하의정·황동원(2004), 『문학』, ㈜교학사.
【문학(상)】〈향가〉제망매가(월명사) / 〈가사〉농가월령가(정학유) / 〈고전소설〉허생전(박지 원), 토별가(신재효 본) / 〈고대수필〉토실을 허문 데 대한 설(이규보), 조침문(유씨 부인) / 〈시〉성에꽃(최두석), 여우난 곬족(백석), 고향(힐덜린), 자수(허영자), 눈물(김현승), 해바라 기의 비명(함형수), 살아 있는 날은(이해인), 눈(김수영), 설야(김광균), 포도알(학생 작품) / 〈소설〉봄바람(박상률), 두 파산(염상섭), 오렌지 맛 오렌지(성석제), 비 오는 날(손창섭), 태 평 천하(채만식), 역마(김동리), 의사 지바고(파스테르나크), 광장(최인훈), 날개(이상), 모래 톱 이야기(김정한), 허생전(채만식), 병신과 머저리(이청준), 수난 이대(하근찬), 아빠와 함 께 한 크리스마스(학생 작품) / 〈수필〉모자 철학(가디너), 웃음에 대하여(양주동), 무소유(법 정), 거리의 악사(박경리), 행복의 메타포(안병욱), 자아 발견을 위한 진지한 고뇌(구인환), 할머니의 봄(학생 작품) / 〈희곡〉햄릿(셰익스피어), 파우스트(괴테), 토막(유치진), 여우야, 여우야 뭐하니?(학생 공동 작품) / 〈비평〉세계를 통찰하는 힘과 시 쓰기(오세영), 상이군인 에서 얻은 영감과 외나무다리의 결합(하근찬)
【문학(하)】〈설화〉별에 얽힌 이야기, 주몽 신화, 프로메테우스(벌핀치) / 〈고시조〉맹사성 외 6편 / 〈향가〉서동요 / 〈고려가요〉가시리 / 〈가사〉면앙정가(송순), 속미인곡(정철) / 〈한시〉 절명시(황현), 송인(정지상), 부벽루(이색), 등고(두보) / 〈판소리〉흥보가(박봉술 창본), 적 벽가 / 〈민속극〉양주 별산대놀이(김성대 패록본) / 〈민요〉만가-애(哀)소리, 시집살이 노래 / 〈고전소설〉양반전(박지원), 이생규장전(김시습), 삼국지연의(나관중) / 〈신소설〉금수회의 록(안국선) / 〈시〉견우의 노래(서정주), 향수(정지용), 절정(이육사), 님의 침묵(한용운), 길 (윤동주), 황무지(엘리엇), 청산도(박두진), 껍데기는 가라(신동엽), 우리가 물이 되어(강은 교), 새들도 세상을 뜨는구나(황지우), 장미의 속(릴케), 꽃(김춘수), 구두(송찬호), 낡은 집

(이용악), 성묘(고은) / 〈소설〉한계령(양귀자), 테스(하디), 복덕방(이태준), 고리오 영감(발자크), 무정(이광수), 동백꽃(김유정), 오발탄(이범선), 어떤 날(마르께스), 혼불(최명희), 영혼의 산(가오싱젠), 외딴 방(신경숙) / 〈수필〉해학송(최태호), 인간 파괴를 고발한 예술가의 양심(이가림), 세기가 닫히는 저 장려한 빛에 잠겨-석모도(김병종), 구두(송찬호), 아름다운 이미지의 변주(신범순), 문예 축전 개요 / 〈희곡〉태양을 향하여(차범석) / 〈만화〉복덕방(오세영) / 〈비평〉사회학적 상상력의 명암(조남현)

권영민(2003), 『문학』, ㈜지학사.
【문학(상)】〈고시조〉송순 / 〈향가〉찬기파랑가(충담사) / 〈고려가요〉가시리 / 〈고전소설〉양반전(박지원) / 〈고대수필〉경설(이규보) / 〈시〉비(정지용), 가을에(정한모), 옷과 밥과 자유(김소월), 울음이 타는 강(박재삼), 국경의 밤(김동환), 승무(조지훈), 거울(이상), 가지 않은 길(프로스트), 쉽게 씌어진 시(윤동주), 우리가 물이 되어(강은교) / 〈소설〉아큐정전(루쉰), 홍염(최서해), 난장이가 쏘아올린 작은공(조세희), 꺼뻬딴 리(전광용), 운수 좋은 날(현진건), 서울, 1964년 겨울(김승옥), 메밀꽃 필 무렵(이효석) / 〈수필〉이야기(피천득), 딸깍발이(이희승), 거리의 악사(박경리) / 〈희곡〉소(유치진), 베니스의 상인(셰익스피어) / 〈문학사〉문학 갈래의 통시적 전개 / 〈문학개론〉문학과 언어, 문학과 인생, 복합 구조물로서의 문학, 문학의 인식적·윤리적·미적 기능, 문학을 통한 삶의 고양과 공동체 통합, 문학의 가치 지향과 실천, 문학 갈래의 개념과 구분 원리, 문학 작품의 미적 구조, 내용·형식·표현의 유기적 상관관계, 문학 작품의 주제, 문학 작품의 이해와 감상, 문학 작품의 비판적·창의적 수용, 문학 작품의 가치 내면화, 문학 작품의 비판적·창조적 재구성, 문학 활동의 생활화, 갈래에 따른 문학 작품의 창작, 창작 결과의 공유
【문학(하)】〈고대가요〉공무도하가(백수 광부의 아내) / 〈설화〉구토 설화 / 〈고시조〉조식 외 4편. / 〈향가〉제망매가(월명사) / 〈고려가요〉서경별곡 / 〈가사〉속미인곡(정철), 동심가(이중원) / 〈악장〉용비어천가(정인지·권제·안지, 3장) / 〈한시〉벗을 보내며(정지상) / 〈판소리〉흥보가 / 〈고전소설〉심청전, 삼국지연의(나관중) / 〈고대수필〉공방전(임춘), 북산루(의유당) / 〈신소설〉자유종(이해조) / 〈시〉님의 침묵(한용운), 모란이 피기까지는(김영랑), 겨울 바다(김남조), 풀(김수영), 산도화(박목월), 농무(신경림), 시(네루다), 수선화(워즈워스), 가을날(릴케), 종이배(타고르), 두만강(김규동) / 〈소설〉무녀도(김동리), 광장(최인훈), 엄마의 말뚝1(박완서), 동백꽃(김유정), 카라마조프카의 형제들(도스토예프스키) / 〈수필〉백설부(김진섭), 내 시린 가슴 한의 못을 빼 주오(김병종), 에펠 탑이 우리에게 하는 말(조용훈), 모자 철학(가드너) / 〈희곡〉맹 진사 댁 경사(오영진), 원고지(이근삼), 세일즈맨의 죽음(아서 밀러), 파수꾼(이강백) / 〈시나리오〉서편제(김명곤) / 〈문학사〉한국 창제 이전 문학의 성립과 발전,

한글 창제 이전 문학의 갈래별 전개, 한글 창제 이후 문학의 전개 양상, 조선 시대 문학의 갈래별 전개, 개화기 신문학의 형성과 특징, 개화기 신문학의 갈래별 전개, 일제의 강점과 근대 문학의 전개 양상, 근대 문학의 갈래별 전개, 광복과 현대 문학의 변모, 현대 문학의 갈래별 전개, 세계 문학의 흐름 / 〈문학개론〉국어 문화로서의 문학 문화, 문학 소통 과정의 규칙과 관습, 문학의 예술·사회·문화, 문학과 매체, 세계 문학과 한국 문학의 교섭, 인식적·윤리적·미적 관점에서의 문학의 가치 발견, 주체와 맥락에 따른 작품의 가치 평가, 문학 활동을 통한 인간과 세계의 이해, 문학 활동에 대한 능동적 참여, 한국 문학의 계승과 발전 / 〈비평〉소설 '무정'의 위치(권영민)

김대행·김중신·김동환(2004), 『문학』, ㈜교학사.
【문학(상)】〈고시조〉정몽주의 어머니 외 5편. / 〈향가〉제망매가(월명사) / 〈가사〉면앙정가(송순) / 〈고전소설〉박타령(신재효), 이생규장전(김시습), 홍길동전(허균), 박씨전 / 〈고대수필〉주옹설(권근) / 〈시〉여승(백석), 꽃(김춘수), 라디오같이 사랑을 끄고 켤 수 있다면-김춘수의 '꽃'을 변주하여(장정일), 접동새(김소월), 그 날이 오면(심훈), 이별가(박목월), 황무지(엘리엇), 눈(김수영) / 〈소설〉엄마의 말뚝1(박완서), 감자(김동인), 20년 후(오 헨리), 소설가 구보씨의 일일(박태원), 데미안(헤르만 헤세), 외투(고골리), 서울, 1964년 겨울(김승옥), 삼포 가는 길(황석영) / 〈수필〉달밤(윤오영), 무소유(법정), 우리는 모두 형제다(시애틀 추장) / 〈희곡〉세일즈맨의 죽음(아서 밀러), 산돼지(김우진) / 〈시나리오〉우리들의 일그러진 영웅(이문열 원작), 서편제(이청준 원작) / 〈문학개론〉문학의 특질, 문학의 기능, 문학의 갈래, 문학 활동의 의미, 문학의 수용, 문학의 창조적 재구성, 문학의 창작, 노래하기와 언어, 운율과 어조, 비유와 심상, 시의 수용과 창작, 이야기와 허구, 인물과 구성, 시점과 문체, 소설의 수용과 창작, 보여주기와 꾸미기, 대결과 해결, 극 문학의 수용과 창작, 고백하기와 진실, 성찰과 발견, 수필의 수용과 창작 / 〈비평〉창작 일기 초(강신재)
【문학(하)】〈고대가요〉정읍사 / 〈설화〉단군 신화 / 〈고시조〉맹사성 외 3편. / 〈향가〉찬 기파랑가(충담사) / 〈고려가요〉서경별곡, 동동, 가시리 / 〈가사〉규원가(허난설헌) / 〈판소리〉적벽가 / 〈민속극〉양주 별산대 놀이(이두현 채록) / 〈민요〉시집살이 노래 / 〈고대수필〉국순전(임춘) / 〈신소설〉혈의 누(이인직) / 〈시〉농무(신경림), 봄은 간다(김억), 거울(이상), 껍데기는 가라(신동엽), 저문 강에 삽을 씻고(정희성) / 〈소설〉우리들의 날개(전상국), 누구를 위하여 종을 울리나(헤밍웨이), 태평천하(채만식), 광장(최인훈), 난쟁이가 쏘아 올린 작은 공(조세희), 도요새에 관한 명상(김원일), 요한 시집(장용학) / 〈수필〉특급품(김소운) / 〈희곡〉토막(유치진), 허생전(오영진) / 〈시나리오〉허준(최완규 극본), 공동 경비 구역(JSA) / 〈문학사〉한국 문학의 여명, 구어와 문어의 이원화, 문학의 다양화와 담당층의 확대, 근대 문학

으로 전환과 정립, 현대 문학의 다양화와 심화, 분단과 산업화 시대의 문학 /〈문학개론〉한국 문학의 양상과 특질, 한국 문학의 전통과 연속성, 세계 문학으로서의 한국 문학, 한국 문학과 자연, 문학의 인접 영역, 문학과 매체, 문학과 삶, 문학의 생활화, 주체적인 문학 활동 /〈비평〉서포만필(김만중), 한 겨울에 부른 봄의 노래, 땅의 노래-김유정과 춘천(김병종), 문학과 법(안경환), 문학과 심리학(조두영)

김병국·윤여탁·김만수·조용기·최영환(2002),『문학』, ㈜한국교육미디어.
【문학(상)】〈고대가요〉정읍사 /〈고시조〉황진이 /〈향가〉찬 기파랑가(충담사) /〈한시〉추야우중(최치원) /〈판소리〉흥보가 /〈민요〉진도 아리랑 /〈고전소설〉양반전(박지원) /〈고대수필〉내간(2편) /〈시〉내 마음을 아실 이(김영랑), 목계 장터(신경림), 님의 침묵(한용운), 춘향유문(서정주), 껍데기는 가라(신동엽), 십자가(윤동주), 여승(백석), 바닷가에서(타고르), 향수(정지용), 거울(이상), 아침 이미지(박남수) /〈시조〉박연 폭포(이병기) /〈소설〉운수 좋은날(현진건), 목걸이(모파상), 메밀꽃 필 무렵(이효석), 광장(최인훈), 산문으로 쓴 환상시(알퐁스 도데), 무진 기행(김승옥) /〈수필〉수필(피천득), 먼 곳에의 그리움(전혜린), 대화에 대하여(몽테뉴), 까치(윤오영) /〈희곡〉동승(함세덕), 햄릿(셰익스피어) /〈시나리오〉시집가는날(오영진) /〈문학개론〉문학의 특성, 문학의 기능, 문학의 갈래, 문학의 가치, 문학의 다양한 미적 구조, 문학 작품의 구성, 문학 작품의 주제, 인식적·미적·윤리적 면에서의 문학 작품 감상, 문학 작품의 비판적 수용, 문학 작품의 가치와 내면화, 수용자 측면에서의 문학 작품 재구성, 삶의 구체화로서의 문학 활동, 언어와 운율, 비유와 상징, 시인의 목소리, 이미지와 표현, 사건과 구성, 인물과 배경, 제재와 주제, 서술의 시각, 대사와 구성, 무대와 관객, 영상 문학으로서의 시나리오, 수필의 본질, 수필의 제재와 주제, 명상과 설득 /〈비평〉서포만필(김만중)
【문학(하)】〈고대가요〉구지가 /〈설화〉단군 신화, 오디세이아(호메로스) /〈고시조〉송순 외2편. /〈고려가요〉가시리 /〈가사〉속미인곡(정철) /〈한시〉보리 타작(정약용), 절명시(황현) /〈민속극〉양주 별산대놀이 /〈고전소설〉이생규장전(김시습), 삼국지연의(나관중), 유충렬전 /〈고대수필〉경설(이규보), 공방전(임춘) /〈시〉캔터베리 이야기(초서), 봄은 간다(김억), 알바트로스(보들레르), 접동새(김소월), 교목(이육사), 어서 너는 오너라(박두진), 휴전선(박봉우), 가지 않은 길(프로스트), 풀(김수영), 추억에서(박재삼) /〈소설〉돈키호테(세르반테스), 무정(이광수), 치숙(채만식), 아큐정전(루쉰), 탈향(이호철), 그해 겨울은 따뜻했네(박완서), 백 년 동안의 고독(마르케스) /〈수필〉낭객의 신년 만필(신채호), 지조론(조지훈) /〈희곡〉토막(유치진), 파수꾼(이강백) /〈문학사〉문화와 문학의 태동, 한문학의 발달과 시가 문학의 다양화, 한글 창제와 국문 문학의 발달, 민중 의식의 성장과 산문 문학의 융성, 전환

기의 고민과 문학적 모색, 근대적 가치와 인간상의 발견, 격동기 사회와 문학적 대응, 가치
관의 변화와 문학의 다원화 / 〈문학개론〉문학 문화의 특성, 문학과 인접 영역, 현대 사회 속
의 문학, 문학의 가치 인식, 문학 활동에의 능동적 참여, 문학에 대한 태도 / 〈비평〉도산십이
곡 발(이황)

김상태·송현호·김혜니·김유중·황도경, 조혜란(2004), 『문학』, 도서출판 태성.

【문학(상)】〈시〉북 치는 소년(김종삼), 님의 침묵(한용운), 국경의 밤(김동환), 자화상(서정
주), 산유화(김소월), 청산도(박두진), 피아노(전봉건), 눈물(김현승), 새들도 세상을 뜨는구
나(황지우), 샤갈의 마을에 내리는 눈(김춘수), 프란츠 카프가(오규원) / 〈소설〉수라도(김정
한), 강(서정인), 날개(이상), 마지막 잎새(오 헨리), 무진기행(김승옥), 노인과 바다(헤밍웨
이), 당신에 대해서(이인성), 민사85다6008호 사건(윤영수) / 〈수필〉청룡산 높이 떠도는 흰
구름(김학동), 수필(피천득), 웃음설(양주동), 꼴찌에게 보내는 갈채(박완서), 생활인의 철학
(김진섭) / 〈희곡〉이영녀(김우진), 원고지(이근삼), 오이디푸스 왕(소포클레스), 한씨 연대
기(황석영) / 〈시나리오〉마부(임희재), 만다라(김성동 원작), 낮은 목소리2(변영주) / 〈문학
개론〉문학은 언어의 예술, 문학은 현실의 반영, 문학은 상상의 산물, 문학은 창작의 소산, 문
학의 재미, 문학의 교훈, 문학의 가치, 서정 양식과 시, 서사 양식과 소설, 극 양식과 희곡·시
나리오, 혼합 양식으로서의 수필과 비평, 시의 본질과 갈래, 시의 언어와 운율, 시의 이미지
와 비유·상징, 변화하는 시, 소설의 인물과 성격, 소설의 구성과 시점, 소설의 배경과 문체,
변화하는 소설, 희곡 문화의 이해, 영상 문학의 이해, 변화하는 희곡·변화하는 시나리오, 수
필의 세계, 수필의 종류와 진술 방식 / 〈비평〉헤르만 헤세의 '수레바퀴 아래서' 독서 토론, 자
기 자신이 '깨닫는다'는 것(박재삼), 문학과 총체적 인간의 파악(김현)

【문학(하)】〈고대가요〉구지가 / 〈설화〉조신 설화, 단군 신화, 다이달로스(토마스 벌핀치),
도미의 처 / 〈고시조〉한거십팔곡 중(권호문) 〈향가〉제망매가(월명사), 헌화가(양주동 해독)
/ 〈고려가요〉가시리, 만전춘, 쌍화점 / 〈가사〉속미인곡(정철), 우부가, 동심가(이중원) / 〈한
시〉관저(關雎)(기세춘), 탄빈(歎貧)(정약용) / 〈고전소설〉홍계월전 〈고대수필〉유재론(허균)
/ 〈신체시〉해에게서 소년에게(최남선) / 〈신소설〉혈의 누(이인직) / 〈시〉절정(이육사), 기탄
잘리(타고르), 신곡(단테), 눈 내리는 저녁 숲 가에 멈춰 서서(프로스트), 아프리카(디오프),
진달래꽃(김소월), 초토의 시(구상), 급행 열차(스티븐 스펜더), 산문에 기대어(송수권), 이
중섭4(김춘수), 달팽이[01], 드래곤 라자(이영도) / 〈소설〉동백꽃(김유정), 외투(고돌리), 돈키

01 학생 작품의 동시이다. 글·김영일/그림·한수진

404

호테(세르반테스), 아Q정전(루쉰), 어떤 날(마르케스), 화수분(전영택), 광장(최인훈), 선택(이문열), 타임머신(웰즈), 사반의 십자가(김동리), 광염 소나타(김동인) / 〈수필〉슬픔에 대하여(몽테뉴), 그믐달(나도향) / 〈문학사〉원시·고대 문학, 중세·근대 문학, 현대 문학, 고조선 시대부터 통일 신라 시대까지의 문학, 고려 시대의 문학, 조선 전기의 문학, 조선 후기의 문학, 애국 계몽기의 문학, 일제 강점기의 문학, 광복 이후의 문학 / 〈문학개론〉한국 문학의 특성, 구비 문학과 기록 문학, 민족 문학과 세계 문학, 문학과 사회, 문학과 과학, 문학과 종교, 문학과 인접 예술, 문학과 매체, 문학의 감상, 문학의 연구 방법과 평가 / 〈비평〉지리산 청학동(이인로), 무엇을 어떻게 읽을 것인가(유종호), '섬'에 붙여서(알베르 카뮈), 김광균의 시풍과 방법(김은전), 춘원 연구(김동인)

김윤식·김종철·맹용재·진중섭·허익(2002), 『문학』, ㈜도서출판 디딤돌.

【문학(상)】〈고대가요〉정읍사 / 〈설화〉아라비안 나이트 / 〈고시조〉맹사성 외 2편. / 〈가사〉농가월령가(정학유) / 〈한시〉보리 타작(정약용) / 〈판소리〉심청가 / 〈민속극〉봉산 탈춤 / 〈민요〉논매기 노래 / 〈고전소설〉이생규장전(김시습) / 〈고대수필〉규중 칠우 쟁론기 / 〈신소설〉금수회의록(안국선) / 〈시〉서시(윤동주), 기탄잘리(타고르), 끝없는 강물이 흐르네(김영랑), 추천사(서정주), 우리가 물이 되어(강은교), 보랏빛 소묘(박목월), 님의 침묵(한용운), 추일 서정(김광균), 가지 않은 길(프로스트), 어서 너는 오너라(박두진), 향수(정지용), 추억에서(박재삼), 가을날(릴케) / 〈소설〉역마(김동리), 모래톱 이야기(김정한), 무정(이광수), 돌다리(이태준), 동백꽃(김유정), 학(황순원), 목걸이(모파상), 광장(최인훈) / 〈수필〉부끄러움(윤오영), 딸깎발이(이희승), 무소유(법정), 무궁화(이양하), 우리는 결국 모두 형제들이다(시애틀) / 〈희곡〉인형의 집(입센), 원고지(이근삼), 만선(천승세), 베니스의 상인(셰익스피어) / 〈시나리오〉오발탄(나소운·이종기), 우리는 지금 반란을 꿈꾼다(홍진아·홍자람) / 〈문학개론〉문학과 언어, 문학과 삶, 문학의 구조, 문학의 기능, 문학의 가치, 문학 갈래의 이해, 문학의 갈래 구분, 작품 수용의 능동성, 작품 수용의 다양성, 창조적 재구성과 내면화, 문학 창작의 방법, 문학 창작의 실제, 언어와 표현, 운율과 심상, 주제와 정서, 구성과 시점, 인물과 배경, 주제와 갈등, 희곡의 본질과 특성, 희곡의 구성과 갈래, 시나리오의 본질과 특성, 본질과 특성(수필), 내용과 주제

【문학(하)】〈고대가요〉구지가 / 〈설화〉이야기 주머니(박광철 구연·서대석 채록), 오르페우스와 에우뤼디케(오비디우스), 단군 신화 / 〈고시조〉황진이 외 2편. / 〈향가〉제망매가(월명사) / 〈고려가요〉가시리 〈경기체가〉한림별곡(한림제유) 〈가사〉규원가(허난설헌), 속미인곡(정철), 애국하는 노래(이필균) / 〈한시〉강남봉이구년(두보), 등악양루(두보), 풀벌레(華蟲), 부벽루(이색) / 〈민속극〉바리공주 / 〈민요〉밀양 아리랑 / 〈고전소설〉사씨남정기(김

만중) 〈고대수필〉내간(2편), 조신전, 통곡할 만한 자리(박지원) / 〈시〉가을 서정(인터넷 작품), 시(네루다), 초혼(김소월), 우리 오빠와 화로(임화), 폭포(김수영), 새들도 세상을 뜨는구나(황지우), 검은 여인(생고르), 절정(이육사), 오감도-시 제1호-(이상), 당신은 행복한 사람입니다(인터넷 작품), 머슴 대길이(고은) / 〈소설〉압록강은 흐른다(이미륵), 돈키호테(세르반테스), 태평천하(채만식), 아큐정전(노신), 난쟁이가 쏘아 올린 작은 공(조세희), 종횡만리(김학철), 이반 데니소비치의 하루(솔제니친), 만세전(염상섭), 우황청심환(박완서) / 〈수필〉시간을 아껴라(요시다 겐코), 먼 곳에의 그림움(전혜린) / 〈그림〉어디서 무엇이 되어 다시 만나랴(김환기)[02] 〈만화〉메밀꽃 필 무렵(이효석 원작·윤승운 그림) / 〈희곡〉춘풍의 처(오태석), 토막(유치진) / 〈문학사〉원시~통일 신라 시대의 문학, 고려 시대의 문학, 조선 시대의 문학, 개화기~1945년의 문학, 해방~1980년대의 문학 / 〈문학개론〉국어 문화와 문학 문화, 문학의 소통, 문학·예술·문화, 문학과 매체, 한국 문학의 성격과 특질, 세계 문학에 대한 시각, 한국 문학과 세계 문학의 교섭, 작품의 가치 판단 기준과 원리, 작품의 가치 평가와 비평의식, 문학 활동과 문학 문화의 발전, 인간과 세계의 통합적 이해, 한국 문학의 가치 계승과 발전 / 〈비평〉겨레의 기억과 그 진수-황순원의 단편(유종호), 생태학적 상상력(김영무)

김창원·권오현·신재홍·장동찬(2004), 『문학』, 민중서림.

【문학(상)】〈설화〉단군 신화, 그리스·로마 신화(벌핀치) 〈고시조〉송순 외 3편. / 〈고려가요〉만전춘별사, 정석가 / 〈가사〉창의가(신태식) / 〈민속극〉봉산 탈춤 / 〈민요〉아리랑, 쾌지나 칭칭 나네 / 〈고대수필〉주뢰설(이규보), 뇌설(이규보), 임진록 / 〈신소설〉금수회의록(안국선) / 〈시〉산도화(박목월), 논개(변영로), 아침 이미지(박남수), 나는 바퀴를 보면 굴리고 싶어진다(황동규), 귀천(천상병), 유리창(정지용), 눈(김수영), 바위(유치환), 귀뚜라미 울음-수유리에서(민영), 나그네(박목월), 한 줄도 너무 길다(타다모토), 그 날이 오면(심훈), 우리 오빠와 화로(임화), 가을의 기도(김현승), 금강(신동엽), 석상의 노래(김관식), 돌담에 속삭이는 햇발(김영랑), 목계 장터(신경림), 여승(백석), 무등(황지우), 외인촌(김광균), 은행나무(곽재구), 먼 후일(김소월), 즐거운 편지(황동규), A Rainbow(워즈워스), 파랑새(한하운), 꽃(김춘수), 수선화에게(정호승), 내 마음은(김동명), 자화상(노천명), 자화상(고형렬), 길(정희성), 너를 기다리는 동안(황지우), 오 분간(나희덕), 타는 목마름으로(김지하), 자유(엘뤼아르), 사평역에서(곽재구), 여우난곬족(백석), 목마와 숙녀(박인환), 와사등(김광균), 별 헤는 밤(윤동주), 길(윤동주), 참회록(윤동주), 쉽게 씌어진 시(윤동주), 들길(도종환), 시(네

02 그림을 그린 다음 시의 한 구절을 인용하여 제목을 붙인 작품이다.

루다), 그대는 별인가시인을 위하여(정현종), 지상의 시(임화), 가는 길(김소월), 마음(김광섭), 서시(윤동주), 푸른 하늘을(김수영) /〈시조〉별(이병기) /〈소설〉수난 이대(하근찬), 사랑 손님과 어머니(주요섭), 변신(카프가), 이반 데니소비치의 하루(솔제니친), 운수 좋은 날(현진건), 중국인 거리(오정희), 우리들의 일그러진 영웅(이문열), 돈키호테(세르반테스), 메밀꽃 필 무렵(이효석), 독 짓는 늙은이(황순원), 사하촌(김정한), 마지막 잎새(오 헨리), 날개(이상), 장마(윤흥길), 보봐리 부인(플로베르), 까마귀(이태준), 치숙(채만식), 바비도(김정한), 탈출기(최서해), 무녀도(김동리), 해변 아리랑(이청준), 무진 기행(김승옥), 관촌 수필(이문구), 철쭉제(문순태), 어둠의 혼(김원일), 학(황순원), 어린 왕자(생텍쥐페리), 수레바퀴 아래서(헤세), 자전거 도둑(김소진), 사평역(임철우), 서편제(이청준), 푸른 기차(최윤), 난장이가 쏘아 올린 작은 공(조세희), 죄와 벌(도스토예프스키), 아홉 켤레의 구두로 남은 사내(윤흥길) /〈수필〉딸깍발이(이희승), 나무(이양하), 플루트 연주자(피천득), 누나(이정록), 수필(피천득), 생각을 바꾸면서(박완서), 지조론(조지훈), 오체 불만족(히로타다), 우리는 괴물이 아니다(구본준), 새 삶의 문턱에 선 당신에게(신영복), 편지 1편, 무소유(법정), 미술관 밖에서 만나는 미술 이야기(강홍구), 우리는 결국 모두 형제들이다(시애틀 추장), 깨어진 그릇(이항녕) /〈희곡〉파수꾼(이강백), 토막(유치진), 인형의 집(입센), 만선(천승세), 안티고네(소포클래스), 불모지(차범석), 원고지(이근삼), 대머리 여가수(이오네스코), 동승(함세덕) /〈시나리오〉시집가는 날(오영진), 아버지의 바다(오정요), 공동 경비 구역 JSA(박찬욱 외) /〈문학개론〉문학이란 무엇인가, 문학과 우리의 삶, 문학을 보는 눈, 문학의 갈래, 시의 본질과 특성, 시의 유형과 구조, 시의 발상과 표현, 소설의 본질과 특성, 소설의 유형과 구조, 소설의 발상과 표현, 희곡의 본질과 특성, 희곡의 유형과 구조, 희곡의 발상과 표현, 수필의 본질과 특성, 수필의 유형과 구조, 수필의 발상과 표현, 문학의 수용, 문학의 창조적 재구성, 문학의 창작, 문학과 가치, 문학과 개인의 성숙, 문학과 공동체의 발전, 문학개론(구인환·구창환) /〈비평〉유리창과 시읽기의 맥락(김창원), 소설은 왜 읽는가(김현), 당신도 소설을 쓸 수 있다(전상국), 한 편이 소설이 되기까지(김원일)

【문학(하)】〈고대가요〉공무도하가, 정읍사, 구지가 /〈설화〉지귀, 호원 /〈고시조〉계랑 외 17편. /〈향가〉서동요, 해가, 원왕생가, 제망매가(월명사), 도솔가(월명사) /〈고려가요〉가시리, 서경별곡 /〈경기체가〉한림별곡(한림제유) /〈가사〉동심가(이중원), 규원가(허초희), 독립군가, 상춘곡(정극인), 사미인곡(정철), 속미인곡(정철), 면앙정가(송순), 일동장유가(김인겸), 농가월령가(정학유) /〈악장〉용비어천가(정인지·권제 등, 2장) /〈한시〉추야우중(최치원), 송인(정지상), 탐진어가(정약용), 절명시(황현), 사시(도연명) /〈민속극〉양주 별산대놀이, 꼭두각시놀음 /〈민요〉논매기 노래 /〈고전소설〉전우치전, 홍길동전(허균), 토벌가, 강감찬전, 만복사저포기(김시습), 구운몽(김만중), 호질(박지원), 심청가, 춘향가 /〈고대수필〉

청장관전서(이덕무), 온달전, 삼국유사 무왕조, 삼국유사 북부여·고구려조, 계축일기(어느 궁녀), 열하일기(박지원) / 〈신체시〉해에게서 소년에게(최남선) / 〈신소설〉혈의 누(이인직), 자유종(이해조) / 〈시〉텔레비전(박남철), 가고파(이은상), 신록(이영도), 국제 열차는 타자 기처럼(김경린), 신혼 일기(박노해), 홀로서기(서정윤), 겨울 공화국(양성우), 바람(김남조), 함께 가자 우리 이 길을(김남주), 카페·프란스(정지용), 수정가(박재삼), 이별이란(신진호), 산 너머 남촌에는(김동환), 빼앗긴 들에도 봄은 오는가(이상화), 꽃(이육사), 님의 침묵(한용 운), 전라도 가시내(이용악), 어서 너는 오너라(박두진), 껍데기는 가라(신동엽), 추천사(서 정주), 풀(김수영), 성북동 비둘기(김광섭), 바람 부는 날이면 압구정동에 가야 한다(유하), 희미한 옛사랑의 그림자(김광규), 섬진강1(김용택), 산유화(김소월), 비단 안개(김소월), 진 달래꽃(김소월), 빈 집(기형도), 모닥불(안도현), 바닷가에서(타고르), 눈 오는 저녁 숲가에 멈춰 서서(프로스트), 아프리카(디오프), 모음들(랭보), 산유화(김소월), 유전(예이츠), 국화 옆에서(서정주), 오빠와 언니는 왜 총에 맞았나요(강명희), 황무지(엘리엇), 사의 찬미(윤심 덕), 깃발(유치환), 내 귀는 소라 껍질(장 콕크), 섬(정현종), 광야(이육사), 어머니, 그 이름 은 사랑입니다(김진주), 그 노인이 지은 집(길상호) / 〈소설〉개선문(레마르크), 소설가 구보 씨의 일일(박태원·최인훈·주인석), 강아지 똥(권정생), 가시나무 새(매클로), 혼불(최명희), 양을 둘러싼 모험(무라카미 하루키), 먼 그대(서영은), 압록강은 흐른다(이미륵), 무정(이광 수), 임꺽정(홍명희), 만무방(김유정), 모델(황순원), 고향(현진건), 유예(오상원), 광장(최인 훈), 학마을 사람들(이범선), 내 마음의 풍차(최인호), 태백산맥(조정래), 외딴방(신경숙), 삼 포 가는 길(황석영), 아큐정전(루쉰), 두 친구(모파상), 꿈을 빌려 드립니다(마르케스), 대수 양(김동인), 해저 이만 리(베른), 나목(박완서), 신의 대리인(시오노 나나미), 반지의 제왕(톨 킨), 소설 스타크래프트(신주영·임영수), 소는 여관으로 들어온다(윤대녕) / 〈수필〉제2차 세 계 대전(처칠), 돌아보지 않으리(정인택), 먼 곳에서 그리움(전혜린), 낙엽을 태우면서(이효 석), 에밀(루소) / 〈희곡〉소(유치진), 노부인의 방문(뒤렌마트), 금관의 예수(김지하) / 〈시나 리오〉미술관 옆 동물원(이정향), 8월의 크리스마스(허진호) / 〈문학사〉한국 문학의 특질과 시대 구분, 고조선~삼국의 문학, 통일 신라~고려 전기의 문학, 고려 후기~조선 전기의 문 학, 조선 후기의 문학, 개화기~일제 강점기의 문학, 광복~1960년대의 문학, 1970년대 후기 의 문학, 세계 문학의 흐름과 양상 / 〈문학개론〉문화로서의 문학, 문학 문화의 다양성, 문학 문화의 역사성, 세계 문학 속의 한국 문학, 문학의 인접 영역, 문학 문화의 확장, 한국 문학의 전망 / 〈비평〉국문학의 특질(조윤제), 새로운 창작과 비평의 자세(백낙청), '진달래꽃'과 문 학의 본질(이어령), 시대적 전환을 앞둔 한국 문학의 문제들(21세기 문학)

강황구·권형중·김대용·박정곤·이준(2004),『문학』, 상문연구사.

【문학(상)】〈고려가요〉가시리 / 〈민속극〉봉산 탈춤 / 〈고대수필〉이옥설 (이규보) / 〈시〉청노루(박목월), 향수(정지용), 내 마음은(김동명), 남으로 창을 내겠소(김상용), 독(毒)을 차고 (김영랑), 산 너머 남촌에는(김동환) / 〈소설〉두 파산(염상섭), 배따라기(김동인), 메밀꽃 필 무렵(이효석), 동백꽃(김유정), 화무십일-관촌수필2(이문구) / 〈수필〉명명 철학(命名哲學) (김진섭), 나무(이양하), 구두(계용묵), 드높은 삶을 지향하는 진정한 합격자가 되십시오(신영복) / 〈희곡〉토막(유치진) / 〈시나리오〉오발탄(나소운·이종기) / 〈문학개론〉언어를 매개로 하는 예술, 가치 있는 체험을 표현하는 예술, 상상과 허구의 세계, 문학의 구조, 문학의 기본 갈래의 특성, 문학의 기능, 문학과 가치, 수용의 다양성, 수용의 방법, 창조적 수용, 가치의 발견, 갈래의 선택, 효과적인 형식과 표현, 노래하기 문학의 특성과 갈래, 운율, 비유와 이미지, 태도와 어조, 이야기 문학의 특성과 갈래, 인물, 구성, 배경, 시점과 문체, 알려주기 문학의 본질과 특성, 제재가 다양한 문학, 개성의 문학, 형식이 자유로운 문학, 극문학의 특성과 갈래, 극 문학의 구성 요소와 구성단위

【문학(하)】〈설화〉오봉산의 불 / 〈고시조〉황진이 외 7편. / 〈향가〉제망매가(월명사) / 〈가사〉상춘곡(정극인) / 〈한시〉송인(정지상), 여수장우중문시(을지문덕) / 〈민요〉저기 저 산을 부수어(아프리가 민요) / 〈고전소설〉예덕 선생전(박지원), 장끼전, 박씨전 / 〈고대수필〉산성일기(어느 궁녀) / 〈신소설〉은세계(이인직) / 〈시〉옥수수밭 옆에 당신을 묻고(도종환), 가지 않은 길(프로스트), 이니스프리의 호수 섬(예이츠), 한계(천양희), 生(생)(유하), 낡은 집(이용악), 교목(이육사), 껍데기는 가라(신동엽), 초토의 시(구상), 휴전선(박봉우), 십자가(윤동주), 남신의주유동박시봉방(백석), 전시에 쓴 일곱 편의 사랑의 시(엘뤼아르), 눈(김수영), / 〈소설〉데미안(헤세), 원미동 시인(양귀자), 줄(이청준), 변신(카프카), 아큐정전(루쉰), 홍염(최서해), 어떤 날(마르께스), 논 이야기(채만식) / 〈수필〉또 하나의 나를 몰아가다(학생 작품), 사치의 바벨탑(전혜린), 달밤(윤오영), 우리는 결국 모두 형제들이다(시애틀 추장) / 〈희곡〉고도를 기다리며(베케트), 새야 새야 파랑새야(차범석) / 〈시나리오〉천둥소리(손영목) / 〈문학사〉(한국 문학)원시·고대 문학, 중세 전기 문학, 중세 후기 문학, 근대 이행기 문학, 근대 문학, 현대 문학, (세계 문학)원시·고대 문학, 중세 문학, 근대 문학, 현대 문학 / 〈문학개론〉언어 관습과 문학, 삶의 양식과 문학, 미의 관습성과 문학, 입말과 문학, 글말과 문학, 전자말과 문학, 인접 장르와 문학, 한국 문학의 범위와 갈래, 한국 문학의 특질, 세계 문학의 개념과 성격, 한국 문학과 세계 문학의 교섭 양상

박갑수·김진영·이승원·이종덕·박기호(2004),『문학』, 지학사.

【문학(상)】〈고시조〉이황 외 2편. /〈가사〉용부가 /〈한시〉보리 타작(정약용) /〈민속극〉양주별산대 놀이 /〈고전소설〉사씨남정기(김만중) /〈고대수필〉이상한 관상쟁이(이규보) /〈시〉즐거운 편지(황동규), 귀천(천상병), 남신의주 유동 박시봉방(백석), 라디오와 같이 사랑을 끄고 켤 수 있다면(장정일), 오월(김민음)[03], 가는 길(김소월), 청노루(박목월), 어부(김종삼), 오월(김영랑), 농무(신경림), 수선화(워즈워스), 무등을 보며(서정주), 어느 날 고궁을 나오면서(김수영), 저녁 눈(박용래) /〈소설〉수난 이대(하근찬), 연어(안도현), 감자(김동인), 역마(김동리), 고향(현진건), 황혼(박완서), 난장이가 쏘아 올린 작은 공(조세희), 삼포 가는 길(황석영), 변신(카프카), 만세전(염상섭), 판문점(이호철) /〈수필〉인생의 묘미(김소운), 무소유(법정), 이야기(피천득), 열쇠와 자물쇠(미셸 투르니에), 폭포와 분수(이어령), 달밤(윤오영), 딸깍발이(이희승) /〈희곡〉파수꾼(이강백), 원고지(이근삼), 인형의 집(입센) /〈시나리오〉시집 가는 날(오영진), 공동 경비 구역JSA(박찬욱 외), 허준(최완규) /〈문학개론〉문학의 특성, 문학의 가치와 기능, 문학의 갈래, 문학의 수용, 문학의 창작, 형식과 운율, 정서와 표현, 주제와 내용, 구성과 시점, 인물과 배경, 주제와 갈등, 희곡의 본질과 특성, 시나리오의 본질과 특성, 본질과 특성(수필), 주제와 분류 /〈비평〉상상하는 즐거움(전상국)

【문학(하)】〈고대가요〉정읍사, 공무도하가(백수광부의 아내) /〈설화〉단군 신화, 구토지설, 경문대왕 이야기, 오르페우스와 에우리디케(불핀치) /〈고시조〉상삼문 외 3편. 〈향가〉제망매가(월명사) /〈고려가요〉서경별곡 /〈경기체가〉한림별곡 /〈가사〉속미인곡(정철), 동심가(이중원) /〈악장〉용비어천가(5장) /〈한시〉송인(정지상), 강촌(두보) /〈판소리〉흥보가(박녹주 창본) /〈고전소설〉춘향전, 이생규장전(김시습), 양반전(박지원) /〈고대수필〉동명 일기(의유당), 공방전(임춘) /〈신소설〉금수회의록(안국선) /〈시〉저녁에(김광섭), 향수(정지용), 님의 침묵(한용운), 절정(이육사), 꽃덤불(신석정), 샤갈의 마을에 내리는 눈(김춘수), 떠나가는 배(박용철), 가을의 노래(베를렌), 아프리카(디오프), 시(네루다), 십자가(윤동주), 초토의 시8(구상), 껍데기는 가라(신동엽) /〈소설〉태평 천하(채만식), 서울, 1964년 겨울(김승옥), 유예(오상원), 돈키호테(세르반테스), 이반 데니소비치의 하루(솔제니친), 인간 문제(강경애), 아큐정전(노신), 학(황순원), 젊은 날의 초상(이문열), 광장(최인훈) /〈수필〉생활인의 철학(김진섭), 세월 흐르는 소리가 귓가에(오정희), 가람 일기(이병기) /〈희곡〉토막(유치진) /〈시나리오〉오발탄(나소운 외) /〈만화〉동백꽃(오세영) /〈문학사〉상대의 문학, 고려 시대의 문학, 조선 시대의 문학, 개화기의 문학, 일제 강점기의 문학, 광복 이후의 문학, 세계 문학의

03 2000년도 청소년 문학상 수상작.

흐름과 양상 / 〈문학개론〉문화로서의 문학, 문학과 인접 영역, 한국 문학과 세계 문학의 교섭, 문학의 가치 인식, 문학 활동과 태도 / 〈비평〉윤동주 시와 순결한 영혼의 불꽃(이승원)

박경신·김성수·이용수·안학서(2004), 『문학』, ㈜금성출판사.

【문학(상)】〈고대가요〉황조가(유리왕) / 〈고시조〉우탁 외 4편. / 〈향가〉제망매가(월명사) / 〈고려가요〉가시리 / 〈가사〉사미인곡(정철) / 〈민속극〉제석본풀이(김유선 구연) / 〈고전소설〉광문자전(박지원) / 〈고대수필〉병자일기(남평 조씨) / 〈시〉국경의 밤(김동환), 승무(조지훈), 수선화(워즈워스), 초혼(김소월), 설야(김광균), 농무(신경림), 애너벨 리(애드거 A. 포), 꽃(김춘수), 껍데기는 가라(신동엽), 긴 두레박을 하늘에 대며(이해인) / 〈소설〉목걸이(모파상), 운수 좋은 날(현진건), 메밀꽃 필 무렵(이효석), 광장(최인훈), 한계령(양귀자) / 〈수필〉무소유(법정), 보리(한흑구), 방망이 깎던 노인(윤오영), 은전 한 닢(피천득), 우리 손으로 만든 영화(오토다케 히로타다) / 〈희곡〉만선(천승세), 인형의 집(입센), 토막(유치진) / 〈시나리오〉서편제(이청준 원작) / 〈문학개론〉문학의 본질과 특성, 문학의 가치와 기능, 문학의 갈래, 문학 작품 수용과 창작의 원리, 문학 작품의 수용과 창조의 재구성, 문학 작품의 창작, 문학 작품 이해의 방법, 시의 특성과 갈래, 시의 형식과 표현, 시의 내용과 주제, 소설의 특성과 갈래, 소설의 형식과 표현, 소설의 내용과 주제, 희곡의 본질과 특성, 희곡의 구성과 갈래, 수필의 특성과 갈래, 수필의 형식과 표현, 수필의 내용과 주제

【문학(하)】〈고대가요〉구지가(구간 등) / 〈설화〉단군 신화, 아폴론과 다프네(토머스 불핀치 엮음), 아라비안 나이트(리처드 F. 버튼) / 〈고시조〉윤선도 외 5편. 〈향가〉처용가(처용) / 〈고려가요〉동동 / 〈경기체가〉한림별곡(한림제유) / 〈가사〉애국하는 노래(이필균) / 〈악장〉용비어천가(정인지 외, 5장) / 〈한시〉춘망(두보), 강촌(두보), 귀안(두보) / 〈민속극〉미얄춤(이두현 채록) / 〈민요〉잠노래 / 〈고전소설〉이생규장전(김시습), 홍길동전(허균), 박타령(신재효 정리) / 〈고대수필〉한중록(혜경궁 홍씨) / 〈신체시〉해에게서 소년에게(최남선) / 〈신소설〉혈의 누(이인직) / 〈시〉가을 날(릴케), 불놀이(주요한), 당신을 보았습니다(한용운), 모란이 피기까지는(김영랑), 절정(이육사), 기탄잘리(타고르), 어서 너는 오너라(박두진), 동천(서정주), 풀(김수영), 타는 목마름으로(김지하), 시(파블로 네루다) / 〈소설〉무정(이광수), 동백꽃(김유정), 목넘이 마을의 개(황순원), 난쟁이가 쏘아 올린 작은 공(조세희) / 〈수필〉청춘 예찬(민태원), 사치의 바벨탑(전혜린) / 〈희곡〉햄릿(셰익스피어), 맹 진사 댁 경사(오영진) / 〈시나리오〉오늘 너에게 세상을 읽어 준다(진수완) / 〈문학사〉민족 문학의 성장, 민족 문학의 성장, 국문 문학의 형성과 발전, 개화기 시대 인식, 민족 수난기의 문학, 광복 이후의 문학 / 〈문학개론〉살아 움직이는 문학의 가치, 문학 활동에 대한 능동적 참여, 문학의 생활화, 한국 문학의 특성, 한국의 구비 문학과 기록 문학, 민족 문학으로서의 한국 문학, 세계 속

의 한국 문학이 나아갈 길, 문학의 인접 영역, 다양한 매체와 문학

박호영·한승주(2003), 『문학』, 형설출판사.
【문학(상)】〈고대가요〉정읍사 / 〈고시조〉김상헌 외 2편. / 〈향가〉제망매가(월명사) / 〈가사〉
상춘곡(정극인) / 〈민요〉시집살이 노래 / 〈고전소설〉숙향전, 심청전, 양반전(박지원) / 〈고
대수필〉경설(이규보), 의산 문답(홍대용), 임진록, 공방전(임춘) / 〈시〉장수산1(정지용), 장
날(노천명), 수선화(워즈워스), 나룻배와 행인(한용운),미뇽의 노래(괴테), 문의 마을에 가서
(고은), 바다와 나비(김기림), 꽃(김춘수), 농무(신경림), 낡은 집(이용악), 오적(김지하) / 〈소
설〉산(이효석), 갯마을(오영수), 성황당(정비석), 동백꽃(김유정), 환상 수첩(김승옥), 탈출
기(최서해), 불신 시대(박경리), 좁은 문(앙드레 지드), 날개(이상), 장마(윤흥길), 이반 데니
소비치의 하루(솔제니친), 만세전(염상섭), 태평 천하(채만식), 동물 농장(조지 오웰) / 〈수
필〉백설부(김진섭), 우리를 슬프게 하는 것들(안톤 슈냐) / 〈희곡〉동승(함세덕), 산불(차범
석), 맹 진사 댁 경사(오영진) / 〈문학사〉세계 문학의 흐름 / 〈문학개론〉문학의 특성, 문학의
기능, 문학의 갈래, 문학의 가치, 한국 문학의 개념과 성격, 한국 문학의 갈래, 한국 문학의
특성, 시의 수용과 창작, 소설의 수용과 창작, 희곡·수필의 수용과 창작, 자연과 향수, 사랑과
그리움, 삶의 애환과 죽음, 인간 존재의 탐구, 역사와 현실 속의 삶, 웃음과 비판 정신
【문학(하)】〈고대가요〉구지가 / 〈설화〉단군 신화, 프로메테우스 / 〈고시조〉성삼문 외 7편.
/ 〈향가〉찬기파랑가(충담사) / 〈고려가요〉청산별곡 / 〈경기체가〉한림별곡(한림제유) / 〈가
사〉면앙정가(송순) / 〈악장〉용비어천가(정인지 외, 1장) / 〈한시〉산중문답(이백) / 〈민속극〉
봉산 탈춤 / 〈고전소설〉이생규장전(김시습), 홍길동전(허균), 수궁가 / 〈고대수필〉규중칠우
쟁론기 / 〈신체시〉해에게서 소년에게(최남선) / 〈신소설〉은세계(이인직) / 〈시〉원정(타고
르), 불놀이(주요한), 모란이 피기까지는(김영랑), 낙화(조지훈), 교목(이육사), 가지 않은 길
(프로스트), 해(박두진), 휴전선(박봉우), 껍데기는 가라(신동엽), 우리가 물이 되어(강은교)
/ 〈시조〉난초4(이병기), 조국(정완영) / 〈소설〉배따라기(김동인), 소설가 구보씨의 일일(박
태원), 역마(김동리), 북간도(안수길), 노인과 바다(헤밍웨이), 광장(최인훈), 난장이가 쏘아
올린 작은 공(조세희) / 〈수필〉무소유(법정) / 〈희곡〉햄릿(셰익스피어), 인형의 집(입센), 토
막(유치진), 원고지(이근삼) / 〈문학사〉상고 시대의 문학, 고려 시대의 문학, 조선 전기의 문
학, 조선 후기의 문학, 개화 계몽기의 문학, 일제 강점기의 문학, 해방 공간과 전쟁 이후의 문
학, 1960년대 이후 산업화 시대의 문학 / 〈문학개론〉문학과 음악, 문학과 연극·영화, 문학과
미술, 문학과 기타 예술, 문학의 가치 인식, 문학 활동에의 능동적 참여, 문학에 대한 태도 /
〈비평〉정지상의 고민(이인로)

오세영·최래옥·유학영·남궁환·남기혁·류순태·송규각·정일형(2004), 『문학』, 대한교과서(주)

【문학(상)】〈고대가요〉구지가 / 〈설화〉단군신화, 아기장수 설화(최래옥), 김현감호 / 〈한시〉강설(유종원) / 〈판소리〉흥보가 / 〈민속극〉봉산탈춤 / 〈민요〉강강술래(이동주) / 〈고전소설〉춘향전 / 〈고대수필〉슬견설(이규보), 조침문(유씨 부인) / 〈신체시〉해에게서 소년에게(최남선) / 〈시〉초혼(김소월), 폭포(김수영), 빼앗긴 들에도 봄은 오는가(이상화), 이별가(박목월), 쉽게 씌어진 시(윤동주), 생명의 서(유치환), 알 수 없어요(한용운), 살아 있는 것이 있다면(박인환), 장수산1(정지용), 바다와 나비(김기림), 처용단장1부(김춘수), 나비의 여행(정한모), 추억에서(박재삼), 이웃집(안도현), 무화과(김지하), 피아노(전봉건), 내 낡은 서랍 속의 바다[04], 불놀이(주요한), 지하철 정거장에서(E.파운드), 새(박남수), 꽃(박두진), 절정(이육사), 나무(이형기), 작은 연못[05] / 〈시조〉난초(이병기), 개화(이호우) / 〈소설〉태평천하(채만식), 무정(이광수), 운수 좋은 날(현진건), 홍염(최서해), 엄마의 말뚝1(박완서), 소설가 구보씨의 일일(박태원), 금시조(이문열), 메밀꽃 필 무렵(이효석), 오발탄(이범선), 유예(오상원), 장마(윤흥길), 날개(이상), 매잡이(이청준), 꺼삐딴 리(전광용), 메밀꽃 필 무렵(이효석), 배따라기(김동인), 원미동 사람들(양귀자), 김 강사와 T교수(유진오), 소나기(황순원) / 〈수필〉개구리 죽음을 조상함(김교신), 권태(이상), 해바라기(유진오), 낙엽을 태우면서(이효석), 독서론(미끼 기요시), 학문에 대하여(베이컨), 특급품(김소운), 팡세(파스칼), 산정무한(정비석), 행복의 메타포(안병욱), 어머니(김동명), 모기 이야기(법정), 달밤(윤오영) / 〈희곡〉동승(함세덕), 햄릿(셰익스피어), 허생전(오영진), 맹 진사 댁 경사(오영진), 고도를 기다리며(S. 베게트), 인형의 집(입센), 동지섣달 꽃 본 듯이(이강백) / 〈시나리오〉박하사탕(이창동) / 〈문학개론〉문학과 언어, 문학과 삶, 복합적 구조물로서의 문학, 교훈적·쾌락적 기능, 인식적·미적·윤리적 기능, 개인적·공동체적 기능, 갈래의 개념과 구분 원리, 하위 갈래의 발생과 전개, 갈래 구분 시 유의할 점, 가치 산물로서의 문학, 문학 활동의 다양한 가치, 미적 구조의 다양성, 내용·형시·표현의 긴밀한 관계, 주체·구조·맥락의 상호 작용에 의한 주제 구성, 이해와 감상, 비판적·창의적 수용, 문학적 가치의 내면화, 작품 재구성하기, 자신의 삶으로 구체화하고 창작 능력 기르기, '나'를 표현하기, 아름답게 표현하기, 시의 구성 원리 활용하기, 세밀하게 관찰하기, 배경 설정하기, 성격의 창조와 인물 제시, 사건 재구성과 플롯 완결, 서술의 유형과 시점의 선택, 대사와 행동으로 표현하기, 등장 인물과 극적 갈등 설정하기, 극의 긴밀한 조직과 구성, 시나리오 대본 만들기, 독창적으로 바라보기(수필), 삶의 성찰

04 적 작사·작곡의 대중가요.
05 김인기 작가·작곡의 대중가요.

과 사색 담기, 개성 있게 표현하기

【문학(하)】〈설화〉조신의 꿈 / 〈고시조〉원천석 외 3편. / 〈향가〉처용가(처용) / 〈고려가요〉가시리 / 〈가사〉속미인곡(정철), 자주 독립가(이필균) / 〈한시〉귀거래사(도연명), 송인(정지상), 난(亂) 후 곤산에 이르러(완채) / 〈판소리〉심청가 / 〈민속극〉바리데기, 통영오광대(장재봉·오정두 구술) / 〈민요〉진주 난봉가, 시집살이 노래 / 〈고전소설〉춘향전, 이생규장전(김시습), 양반전(박지원) / 〈고대수필〉국순전(임춘) / 〈신소설〉금수회의록(안국선) / 〈시〉농무(신경림), 비오디 피피엠(이형기), 서벌, 셔볼, 셔볼, 서울, SEOUL(황지우), 사랑가(김승희), 가시나무(하덕규), 향수(정지용), 샤갈의 마을에 내리는 눈(김춘수), 꽃밭의 독백(서정주), 우리 오빠와 화로(임화), 오감도(이상), 꽃덤불(신석정), 겨울 노래(오세영), 고양이(보들레르), 옷에게 바치는 송가(네루다), 북방에서(백석), 풍장(황동규), 귀천(천상병), 단풍(고은) / 〈소설〉서울, 1964년 겨울(김승옥), 나목(박완서), 복덕방(이태준), 퇴마록(이우혁), 역마(김동리), 만세전(염상섭), 비 오는 날(손창섭), 삼포 가는 길(황석영), 붉은 방(임철우), 아큐정전(루쉰), 변신(카프카), 광장(최인훈), 동백꽃(김유정), 어둠의 혼(김원일) / 〈수필〉화전민 지역(이어령) / 〈희곡〉명성황후[06], 토막(유치진) / 〈시나리오〉개 같은 날의 오후(영화 대본), 공동경비구역 JSA, 가시고기(조창인) / 〈만화〉복덕방(오세영) / 〈문학사〉원시·고대의 문학, 고려 시대의 문학, 조선 전기의 문학, 조선 후기의 문학, 개화기의 문학, 일제 강점기의 문학, 해방기 및 전후의 문학, 1960년대 이후의 문학 / 〈문학개론〉문학 문화의 특성, 국어 문화와 한국 문학의 관계, 문화 소통으로서의 문학 활동, 문학이 반영하는 사회·문화적 현상, 문학과 사회·문학의 바람직한 관계, 노래로 불리는 문학 작품, 문학 속의 그림·그림 속의 문학, 문학과 영상 예술과의 만남, 다매체 시대의 소통 환경, 다매체 문학에 대한 열린 자세, 한국 문학의 개념과 성격, 한국 문학의 갈래, 한국 문학의 미의식, 세계 문학과의 만남, 가치 판단과 그 기준, 수용 주체와 소통 맥락, 능동적인 문학 창작과 수용, 인간과 세계의 통합적 이해, 문학 문화 발전에의 참여, 한국 문학의 가치와 미래

우한용·박인기·정병헌·최병우·이대욱·경종록(2003), 『문학』, ㈜두산.

【문학(상)】〈고대가요〉정읍사 / 〈고시조〉이조년 외 2편. / 〈가사〉사미인곡(정철) / 〈한시〉고시8(정약용), 춘망(두보) / 〈고전소설〉홍길동전(허균) / 〈고대수필〉청학동(이인로) / 〈시〉산유화(김소월), 수선화(워즈워스), 해(박두진), 추천사(서정주), 가을날(릴케), 님의 침묵(한용

06　뮤지컬이다. 이문열의 희곡 '여우 사냥'을 각색하고 재구성했다. 본문에는 '명성황후' 마지막 장의 시놉시스와 그때 나오는 합창곡 '백성이여 일어나라'를 산문 문학과 음악과의 관계를 알아보기 위한 것이다.

운), 우라지오 가까운 항구에서(이용악), 가정(이상), 새벽1(정한모), 절정(이육사), 상행(김광규) / 〈시조〉난초(이병기) / 〈소설〉동백꽃(김유정), 쥘르 삼촌(모파상), 뫼비우스의 띠(조세희), 걸리버 여행기(스위프트), 너와 나만의 시간(황순원), 무진 기행(김승옥), 숲 속의 방(강석영) / 〈수필〉이탈리아 기행(괴테), 명명 철학(김진섭), 슬픔에 관하여(몽테뉴), 부끄러움(윤오영), 추사 글씨(김용준) / 〈희곡〉새야 새야 파랑새야(차범석), 명성황후(김광림 각색·이청준 원작), 햄릿(셰익스피어) / 〈시나리오〉서편제(김명곤 각색·이청준 원작) 〈문학개론〉문학의 특성은 무엇인가, 문학은 어떤 기능을 하는가, 문학의 갈래를 어떻게 이해할까, 문학·수용과 창작의 원리, 자연에서 우러나는 서정, 소망과 염원의 노래, 사랑과 그리움, 언어로 빚은 아름다움, 역사와 현실 앞에서, 사랑과 성숙의 아픔, 운명으로서의 인생·의지로서의 인생, 공동체의 현실과 사회적 삶, 사람다움에 대한 소설적 탐구, 이상향을 위하여, 견문과 사색, 관조와 성찰, 삶의 여유와 멋, 역사 속의 인간과 진실한 삶, 고뇌하는 삶과 인생, 문학 언어의 가치 알기, 허구화된 삶과 그 의미 살펴보기, 문학의 소통과 문화 체험 확충하기

【문학(하)】〈설화〉단군 신화, 삼태성(三台星) 〈고시조〉윤선도 외 1편. / 〈고려가요〉서경별곡 / 〈가사〉누항사(박인로) / 〈한시〉봄비(허난설헌) / 〈판소리〉흥보가 / 〈민요〉논매기 노래 / 〈고전소설〉사씨남정기(김만중), 유충렬전, 장끼전 / 〈고대수필〉화왕계(설총), 경설(이규보) / 〈신체시〉해에게서 소년에게(최남선) / 〈시〉우리 집(주요한), 남신의주 유동 박시봉방(백석), 그대들 돌아오시니(정지용), 아프리카(디오프), 다부원에서(조지훈), 누가 하늘을 보았다 하는가(신동엽), 쇠붙이와 강철 시대의 봄을 맞으면서(유안진), 추억에서(박재삼), 산(김광섭), 식목제(기형도) / 〈소설〉무정(이광수), 아큐정전(루쉰), 고향(현진건), 논 이야기(채만식), 사수(전광용), 이반 데니소비치의 하루(솔제니친), 유자소전(이문구), 세상에서 제일 무거운 틀니(박완서) / 〈수필〉낭객의 신년 만필(신채호), 헐려 짓는 광화문(설의식), 하나의 풍경(박연구) / 〈희곡〉원고지(이근삼) / 〈문학사〉공동체 형성과 말의 문학, 집단의 이념과 개인의 서정, 삶의 윤리와 문학의 윤리, 개인의 각성과 총체적 진술, 새로운 문명에 대한 예찬, 전통의 상실과 변화의 모색, 식민지 체험과 고향 상실, 현실을 담아 내는 여러 목소리, 전쟁과 새로운 인간성 추구, 현실과 이념의 형상화, 정체성의 탐색과 각성, 시대 변화에 대한 감수성과 창조 / 〈문학개론〉삶에 대한 간접 체험의 세계, 상상력의 세련과 정서의 내면화, 문학으로 시대 이해하기, 한국 문학의 문화적 맥락, 문학과 음악, 문학과 영상 예술, 문학과 매체, 매체 따른 문학의 변환, 한국 문학의 전통과 지향, 한국 문학과 세계 문학, 통일에 대비한 한국 문학

조남현·정성배·조세형·장수익·배성완(2003), 『문학』, ㈜중앙교육진흥연구소
　【문학(상)】〈고시조〉원천석 외 2편. / 〈향가〉처용가 / 〈민속극〉통영 오광대 / 〈고전소설〉유충

렬전 / 〈고대수필〉주옹설(권근) / 〈시〉들길에 서서(신석정), 벽공(이희승), 새들도 세상을 뜨는구나(황지우), 가을의 노래(베를렌) / 〈소설〉할머니의 죽음(현진건), 역사(김승옥), 아큐정전(루쉰) / 〈수필〉한여름 밤에(노천명), 멋없는 세상 멋있는 사람(김태길) / 〈희곡〉동승(함세덕) / 〈문학개론〉문학과 언어, 문학과 삶, 문학의 인지적·정의적·심미적 성격, 문학의 세 기능, 문학과 개인과 사회, 갈래 구분의 의미, 큰 갈래와 작은 갈래, 문학의 가치 지향성, 문학 활동의 성격 및 의의, 문학 구조의 다양성, 내용과 형식과 표현, 문학 작품의 동적 구조와 주제, 문학 수용의 방법, 능동적 수용과 내면화, 비판적 재구성과 창조적 재구성, 문학의 내면화와 구체화, 창작의 태도, 창작의 과정, 시적 주체와 시적 상황, 시의 운율과 심상, 시의 주제와 시적 표현, 시의 감상과 수용, 시의 창작, 인물과 배경, 구성과 시점, 문체와 주제 구현, 소설의 감상과 수용, 소설의 창작, 대화와 행동의 미학, 인물과 극적 구성, 희곡의 감상과 수용, 희곡의 창작, 무형식 속의 형식, 성찰과 개성, 수필의 감상과 수용, 수필의 창작

【문학(하)】〈고대가요〉구지가, 황조가, 정읍사 / 〈설화〉단군 신화, 조신의 꿈, 오디세이아 / 〈고시조〉원천석 외 8편. / 〈향가〉제망매가(월명사) / 〈고려가요〉동동 / 〈경기체가〉한림별곡(한림제유) / 〈가사〉속미인곡(정철), 누항사(박인로), 가요풍송 / 〈악장〉용비어천가(정인지 등, 4장) / 〈한시〉제가야산독서당(최치원), 송인(정지상), 탐진촌요(정약용), 춘망(두보) / 〈민속극〉꼭두각시놀음 / 〈고전소설〉이생규장전(김시습), 호질(박지원), 토끼전 / 〈고대수필〉국선생전(이규보), 수염 잡고 손 맞는 주인(유몽인) / 〈신소설〉은세계(이인직) / 〈시〉빼앗긴 들에도 봄은 오는가(이상화), 여우난 곬족(백석), 쉽게 씌어진 시(윤동주), 동천(서정주), 꽃(김춘수), 너에게(신동엽), 조그만 사랑 노래(황동규), 동방의 등불(타고르), 시(네루다) / 〈소설〉만세전(염상섭), 소설가 구보 씨의 일일(박태원), 광장(최인훈), 삼포 가는 길(황석영), 노인과 바다(헤밍웨이) / 〈수필〉권태(이상), 자장면(정진권), 진주만의 수업(이노구치 구니코) / 〈희곡〉토막(유치진), 결혼(이강백), 햄릿(셰익스피어) / 〈문학사〉고대의 문화와 문학, 중세 전기의 문화와 문학, 중세 후기의 문화와 문학, 근대 여명기의 문화와 문학, 근대화 시기의 문화와 문학, 광복 이후의 문화와 문학, 세계 문학의 양상과 흐름 / 〈문학개론〉국어 문화와 문학 문화, 문학의 소통 과정과 문화, 문학 문화의 개념, 한국 문학의 갈래, 한국 문학의 특질, 민족 문학과 세계 문학의 의미, 세계 문학과 한국 문학, 문학과 예술 문화, 문학과 사회·문화 현상, 대중 매체와 문학 소통, 전자 매체와 문학 소통, 문학적 가치 판단의 기준과 원리, 주체와 맥락에 따른 가치 평가, 문학 활동에의 능동적 참여, 한국 문학의 가치 계승과 발전

최웅·유태수·김용구·이대범(2004), 『문학』, 청문각.
　　【문학(상)】〈고대가요〉정읍사 / 〈설화〉견훤의 탄생 설화 / 〈고시조〉황진이 / 〈향가〉찬기파

랑가(충담사) / 〈민속극〉봉산탈춤(제6과장) / 〈고전소설〉박씨전 / 〈고대수필〉이옥설(이규보), 경설(이규보), 규중칠우쟁론기 / 〈시〉폭포(김수영), 꽃덤불(신석정), 가을날(릴케), 참회록(윤동주), 님의 침묵(한용운), 여승(백석), 섬(정현종), 밤의 이야기20(조병화), 먼 후일(김소월), 자화상(윤동주), 향수(정지용), 신부(서정주), 멧새 소리(백석), 우리가 물이 되어(강은교), 농무(신경림), 걸어 보지 못한 길(프로스트), 꽃(김춘수), 끝없는 강물이 흐르네(김영랑), 외인촌(김광균), 풀(김수영), 슬픔이 기쁨에게(정호승), 즐거운 편지(황동규), 추억에서(박재삼) / 〈시조〉사향(김상옥) / 〈소설〉화수분(전영택), 메밀꽃 필 무렵(이효석), 이방인(카뮈), 동백꽃(김유정), 토지(박경리), 두 파산(염상섭), 고리오 영감(발자크), 치숙(채만식), 무녀도(김동리), 메밀꽃 필 무렵(이효석), 삼포 가는 길(황석영), 모래톱 이야기(김정한), 아홉 켤레의 구두로 남은 사내(윤흥길), 외등(전상국), 태평천하(채만식), 눈길(이청준), 무진 기행(김승옥), 역마(김동리), 운수 좋은 날(현진건), 노인과 바다(헤밍웨이) / 〈수필〉흐르지 않는 세월(김태길), 특급품(김소운), 수필(피천득), 무소유(법정), 수학이 모르는 지혜(김형석), 먼 곳에의 그리움(전혜린), 부끄러움(윤오영), 홀로 있는 시간(법정), 자장면(정진권), 중국 견문록(한비야), 더불어 숲(신영복) / 〈희곡〉동승(함세덕), 햄릿(셰익스피어), 만선(천승세), 태(오태석), 세일즈맨의 죽음(아서 밀러), 춘향전(소설·희곡), 고도를 기다리며(S. 베케트) / 〈시나리오〉유관순(윤봉춘), 오발탄(나소운·이종기 각색) / 〈문학개론〉문학과 삶, 문학과 언어, 문학과 허구, 문학의 인식적·미적·윤리적 기능, 개인적 삶의 고양과 공동체 통합의 기능, 문학 갈래의 개념과 구분 원리, 문학 갈래의 이해, 가치의 산물로서의 문학, 삶의 실천 활동으로서의 문학 활동, 작품 수용의 능동성, 작품 수용의 다양성, 창조적 재구성과 내면화, 문학 창작의 방법, 문학 창작의 실제, 시적 화자와 시의 어조, 시의 언어와 운율, 시의 심상과 비유, 시의 주제와 의미, 소설의 특성과 주제, 소설의 인물과 갈등, 소설의 시점과 구성, 소설의 배경과 사건, 희곡의 본질과 특성, 희곡의 무대와 삶, 수필의 형식과 개성, 수필의 주제와 삶

【문학(하)】〈고대가요〉공무도하가(백수 광부의 처), 황조가(유리왕), 구지가 / 〈설화〉단군 신화, 주몽 신화, 동명왕 편 / 〈고시조〉이순신 외 10편. / 〈향가〉제망매가(월명사), 처용가, 안민가(충담사) / 〈고려가요〉청산별곡, 가시리 / 〈경기체가〉한림별곡(한림 제유) / 〈가사〉속미인곡(정철), 선상탄(박인로), 규원가(허난설헌), 동심가(이중원) / 〈악장〉용비어천가(정인지 외, 5장) / 〈한시〉송인(정지상) / 〈민속극〉봉산탈춤, 양주 별산대 놀이 / 〈민요〉논매기 노래, 시집살이 노래 / 〈고전소설〉이생규장전(김시습), 열녀 춘향 수절가, 양반전(박지원), 홍보가, 구운몽(김만중), 흥부전, 사씨남정기(김만중), 아큐정전(루쉰) / 〈고대수필〉국순전(임춘), 화왕계(설총) / 〈신체시〉해에게서 소년에게(최남선) / 〈신소설〉금수회의록(안국선), 혈의 누(이인직) / 〈시〉돌담에 속삭이는 햇발(김영랑), 사평역에서(곽재구), 노래의 날개 위에(하이네), 목계 장터(신경림), 직녀에게(문병란), 절정(이육사), 껍데기는 가라(신동엽),

417

하관(박목월), 가을 무덤-제망매가(기형도), 남으로 창을 내겠소(김상용), 파초(김동명), 찬송(한용운), 님의 침묵(한용운), 낡은 집(이용악), 타는 목마름으로(김지하), 지란지교를 꿈꾸며(유안진), 새들도 세상을 뜨는구나(황지우), 수선화(워즈워스), 아프리카(디오프) / 〈시조〉낙화(이병기), 난초(이병기), 개화(이호우) / 〈소설〉역마(김동리), 고향(현진건), 날개(이상), 혼불(최명희), 광장(최인훈), 봄·봄(김유정), 소설가 구보 씨의 일일(박태원), 만무방(김유정), 탈출기(최서해), 유자소전(이문구), 엄마의 말뚝(박완서), 닳아지는 살들(이호철), 난쟁이가 쏘아 올린 작은 공(조세희), 변신(카프카), 카라마조프가의 형제들(도스토예프스키), 선학동 나그네(이청준), 데미안(헤르만 헤세), 좁은 문(앙드레 지드), 압록강은 흐른다(이미륵), 목넘이 마을의 개(황순원) / 〈수필〉백설부(김진섭), 꾀꼬리(김태길), 청춘 예찬(민태원), 딸깍발이(이희승), 소처럼 무거운 걸음을 옮기면서(이중섭), 숲은 죽지 않는다(김훈), 안네의 일기(안네 프랑크) / 〈희곡〉이영녀(김우진), 원고지(이근삼), 소(유치진), 파수꾼(이강백), 우리들의 일그러진 영웅(이용우 각색), 인형의 집(입센) / 〈시나리오〉시집 가는 날(오영진) / 〈문학사〉세계 문학의 성격과 흐름, 원시·고대의 문학, 고려 시대의 문학, 조선 시대의 문학, 개화기 문학, 일제 강점기 문학, 광복 이후의 문학 / 〈문학개론〉국어 문화로서의 문학, 문학의 소통과 관습, 문학과 인접 영역과의 관계, 다양한 매체 속의 문학, 한국 문학의 흐름과 특질, 민족 문학과 세계 문학, 문학의 가치 인식, 문학 활동에의 능동적 참여, 문학에 대한 태도 / 〈비평〉세 마리 쥐 이야기(김윤식)[07]

한계전·신범순·박윤우·김송환·노진한(2002), 『문학』, ㈜블랙박스.
【문학(상)】〈설화〉달팽이 각시, 견우와 직녀 / 〈가사〉상춘곡(정극인) / 〈한시〉무제(김삿갓), 안락성을 지나며(김삿갓), 삿갓을 읊다(김삿갓) / 〈민속극〉바리데기 / 〈민요〉아리랑 타령 / 〈고전소설〉박씨전 / 〈고대수필〉슬건설(이규보) / 〈시〉산문에 기대어(송수권), 새들도 세상을 뜨는구나(황지우), 동해(백석), 참회록(윤동주), 가는 길(김소월), 향수(정지용), 눈(김수영), 절정(이육사), 사평역에서(곽재구), 자유(엘뤼아르) / 〈소설〉토지(박경리), 감자 먹는 사람들(신경숙), 광장(최인훈), 뫼비우스의 띠(조세희), 수레바퀴 밑에서(헤르만 헤세), 관촌수필(이문구), 학(황순원), 유예(오상원), 돈키호테(세르반테스), 젊은 느티나무(강신재), 사평역(임철우), 건방진 신문팔이(이청준) / 〈수필〉청춘예찬(민태원), 그믐달(나도향) / 〈희곡〉햄릿(셰익스피어), 파수꾼(이강백) / 〈문학개론〉문학과 인생, 문학과 언어, 문학과 가치, 문학의 본질적 기능, 문학과 개인·공동체, 기본 갈래의 유형과 구분 원리, 갈래의 변화 원인과

---

07 1993년 신춘 문예 당선작인 김소진의 '쥐잡기'를 비평한 글이다.

양상, 서정 갈래의 이해, 서사 갈래의 이해, 극 갈래의 이해, 교술 갈래의 이해, 문학의 미적 구조와 문학성, 문학 작품의 이해와 감상, 창조적 문학 읽기와 비판적 수용 / 〈비평〉시작 과정(서정주)

【문학(하)】〈설화〉단군 시화, 아라비안 나이트, 동명왕편 / 〈고시조〉사설시조 1편. / 〈향가〉찬기파랑가(충담사) / 〈고려가요〉가시리 / 〈가사〉사미인곡(정철), 애국하는 노래(이필균) / 〈한시〉관저(關雎), 토황소격문(최치원) / 〈판소리〉박타령 / 〈민요〉강강술래(거제 민요), 시집살이 민요 / 〈고전소설〉이생규장전(김시습), 양반전(박지원), 춘향전 / 〈고대수필〉조침문(유씨 부인), 수오재기(정약용) / 〈신소설〉금수회의록(안국선) / 〈시〉이 가문 날에 비구름(김지하), 운동(이상), 멀리 있는 무덤(김영태), 빼앗긴 들에도 봄은 오는가(이상화), 꽃덤불(신석정), 니벨룽겐의 노래, 당신을 위해(가키노모토 히토마로), 무지개(워즈워스), 검은 여인(생고르), 가을날(릴케), 가을의 기도(김현승), 또 기다리는 편지(정호승), 껍데기는 가라(신동엽) / 〈시조〉사향(김상옥) / 〈소설〉만세전(염상섭), 나목(박완서), 복덕방(이태준), 태평천하(채만식), 비 오는 날(손창섭), 서울, 1964년 겨울(김승옥), 적과 흑(스탕달), 아큐정전(루쉰), 노인과 바다(헤밍웨이), 아우를 위하여(황석영) / 〈수필〉아리랑과 정선(김병종), 바퀴벌레는 진화중(김기택) / 〈희곡〉안티고네(소포클레스) / 〈시나리오〉편지(조환유 외) / 〈만화〉복덕방(오세영) / 〈문학사〉고대의 문학, 삼국 시대의 문학, 고려 시대의 문학, 조선 전기의 문학, 조선 후기의 문학, 개화기의 문학, 일제 강점기의 문학, 해방 후의 문학, 고대 세계 문학의 흐름과 양상, 중세 세계 문학의 흐름과 양상, 근대 이후 세계 문학의 흐름과 양상 / 〈문학개론〉생활 속의 문학, 문학의 소통과 관습, 문학과 사회·역사, 문학과 예술, 문학과 대중 매체, 한국 문학의 범위, 한국 문학의 특질, 세계 문학과 한국 문학의 교섭, 문학적 가치의 발견, 문학 활동과 세계 이해, 한국 문학의 창조적 계승 / 〈비평〉사이버 오디세이(신범순)[08], 타고르의 시 'Gardenisto'를 읽고(한용운), 우리 문학의 특수성과 보편성(이상옥)

한철우·김명순·김충식·남상기·박영민·박진용·염성엽·오택환(2004), 『문학』, ㈜문원각.
【문학(상)】〈고대수필〉늙은 뱃사람과의 문답(권근) / 〈시〉초혼(김소월), 눈(김수영), 별 헤는 밤(윤동주), 신부(서정주), 성호 부근(김광균), 향수(정지용), 우리가 물이 되어(강은교), 바위(유치환) / 〈소설〉김 약국의 딸들(박경리), 임꺽정(홍명희), 두 파산(염상섭), 흐르는 북(최일남), 비 오는 날(손창섭), 삼포 가는 길(황석영), 치숙(채만식), 나무들 비탈에 서다(황순원)

---

08 〈깨어진 거울의 눈-문학이란 무엇인가〉에 수록된 글로서, 컴퓨터의 발달과 인터넷의 광범위한 확산으로 정보 혁명 시대에 인간의 삶은 혁명적인 변화를 맞이하고 있다. 그러한 변화 속에서 문학의 존재 양식이 과연 어떠한 것이며, 어떠해야 하는가에 대해 모색하고 있다.

/〈수필〉잃어버린 동화(박문하), 돌층계(유경환), 슬픔에 관하여(유달영) /〈희곡〉산불(차범석), 세일즈맨의 죽음(아서 밀러), 국물 있사옵니다(이근삼) /〈시나리오〉서편제(이청준 원작) /〈문학개론〉문학과 언어의 삶, 복합 구조물로서의 문학, 갈래 구분의 원리, 갈래의 이해, 문학의 기능, 문학의 가치, 시의 서정과 시적 자아, 시의 형식과 운율, 시의 심상과 표현, 시의 주제와 함축, 소설의 허구와 현실, 소설의 인물과 갈등, 소설의 사건과 배경, 소설의 시점과 문체, 희곡의 무대와 인생, 희곡의 인물과 구성, 수필의 형식과 개성, 수필의 내용과 인생 【문학(하)】〈고대가요〉구지가(구간) /〈설화〉연오랑 세오녀 /〈고시조〉맹사성 외 5편. /〈향가〉찬기파랑가(충담사) /〈고려가요〉청산별곡 /〈경기체가〉한림별곡(한림 제유) /〈가사〉사미인곡(정철) /〈악장〉용비어천가(정인지 외, 3장) /〈한시〉추야우중(최치원), 송인(정지상) /〈판소리〉흥보가(박녹주 채록) /〈민속극〉양주 별산대 놀이(양종승 채록) /〈고전소설〉양반전(박지원) /〈고대수필〉국선생전(이규보), 한중록(혜경궁 홍씨) /〈신체시〉해에게서 소년에게(최남선) /〈신소설〉금수회의록(안국선), 꿈하늘(신채호) /〈시〉빼앗긴 들에도 봄은 오는가(이상화), 목계 장터(신경림), 눈물(김현승), 꽃(김춘수), 절정(이육사), 이니스프리 호수의 섬(예이츠), 저문 강에 삽을 씻고(정희성) /〈소설〉운수 좋은 날(현진건), 날개(이상), 서울, 1964년 겨울(김승옥), 엄마의 말뚝(박완서), 유년 시대(톨스토이), 포로의 옷(나집 마흐프즈), 변신(카프카), 광장(최인훈), 분노의 포도(존 스타인벡), 산(이효석), 난장이가 쏘아 올린 작은 공(조세희) /〈수필〉두꺼비 연적을 산 이야기(김용준), 무소유(법정) /〈희곡〉토막(유치진), 만선(천승세) /〈문학사〉한국 문학의 특질과 흐름, 고대의 문학, 고려 시대의 문학, 조선 시대의 문학, 개화기의 문학, 일제 강점기의 문학, 광복 이후의 문학 /〈문학개론〉국어 문화로서의 문학, 문학 소통의 규칙과 관습, 민족 문학과 세계 문학, 문학과 인접 영역과의 관계, 다양한 매체 속의 문학, 소망과 기원, 삶과 갈등, 존재의 탐구와 사색, 역사 앞에서, 자연에의 동경, 산업화와 인간 소외

홍신선·박종성·김강태(2004), 『문학』, ㈜천재교육.
【문학(상)】〈고시조〉박인로 외 2편. /〈고려가요〉가시리 /〈가사〉상춘곡(정극인) /〈민속극〉하회 별신굿 탈놀이 /〈민요〉베틀 노래 /〈고전소설〉사씨남정기(김만중), 춘향전, 박씨전, 이생규장전(김시습) /〈고대수필〉왕오천축국전(혜초), 조침문(유씨 부인) /〈시〉신부(서정주), 이 밤 나는 가장 슬픈 시를 쓸 수 있으리(파블로 네루다), 오렌지(신동집), 청산도(박두진), 정념의 기(김남조), 껍데기는 가라(신동엽), 참회록(윤동주), 걸어 보지 못한 길(프로스트) /〈소설〉미스터 방(채만식), 독 짓는 늙은이(황순원), 목걸이(모파상), 비 오는 날(손창섭), 로데시아 발 기차(나딘 고디머), 병신과 머저리(이청준), 광장(최인훈) /〈수필〉수필(피천득), 모자 철학(가드너), 가난한 날의 행복(김소운), 아버지의 뒷모습(주쯔칭) /〈희곡〉동승(함세

덕), 인형의 집(헨리 입센) / 〈시나리오〉아리랑(나운규), 서편제(김명곤), 태조 왕건(이환경) / 〈문학개론〉문학 언어의 특징, 가치 있는 체험의 기록, 상상과 허구의 세계, 형상과 인식의 결합, 문학이 널리 읽히고 창조되는 이유, 문학의 교훈설과 쾌락설, 개인적 삶의 고양과 공동체 통합의 기능, 문학의 갈래·어떻게 나누어야 하는가, 문학의 가치, 문학 활동의 의의와 특성, 시의 화자와 목소리, 시의 심상과 비유, 시의 언어와 운율, 시의 주제와 의미, 소설의 인물과 성격, 소설의 시점과 구성, 소설의 배경과 문체, 소설의 주제와 갈등, 희곡의 세계, 시나리오의 세계, 방송 극본의 세계, 수필의 기본 개념과 특성, 수필의 구조와 문체, 수필의 주제와 삶

【문학(하)】〈고대가요〉구지가(구간 등), 공무도하가(백수 광부의 아내), 정읍사(어느 행상인의 아내) / 〈설화〉신라 시조 혁거세왕, 일리아드(호머), 사복불언(蛇福不言) / 〈고시조〉이존오 외 11편. / 〈향가〉제망매가(월명사) / 〈고려가요〉정석가 / 〈경기체가〉한림별곡(한림 제유) / 〈가사〉사미인곡(정철) / 〈한시〉임을 보내며(정지상), 가을 비 내리는 밤에(최치원), 강 마을(두보), 가을의 흥취(두보), 절명시(황현) / 〈고전소설〉서동지전, 박타령(신재효 정리) / 〈고대수필〉경설(이규보), 한중록(혜경궁 홍씨) / 〈신체시〉해에게서 소년에게(최남선) / 〈신소설〉혈의 누(이인직) / 〈시〉님의 침묵(한용운), 절정(이육사), 황무지(엘리엇), 초토의 시8(구상), 새들도 세상을 뜨는구나(황지우), 고풍 의상(조지훈), 하숙(장정일), 프란츠 카프카(오규원), 납작납작-박수근 화법을 위하여(김혜순), 풀벌레 소리 가득 차 있었다(이용악), 빼앗긴 들에도 봄은 오는가(이상화) / 〈시조〉백자부(김상옥), 금강에 살으랏다(이은상) / 〈소설〉가르강튀아와 팡타그뤼엘(라블레), 돈키호테(세르반테스), 운수 좋은 날(현진건), 소설가 구보 씨의 일일(박태원), 두 파산(염상섭), 유예(오상원), 서울, 1964년 겨울(김승옥), 이반 데니소비치의 하루(솔제니친), 만무방(김유정), 무녀도(김동리), 난장이가 쏘아올린 작은 공(조세희), 닳아지는 살들(이호철), 압록강은 흐른다(이미륵) / 〈수필〉유리창 안에서(나쓰메 소세키), 백설부(김진섭), 욕설의 리얼리즘(신영복), 안네의 일기(안네 프랑크), 나의 문화 유산 답사기(유홍준) / 〈희곡〉고도를 기다리며(사뮈엘 베케트), 원고지(이근삼) / 〈문학사〉원시·고대 문학, 중세 전기 문학, 중세 후기 문학, 근대 이행기 문학, 근대 전환기의 문학, 일제 강점기의 문학, 광복과 분단기의 문학, 산업화 시대의 문학 / 〈문학개론〉문학 문화의 개념과 특성, 문학과 인접 영역, 문학의 가치 인식, 문학 활동에의 능동적 참여, 문학에 대한 태도 / 〈비평〉도상(途上)의 문학(유종호)[09]

---

09   이문열의 단편 소설 '그해 겨울'을 분석한 평론이다.

최창헌

1969년 강원도 횡성군 둔내 출생. 둔내고등학교를 졸업하고 강원대학교 사범대학 국어교육과와 동 대학원에서 국어교육학을 전공했다. 「심청 이야기'의 현대적 수용과 그 의미」(2008)로 석사 학위를, 「고등학교 문학 교육 형성의 역사적 연구」(2015)로 박사 학위를 받았다. 논문으로는 「황석영의 〈심청〉에 나타난 근대 체험의 의미」, 「말의 성찰을 통한 삶의 방식과 그 의미-이청준의 연작소설 〈언어사회학 서설〉을 중심으로」, 「고등학교 "문학"과목 성립에 대한 역사적 연구」, 「교수요목기의 민족문화 형성과 발전」, 「국어교과에서 한문고전의 수록 변천과 교육적 함의」 등이 있다.

강원대와 한라대에서 강의를 했고, 현재 상지대학교 특성화기초대학에서 교양 과목을 가르치고 있다. 앞으로 고전과 현대 문학을 넘나들며 연구와 대중적인 글쓰기로 지평을 확장하고 싶다.

고등학교 문학교육의 형성과 흐름

초판1쇄 발행 2017년 12월 6일
초판2쇄 발행 2019년 1월 4일

지은이 최창헌 / **펴낸이** 이대현
책임편집 이태곤 / **편집** 권분옥 홍혜정 박윤정 문선희 임애정 백초혜
디자인 안혜진 홍성권
마케팅 박태훈 안현진

펴낸곳 역락 / **출판등록** 1999년 4월19일 제03-2002-000014호
주소 서울시 서초구 동광로 46길 6-6 문창빌딩 2층 (우06589)
전화 02-3409-2058 / **팩스** 02-3409-2059
홈페이지 http://www.youkrackbooks.com
블로그 http://blog.naver.com/youkrack3888 / **이메일** youkrack@hanmail.net

ISBN 979-11-6244-004-9 93370

「이 도서의 국립중앙도서관 출판예정도서목록(CIP)은 서지정보유통지원시스템 홈페이지(http://seoji.nl.go.kr)와 국가자료공동목록시스템(http://www.nl.go.kr/kolisnet)에서 이용하실 수 있습니다. (CIP제어번호: CIP2017029351)」